REPORT ON INCLUSIVE FINANCIAL INNOVATION AND DEVELOPMENT OF SMALL AND MEDIUM BANKS

中小银行普惠金融创新发展报告 2020

主编 / 韩文亮

副主编 / 郭　伟　王轶为　王世欣

中国金融出版社

责任编辑：亓 霞
责任校对：潘 洁
责任印制：程 颖

图书在版编目(CIP)数据

中小银行普惠金融创新发展报告．2020 / 韩文亮主编．— 北京：中国金融出版社，2021.6

ISBN 978-7-5220-1197-4

Ⅰ.①中… Ⅱ.①韩… Ⅲ.①商业银行—金融业务—研究报告—中国—2020 Ⅳ.①F832.33

中国版本图书馆CIP数据核字（2021）第108436号

中小银行普惠金融创新发展报告2020
ZHONG-XIAO YINHANG PUHUI JINRONG CHUANGXIN FAZHAN BAOGAO 2020

出版
发行 中国金融出版社

社址 北京市丰台区益泽路2号
市场开发部 (010) 66024766，63805472，63439533 (传真)
网 上 书 店 www.cfph.cn
(010) 66024766，63372837 (传真)
读者服务部 (010) 66070833，62568380
邮编 100071
经销 新华书店
印刷 北京松源印刷有限公司
尺寸 169毫米×239毫米
印张 21.75
字数 352千
版次 2021年6月第1版
印次 2021年6月第1次印刷
定价 72.00元
ISBN 978-7-5220-1197-4

本书编委会

主　　编：韩文亮

副 主 编：郭　伟　王轶为　王世欣

成　　员：张伟国　奚君羊　杜晓山　朱　健
顾建忠　胡长征　侯福宁　康　杰
孙建龙　吴卫军　黄建军　金雅敏
周　城　胡小骏　徐伟川　李在宁
白云辉　陈德翔　谢善鸿　廖甫江
广明群　吴凌志　刘延新　石海东

序一

2020年虽已过去，却令人铭记。

在农历庚子年新春佳节来临前夕，我们遭遇突如其来且世所罕见的新冠肺炎疫情袭击。在党中央的坚强领导下，全国迅速打响疫情防控的人民战争、总体战、阻击战，因时因势，精准施策，统筹推进疫情防控和经济社会发展。一年来，抗疫斗争取得重大战略成果，全面建成小康社会取得伟大历史性成就，“十三五”圆满收官。作为经济肌体中的血脉，金融业在这场战役中责无旁贷地担当起了重任，其中普惠金融更是对受疫情影响的企业和人民群众金融需求给予了有力支撑，相关工作可圈可点。

2020年还有一件大事值得关注，即我国如期完成脱贫攻坚的历史性任务。2021年2月25日，习近平总书记在全国脱贫攻坚总结表彰大会上庄严宣告，“我国脱贫攻坚战取得了全面胜利，现行标准下9899万农村贫困人口全部脱贫，832个贫困县全部摘帽，12.8万个贫困村全部出列，区域性整体贫困得到解决，完成了消除绝对贫困的艰巨任务，创造了又一个彪炳史册的人间奇迹!”银行业金融机构勇担金融扶贫“主力军”角色，全面助力脱贫攻坚。

截至2020年底，我国银行业金融机构用于小微企业的贷款（包括小微型企业贷款、个体工商户贷款和小微企业主贷款）余额为42.7万亿元，其中单户授信总额1000万元及以下的普惠型小微企业贷款余额为15.3万亿元，较年初增长30.9%。

2015年底，国务院印发《推进普惠金融发展规划（2016—2020年）》，明确了我国普惠金融发展至2020年底的目标，提出要提高金融服务的覆盖率、可得性和满意度，增强所有市场主体和广大人民群众对金融服务的获得感；要为有金融服务需求的社会各阶层和群体提供适当、有效的金融服务；小微企业、农民、城镇低收入人群、贫困人群和残疾人、老年人等特殊群体是当前我国普惠金融的重点服务对象。经过不懈的努力，规划的目标已经实现。

近年来，各家商业银行根据监管政策要求和自身资源禀赋，积极拓展各具特色的普惠金融业务，在履行社会责任的同时努力实现商业可持续目标。以上海地区为例，依托上海银保监局、上海市税务局组织开发，上海市银行同业公会搭建的上海银税互动信息服务平台，相关银行主动开发30余款特色信用类税收信贷产品，真正实现纳税信用和金融信用互认，推动了“互联网+税务+金融”创新，为诚信纳税人提供便捷、高效、安全的融资服务，有效缓解企业融资难、融资贵的难题。又如，为解决部分科技型小企业无传统抵押物、信贷风险难以评估等新情况，在全国首创远期共赢利率，解决了机构风险补偿的难题，创新了金融信贷支持科技型小企业的商业可持续发展模式，在金融支持科技发展方面起到了非常好的示范作用。当然，除商业银行自身的内部创新赋能外，营造良好的金融生态环境不可或缺，即所谓的外部创新赋能。我一直呼吁建立全国统一联网的信用信息系统，并允许商业银行快捷查询。其实，民营企业和小微企业面临的融资难、融资贵、融资慢情况，不完全是所有制和规模的问题，一个主要原因是银企信息的不对称，即所谓的“信息孤岛”现象。众所周知，商业银行作出信贷决策需要获取充分的企业信息，而政府不同部门则掌握着涉及企业金融、税务、工商、社保、海关、司法、市场监管等信息资源，如将这些信息资源进行有效整合并打通银行的信息障碍，则开展普惠金融业务必将如虎添翼，惠及整个经济社会。

商业银行是落实普惠金融政策、开展普惠金融业务的重要主体，中小银行则是其中的重要力量。在2013年至2018年银行业金融机构对小微企业的贷款中，城商银行和农村中小金融机构提供贷款占比约40%。2019年末，全国普惠型小微企业贷款余额为11.6万亿元，其中大型银行余额占比为27.9%，股份制银行占比为18.6%，城商银行占比为14.9%，农商银行占比为37%，村镇银行占比为1.6%。在作出贡献的同时，中小银行还在普惠金融业务的创新实践中积累了丰富的经验，为普惠金融可持续发展探索了有效路径。由韩文亮教授领衔的团队，长期在中小银行从事普惠金融的实务和研究。此次由韩文亮教授主编的《中小银行普惠金融创新发展报告2020》，是《中小银行普惠金融创新发展报告2019》的续篇。该报告结合理论与实际，立足于国内数千家中小银行，着手于城乡调查研究，对2020年这一特殊年份的我国中小银行普惠金融创新探索做了系统梳理和归纳，并真实记录了典型案例，具有较高的参考价值。报告展现出如下几个特点：一是实践性，报告以现场调研为基础，以若干实例为抓手，总结出中小银行在开展普惠金融业务过程中遇到的普遍性问题，探究症结并寻求解决方案。二是针对性，报告始终聚焦于普惠金融业务的堵点、痛点、难点，将小微企业、“三农”等普惠金融的重点服务对象作为中小银行优先需要倾斜支持的目标，在此基础上对普惠金融的产品和渠道进行对应性较强的实证分析。三是创新性，报告重点着墨于科技赋能这一牛鼻子，以求破解长期困扰普惠金融业务发展的瓶颈难题。四是社会性，报告从普惠金融的人民性角度提出，普惠金融的最高境界是人民金融，坚持“以人民为中心”是普惠金融的出发点和归属点。特别需要介绍的是，报告的撰写者都是长期专注于中小银行普惠金融领域的实务专家，报告中也不乏具有针对性的意见和建议，有“他山之石，可以攻玉”之意。

今年正值中国共产党成立一百周年，也是“十四五”规划的开局之年，金融是现代经济的核心，负有义不容辞的社会责任。我们应坚守人民金融为人民的初心，切实履行金融服务实体经济和人民群众这一社会责任，全力推进普惠金融事业创新发展。银行业金融机构唯有不断拓展普惠金融的创新实践，丰富普惠金融的创新经验，才能交出一份令社会和人民满意的合格答卷。

是为序。

上海银保监局局长　韩　沂

二〇二一年四月十五日

序二

《中小银行普惠金融创新发展报告2020》（以下简称报告）是作者继《中小银行普惠金融创新发展报告2019》后的又一个研究我国中小银行开展普惠金融创新发展的科研成果。报告仍由韩文亮先生和他的同事们共同撰写完成。他们长期奋战在中小银行普惠金融工作第一线，具有扎实理论素养和丰富实践经验。报告较好地概括了中小银行2020年普惠金融创新发展的实际情况。

我对报告全文进行了较为精细的拜读和消化，了解了报告的脉络和内容。就我而言，这也是一次吸收专业营养的好机会。

报告体现了三个紧密结合：一是紧密结合2020年我国经济社会面临的国内外严峻复杂的现实变化，作者紧扣中小银行普惠金融面对新冠肺炎疫情的冲击和脱贫攻坚战进入最后的决定性总攻收官之战双重考验的主线；二是紧密结合实际，作者在2019年的基础上，继续深入实际开展调研，对我国约占银行业机构总数90%的4000多家中小银行进行分类剖析，尤其以那些优秀或有特长的中小银行为例，进行了深入分析和典型案例挖掘；三是紧密结合监管政策的变化，全面而扼要地阐述了新冠肺炎疫情下政府监管部门的金融支持政策和中小银行普惠金融业务发展的创新实践，提出和解析了中小银行普惠金融创新发展战略，中小银行普惠金融客户变化及需求管理，中小银行普惠金融的渠道创新与发展，中小银行普惠金融的基础管理和人才管理及中小银行普惠金融创新发展所开展的合作等事项。在此基础上，作者提出了对中小银行普惠金融创新发展的展望和对策建议，这对政府监管部门、银行、企业客户、研究人员等各相关方都有参考意义。

报告论述了我国中小银行开展普惠金融创新发展业务的优势和劣势，如渠道建设艰难、小微企业贷款余额占各项贷款额比重还可以提高等。我想在此补充谈一谈我国中小银行服务小微企业面临的挑战，并提出相关的政策思考和建议，以期中小银行能进一步扬长补短，为普惠金融创新发展作出更大贡献。

首先看一下当前中小银行服务小微企业面临的挑战，具体有以下六点：

一是我国银行尤其是中小银行数量众多，但是公司治理和经营管理水平存在较大的差异。中小银行有普惠金融业务的标杆性银行，也有高风险银行。有的中小银行公司治理完善，市场评价很好；有的中小银行治理体系和内控机制不健全，有形缺实，存在大量不正常的股东关联交易，风控审批制度形同虚设，存在掏空银行资金或内部人控制的风险。银行如果不能有效约束股东和高级管理层的行为，风险管理等制度失灵，就可能成为大股东的提款机或高级管理层的牟利工具。这是当前中小银行治理和经营管理中最重要的风险来源。

二是受疫情冲击，经济下行压力加大，竞争加剧，中小银行经营困难显现。2020年受经济下行、企业经营困难的影响，银行出现经营收入减少、不良率增加、利润下降、经营压力增加、资本不足、补充资本困难的情况。在这样的背景下，中小银行还要增加普惠金融业务的投放，推进小微企业金融业务的发展，面临着多重挑战。

三是中小银行资金实力弱，金融科技人才缺乏，对科技开发的承担能力薄弱，用于支持获客和风控的数据来源不足，数字普惠金融的数据安全等非传统风险问题日益突出。现实社会又需要中小银行采取行动规避数字风险，防止排外性、歧视、不平等和“数字鸿沟”现象。

四是地方政府都在搭建综合金融服务平台，但是中小银行在小微企业等普惠金融服务方面的政府信息共享滞后；小微企业的非信贷信息可读性和可信性较低，各类信息未能有效整合，缺乏深入挖掘和标准化处理，银行无法获得具体的、真实的企业数据。

五是大银行进入小微金融领域后，抢占了头部小微金融市场，中小银行被推向下一级的小微金融市场，而最尾部的自营就业小微企业又被互联网银行抄了底。小微金融领域的争食者还有非银行机构和民间借贷，中小银行做的小微金融业务相对风险大、成本高、效益低。大银行通过“掐尖”抢占了中小银行原有的存量，但对社会整体而言，小微金融的总量并没有增加。

六是监管部门如何平衡中小银行小微企业贷款不良率的容忍度和有效的风险防控，以及如何拓宽中小银行不良资产处置渠道。中小银行主业集中于小微企业贷款，不良率水平相对更高。大型银行不良资产处置的渠道较多，包括资产证券化、四大金融资产管理公司传统合作、个人不良贷款批量转让试点等，而中小银行不良资产处置渠道相对有限。

接着谈几点相关的政策思考和建议。

一是大型银行与中小银行、不同类型的金融机构要明确自身应有定位。中小银行在定位上要立足基层，服务实体经济，服务中小微企业，服务民营企业，服务县域，服务“三农”。中小银行在能力上要不断提高对小微企业的金融服务能力，不管是在业务上还是在组织体系和资源安排上，都要向小微企业和农户倾斜。中小银行还要推进大小金融机构合作，通过“批发+零售”等模式扬长避短。2019年，国务院相关领导指示，让台州市中小银行做普惠金融“批发+零售”业务的试点，台州的三家城商银行与国家开发银行、中国进出口银行和中国农业发展银行进行对接，开展普惠金融“批发+零售”的试点，效果非常好。

二是在尽职免责方面做进一步优化，要厘清尽职免责的认定标准，免除相关业务人员的后顾之忧。在银行考核中增加小微企业金融服务考核权重，提高各级员工积极性。在中小银行的各级管理人员培训方面创造条件，搭建教育培训平台，提高中小银行管理团队的专业素质和业务水平，并做好金融消费者权益保护工作。

三是允许中小银行在小微企业贷款利率方面与大型银行有所差异。小微企业首先关心的是融资“难不难”，也就是贷款的获得感，即如何能够以最快的速度或者不需要其他代价从银行获得融资，能否凭借自身信用而非抵押就可以获得贷款。从市场化的角度看，应该遵循利率覆盖风险的原则。

四是在金融监管方面，要利用好考核的“指挥棒”作用。建立差异化的、有效的激励机制和约束机制，鼓励各类银行支持小微企业。同时，注意改进银行考核办法，增加灵活度，提高银行自主权。开展商业银行小微企业金融服务的监管评价，进一步放宽普惠小微企业不良贷款的容忍度。在金融机构绩效考核方面，要弱化绩效考核中对利润增长的要求，将金融机构绩效考核与小微企业贷款情况挂钩。

五是完善小微金融财税政策。要落实小微企业金融服务税收优惠和奖补的措施。例如，补充出台梯次性差异化的税收政策。财税政策的适用对象和范围、条件要规范、公平。有专家建议对金融机构20万元以下的微型企业客户（个体户贷款）的利息收入、20万~100万元的微型企业客户及新型农村经营主体贷款的利息收入，在免增值税的基础上实行差异化的所得税减免政策，以有利于金融更多地关注和服务于目标客户的下沉。再如，设立小微金融投资引导基金，为那些长期专一为小微经济体提供小微贷款的中小银行提供部分资本金。

六是继续加强对创新创业、弱势群体等的支持。其一是指导金融机构优化贷款申请审批流程，方便各类困难群体将创业担保贷款特惠金融政策用好用足；其二是继续开展集中性金融知识普及活动，关注重点人群尤其是低净值人群的金融知识需求，加强对数字金融产品和服务的知识普及，提高公众特别是弱势群体的金融素养和防风险能力；其三是进一步加强金融产品和服务创新，完善对残疾人、老年人等特殊群体的无障碍金融服务。

七是中小银行精准的差异化定位和错位竞争。忠实践行“支小支农”市场定位，专注服务小微经济和造福当地百姓，探索出一条商业可持续的发展模式，以实际行动积极助力万众创业，助推新型城镇化和乡村振兴。提升集约化、专业化管理能力，用工匠精神打造中国一流的微贷专业银行。牢牢坚持“做小、做广、做特、做精”战略定位，坚持以服务“三农”、小微企业、个体工商户、弱势群体为己任，坚持“发展速度服务发展质量”的基本底线不动摇，深化小微企业贷款战略，优化服务载体，完善内部管理。

以上这些看法和意见有些与报告相同，有些是对报告的补充，有些可能有差异，可以与报告的论述结合起来思考，有利于推动我国中小银行普惠金融业务的开展和创新发展。

我认为，报告在论述我国中小银行开展普惠金融业务领域方面，具有理论性、实践性、针对性、完整性，比较全面、准确地勾画描绘了政府监管部门的相关新政策举措和中小银行普惠金融最新的创新发展，以及一些值得认真学习、借鉴的优秀示范案例。相信报告对有关政府监管部门、银行、企业客户、研究人员等各相关方，以及对此有兴趣的其他读者均会有所裨益。

正是报告有如此的特色，我以为是很值得一读的。此为序。

中国社科院农村发展研究所　杜晓山

二〇二一年四月八日

序三

普惠金融是指立足机会平等要求和商业可持续原则，以可负担的成本为有金融服务需求的社会各阶层和群体提供适当、有效的金融服务。小微企业、农民、低收入人群、贫困人群和残疾人、老年人等特殊群体是当前我国普惠金融重点服务对象。中国的普惠金融事业，已经开展了30多年，特别是党的十八大后，普惠金融在中国出现了蓬勃发展的新局面。在脱贫攻坚和抗击新冠肺炎疫情的斗争中，普惠金融功勋卓著，是中国金融发展中的一道亮丽风景线。

上海国际银行金融学院自成立以来，一直秉承上海财经大学“厚德博学　经济匡时”的校训，致力于打造中国银行业的国际学术交流平台和建设银行业高端人才培养体系。在17年的办学历程中，学院曾多次组织各方面专家就中国商业银行的改制、风控体系构建和科技创新等问题展开讨论和研究，并于2014年6月成立学术委员会，打造学院开展研究活动的长效机制。

2018年，学院聘请韩文亮教授为学术委员会主任。韩教授上任伊始，便确定把学术研究方向聚焦在普惠金融领域，着手组织了一批既有金融实务经验又有理论研究能力的专家，开展了以中小银行为对象的普惠金融的研究工作。

“十三五”期间，中国取得了脱贫攻坚的全面胜利，“十四五”又将乡村振兴作为巩固拓展脱贫攻坚成果的接续。在乡村振兴中大力发展普惠金融具有三方面的积极意义：一是普惠金融创新发展的属地性、分散化、广泛化和网络化，已融合为社会管理的重要抓手；二是普惠金融的长期性和可持续性加上中小银行地缘、亲缘、人缘的优势，可演化为资本下乡促进乡村振兴的成功范例；三是地方党政与金融机构的协同，使“党管金融”的政治优势正转化为普惠金融赋能社会管理的优势，形成普惠金融和乡村振兴的创新发展新格局。学院开展普惠金融研究的着眼点也正立足于此。

2019年由韩教授牵头，通过与中国银行业协会城市商业银行委员会合作，学院深入到国内几十家城商银行和农商银行进行实地调研，以问题为导向，以中小银行普惠金融的实战性作为研究主线，历时一年最终完成《中小银行普惠金融创新发展报告2019》的编写工作，并由中国金融出版社出版发行。该报告一经出版，便受到业内人士的高度重视，部分研究成果还被收录到中国银行业协会编写的《城市商业银行发展报告（2019）》中。

2020年突如其来的新冠肺炎疫情，使学院的日常教学任务不得不转移到线上，但对普惠金融的理论研究和实践的推广却没有因为疫情的影响而耽搁。2020年4月，在疫情形势总体趋稳后，学院就在遵守疫情防控要求的前提下，对上海静安区大宁街道、市北高新等园区的小微企业主进行普惠金融教育，帮助他们增强信用意识、丰富金融知识、了解金融工具、熟悉融资政策、依法合规经营，为破解融资难、融资贵等现实问题探索出一条可行的路径。学院学术委员会在韩教授带领下，理论联系实际，对普惠金融需求、供给和技术支撑等方面展开研究，形成了《中小银行普惠金融创新发展报告2020》。

报告是上海国际银行金融学院的一个阶段性学术成果，抛砖引玉，希望对普惠金融的创新发展有所裨益。

是为序。

上海财经大学｜上海国际银行金融学院执行院长　周　城
二〇二一年四月九日

目录

2020年伊始，新冠肺炎疫情突如其来，给中国社会秩序和经济发展带来了重大的影响。根据《中国银保监会办公厅关于进一步做好疫情防控金融服务的通知》（银保监办发〔2020〕15号），为深入贯彻落实党中央、国务院决策部署，推动银行业保险业做好新冠肺炎疫情防控金融服务，助力打赢疫情防控的人民战争、总体战、阻击战，更好地支持实体经济发展，中小银行要利用地缘优势全力支持辖内疫情防控企业扩大产能；全面服务辖内受疫情影响企业复工复产；积极帮扶辖内遇困小微企业、个体工商户；加大春耕春种金融支持。2020年是中国全面建成小康社会和“十三五”规划的收官之年，也是打赢脱贫攻坚决战的决胜之年。中小银行扎根基层、服务基层，针对性地为更多长尾客户提供普惠金融服务，提升当地的经济发展水平与居民生活水平，为脱贫攻坚“一个都不能少”作出应有的贡献。

党的十九届五中全会对中国“十四五”时期发展作出全面规划，从2021年起，将开启全面建设社会主义现代化国家的新征程，中国将进入一个新发展阶段。中小银行不忘初心，牢记使命，坚守普惠金融，担当社会责任，增进民生福祉，赋能社会治理，在国家新发展阶段发挥更大的作用。

第一章　2020年我国普惠金融事业艰难开局

第一节　我国普惠金融事业不平凡的一年

一、普惠金融在新冠肺炎疫情遭遇战中担当重任

2020年对中国而言是极不平凡的一年。年初突如其来的新冠肺炎疫情首先在湖北省武汉市暴发，继而在国内多地局部蔓延。随着政府果断而有效的防控措施相继出台，疫情得到有效遏制。但是，国民经济不可避免地遭受重大影响。

2020年第一季度国民生产总值按可比价格计算，同比下降6.8%；社会消费品零售总额同比下降19.0%；固定资产投资（不含农户）同比下降16.1%；货物进出口总额同比下降6.4%。

在全国多地启动重大突发公共卫生事件一级响应机制之后，中央政府及各主管部门迅速出台各项保障举措，以逐步恢复因疫情而受到严重影响的国民经济。其中，普惠金融领域支持政策层出不穷，精准到位，可圈可点。

2020年2月1日，正当新冠肺炎病毒在湖北省武汉市肆虐之时，人民银行、财政部、银保监会、证监会、国家外汇局五大部门极速联合发布《关于进一步强化金融支持防控新型冠状病毒感染肺炎疫情的通知》（银发〔2020〕29号），其中多项内容涉及普惠金融：

第一，在支持重点企业方面，对生产、运输和销售应对疫情使用的医用防护服、医用口罩、医用护目镜、新型冠状病毒检测试剂盒、负压救护车、消毒机、84消毒液、红外测温仪和相关药品等重要医用物资，以及重要生活物资的骨干企业实行名单制管理。人民银行通过专项再贷款向金融机构提供

低成本资金，支持金融机构对名单内的企业提供优惠利率的信贷支持。中央财政对疫情防控重点保障企业给予贴息支持。金融机构要主动加强与有关医院、医疗科研单位和相关企业的服务对接，提供足额信贷资源，全力满足相关单位和企业卫生防疫、医药用品制造及采购、公共卫生基础设施建设、科研攻关、技术改造等方面的合理融资需求。

第二，在帮扶受疫情严重影响的企业方面，对受疫情影响较大的批发零售、住宿餐饮、物流运输、文化旅游等行业，以及有发展前景但受疫情影响暂遇困难的企业，特别是小微企业，不得盲目抽贷、断贷、压贷。对受疫情影响严重的企业到期还款困难的，可予以展期或续贷。通过适当下调贷款利率、增加信用贷款和中长期贷款等方式，支持相关企业战胜疫情灾害影响。各级政府性融资担保再担保机构应取消反担保要求，降低担保和再担保费。对受疫情影响严重地区的融资担保再担保机构，国家融资担保基金减半收取再担保费。

第三，在服务社会民生方面，对因感染新冠肺炎住院治疗或隔离人员、疫情防控需要隔离观察人员、参加疫情防控工作人员以及受疫情影响暂时失去收入来源的人群，金融机构要在信贷政策上予以适当倾斜，灵活调整住房按揭、信用卡等个人信贷还款安排，合理延后还款期限。感染新冠肺炎的个人创业担保贷款可展期一年，继续享受财政贴息支持。对感染新冠肺炎或受疫情影响受损的出险理赔客户，金融机构要优先处理，适当扩展责任范围，应赔尽赔。

第四，在支持小微和民营企业方面，加强小微企业、民营企业等重点领域信贷支持，金融机构要围绕内部资源配置、激励考核安排等加强服务能力建设，继续加大对小微企业、民营企业支持力度，要保持贷款增速，切实落实综合融资成本压降要求。

第五，在银行账户防疫“绿色通道”方面，银行业金融机构要在风险可控的前提下，做好与防控疫情相关的银行账户服务工作，简化开户流程，加快业务办理。要积极开辟捐款“绿色通道”，确保疫情防控款项第一时间到达指定收款人账户。减免银行业金融机构通过人民银行支付系统办理防控疫情相关款项汇划费用。鼓励清算机构、银行业金融机构对向慈善机构账户或疫区专用账户的转账汇款业务、对疫区的取现业务减免服务手续费。

第六，在征信管理方面，要合理调整逾期信用记录报送，对因感染新冠肺炎住院治疗或隔离人员、疫情防控需要隔离观察人员和参加疫情防控工作人员，因疫情影响未能及时还款的，经接入机构认定，相关逾期贷款可以不作逾期记录报送，已经报送的予以调整。对受疫情影响暂时失去收入来源的个人和企业，可依调整后的还款安排报送信用记录。

二、普惠金融助力脱贫攻坚决战决胜

党的十九大报告明确指出，“从现在到二〇二〇年，是全面建成小康社会决胜期。”在2020年脱贫攻坚决战决胜的收官之年，普惠金融政策发挥更大作用。

随着新冠肺炎疫情防控的常态化和国民经济恢复的正常化，2020年7月3日，银保监会、财政部、人民银行、国务院扶贫办联合发布《关于进一步完善扶贫小额信贷有关政策的通知》（银保监发〔2020〕28号），要求金融机构认真贯彻落实习近平总书记对扶贫小额信贷的重要指示精神和党中央、国务院的决策部署，充分发挥扶贫小额信贷作用，助力高质量打赢脱贫攻坚战。《通知》明确了如下六个“进一步”：

第一，进一步坚持扶贫小额信贷政策。脱贫攻坚期内（2020年12月31日前）签订的扶贫小额信贷合同（含续贷、展期合同），在合同期限内各项政策保持不变。

第二，进一步扩大扶贫小额信贷支持对象。将返贫监测对象中，具备产业发展条件和有劳动能力的边缘人口纳入扶贫小额信贷支持范围，贷款申请条件、程序及支持政策等与建档立卡贫困户一致，防止产生新的致贫人口。扶贫部门负责认定并主动提供边缘人口名单。银行保险监管部门负责督促银行机构及时、精准、规范向边缘人口发放扶贫小额信贷。人民银行分支机构予以扶贫再贷款支持。财政部门和扶贫部门要共同落实好财政贴息。已设立风险补偿金的地区按照规范程序落实好风险补偿政策。

第三，进一步延长受疫情影响还款困难的扶贫小额信贷还款期限。对到期日在2020年1月1日后（含续贷、展期），受疫情影响还款困难的贫困户扶贫小额信贷，在延长还款期限最长不超过6个月的基础上，将还款期限进一步延长至2021年3月底。延长还款期间各项政策保持不变，鼓励有条件的银行机构适当降低延期期间贷款利率，努力减轻贫困户还款压力，将疫情影响降到最低。

第四，进一步满足扶贫小额信贷需求。要认真落实分片包干责任，坚持以乡镇为单位不断完善扶贫小额信贷主责任银行机制，实行名单制管理。要充分发挥村两委、驻村帮扶工作队等基层力量作用，在相关部门的指导支持下，配合银行机构做好扶贫小额信贷政策宣传、贫困户信用评级、贷款申请评估、贷款使用监测指导、逾期贷款清收、产业选择、技术指导、产品销售等工作。对符合扶贫小额信贷及续贷、展期条件的，银行机构要确保应贷尽贷、应续尽续、应展尽展；符合追加贷款条件的，可予以追加贷款支持，但单户扶贫小额信贷总额不得超过5万元。

第五，进一步做好扶贫小额信贷风险防控工作。要坚持扶贫小额信贷户借、户用、户还，精准用于贫困户及边缘人口个人发展生产，不能用于结婚、建房、理财、购置家庭用品等非生产性支出，更不能集中用于政府融资平台、生产经营企业等。要加强扶贫小额信贷监测分析，及时掌握贷款集中到期、贷款逾期等情况，对集中还款压力较大地区、存量“户贷企用”等未直接用于贫困户发展生产的扶贫小额信贷余额较大地区、不良贷款率较高及关注类贷款占比较大地区等要重点关注，加强分析研判。要积极争取地方党委、政府支持，持续完善扶贫小额信贷风险补偿机制，明确风险补偿启动条件及流程，鼓励引入保险、担保机构分担风险。

第六，进一步加强扶贫小额信贷工作组织领导。各级银行保险监管部门、财政部门、人民银行分支机构、扶贫部门要加强统筹协调，形成工作合力，促进扶贫小额信贷健康发展。要将扶贫小额信贷工作情况纳入地方党委、政府脱贫攻坚年度考核内容，定期通报工作开展情况。加大典型经验总结推广和新闻宣传力度，讲好扶贫小额信贷故事。

2021年2月25日，习近平总书记在全国脱贫攻坚总结表彰大会上发表重要讲话，庄严宣告：“我国脱贫攻坚战取得了全面胜利，现行标准下9899万农村贫困人口全部脱贫，832个贫困县全部摘帽，12.8万个贫困村全部出列，区域性整体贫困得到解决，完成了消除绝对贫困的艰巨任务，创造了又一个彪炳史册的人间奇迹！”

第二节 新冠肺炎疫情下的我国普惠金融政策

一、疫情初期的普惠金融政策

2020年新冠肺炎疫情在全球范围持续蔓延，短期内彻底结束的可能性几近泡影，疫情防控成为常态化。普惠金融事业就是在这一大背景之下被不断推进深化，对普惠金融政策精准性、持续性、强力性的迫切需求更加凸显。

2020年3月1日，银保监会、人民银行、发展改革委、工业和信息化部、财政部联合发布《关于对中小微企业贷款实施临时性延期还本付息的通知》（银保监发〔2020〕6号），要求进一步纾解中小微企业困难，推动企业有序复工复产，提高金融服务的针对性、有效性，按照市场化、法治化原则，对符合条件、流动性遇到暂时困难的中小微企业贷款给予临时性延期还本付息安排。通知从贷款到期本金安排、贷款利息支付安排、湖北地区特殊安排、企业新增融资安排、落实要求、有关配套政策六个方面明确了相关要求：

第一，关于贷款到期本金安排。对于2020年1月25日以来到期的困难中小微企业（含小微企业主、个体工商户）贷款本金，银行业金融机构应根据企业延期还本申请，结合企业受疫情影响情况和经营状况，通过贷款展期、续贷等方式，给予企业一定期限的临时性延期还本安排。还本日期最长可延至2020年6月30日。对于少数受疫情影响严重、恢复周期较长且发展前景良好的中小微企业，银行业金融机构可根据实际情况与企业协商确定另外的延期安排。上述贷款涉及担保的，银行业金融机构应与企业、担保人等协商处理。

第二，关于贷款利息支付安排。对于2020年1月25日至6月30日中小微企业需支付的贷款利息，银行业金融机构应根据企业延期付息申请，结合其受疫情影响的实际情况，给予企业一定期限的延期付息安排。贷款付息日期最长可延至2020年6月30日，免收罚息。延期利息的具体偿还计划，由银行业金融机构与企业双方自主协商、合理确定。

第三，关于湖北地区特殊安排。湖北地区各类企业适用上述政策。银行业金融机构应为湖北地区配备专项信贷规模，实施内部资金转移定价优惠，力争2020年普惠型小微企业综合融资成本较上年平均水平降低1个百分点以上。

第四，关于企业新增融资安排。银行业金融机构应积极对接中小微企业融资需求，建立绿色通道，简化贷款审批流程，适度下放审批权限，应贷尽贷快贷。要改进绩效考评、尽职免责等内部资源配置和政策安排，努力提高小微企业信用贷款、中长期贷款占比和“首贷率”。地方法人银行应主动申请人民银行的新增再贷款、再贴现额度，积极配合政策性银行的新增信贷计划，以优惠利率向民营、中小微企业发放贷款。

第五，落实要求。做好需求对接。银行业金融机构应积极对接企业贷款延期还本付息需求，开通线下和线上（网上银行、手机银行、电话银行）等多种渠道，为企业延期还本付息申请提供便利。要及时受理企业申请，限时回复办理。明确支持重点。银行业金融机构应合理评估企业状况，调整完善企业还本付息安排，重点支持前期经营正常、受疫情影响遇到暂时困难、发展前景良好的中小微企业。对于受疫情影响特别严重、遇到特殊困难的行业，例如交通运输、批发零售、文化娱乐、住宿餐饮等，银行业金融机构应根据实际情况，给予适当倾斜。有效防范风险。银行业金融机构应对临时性延期还本付息贷款进行专门统计、密切监测，对于贷款期间企业经营出现实质性变化的，及时予以相应处置。同时，应完善反欺诈模型运用，推进信息共享联防。一旦发现弄虚作假等违法违规行为，应立即停止融资支持，并通过上报征信、诉讼等惩戒措施，有效防控道德风险。

第六，有关配套政策。对于上述临时性延期还本付息的贷款，银行业金融机构应坚持实质性风险判断，不因疫情因素下调贷款风险分类，不影响企业征信记录。人民银行综合运用公开市场操作、中期借贷便利、常备借贷便利、再贷款、再贴现等货币政策工具，保持银行体系流动性合理充裕，维持银行负债端平稳接续。各级财政部门对于国有控股和参股的银行业金融机构2020年的经营考核，应充分考虑应对疫情、服务中小微企业的特殊因素，给予合理评价。

2020年3月13日，人民银行发布《关于实施普惠金融定向降准的通知》（银发〔2020〕66号），明确为支持实体经济发展，降低社会融资实际成本，决定自即日起按普惠金融定向降准考核结果调整金融机构的存款准备金率，并对符合条件的股份制商业银行额外降低存款准备金率。该通知的具体内容为：（1）根据普惠金融定向降准参与考核机构2019年度普惠金融领域贷款情况的考核结果，调整参与考核机构所适用的存款准备金率。参与考核机构包括大型银行、股份制商业银行、城商银行、非服务县域的农商银行、民营银行和外资银行。（2）对此次普惠金融定向降准考核获得0.5个百分点存款准备金率优惠的股份制商业银行，再额外降低其人民币存款准备金率1个百分点。释放资金要用于发放普惠金融领域贷款，发放情况纳入宏观审慎评估（MPA）考核。

2020年3月26日，银保监会办公厅发布《关于加强产业链协同复工复产金融服务的通知》（银保监办发〔2020〕28号），从加大产业链核心企业金融支持力度、优化产业链上下游企业金融服务、加强金融支持全球产业链协同发展、提升产业链金融服务科技水平、完善银行业金融机构考核激励和风险控制、加大保险和担保服务支持力度六个方面要求银行保险业金融机构进一步加大金融服务实体经济力度，推动产业链协同复工复产。该通知特别提到：要支持核心企业通过信贷、债券等方式融资后，以适当方式减少对上下游企业的资金占用，帮助产业链上下游中小微企业解决流动资金紧张等问题。在核心企业承担付款责任或提供担保、回购、差额补足等增信措施的前提下，上下游企业办理供应链融资业务时，银行业金融机构可适度简化客户评级准入等流程，纳入核心企业统一授信管理，使用核心企业授信额度。对于核心企业下游企业，可适当提高预付款融资或存货与仓单质押融资比例。对暂时受到疫情影响、信用状况良好的企业，可适当降低银行承兑汇票的保证金比例和适度减免手续费。落实好中小微企业贷款临时性延期还本付息等政策。鼓励保险机构进一步拓宽短期出口信用保险覆盖面，在风险可控的前提下，适当降低费率。主要依靠互联网运营的银行可运用大数据风控技术加强对产业链上民营小微企业线上贷款支持，鼓励大中型银行、政策性银行按照市场化、法治化原则加强与此类银行的业务合作。鼓励保险机构和政策性担保机构在风险可控的前提下为产业链上下游中小微企业获取融资提供增信服务。人身保险公司在风险可控的前提下可适度延长保单质押贷款期限，提升贷款额度，帮助客户缓解短期资金压力，支持小微企业复工复产。

2020年4月3日，人民银行发布《关于下调部分金融机构存款准备金率的通知》（银发〔2020〕85号），明确为支持实体经济发展，促进加大对中小微企业的支持力度，降低社会融资实际成本，决定降低部分金融机构存款准备金率1个百分点，共释放长期资金约4000亿元，具体分两次实施到位：（1）自2020年4月15日起，下调农商银行、农村合作银行、农村信用社、村镇银行和仅在本省级行政区域内经营的城商银行人民币存款准备金率0.5个百分点。（2）自2020年5月15日起，下调农商银行、农村合作银行、农村信用社、村镇银行和仅在本省级行政区域内经营的城商银行人民币存款准备金率0.5个百分点。

2020年5月18日，银保监会、工业和信息化部、发展改革委、财政部、人民银行和市场监管总局联合发布《关于进一步规范信贷融资收费　降低企业融资综合成本的通知》（银保监发〔2020〕18号），指出银行业保险业认真贯彻党中央、国务院决策部署，持续加大减费让利力度，对缓解企业融资难融资贵发挥了积极作用，但仍存在不合理收费、贷存挂钩和强制捆绑搭售等问题。为进一步规范信贷融资各环节收费与管理，维护企业知情权、自主选择权和公平交易权，降低企业融资综合成本，更好服务实体经济高质量发展，该通知从多个方面明确了相关要求①：

第一，信贷环节取消部分收费项目和不合理条件。（1）取消信贷资金管理等费用。银行不得收取信贷资金受托支付划拨费。对于已划拨但企业暂未使用的信贷资金，不得收取资金管理费。对于小微企业信贷融资，不得在贷款合同中约定提前还款或延迟用款违约金，取消法人账户透支承诺费和信贷资信证明费。（2）严格执行贷存挂钩、强制捆绑搭售等禁止性规定。除存单质押贷款、保证金类业务外，不得将企业预存一定数额或比例的存款作为信贷申请获得批准的前提条件。不得要求企业将一定数额或比例的信贷资金转为存款。不得忽视企业实际需求将部分授信额度划为银行承兑汇票，或强制以银行承兑汇票等非现金形式替代信贷资金。不得在信贷审批时，强制企业购买保险、理财、基金或其他资产管理产品等。（3）提前开展信贷审核。银行应根据企业申请，在存量贷款到期前，提前做好信贷评估和审核，提高响应速度和审批时效。在企业生产经营、财务状况和外部环境等未发生明显恶化时，不得无故提出导致融资综合成本明显提高的新的增信要求；不得以断贷为由提高贷款利率，确保有资金需求的企业以合理成本获得贷款；不得继续对“僵尸企业”提供信贷支持，挤占银行可贷

① 该通知从六个方面阐述，本处引用前五个方面。

资金，推高其他企业融资成本。

第二，助贷环节合理控制融资综合成本。（1）明确银行收费事项。银行应在企业借款合同或服务协议中明确所收取利息和费用，不得在合同约定之外收取费用。对于第三方机构推荐的客户，银行应告知直接向本行提出信贷申请的程序和息费水平。（2）加强对第三方机构管理。银行应对合作的第三方机构实施名单制管理，由一级分行及以上层级审核第三方机构资质，并在合同中明确禁止第三方机构以银行名义向企业收取费用。银行应了解合作的第三方机构向企业收费情况，评估企业融资综合成本，不与收费标准过高的第三方机构合作。（3）实行“两个严禁”。银行应掌握支持信贷决策的客户信息，严禁将贷前调查和贷后管理的实质性职责交由第三方机构承担，防止导致间接推高融资成本。严禁银行将信贷资金划拨给合作的第三方机构，防止信贷资金被截留或挪用，减少企业实际可用资金。

第三，增信环节通过多种方式为企业减负。（1）合理引入增信安排。银行应充分挖掘整合企业信用信息，支持通过与核心企业、政府部门的相关管理和信息系统对接，利用金融科技手段对客户信用准确画像，为供应链上下游企业提供方便快捷的服务。银行应根据企业资信和风险状况，确定与信贷相关的增信和专业服务安排，除特定标准化产品外，不得为企业指定增信和专业服务机构。在现有措施可有效覆盖风险的情况下，银行不得要求企业追加增信手段，推高融资综合成本。银行不得以向专业服务机构推荐客户的名义，向合作机构收取业务协办费用，导致企业融资费用增加。（2）由银行独立承担的费用，银行应全额承担。银行对企业垫付抵押登记费采取报销制的，应建立费用登记台账，由专人负责跟进。银行为授信评估目的引入外部数据、信息或评级的，不得要求企业支付相关费用。对于小微企业融资，以银行作为借款人意外保险第一受益人的，保险费用由银行承担。（3）由企业与银行共同承担的费用，银行不得强制或以合同约定方式向企业转嫁。银行应根据企业风险状况引入差异化的强制执行公证安排，在双方合意的基础上与借款企业约定强制执行公证费承担方式，不得强制转嫁费用。对于小微企业信贷融资，鼓励银行主动承担强制执行公证费；以银行作为抵押物财产保险索赔权益人的，保险费用由银行和企业按合理比例共同承担。（4）由企业独立承担的费用，银行、保险公司和融资担保公司等应采取措施最大限度减少企业支出。银行不得强制企业购买保证保险，不得因企业购买保证保险而免除自身风险管控责任。保险公司不得提供明显高于本公司同类或市场类似产品费率的融资增信产品，增加企业融资负担。融资担保公司应逐步减少反担保要求，确需引入反担保措施的，应综合评估企业实际担保成本。

第四，考核环节考虑企业融资成本因素。（1）加强资金转移定价精细化管理，鼓励银行将贷款市场报价利率（LPR）内嵌到内部定价环节。在确定内部资金转移价格时，银行应在精准核算的基础上动态调整。对于小微企业信贷融资，鼓励银行加大内部资金转移定价优惠力度，进一步降低融资成本。（2）科学开展内部信用评级和拨备计提。银行内部信用评级要兼顾借款主体评级和债项评级，可参照外部评级结果。对于借款主体评级欠佳但债项评级高的信贷项目，银行可采取受托支付、封闭管理等方式控制风险，通过差异化定价降低企业融资成本。银行在计提拨备时应遵循会计和监管规定，综合考虑信贷违约率和违约损失率，结合宏观经济形势和企业经营前景等因素进行评估，避免拨备计提不科学导致企业资金成本上升。（3）内部考核应适当和精细。银行应完善综合经营绩效考核办法，避免业务条线和分支机构为实现不当绩效考核目标，采取贷存挂钩、强制捆绑搭售、附加不合理信贷条件等做法，增加企业融资成本。银行应对不同地区、不同类型企业信贷融资设置差异化考核目标，防止因过度追求低风险而导致参与方过多、融资链条过长，间接推高融资成本。

第五，完善融资收费管理，加强内控与审计监督。（1）有效发挥公司治理机制作用。银行保险机构应不折不扣落实国家减费让利、减轻企业负担等政策要求，制定合理的年度经营目标和业务指标，提高管理效率，增收节支，保障股东合理利益。（2）完善融资收费管理制度。银行制定与调整服务价格应遵循公开、公平、诚实、信用的原则，合理测算各项服务支出，充分考虑市场因素进行综合决策，不得利用协议定价方式收取高于合理水平的费用。细化收费制度执行要求，针对不同适用情形实行差异化处理，避免分支机构在执行中“一刀切”。在业务合同中列明服务内容、价格和收费方式等，不得超出合同约定范围收取额外费用；对于先收费后服务、已收费但业务提前终止的，应确保收费与服务内容匹配。鼓励对小微企业实施差异化定价策略，按照保本微利原则厘定小微企业融资服务收费标准。（3）健全内部控制与监督。银行应实施收费管理分级授权机制，加强对分支机构的管控；因地区性差异确需实行差别化服务价格的，应由总行制定收费标准。完善信息系统，提高收费核算自动化处理能力，增加收费差错账务调整功能，及时更新系统设置，避免因系统漏洞或操作随意导致多收、误收。内审应涵盖收费管理制度与执行情况，审计频率不低于一般项目。加强对分支机构和员工管控，防止强制捆绑搭售、利益输送和收取回扣等行为。（4）充分披露服务价格信息。通过营业场所、官方网站和手机APP等渠道，以清晰、醒目方式公示价格信息和优惠政策，保障企业知情权和自主选择权。定期评估所公示信息，及时更新服务收费项目和价格标准。

2020年5月26日，人民银行、银保监会、发展改革委、工业和信息化部、财政部、市场监管总局、证监会、外汇局出台《关于进一步强化中小微企业金融服务的指导意见》（银发〔2020〕120号），提出了推动金融支持政策更好适应市场主体的需要，进一步疏通内外部传导机制，促进中小微企业融资规模明显增长、融资结构更加优化，实现“增量、降价、提质、扩面”，推动加快恢复正常生产生活秩序，支持实体经济高质量发展的要求。该指导意见其中有两个方面与普惠金融息息相关。

第一，不折不扣落实中小微企业复工复产信贷支持政策。（1）安排好中小微企业贷款延期还本付息。完善延期还本付息政策，加大对普惠小微企业延期还本付息的支持力度。银行业金融机构要加大政策落实力度，提高受惠企业占比，对于疫情前经营正常、受疫情冲击经营困难的企业，贷款期限要能延尽延。要结合企业实际，提供分期还本、利息平摊至后续还款日等差异化支持。提高响应效率、简化办理手续，鼓励通过线上办理。（2）发挥好全国性银行带头作用。全国性银行要用好全面降准和定向降准政策，实现中小微企业贷款“量增价降”，出台细化方案，按月跟进落实。五家大型国有商业银行普惠型小微企业贷款增速高于40%。全国性银行要合理让利，确保中小微企业贷款覆盖面明显扩大，综合融资成本明显下降。（3）用好再贷款再贴现政策。人民银行分支机构要用好再贷款再贴现政策，引导金融机构重点支持中小微企业，以及支持脱贫攻坚、春耕备耕、禽畜养殖、外贸、旅游娱乐、住宿餐饮、交通运输等行业领域。加强监督管理，确保资金发放依法合规，防止“跑冒滴漏”。中小银行要运用好再贷款再贴现资金，鼓励中小银行加大自有资金支持力度，促进加大中小微企业信贷投放，降低融资成本。（4）落实好开发性、政策性银行专项信贷额度。开发性、政策性银行要在2020年6月底前将3500亿元专项信贷额度落实到位，以优惠利率支持中小微企业复工复产，制定本银行专项信贷额度实施方案，按月报送落实情况。（5）加大保险保障支持力度。鼓励保险机构根据中小微企业受疫情影响程度的具体情况，提供针对性较强的相关贷款保证保险产品。鼓励保险公司区分国别风险类型，进一步提高出口信用保险覆盖面，加大出口中小微企业的风险保障。鼓励保险公司在疫情防控期间，探索创新有效的理赔方式，确保出险客户得到及时、便捷的理赔服务。

第二，开展商业银行中小微企业金融服务能力提升工程。（1）提高政治站位，转变经营理念。要高度重视对受疫情影响的中小微企业等实体经济的金融支持工作，强化社会责任担当。按照金融供给侧结构性改革要求，把经营重心和信贷资源从偏好房地产、地方政府融资平台，转移到中小微企业等实体经济领域，实现信贷资源增量优化、存量重组。（2）改进内部资源配置和政策安排。大中型商业银行要做实普惠金融事业部“五专”机制，单列小微企业、民营企业、制造业等专项信贷计划，适当下放审批权限。改革小微信贷业务条线的成本分摊和收益分享机制，全国性商业银行内部转移定价优惠力度要不低于50个基点，中小银行可结合自身实际，实施内部转移定价优惠或经济利润补贴。（3）完善内部绩效考核评价。商业银行要提升普惠金融在分支行和领导班子绩效考核中的权重，将普惠金融在分支行综合绩效考核中的权重提升至10%以上。要降低小微金融利润考核权重，增加小微企业客户服务情况考核权重。改进贷款尽职免责内部认定标准和流程，如无明显证据表明失职的均认定为尽职，逐步提高小微信贷从业人员免责比例，激发其开展小微信贷业务的积极性。（4）大幅增加小微企业信用贷款、首贷、无还本续贷。商业银行要优化风险评估机制，注重审核第一还款来源，减少对抵押担保的依赖。在风险可控的前提下，力争实现新发放信用贷款占比显著提高。督促商业银行提高首次从银行体系获得贷款的户数。允许将符合条件的小微企业续贷贷款纳入正常类贷款，鼓励商业银行加大中长期贷款投放力度，力争2020年小微企业续贷比例高于上年。（5）运用金融科技手段赋能小微企业金融服务。鼓励商业银行运用大数据、云计算等技术建立风险定价和管控模型，改造信贷审批发放流程。深入挖掘整合银行内部小微企业客户信用信息，加强与征信、税务、市场监管等外部信用信息平台的对接，提高客户识别和信贷投放能力。打通企业融资“最后一公里”堵点，切实满足中小微企业融资需求。

2020年6月1日，人民银行、银保监会、财政部、发展改革委、工业和信息化部发布《关于进一步对中小微企业贷款实施阶段性延期还本付息的通知》（银发〔2020〕122号），要求贯彻落实党中央、国务院关于统筹推进新冠肺炎疫情防控和经济社会发展工作的决策部署，强化稳企业保就业支持政策，缓解企业尤其是中小微企业年内还本付息资金压力，按照市场化、法治化原则，进一步对符合条件的贷款实施阶段性延期还本付息，其中主要内容有：

第一，政策适用范围。对于2020年6月1日至12月31日期间到期的普惠小微贷款（包括单户授信1000万元及以下的小微企业贷款、个体工商户和小微企业主经营性贷款，下同），按照"应延尽延"要求，实施阶段性延期还本付息。对于2020年底前到期的其他中小微企业贷款和大型国际产业链企业（外贸企业）等有特殊困难企业的贷款，可由企业与银行业金融机构自主协商延期还本付息。人民银行会同有关部门对银行业金融机构执行延期还本付息政策给予政策支持，并对城商银行、农商银行、农村合作银行、村镇银行、农村信用社、民营银行等地方法人银行业金融机构执行普惠小微贷款延期还本付息政策给予相关激励。

第二，关于普惠小微贷款到期本金、应付利息支付安排。对于2020年6月1日至12月31日期间到期的普惠小微贷款本金，银行业金融机构应根据企业延期还本申请，结合企业受疫情影响情况和经营状况，通过贷款展期、续贷等方式，给予企业一定期限的延期还本安排。还本日期最长可延至2021年3月31日。上述贷款涉及担保的，银行业金融机构应与企业、担保人等协商处理，根据商业原则保持有效担保安排或提供替代安排。

对于2020年6月1日至12月31日普惠小微贷款应付利息，银行业金融机构应根据企业延期付息申请，结合企业受疫情影响情况和经营状况，给予企业一定期限的延期付息安排。贷款付息日期最长可延至2021年3月31日，免收罚息。延期利息的具体偿还计划，由银行业金融机构与企业双方自主协商、合理确定。

第三，对地方法人银行执行普惠小微贷款延期还本付息政策的激励措施。为充分调动地方法人银行积极性，人民银行会同财政部通过特殊目的工具，对地方法人银行给予其办理的延期还本普惠小微贷款本金的1%作为激励。在规定期限内，同一笔贷款多次延期还本的，只在首次延期时享受激励措施。

第四，工作要求“应延尽延”，提升政策覆盖面。对于普惠小微贷款，只要企业提出延期还本付息申请，根据商业原则保持有效担保安排或提供替代安排，且承诺保持就业岗位基本稳定，银行业金融机构就应当予以办理，并合理安排还本付息时间，避免集中到期。对于其他中小微企业贷款和大型国际产业链企业（外贸企业）等有特殊困难企业的贷款，可由企业与银行业金融机构自主协商延期还本付息。

2020年6月1日，人民银行、银保监会、财政部、发展改革委、工业和信息化部发布《关于加大小微企业信用贷款支持力度的通知》（银发〔2020〕123号），明确为强化稳企业保就业支持政策，人民银行会同财政部使用4000亿元再贷款专用额度，通过创新货币政策工具，按照一定比例购买符合条件的地方法人银行业金融机构普惠小微信用贷款，促进银行加大小微企业信用贷款投放，支持更多小微企业获得免抵押担保的信用贷款支持，其中主要内容有：

第一，购买普惠小微信用贷款支持政策。自2020年6月1日起，人民银行通过货币政策工具，按季度购买符合条件的地方法人银行业金融机构新发放的普惠小微信用贷款。符合条件的地方法人银行业金融机构为最新央行评级1级至5级的城商银行、农商银行、农村合作银行、村镇银行、农村信用社、民营银行。购买范围为符合条件的地方法人银行业金融机构2020年3月1日至12月31日期间新发放普惠小微信用贷款的40%，贷款期限不少于6个月。人民银行通过货币政策工具购买上述贷款后，委托放贷银行管理，购买部分的贷款利息由放贷银行收取，坏账损失也由放贷银行承担。购买上述贷款的资金，放贷银行应于购买之日起满一年时按原金额返还。

第二，加大普惠小微信用贷款投放力度。各银行业金融机构要增加对小微企业的信贷资源配置，优化风险评估机制，注重审核第一还款来源，减少对抵押担保的依赖，支持更多小微企业获得免抵押免担保的纯信用贷款支持，确保2020年普惠小微信用贷款占比明显提高。各银行业金融机构要积极运用大数据、云计算等金融科技手段，整合内外部信用信息，提高对小微企业信用风险评价和管控水平。要针对小微企业融资需求和特点，丰富信用贷款产品体系，鼓励提升信用贷款中长期授信额度。要合理下放审批权限，提高小微企业信用贷款的发放效率。获得支持的地方法人银行业金融机构要制定普惠小微信用贷款投放增长目标，将政策红利让利于小微企业，着力降低信用贷款发放利率。要建立2020年3月1日起的普惠小微信用贷款发放专项台账，及时报送人民银行分支机构和银保监会派出机构，并保证数据真实、准确、完整。要做好贷前审查和贷后管理，可要求企业提供稳岗承诺书；贷款期间，企业应当保持就业岗位基本稳定。要把控好信贷风险，切实防范金融风险积聚。

在如此短期间密集出台普惠金融支持政策，充分展现了我国金融业支持新冠肺炎疫情防控和经济社会健康发展的强大能力。

二、疫情防控常态化下的普惠金融政策

在经过前期应急救灾和恢复经济两大阶段后，自2020年第三季度开始，普惠金融事业恢复到常态推进的状态，即疫情日常防控之下的常态化，而制度化建设则是这一常态化工作的又一特点。

2020年6月29日，银保监会印发《商业银行小微企业金融服务监管评价办法（试行）》（银保监发〔2020〕29号），以全面科学评价商业银行小微企业金融服务工作开展的情况和成效，督促和激励商业银行深入贯彻落实党和国家关于金融支持小微企业发展的战略部署，持续提升服务小微企业的质效，并要求各级监管部门对商业银行的小微企业金融服务工作组织开展试评价工作。

第一，对商业银行小微企业金融服务工作开展监管评价应当坚持以下原则：（1）定量与定性并行。为兼顾小微金融监管评价的客观性、全面性和灵活性，监管评价要素中包括定量和定性两大类指标，定量指标的总分值高于定性指标。（2）总量与结构并重。通过小微金融监管评价，在持续推动小微企业金融服务供给总量稳定增长的同时，引导不同类型的商业银行深入开展差异化竞争，细分小微企业市场和融资需求，优化小微企业金融服务对象、内容的结构，扩大服务覆盖面。（3）激励与约束并举。小微金融监管评价结果应当作为衡量该年度商业银行小微企业金融服务情况的主要依据，与差异化监管政策制定与执行、现场检查以及小微企业金融服务相关的评先创优、政策试点和奖励等工作有效联动。

第二，小微金融监管评价体系由五部分评价要素构成，分别为：信贷投

放情况、体制机制建设情况、重点监管政策落实情况、产品及服务创新情况、监督检查情况，各项评价要素下设若干评价指标，每项评价要素的得分通过对评价指标的打分，结合监管人员的专业判断综合得出。评价得分由五部分要素各自得分加总产生，定量指标依据计算结果得分（保留小数点后一位），定性指标最小计分单位为0.5分。

第三，评价指标是评价要素的构成单元。指标具体内容及分值以《评价指标表》为准。评价指标包含常规指标和加分指标两类，常规指标与加分指标的合计得分为被评价银行的最终得分。

第四，常规指标的评价内容是小微企业金融服务中监管法律法规、规范性文件明文规定商业银行应当完成的考核目标、具体任务或必须遵守的监管要求。常规指标的分值以正向赋分为主，符合指标要求的，按具体情况得分，不符合要求的不得分；部分指标对监管法律法规和规范性文件明令禁止商业银行实施的行为，或监管法律法规和规范性文件明文规定商业银行应当实施但未能实施、情节严重的行为给予负向赋分，发生指标规定行为的，按具体情况扣分，未发生规定行为的不扣分。常规指标合计满分100分。

第五，加分指标的评价内容是小微企业金融服务中监管政策明确引导、鼓励、支持商业银行发展或推进的工作。加分指标分值为正向赋分，符合指标要求的，按具体情况得分，不符合要求的不得分，合计满分15分。

第六，小微金融监管评价结果根据得分划分为四个评价等级。评价得分在90分（含）以上者为一级；得分在［75，90）区间者为二级，其中得分在［85，90）区间者为二A，［80，85）区间者为二B，［75，80）区间者为二C；得分在［60，75）区间者为三级，其中得分在［70，75）区间者为三A，［65，70）区间者为三B，［60，65）区间者为三C；得分在60分以下者为四级。常规指标得分在60分以下者，当年评价结果等级直接判定为四级。

第七，小微金融监管评价结果等级对应的评价含义如下：（1）评价结果为一级，表示商业银行对小微企业金融服务工作的重要性有充分的认识，战略定位清晰，内部组织架构和机制体制健全，政策落实和制度保障有力，全面实现了各项监管考核目标，面向小微企业的产品、业务、服务方式创新成效突出，经营服务行为基本规范。（2）评价结果为二级，表示商业银行从经营战略、组织机构、内部机制体制等方面围绕小微企业金融服务进行了专门的安排，较好地落实了政策要求，总体上实现了监管考核目标，能够针对小微企业融资特点开展产品、业务、服务方式创新，但工作还存在一些不足，需及时予以改进。（3）评价结果为三级，表示商业银行小微企业金融服务的各项机制体制、产品、业务尚有欠缺，主动作为不足，存在部分监管考核目标不达标、政策落实不得力的问题，亟须采取有针对性的改进措施。（4）评价结果为四级，表示商业银行小微企业金融服务工作存在严重缺陷，未按照回归本源、服务实体的要求落实相关政策，主要监管考核目标不达标，没有围绕小微企业金融服务建立专门的机制体制、开发特色产品、改进业务流程，应当对该行小微企业金融服务工作进行全面检视、切实整改，监管部门必要时可采取相应的监管措施。

第八，小微企业金融服务相关的评先创优、政策试点、奖励激励，应当将评价结果作为主要依据，监管部门应当优先选择或推荐评价结果为一级或二A级的商业银行。评价结果为三级的商业银行，监管部门应要求其提出针对性的改进措施，并加强监管督导。评价结果为四级的商业银行，监管部门应专题约谈其主要负责人，责令限时制订专项整改方案，并跟踪督促评估其后续落实情况。评价结果为四级，或小微企业信贷投放、监管政策落实、监管督导检查等评价要素中扣分较多的商业银行，在相关现场检查立项中应作为重点检查对象。

三、货币、财税、产业等政策对中小银行普惠金融业务发展的支持

近年来，从中央政府到地方政府、从管理部门到监管机构已充分认识到，要做好普惠金融服务，不仅需要发挥好市场在资源配置中的关键作用，更应当加大各领域的政策支持力度，以激发中小银行开展普惠金融业务的内在动力。尤其自新冠肺炎疫情暴发以来，相关部门从货币政策、财税激励、产业政策及优化营商环境等方面多管齐下，发挥协同效应，强化对中小银行开展普惠金融业务的政策激励。

第一，在货币政策方面，2020年2月和4月，人民银行两次引导LPR下降30个基点，有效降低了实体企业的融资成本。2020年1月、3月和5月，人民银行三次降准共释放资金1.75万亿元，并将择机实施普惠金融定向降准动态考核。新冠肺炎疫情暴发后，人民银行先后启动3000亿元、5000亿元和1万亿元的专项再贷款、再贴现专用额度支持实体经济复苏，同时常规支农、支

小再贷款及政策性银行的转贷款也加大投放力度。与此同时，人民银行积极创新直通实体经济的货币政策工具，其中的普惠小微企业贷款延期支持工具，通过SPV向中小银行发放贷款延期激励资金；普惠小微企业信用贷款支持计划，向中小银行提供1年期无息资金。此外，人民银行还扩大货币政策工具的合格担保品范围，将小微企业贷款和制造业贷款增长等指标纳入中小银行MPA考核范围，以发挥结构引导和结构优化作用。总体来看，一方面，货币政策工具被充分应用且创新运用，并通过精准滴灌方式更好地支持实体经济、民营企业和小微企业。另一方面，人民银行和银保监会也高度重视和积极支持银行永续债等创新资本工具的发行，有效补充了中小银行资本，提高了中小银行服务实体经济和抗风险能力，使其在逆周期中发挥更大作用。

第二，在财税激励方面，财税政策在促进普惠金融商业可持续发展中发挥了重要作用。通过实施税收优惠、财政补贴等政策，一方面可降低中小银行服务普惠客群的成本，另一方面可使小微企业轻装上阵，增强盈利能力和发展后劲。新冠肺炎疫情暴发以来，财政和税务等部门连续祭出政策组合拳。首先，国家加大对小微企业金融服务的税收优惠和奖补支持，扩大贷款利息收入增值税优惠政策的覆盖面。对贷款、担保损失或计提的损失准备金在所得税税前扣除，对小微企业融资担保业务进行奖励补贴。其次，财政部、国家税务总局等联手持续对三类小微企业主体进行普惠性税收减免，包括小型和微型企业、小型微利企业、小规模纳税人等。将创业投资企业和天使投资个人的税收试点政策推广到全国实施，更好地鼓励和扶持种子期、初创期科技型企业发展。最后，国家持续加大对普惠金融发展专项资金的支持，并通过扩大金融机构自主核销权、放宽核销标准、缩短核销周期、简化核销手续等措施，消除小微企业贷款呆账核销的后顾之忧。

第三，在产业政策和优化营商环境方面，国家也加大力度和下足功夫。相关产业（重点针对高新技术产业）的扶持政策，如在市场环境的规范化、产业孵化和培育、引导创新资源集聚、扩大面向创新的服务供给等方面，均有不同程度地惠及和推动。新冠肺炎疫情暴发后，国家为“稳外贸”，在配额供给、关税减免和关税保证保险、优化外汇金融服务等方面围绕外贸企业需求，科学把握“稳外贸”与“防风险”之间的关系，积极鼓励和推动创新，丰富服务渠道，降低服务成本和提升便利程度。在营商环境优化方面，各级政府深入推进“放管服”改革，开展诸如清除妨碍统一市场和公平竞争的障碍、深入整治价格收费违法违规行为、加强知识产权保护、完善司法执行机制，以及加强账款拖欠清收等一系列工作，有效提升了小微企业的营商环境。此外，人民银行还不断完善中小微企业贷款统计制度，全面客观反映金融服务小微企业的情况，为有关政策措施的落实夯实了基础。

第三节 中小银行普惠金融业务的创新发展

一、中小银行普惠金融业务创新发展的现实基础

尽管2020年初遭遇新冠肺炎疫情暴发的“黑天鹅”事件，但中小银行普惠金融业务创新发展的现实基础并未发生重大变化。具体而言，中小银行普惠金融创新发展在战略导向、业务基础、考核机制，以及在政府支持、监管引导等诸多方面已经建立了良好的基础。

就战略导向而言，虽然我国东、中、西部地区经济发展的梯次差异十分明显，产业布局也各有侧重，但各地各类相关经济主体对普惠金融业务的需求并无差异，且旺盛势头不减。因此，以中长期为目标的中小银行普惠金融创新发展的战略导向便成为银行业金融机构的共同关注点。通过对不同地区和不同类型中小银行（城商银行、农商银行、农村信用社）的实地调研发现，中小银行几乎无一例外地制定了符合自身定位的普惠金融业务战略导向，其中多有关于创新发展的内容。这表明我国中小银行的普惠金融创新发展战略已经从初级阶段跃升至中级甚至高级阶段。

就业务基础而言，多年以来，尤其是《推进普惠金融发展规划（2016—2020年）》实施以来，我国中小银行普惠金融业务的创新实践之丰富、品种门类之齐全、经验积累之成熟，已经形成了开展普惠金融业务的良好生态环境，造就了开展普惠金融业务的广阔空间天地。另外，无论从业务组织管理模式，还是业务风险控制模式，都见证了中小银行普惠金融业务模式的多样性，包括改良版的“IPC模式”、优化版的“信贷工厂模式”、中国版的“台州模式”等，林林总总不一而足，使“总有一款适合你”变为现实。

就考核机制而言，作为普惠金融“五专机制”的重要环节，考核评价机

制始终是各家中小银行推进普惠金融业务的手中“神器”，尤其自2017年始，各家中小银行均不同程度提升了普惠金融业务在各项业务考核中的权重，其中的普惠金融贷款考核指标、客户经理激励考核指标和以尽职免责为特征的普惠金融容错考核指标尤受关注，其与各家中小银行普惠金融业务的成效差异体现也最为密切。因此，中小银行普惠金融业务的激励约束机制已经基本形成。

就政府支持而言，各地方政府在财政收入允许的范围内积极组建各类普惠金融政策性配套担保公司，以便部分补偿中小银行因主动推进普惠金融业务而出现不良贷款率上升的实际损失，避免中小银行因普惠金融业务引发的信用风险而陷入窘境。另外，各地政府部门在打通征信数据壁垒、整合信用信息平台方面也大力出手，将社会公共资源最大限度地服务于普惠金融事业。

就监管引导而言，在近年来不断加大普惠金融政策监管力度的背景下，为进一步强化各项小微企业金融服务监管政策的贯彻落实，督促和激励商业银行提升服务小微企业的质效，根据国务院金融委的统一部署，银保监会于2020年6月29日发布了《商业银行小微企业金融服务监管评价办法（试行）》，要求各级监管部门参照该办法对商业银行的小微企业金融服务工作组织开展试评价。换言之，作为普惠金融业务核心内容的小微企业金融服务的监管评价工作已步入正轨。

二、中小银行普惠金融业务发展的创新实践

自新冠肺炎疫情暴发以来，国内银行业各金融机构积极响应政府号召，落实各项监管要求，为恢复国民经济健康运行积极贡献行业力量，其中最受关注的“及时雨”非普惠金融业务莫属。虽然本报告调研组在2020年8月和9月进行的实地调研案例并不太多，但还是认真记录了部分中小银行开展普惠金融业务的点点滴滴，其中不乏值得称道的闪光点。

（一）上海银行

上海银行在面临新冠肺炎疫情挑战的严峻态势下，依托核心企业打造产业链融资，将金融服务触达终端小微企业，并加强与各级政府、国有担保公司、保险公司的合作，依托第三方增信为小微企业提供融资便利，还主动推出基于“好人好房”标准风控逻辑的“宅即贷”产品，为有需求的居民提供

快贷服务。该行结合线上线下获客渠道，深化普惠金融服务：在线上，积极打造“上行普惠”在线标准化服务平台，探索运用金融科技手段赋能普惠金融，使产品非接触金融服务被正式纳入上海市金融科技创新监管试点范围；在线下，加大普惠金融进园区、进协会、进市场的力度，整合各方资源，对优质小微企业开展定向营销。在应对新冠肺炎疫情方面，该行主动加大信贷资源支持力度，对接人行再贷款政策，成立稳保工作小组，出台多种减费让利举措，并通过实施内部FTP补贴和开展专项工作等，支持稳企业保就业，受惠企业达2万余户，带动就业超过18万人，防疫贷款投放规模在上海地区的法人银行中列于首位。新冠肺炎疫情期间，该行主动联络市金融局、经信委、文旅局、科委等市区各政府委办局下发的各类中小企业名单内客户，对接率达88%，并结合“百行进万企”专题活动，加大进园区、进协会、进市场的力度，提升新客触达率；同时还对存量结算企业进行挖掘，以支持客户潜在的授信需求。在探索专业服务模式方面，该行结合金融科技应用，积极打造开放式的普惠金融服务平台及生态。充分发挥“上行e链”全线上服务的效率优势，以“产业链+金融”模式，将核心企业信用延伸至上下游企业，使信贷资源精准投放至产业链各环节的中小企业，解决融资难、融资贵问题。通过与电商、物流、医疗、民生保障等各类场景平台对接，打造“上行普惠”在线标准化服务平台，以手机银行、APP、微信公众号等多种渠道搭建与第三方平台合作的联动服务模式，形成共享共建的普惠生态系统。在进园区方面，结合“六稳、六保”工作要求，以及2020年度上海市集中推介的26家特色产业园区，梳理并明确2020年度重点推进的50家上海国家级、市级重点园区名单，总行、分行、支行联动开展园区金融经营管理工作，通过与园区管委会、集团公司、平台机构开展合作，名单内园区服务覆盖率目前已达94%。在新产品创新方面，该行积极推出“信优贷”产品，借助“互联网+风险大数据+智能风控模型”，结合经营主体纳税信用、财务信息和行内外多维度风险大数据，提供小额信用融资支持，并以客户体验为中心，实现在线申请、自动审批、自助提款的全流程7×24小时在线处理业务办理模式，无须其他线下授信资料。

（二）上海农商银行

在金融机构云集的上海，有一家以开展普惠金融业务见长的特色银行——上海农商银行，在新冠肺炎疫情期间发挥独特的作用。面对小微企业专项贷款额度紧张的困难，该行通过挖潜新增单列50亿元普惠金融信贷计划，并实行内部资金转移定价优惠，对FTP定价较同期限人民币贷款下调35个基点；对使用再贷款资金发放的贷款、疫情防控相关贷款实施差异化FTP补贴。在信贷政策方面，该行明确普惠型小微企业贷款不良容忍度的要求为全行各项贷款不良率以上3个百分点，形成“敢做、愿做、能做、会做”的普惠文化。在产品创新方面，该行推出“银税快贷”“商e贷”“鑫e贷”等数字化线上产品，运用大数据分析与建模技术进行分析评价，综合考量企业生产经营情况及承贷实力，实现非接触金融服务，累计向近6000户小微企业及个人提供远程化、智能化信贷产品，授信金额逾50亿元。该行秉持“普惠金融助力百姓美好生活”的使命，健全机构建设，加强普惠金融业务发展顶层设计，将普惠金融部升格为一级部，负责全行普惠金融业务的制度管理、营销推进、产品开发及风险管理；坚持普惠金融的可获得性、可负担性、可持续性；落实“坚持客户中心、坚守普惠金融、坚定数字转型”三大核心战略，加大对小微企业的支持力度，努力实现“增量、降价、提质、扩面”。截至2020年10月末，该行普惠小微贷款余额375.22亿元，较年初增长93.65亿元；普惠小微贷款户数16570户，较2019年末增加6319户，比2019年同期增加5372户。全行2020年1～10月普惠小微当年发放贷款加权平均利率4.78%，较上年末下降30个基点。截至2020年第三季度末，该行小微企业当年首次贷款的首贷户数1278户，当年首贷户首次贷款余额100.16亿元，有力地支持了小微企业抗击疫情和平稳发展。在支小再贷款资金使用方面，截至2020年10月末的余额为99.16亿元，其中复工复产支小再贷款专用额度31.90亿元，“1万亿”支小再贷款34.56亿元。经抽查的再贷款对应发放贷款的平均利率为4.76%，低于2019年第四季度和2020年第一季度全部小微企业贷款加权平均发放利率4.99%。对已发放贷款的小微企业，推出“无还本续贷”产品，以减轻企业还款压力。其中，针对2020年6月底前贷款到期但受疫情影响较大难以按期还款的客户主动予以续贷。该行还与上海市中小微企业政策性融资担保基金管理中心通力协作，推进担保基金项下的存量到期贷款无还本续贷。截至2020年10月末，该行已成功办理292户小微企业381笔共13.28亿元的无还本续贷业务。

（三）江苏省农村信用社联合社

江苏省农村信用社联合社在新冠肺炎疫情期间尽管受到业务拓展、融资需求、风险防控三方面的负面冲击，却仍然秉持“三农”本业的立社初心和社会责任感，积极开展应对疫情的普惠金融业务。

第一，积极推广线上服务，充分发挥手机银行的功能作用，实现24小时纯线上、零接触式服务。大力推广“阳光E贷”“税易通”“金易通”“税企通”等线上自助贷款产品，提高服务效率。截至2020年6月末，全省“阳光E贷”合计授信23.3万户、金额241.5亿元，用信11.5万户、金额80.5亿元，用信较年初增加5.4万户、金额增加41.1亿元。“税易通”“金易通”合计授信7.9万户、金额128.6亿元，用信2.7万户、金额32.1亿元，用信较年初增加0.97万户、金额增加9.8亿元。

第二，主动挖掘金融需求，通过电话、短信、微信、网站等多个渠道，采取逐户摸排与重点关注相结合的方式，开展全天候、全方位、全渠道的金融对接服务，在助力客户抗击疫情、加快复工复产的同时，有效挖掘各项金融服务需求。

第三，防范化解经营风险，采取延期还本付息、展期、无还本续贷、借新还旧等一系列措施缓解客户还款压力，不断优化制度流程，提升服务效率，适度降低贷款利率，及时关注受疫情影响贷款的风险变化情况，加大风险隐患资产处置力度，防止不良资产前清后冒。

第四，在落实银发〔2020〕29号文方面，该社下发《关于积极应对新冠肺炎疫情影响　全力支持各类市场主体恢复正常生产经营的通知》等多份文件，引领全省农商银行提高政治站位，强化担当作为，充分发挥自身资源禀赋优势，全力支持各类市场主体应对疫情影响，克服经营困难，尽快恢复正常生产经营。具体举措为：

（1）全力支持疫情防控，单列500亿元专项信贷计划，制订专项服务方案，重点支持疫情防控必需、公共事业运行必需和群众生活必需的相关行业和企业。截至2020年6月末，已累计投放177.8亿元支持疫情防控相关企业复产扩产。

（2）全力支持复工复产，做好摸底调查，及时掌握各类客户复工开门安排，明确专人做好对接服务。加大贷款投放力度，用好用足人民银行再贷款再贴现支持政策，及时印发《关于积极对接人行再贷款、再贴现政策加快涉农及小微企业贷款有序投放的通知》，要求各农商银行主动申报、抢抓进度、提升质效。2020年上半年，全系统累计获得支农支小再贷款和再贴现557.6亿元，同比增加317.3亿元，助推支持复工复产工作取得明显成效。

（3）全力支持纾困解难，出台疫情防控期间非现场办理延长还款期和延期付息的操作规范，严格落实不抽贷、断贷、压贷的政策要求，坚持应延尽延，保持授信稳定，提振客户信心。截至2020年6月末，全系统累计办理临时性延期还本（含展期）5368户、金额175.1亿元，延期付息贷款1604户、金额212.5亿元，无还本转续贷7067户、金额334.6亿元。主动降低贷款利率惠及5.9万户，累计让利19.4亿元；通过减免手续费等惠及7.6万户，累计减免相关费用3898.3万元。

（四）宁波银行

新冠肺炎疫情期间，宁波银行专门制定了应对举措：（1）投放应急性防疫再贷款。该行是浙江省内获得人民银行专项再贷款资金的三家法人银行之一，在获得专项再贷款资金后，第一时间联合多部门成立专项小组，根据疫情防控特点和保障企业名单，逐步对接企业，帮助企业获得低成本资金。截至2020年6月末，该行防疫再贷款投放总额达40亿元。（2）推出专项额度。该行积极投放专项低息贷款，切实减轻小微企业融资的综合成本，在执行人民银行专项再贷款指标之外，还额外配套了低息专项再贷款40亿元。（3）发放首创型阶段性低息、免息贷款。从2020年3月开始，该行进一步加大资源倾斜，向小微企业投放阶段性低息、免息贷款，截至2020年6月末已投放110亿元，惠及3.9万户小微客户。（4）推进延期还本付息和增加信用贷款。此举不仅能够持续服务好存量客户，并且还不断吸引新客户。（5）选择与政府、工业园区等对象开展深入合作，另辟蹊径拓展票据、外汇、个人资产管理、家族信托等业务，努力做好“大银行不愿做，小银行做不好”的普惠金融业务。

（五）宁波鄞州银行

作为一家扎根本土的农商银行，宁波鄞州银行的普惠金融业务同样开展得有声有色：

（1）发放专项再贷款，为“浙江省疫情防控重点保障企业名单”客户投放年利率为3.05%、且企业可享受一半财政贴息的专项优惠贷款。该类贷款已于2020年3月23日全部投放完毕，共投放名单内企业12户，贷款金额合计4.56亿元，加权贷款年利率仅为2.85%；共计获得财政贴息资金654万元，企业实际融资年利率仅为1.43%。

（2）推出支小再贷款，为进一步降低小微企业融资成本，该行向人民银行宁波市中心支行积极争取支小再贷款额度。在第一批5000亿元支小再贷款活动中，该行累计投放贷款金额为17.6亿元，共惠及978户小微企业（其中首贷户342户，占比为35%），加权年利率为4.11%，较上年小微企业贷款平均年利率降低近2个百分点。在第二批1万亿元支小再贷款活动中，该行向人民银行宁波市中心支行申请了25亿元支小再贷款指标，且已投放贷款16.8亿元，共惠及2160户小微企业，户均贷款金额78万元，加权年利率为4.79%。

（3）推出阶段性延期还本付息政策，计划全年完成指标40亿元。截至2020年7月末，已完成8.2亿元，共惠及小微企业718户。该行对该项政策执行的基本原则是“应延尽延”，提升政策覆盖面。在期限上，对于在2020年6月1日至12月31日期间到期的普惠小微贷款和应付利息最长可延期至2021年3月31日。在风险判断上，该行坚持实质重于形式的判断原则，不因疫情因素下调贷款五级分类，不影响客户征信记录。该行还下调了普惠小微贷款口径内的无还本续贷产品的FTP成本，由原来的1至5年期FTP调整为1年期FTP，将人民银行的激励政策全部兑现给支行，提高了基层经营单位的积极性。

（4）落实普惠小微信用贷款政策，计划全年完成普惠小微信用贷款投放40亿元，已完成投放16.45亿元，共惠及小微企业2764户，加权年利率为5.64%。该行根据“能贷尽贷”的基本原则，努力提高普惠小微企业信用贷款占比：一是增加对小微企业的信贷资源配置，优化风险评估机制，注重审核第一还款来源，减少对抵押担保的依赖，使更多小微企业获得免抵押免担保的纯信用贷款支持；二是下调普惠信用贷款授信审批权限，对新增的普惠小微信用贷款审批权限下调一级，着力提升小微企业的申贷获得率和满足感；三是加大内部资金优惠力度，在年初普惠小微贷款FTP成本较上年下调50个基点的基础上，对符合本次政策支持范围的普惠小微信用贷款再下调23个基点，将政策红利让给小微企业，以进一步降低其融资成本。

（5）发放免息贷款，在疫情期间安排15亿元信贷专项资金用于支持受疫情影响较大的企业（含个体工商户），给予减免3个月贷款利息的优惠，每户最高可享受100万元，累计发放金额13.86亿元，免息客户2489户，减免利息2004万元。

（6）推广“微担通”业务，解决小微企业担保难。该行与宁波市融资担保、宁波市农业融资担保、宁波市海曙中小企业融资担保、宁波市鄞州区中小企业融资担保四家政策性融资担保公司开展“微担通”业务合作，为小微企业、私营企业主、个体工商户及“三农”客户等发放政策性保证贷款，免收1年担保费，并给予利息优惠，已累计投放“微担通”1425户，金额16.8亿元。

上述五家银行业金融机构均处于中国经济发展头部区域的长三角地区，可谓是中小银行践行普惠金融事业的一个缩影。在坚持新冠肺炎疫情防控之下，我国的“六稳六保”总体实施目标能够稳步推进，并取得经济增长由负转正的不俗业绩，与千百家中小银行倾力于普惠金融事业的创新工作密不可分。

三、中小银行普惠金融业务创新发展的前景

2020年的新冠肺炎疫情，催生出我国普惠金融事业百舸争流、千帆竞发的崭新气象。据银保监会2021年2月公布的数据，截至2020年末，我国银行业金融机构用于小微企业的贷款（包括小微型企业贷款、个体工商户贷款和小微企业主贷款）余额为42.7万亿元，其中单户授信总额1000万元及以下的普惠型小微企业贷款余额为15.3万亿元，较年初增速30.9%。银行业金融机构交出了一份来之不易的亮丽答卷，这更预示了中国普惠金融事业的蓬勃发展已势不可当。

不可否认，我国中小银行普惠金融业务创新发展之路还会面临诸多困难，尤其是在各国有大型银行全面实施普惠金融战略布局的大背景之下，中小银行普惠金融业务创新发展之路将更为艰难。《关于深入推进大型银行普惠金融事业部相关工作的通知》（银监办发〔2017〕135号）和《关于进一步提高大型银行普惠金融事业部服务能力的通知》（银保监办发〔2018〕33号），分别对大型银行的普惠金融工作提出了明确要求。经过近两年的绸缪蓄势，在新冠肺炎疫情暴发的2020年终于强势发力。大型银行在2020年的普惠金融业务发展策略主要是利用其因资金充裕而凸显的贷款产品价格优势，以大批量获取普惠金融长尾客户，多家大型银行的贷款价格水平已与LPR持平，这

一招使常年以普惠金融长尾客户目标群为其主要服务对象的中小银行倍感压力，并迫使中小银行进一步下沉其目标客户群和降低贷款产品价格。这一状况既预示了我国银行业金融机构在普惠金融业务领域将出现不可避免的优胜劣汰式的分化，也同样折射出我国银行业金融机构在普惠金融业务方面因创新仍显不足而难以适应新发展需求的现状。因此，中小银行欲在普惠金融业务领域的竞争中立于不败之地，唯有继续坚守不断创新的发展之路，并在久久为功的持久战中胜出。

2015年12月31日，国务院印发《推进普惠金融发展规划（2016—2020年）》，明确指出普惠金融要为有金融服务需求的社会各阶层和群体提供适当、有效的金融服务。小微企业、农民、城镇低收入人群、贫困人群和残疾人、老年人等特殊群体是当前我国普惠金融的重点服务对象。要提高金融服务的覆盖率、可得性和满意度，增强所有市场主体和广大人民群众对金融服务的获得感。我国的普惠金融事业在“十三五”期间仍以监管驱动为主要特征，以需求驱动为特征的内生动力型普惠金融还没有大量出现。而要实现新一轮的普惠金融发展目标，最为关键之处是要完成普惠金融事业的发展模式从监管驱动型向需求驱动型的转型，实现由勉强被动地执行监管指标向积极主动地营销普惠客户的转变，以解决我国中小银行普惠金融事业可持续发展的动力之源，这将保证我国中小银行普惠金融事业行稳致远、盛而不衰。

第二章　中小银行普惠金融创新发展战略

第一节　中小银行普惠金融战略定位及构成

一、中小银行普惠金融战略定位模式解析

与商业银行整体战略相似，中小银行普惠金融战略的形成依赖于一系列内外部因素的输入和影响。这些因素可分为宏观、中观和微观三个层面：

第一，宏观层面，主要包括宏观经济情况、区域经济情况、国家政策和监管要求等因素。首先，中小微企业是国民经济和社会发展的生力军，是扩大就业、改善民生、促进创业创新的重要力量，在稳增长、促改革、调结构、惠民生、防风险中发挥着重要的作用。在中国经济增速结构性换挡至中低速增长后，具有“98765”特征[①]的民营企业、中小微企业越来越受到国家重视。其次，十九届五中全会提出到2035年“全体人民共同富裕取得更为明显的实质性进展”，可见未来小微企业和普通群众将更多地享受到国家经济增长的红利。这一群体的财富增长与经济增长将更为密切相关。换言之，普惠金融目标客群未来会更为“富裕”，这意味着他们将有更多的资产来抵御金融风险且财富管理业务也相应会有较大的增长空间。此外，近年来从中央到各级政府、人民银行和监管当局多次研究部署深化普惠金融服务的政策措施，在货币政策、监管政策、财税激励、产业政策和优化营商环境等方面多管齐下，发挥协同效应，强化政策激励。在货币政策精准发力、差异化监管政策不断优化、财税政策支持力度加大、产业政策和营商环境持续提升的同时，弥补制度短板，健全普惠金融发展的法律框架。这些优惠政策和监管要

① “98765”特征是指中小微企业（含个体工商户）占全部市场主体的比重超过90%，贡献了全国80%以上的就业、70%以上的发明专利、60%以上的GDP和50%以上的税收。

求的组合拳，引领、推动、促进了一大批包括中小银行在内的国内银行将普惠金融逐步纳入重点业务领域，从而有力推动对普惠客群的有效金融供给。

第二，中观层面，主要包括产业和行业情况、银行同业普惠金融竞争态势等因素。在中观的同业竞争态势方面，自《推进普惠金融发展规划（2016—2020年）》颁布以来，各类银行纷纷加快在普惠金融这片“蓝海”的业务布局。大型银行引领作用强，辐射面广，互联网银行增速较快，中小银行坚守地方普惠业务阵地，国内银行业普惠金融业务竞争日趋激烈，呈现出“百花齐放”的良好格局。

图2-1至图2-4显示了国内各类银行普惠金融业务情况。

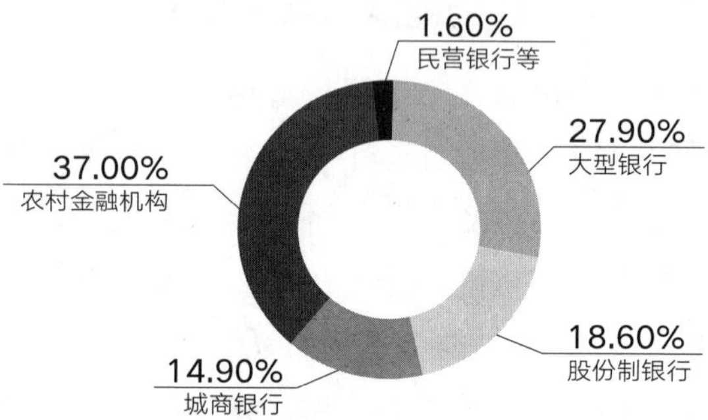

图 2-1　各金融机构普惠型小微企业贷款余额占比

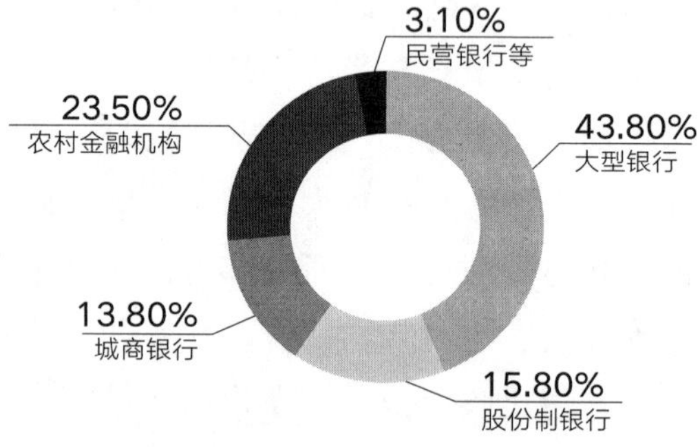

图 2-2　普惠型小微企业贷款余额比年初新增占比

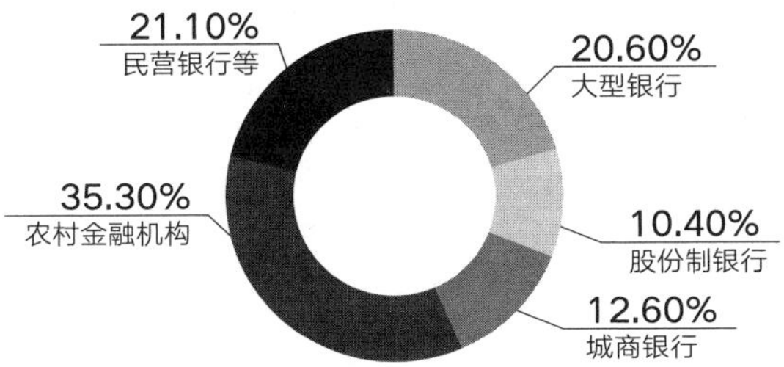

图 2-3　各金融机构普惠型小微企业授信户数占比

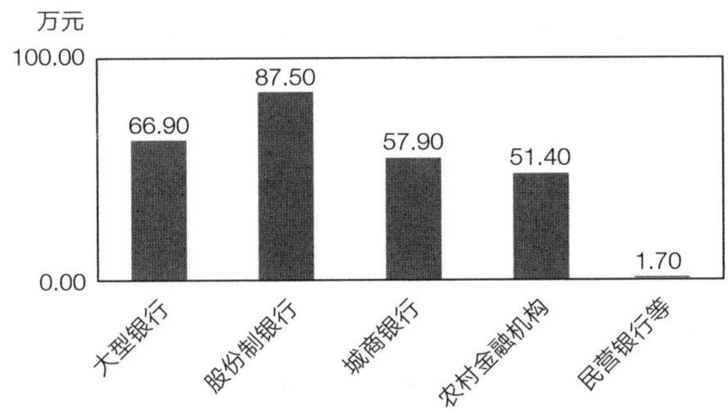

图 2-4　各金融机构普惠型小微企业贷款户均余额

截至2019年底，全国小微企业11.6万亿元普惠金融贷款余额中，大型银行余额占比为27.9%，股份制银行为18.6%，城商银行为14.9%，农商银行为37%，村镇银行为1.6%①。截至2020年底，全国小微企业15.3万亿元普惠金融贷款余额中，大型银行余额占比为31.7%，股份制银行为18.1%，城商银行为14.5%，农商银行为33.9%，村镇银行为1.8%②。

第三，微观层面，主要包括中小银行自身整体业务战略、资源禀赋等形成普惠金融发展战略的内在关键决定因素。具体来看，中小银行对普惠金融的业务战略定位，普惠业务在整体业务布局中的地位等很大程度决定了未来这家银行对普惠业务发展方向、路径和对应资源配置策略。上述这些因素在微观个体银行层面共同构成了普惠金融战略形成的内部驱动因素的集合。

目前中小银行普惠金融战略定位主要有三种。

① 《银行业监管统计指标季度情况表（2019年）》，中国银行保险监督管理委员会网站，2020年2月。

② 《2020年银行业金融机构普惠型小微企业贷款情况表（季度）》，中国银行保险监督管理委员会网站，2021年2月。

第一种，政府和监管导向型。在此战略定位下，银行开展普惠金融业务更多的是响应各级政府和监管的政策引导，这些银行的普惠金融总体发展思路起初主要是满足监管要求和达到相应指标，践行银行金融机构的社会责任。目前国内中小银行中，部分政府股东背景较强且以对公业务为战略重点的城商银行多采用此种普惠金融战略定位。2020年6月29日银保监会印发《商业银行小微企业金融服务监管评价办法（试行）》，对小微企业信贷投放情况设置了多个指标进行评价。这些评价指标切实引导各类商业银行开展普惠金融业务，服务实体经济。在此过程中，部分银行发现归属大零售业务板块的普惠金融业务如果做好风控和资产质量管理也能带来可观的经济效益，尤其是优质普惠信贷资产是相对高收益资产配置的绝佳选择。由此这些银行激发了内在发展普惠金融的动力，其普惠金融战略定位也会逐渐向转型方向和未来增长点型转型。

第二种，转型方向和未来增长点型。在此战略定位下，部分银行将普惠金融及其归属的大零售业务板块作为业务转型的探索方向和未来机会型业务，但也有更多的银行将该项业务作为转型的重要方向和未来战略增长性业务，投入大量资源借以推动该项业务的发展。根据国际银行业的经验，银行大零售业务板块（含普惠金融）是应对利率市场化及金融危机挑战的最佳“天然屏障”。因为零售业务利率定价比传统对公业务相对较高且相对节省资本，同时零售业务周期性较弱且相对额小、分散的集中度风险相对较低的特点也有助于银行抵御金融危机下系统性风险的冲击。在2008年国际金融危机中零售业务占比相对较高的“交叉销售之王”富国银行率先于美国银行、摩根大通等银行走出危机；印度尼西亚国民银行（BRI）高质量的小微金融业务也助其在对公业务资产质量大幅下滑的情况下得以生存。当前国内银行业面临宏观经济增速结构性换挡期、利率市场化改革“最后一公里”关键期，叠加国内外各种复杂情况，借鉴国外银行应对利率市场化和金融危机的成功经验，越来越多的国内中小银行调整自身普惠金融战略定位，如提出“普惠金融助力百姓美好生活”作为企业使命的上海农商银行，打造团队、产品、政策和服务四专小微金融服务模式的宁波银行等。招商银行十多年如一日，久久为功，始终以客户为中心，以零售业务转型为抓手，得以坐稳国内银行“零售之王”的位置。可见，国内中小银行普惠金融转型之路“道阻且长”，对此中小银行应当有精准的把握和充分的准备。

第三种，战略支柱和支柱业务型。在此战略定位下，银行已将普惠金融作为支柱型业务，甚至少数银行聚焦普惠或小微金融从而成为一家独具特色的“普惠”银行。这些银行有些是“独具慧眼”发现了普惠金融的战略价值，有些则是综合考虑自身资源禀赋，在不同的发展阶段作出明智的选择。浙江泰隆银行、台州银行、常熟银行等均是此类银行的典型代表，其中泰隆银行、台州银行等自成立就坚守普惠金融定位，并在实践中逐渐摸索出一套适合中国国情和区域市场特点的“线下”或者“线上+线下”相结合的普惠业务模式。这些银行的组织架构、业务模式、风控模式、科技系统、资源配置和考核机制等均围绕普惠金融的战略定位来搭建。当然，未来在数字经济时代，通过金融科技手段实现传统普惠业务模式的数字化转型和迭代升级，以更好地适应普惠客群生活场景和经营场景的互联网化及更为个性化的普惠客户金融需求，则是这些银行未来需面对的挑战。

一方区域的经济状况、人文环境一定程度上塑造了一方的普惠金融环境。中国各地区域经济发展极不平衡，东部沿海地带及长三角、珠三角等是中国经济发展的重要引擎，而广大中西部地区的经济则相对落后。各地政府、人民银行和监管当局根据自身区域经济发展需要，确定普惠金融的重点及一些特色领域。例如，对于零售个人客群而言，长三角地区普惠金融业务侧重于相对低收入的城镇社区居民，而中西部地区则是农民和扶贫脱困对象等。再如，上海市“十三五”规划中明确将上海建设成为具有全球影响力的科技创新中心，由此上海普惠金融的一个重要组成部分就是“科创”金融板块；而浙江省“十三五”规划中明确“绿色”是浙江转型发展的重要方向，要按照“绿水青山就是金山银山”的路子走下去，坚持生态立省、绿色惠民，所以“绿色金融”就自然成为浙江省普惠金融的特色内容。各地普惠金融均带有区域经济发展的烙印和特点，中小银行在形成自身普惠金融业务发展思路时应考虑所在区域的经济状况、金融环境的差异化影响。最后需要强调的是，虽然区域个性化因素会对银行各自普惠金融业务发展产生一定影响，但普惠金融的内涵及其核心的领域，如小微金融、“三农”和扶贫等始终是不变的。

总体而言，中小银行普惠金融战略定位是普惠金融战略制定的出发点，是普惠业务发展的锚定点，所以在综合考虑宏观、中观和微观因素进行普惠金融战略规划时首先要确定普惠金融战略定位，并以此为基础逐步展开、迭代并最终形成具有前瞻性、可落地的普惠金融战略规划。普惠金融总体发展思路与银行普惠金融的战略定位密切相关，与中小银行所在区域的经济状况、金融环境和风土人情也有较强的关系。

二、新冠肺炎疫情下中小银行普惠金融战略发展和变化趋势

普惠金融事业在抗击新冠肺炎疫情和恢复国民经济方面担当重任，同时2020年也是我国脱贫攻坚决战决胜、全面收官之年，普惠金融事业同样经受了挑战。中小银行普惠金融战略的变化以及由此呈现的新态势可以归纳和总结如下：

第一，普惠金融战略重要性持续提升。2020年在政策力度和监管导向持续加大的背景下，银行逐渐认识到普惠金融业务能带来较好的经济效益，无论是主动转型拥抱还是相对被动地完成普惠金融任务、满足监管要求，随着包括中小银行在内的更多银行持续将有限的资本、资金、人才、科技等重要资源投入普惠金融业务板块中，普惠金融战略的重要性在持续提升，普惠金融市场的竞争日趋激烈，普惠信贷定价主动权正逐渐从银行转向借款人。

第二，风控能力作为驱动普惠金融战略制胜的主要特征更加明显。2020年中小银行将更多的信贷资源投放到普惠金融业务中，无论是延期还本付息，还是加大信用贷款投放等政策均无时无刻不在考验银行的风控能力。例如，延期还本付息会使部分信贷资产的逾期发生延后，部分信贷资产质量的恶化可能被隐藏，此时就要考验银行贷后持续监控、预警甚至资产保全和催收能力。又如，加大信用贷款投放更需要银行对借款人的欺诈风险、信用风险加以准确识别、对信用风险限额和信贷额度加以准确测算和厘定。可以说没有风控、科技、运营等各项管理基础能力的加持，普惠金融战略只会是空中楼阁或者只是昙花一现。因此，普惠金融战略落地实施的能力尤其是风控能力前置，在普惠金融战略制定阶段就要统筹规划和布局。

第三，疫情下“无接触”普惠金融使“线上化”战略渐成创新热点。出于疫情防控的需要，无接触服务成为首选，而无接触的银行服务包括普惠金融服务则成为创新热点。“无接触”服务的本质就是建立在线上化、数据化基础上更精准的客户认知和客户服务。“无接触”普惠金融，需要中小银行拓展无接触获客渠道，构建全域在线营销体系，规范管理无接触营销工具和营销模式，优化无接触服务模式，提升无接触客户服务能力，形成完整的全

线上营销、交易和服务流程。当下依靠5G、AI、物联网、大数据等成熟的数字化信息技术，依托坚实科技支撑体系与强大风控能力的“无接触”普惠金融全线上化运营，已经成为中小银行争相创新、广泛参与的普惠金融热点。

第四，疫情下客户信息资源的丰富为普惠金融“大数据”战略持续助力。许多客户信息，如客户地址、联系方式、客户身份、社交生活及企业相关经营信息，由于疫情防控的需要得到进一步采集、加工和整理，银行与政府、企业、平台之间的数据互通、系统互联得到了改观，客观上增加了普惠金融风控模型的数据来源，并推进了客户信息的数据治理。在确保客户信息安全和保护客户隐私的基础上，中小银行正借助各类信用信息共享平台和合规的商业大数据来源，建立更多的普惠金融营销、风控和运营大数据用例，为普惠金融“大数据”战略落地提供了更为坚实的保障。

第五，伴随实体经济数字化，普惠金融“数字化”战略已成风口。数字经济时代已经来临，数字技术广泛应用正使经济环境、经济活动发生根本变化，社会交易成本降低，资源优化配置效率提升，经济更高质量发展。疫情加速了实体经济和金融的数字化转型，数字技术正在改变一批传统的行业，如批发零售向“直销”等新零售转型、传统制造业正在向基于工业互联网的先进数字制造业转型，同时数字技术也催生出新的行业，如在线教育和办公、在线娱乐“网红”等多种行业。消费互联网之后，产业互联网、工业互联网正蓬勃兴起，数字技术正深刻改变着小微企业的生产经营活动和个人客户的生活习惯。中小银行一方面可持续通过数字化融入普惠金融个人客户的“衣食住行玩”等生活场景中，更重要的是从企业数字化转型所需数字化服务着手切入公司客户的产业互联网建设，布局小微企业的线上供应链金融、产业链金融及线上平台金融等。对此，多数中小银行已形成共识，并通过制定、推进普惠金融“数字化”战略来布局和推进普惠金融数字化转型。

三、中小银行普惠金融战略框架及其多层次构成

中小银行普惠金融战略是对银行普惠金融未来发展的愿景、目标及其业务规划和配套能力的全面系统的阐述，指明了其未来3～5年普惠金融发展的方向和路径。普惠金融战略是中小银行未来普惠金融发展的纲领性指引，确定普惠金融战略目标，决定普惠业务条线的组织架构及“人才、资本、费用、科技”等关键战略资源配置策略，明晰普惠业务未来发展方向和总体策

略，对中小银行普惠金融的发展起着至关重要的引领作用。

一套科学有效的普惠金融战略能够清晰地回答中小银行“普惠金融的业务范畴、普惠金融发展目标、普惠金融发展方向和路径”等核心战略问题。一般而言，中小银行普惠金融战略是一个多层次的战略框架，其内涵比纯粹的普惠金融业务发展规划更为宽广和深入，一般包括以下几个层次：

1. 普惠金融战略目标

中小银行普惠金融战略目标包括普惠金融业务愿景、普惠金融价值观和普惠金融发展目标等主要内容。其中普惠金融发展目标由定性和定量的目标组成。定量指标包括普惠金融业务规模类指标、增速类指标、利润类指标、质量类指标及效率类指标等，如典型的“两增两控”指标就兼有规模和资产质量相关指标。一般该部分内容会融入各家银行的普惠金融业务发展规划中。

2. 普惠金融业务发展规划

中小银行普惠金融业务发展规划是普惠金融战略中的核心组成部分。该业务发展规划系统阐述了未来一段时期银行普惠金融的发展方向、重点、抓手和路径等要素。

普惠金融业务发展规划从区域、客群、产品、价格、营销和服务及渠道等多要素详细描绘了未来银行普惠金融发展的具体实施蓝图。通过业务发展规划可进一步明确普惠金融业务未来客群定位、综合金融产品和服务的组合加载、综合定价策略、客户触达和全生命周期持续经营及客户服务等推进实施策略。

3. 普惠金融业务专题战略

中小银行普惠金融业务发展不仅需要发展规划的指引，更需要规划发展普惠金融所需的某些关键管理举措的实施策略和实施路径，而这些关键举措往往需全行不遗余力并跨条线地持续推进。根据对当前中小银行普惠金融战略和业务发展的研究和分析，综合考虑疫情防控期中小银行普惠金融战略的新变化和发展趋势，数字化、创新和协同是当下伴随银行普惠金融业务发展所亟待同步推进的三项重要管理举措。

首先，普惠金融创新包括产品创新、渠道创新、服务创新、运营和管理创新等，这些创新有力驱动中小银行走上一条有别于银行传统对公和零售业务的差异化发展道路，也有利于中小银行在竞争日趋激烈的普惠金融市场能够脱颖而出，站稳脚跟。

其次，普惠金融数字化可使中小银行有效解决过往面临的信息不对称、作业成本高等传统普惠业务痛点和难点问题，促进普惠金融进一步“提质增效”，确保普惠金融商业模式的可持续性和健康发展。

最后，普惠金融业务发展也需与中小银行原有公司、零售、金融市场、资产管理等多个板块和业务条线围绕客户、业务等领域开展多层次协同，同时在普惠金融生态化趋势下，中小银行与各类非银机构、类金融机构及各类自带场景的大平台、金融科技公司开展紧密协作，通过提供多元化的金融产品和相关的非金融服务满足客户日益多元化的需求，并实现客户普惠金融的综合价值。

第二节　中小银行普惠金融业务发展规划和专题战略

一、中小银行普惠金融业务发展规划

中小银行普惠金融发展规划是普惠金融战略的核心组成部分，系统、全面地从客群定位和客户经营、产品体系和综合经营、渠道建设和渠道融合、营销和服务模式等多个方面详细规划设计了中小银行普惠金融的实施蓝图和推进策略。

（一）普惠金融业务目标和业务计划

中小银行通过普惠金融业务目标和业务计划来承载并具象化表述普惠金融战略目标，并从多个维度明确定义在业务发展规划指引下普惠金融所需达成的综合经营指标。

首先，普惠金融业务目标规划可定性和定量相结合。业务目标中可相对定性地阐述银行普惠金融发展的愿景、使命、价值观和目标等，例如，浙江泰隆银行其普惠金融战略愿景是“成为‘人人平等’普惠金融愿景的实践者”，其普惠金融使命是“服务小微、服务大众”；上海农商银行“坚持‘普惠金融’理念，服务‘三农’、小微企业和社区，做到‘社会、客户、员工’三个满意”的普惠金融价值观；上海银行“打造以客户为中心，特色鲜明的

数字化普惠金融，共建普惠金融生态圈，重点服务本地民营及小微企业”的普惠金融发展目标。同时也可以定量明确关键业务发展指标，如普惠业务总体规模、不良率、利率常用指标及“两增两控”“首贷率”等监管指标。

其次，承接普惠金融业务目标和计划一般围绕一系列相关指标构成，其中包括规模类指标如普惠型小微贷款总量等，增速类指标如规模增速或者规模占比增速等，盈利类指标如经济利润EVA、会计利润或者FTP营收等，风控质量类指标如不良率、新增不良发生率等，经营效率类指标如人均、团队均等，业务结构类指标如信用类贷款占比、制造业贷款占比等，特色/战略业务类指标如绿色小微信贷占比等，客户经营类指标如客户持有产品数、续贷率等，渠道建设类指标如线上客户建档率、移动作业平台替代率等，区域拓展类如相关区域市场占有率等，内部能力类如客户经理合格率等指标构成。这些指标共同把中小银行普惠金融业务目标更为全面、准确地定义并将通过机构、业务和产品及时间等三个维度进行分解，成为跟进普惠金融战略执行情况的重要抓手。

（二）普惠金融客群定位、特征及客户经营

中小银行普惠金融客群主要是小微企业、农民、城镇低收入人群、贫困人群和残疾人、老年人等。从银行角度看，普惠客群可以分为以下四类：

第一，社区居民客群，该客群主要是“自然人”且多为受雇人士，对于个人而言，其年龄、职业特性及生活场景共同决定了金融产品和服务需求。老年人、城镇低收入人群等也属于此类。

第二，小微企业客群，该客群主要是“法人”，对于企业而言，其规模、行业特性及企业日常经营场景共同决定金融产品和服务需求，而企业主属于“社区居民”客群。

第三，个体经营户客群，该客群兼具“自然人”属性和“生意经营”属性。故其金融需求由个人和经营“双重”特性决定。

第四，“三农”等涉农主体客群，该客群兼具“自然人”属性和“农业生产”或“农村经营”属性，与“个体经营户客群”类似，其金融需求也具有个人和经营“双重”特性。

小微企业及相对低收入的城镇居民是国内普惠金融的目标客群之一，小微企业所在产业、行业及农民工、城市居民等工薪客群雇主所在产业、行业

就是普惠金融业务的中观环境。从产业分布看，小微企业分布于消费领域、服务业等第三产业占比高；从产业链角度看，小微企业产业链中下游居多，近年来小微企业中新兴产业主体快速成长。虽然行业属性偏弱，但小微企业集群化趋势较为明显且越来越多地融入产业链生态，其所在行业周期性和运行情况仍然会对企业经营产生较大影响。中小银行多为区域性城商银行、农商银行，其在制定普惠金融战略时必须考虑所在区域企业所属产业集群、产业链位置和行业特性。

普惠客群中的社区居民客群，一般为中老年或中低收入人群。在这些普惠客群共有特征的基础上可进一步进行细分，如社区居民客群可按年龄和职业特征、小微企业客群按规模和行业特征进行细分，可为后续精准的个性化营销和服务奠定基础。

在数字化时代，小微企业不断重构裂变，新行业、新业态、新模式、新客群不断涌现，新兴产业主体快速成长。传统小微企业进一步集群化发展，越来越多地融入产业链生态开展转型升级，呈现专业化、精细化、特色化、新颖化的特征。小微客户的经营习惯、社区居民的消费习惯正在发生深刻变化，趋于移动化和数字化。

中小银行应在普惠金融业务发展规划中综合考虑自身普惠金融战略定位、风险偏好、所在区域经济情况和产业特征、产品策略和渠道策略等因素，在普惠金融客群中进一步细分定位适合自身的目标客群。银行在明确目标客群之后，可进行精确的客户画像并建立客户关系图谱，结合以价值为基础的客户分层和大数据驱动的多视角客户分群，总结客群特征并对金融需求场景进行细分，在此基础上，进一步提炼总结形成普惠客户金融需求整合视图。此视图可视为对普惠金融需求侧进行系统梳理的标准化产物，为后续产品体系构建和综合金融服务加载提供基础。

（三）普惠金融产品体系和综合经营

普惠金融产品体系和基于非金融的增值服务共同构成了中小银行普惠金融供给侧。为达成自身普惠金融发展战略、目标和计划，中小银行纷纷进行“普惠金融供给侧结构性改革”，在普惠金融业务发展规划中详细规划普惠产品体系发展路径和推进策略。

完整的普惠金融产品体系包括资产大类产品（含信用卡和票据融资）、

负债大类产品及中间业务大类产品含人民币支付结算、国际结算、财富管理、代客代理及担保承诺等类型产品。从广义角度看，普惠金融产品体系与银行全谱系金融产品体系在产品大类层面没有明显差别，狭义普惠产品多指普惠信贷产品。

普惠信贷产品需要根据普惠客群的融资需求特点，如额度小、期限短、频度高、时间急、缺固定资产等特征，进行产品要素及其组合有针对性的设计和安排，使普惠客群有金融需求满足的匹配感和获得感。除客群的融资需求特征，客群自身风险特征及客群来源的场景或平台特征均会对信贷产品的额度、价格等产品要素产生影响。

近年来，随着普惠金融受到更多的重视，普惠金融产品开发愈加考虑给客户提供更多的便利，如随借随还且自助提款用信的循环产品、能省却客户反复续贷签约烦琐的“长授信短风控的”产品等，从而为客户带来良好体验并提升满意度。除单项普惠产品，中小银行纷纷推出普惠产品组合包，产品复杂度和打包程度根据其面向客群的规模、行业等特点而有所差异。具体产品组合模式丰富多样，包括信贷产品之间的组合、信贷与存款或者信贷与企业理财组合、存款与理财组合及结算与信贷产品组合等。例如，为降低小微贷款利率，宁波银行推出高低利率搭配的贷款产品组合，其中高利率产品为信用贷款，低利率产品为抵押贷款，两者额度叠加满足客户资金需求。又例如，同样是降低贷款利率，浙江泰隆银行将POS机收单或者扫码收单产品与信贷产品组合，推出基于扫码收单产品“泰惠收”的经营性小额线上“享贷”产品。金融产品的组合除可以“一揽子”满足普惠客户的多元化需求，还可以为中小银行提供更丰富的组合定价策略，为降低普惠客群的融资成本和综合费率创造必要的条件。

普惠客群尤其是小微企业“麻雀虽小、五脏俱全”，其综合服务需求跟大中型企业类似，同样是综合的、立体的。处于成长阶段的小微企业对非金融服务的需求还包括企业管理、市场营销、行业资讯、法律和税务服务、股权投资等。上海银行自1998年起与国家经济贸易委员会中小企业协调中心共建上海中小企业服务中心，为各类中小微企业提供融资配套服务和企业管理服务，服务了一批又一批中小微企业。这种服务小微企业的方式被北京银行等中小银行仿效。浙江泰隆银行推出“鲤想会”小微综合服务项目，主要包括管理培训和咨询、小微企业社交和资源共享、小微企业信息化建设等模块，旨在通过整合资源，连接银行与企业、企业与企业，构建围绕银行的小微企业生态圈，提升小微企业核心竞争力。银行还可通过开放平台与智库、院校、PE/VC、科技公司等生态合作伙伴共同搭建非金融服务平台，以此增加客户黏度、实现交叉销售并助力营销。

中小银行完成普惠金融供给侧结构性改革之后，还需要进一步将供给与需求进行精准匹配。立足目标客群并基于精确客户画像及客户关系图谱提炼总结形成的客户金融需求整合视图，基于每家银行的产品体系和增值服务体系，匹配、叠加普惠综合金融服务方案，可以进一步增加客户持有产品的宽度和深度。同时，以大数据驱动实现沿客户生命周期的经营，通过获客、活客、留客及黏客实现客均金融价值的最大化。

（四）普惠金融全渠道建设和渠道融合

线下和线上全渠道建设及渠道融合策略是中小银行普惠业务发展规划的重要内容。普惠金融线下渠道包括传统网点、客户经理（信贷员）及网点内的各类自助机具，线上渠道则包括网银、手机银行和微信银行等，近年来部分银行更是通过开放银行，以自建开放平台或者将自身金融服务和产品打包后嵌入各类生活或者经营场景中，极大地拓展了“广义”的渠道前段。中小银行应在普惠发展规划中明确线上渠道、线下渠道建设策略及渠道融合、渠道创新的落地实施规划。

第一，线下渠道。普惠金融线下传统网点正经历变革转型，传统网点的定位、功能正发生深刻的变化，由过往较为单纯的业务办理向业务办理、厅堂服务和营销等多功能交叉进行转变，未来网点将逐步转型成为社区服务生态中心。大量智能自助机具如ATM、超级柜台机、远程视频柜员机等也被部署到网点，一方面减少传统现金柜柜员数量，另一方面结合柜面流程改造和整合等推行单人临柜甚至无人临柜模式，进一步将柜员人力资源释放成为大堂经理和理财经理队伍，以助力网点转型。此外，PAD等移动作业平台使普惠客户经理的线下触达进一步延展，使手机银行签约、个人开户和信用卡激活等业务能够跟随客户经理走街串巷在银行网点以外的社区、楼宇、工厂及田间地头进行业务办理和操作。

第二，线上渠道。在大数据、人工智能、边缘计算等技术手段的助力下，网银、微信和手机银行等普惠金融线上渠道也在向智能化、定制化等方向发展。线上渠道的大量数据埋点可以进一步收集客户使用渠道时的浏览等行为偏好数据，为数据驱动精准营销奠定基础。与此同时，以开放平台API/SDK等技术手段链接生态场景并以数字化方式运营，向生态场景中的客户全面提供数字化金融服务。开放银行使传统银行业务在互联网时代得以“借船出海”，把银行开在APP里，这不只是前端获客渠道的拓展，更是双向开放实现“走出去、引进来”，使银行实现面向生态的全面数字化转型。例如，南京银行等通过打造开放平台，整合与衔接外部数据和金融科技技术，与合作伙伴一起打造业务生态圈，实现平台化、场景化获客，提供金融和非金融增值服务。

随着银行各渠道的日益增多、功能日益强大，各类线上和线下渠道的整合也逐渐受到业内重视，其背后是对一致、高效和便捷的客户旅程和客户体验的空前重视。渠道融合也有利于将用户安全认证、产品货架、风险额度等对客业务和服务中的共有要素进行跨渠道的统一，收集整理分析来自多渠道的埋点数据，为面向营销和风控的大数据提供重要来源。同时，渠道创新也是近年来中小银行创新的热点领域，生物识别、语音输入、OCR和语义理解、智能机器人RPA等AI技术及视频、音频、结构化数据等大数据整合均被大量运用于渠道的创新中。

（五）普惠金融营销模式和客户旅程

普惠金融营销模式和客户旅程也是普惠业务发展规划的关键要素。目前，国内中小银行普惠金融营销模式包括传统“跑街、跑数”的线下模式、纯线上的互联网模式及由“线下和线上”相结合对传统线下模式的改造升级。而客户旅程则是数字化时代“以客户为中心”，以客户视角驱动全面梳理和再造银行对客业务办理和服务的全流程，通过流程优化来提升客户体验和客户满意度。中小银行应在普惠业务发展规划中明确普惠业务开展的基本营销模式及其推行策略、客户旅程体系和配套机制的持续优化方向和工作思路。

第一，传统“跑街、跑数”的线下模式。此种模式是较为传统的线下关系型获客营销模式，即客户经理按一定半径辐射范围规划出网点周边的“根据地”，每个客户经理都会分配到自己的“责任田”，并被要求在社区拓展业务。银行客户经理可以通过网格化运作，将“跑基层”和“跑数据”相结合，坚持眼见为实，充分运用正面了解和侧面打听相结合的方式，全面掌握客户的“软信息”和“硬数据”。通过此种线下的社区经营模式，可以较好地解决信息的不对称问题，降低作业成本，提高业务效率。

第二，纯线上的互联网模式。此种模式下，银行通过开放银行接入众多线上场景，实现获客引流线上化，同时充分运用大数据、云计算和AI人工智能算法等互联网依托平台，实现支付结算、贷款、存款和理财等金融服务全线上化办理。国内直销银行、互联网银行（如网商银行）、国外虚拟银行或直销银行（ING Direct）等由于网点设立受到外部监管限制或商业模式约束，多采用此模式开展普惠金融业务。在此模式下，线上引流获客在科技、流程、渠道等方面是对银行业务开放和场景接入等综合能力的全面考验。银行可以在线上场景接入的同时，基于大量嵌入APP应用的数据埋点，收集客户行为数据和交易数据，开展数据驱动的客户分群精准营销。此外，此种模式下的普惠信贷业务符合互联网贷款的特征，即依托大数据和模型进行风险评估、全流程线上自动运作、无人工或极少人工干预、极速审批放款。此种线上信贷模式效率高、成本相对较低，但是对银行大数据来源和数据质量、风控模型、算法和策略的构建和管理均提出了很高的要求。

第三，“线上和线下”相结合的模式。此种模式可视作对传统线下模式的演进、改良和优化升级，目前被各类中小银行广泛采用。在实践中可以演化出多种形式，例如，线上场景获客、线下客户经理上门办理信贷业务；线下客户经理通过社区化作业获客，线上完成贷款申请、审查审批及放款全流程；信贷流程实现基于电子合同的全业务流程线上办理，而信贷决策和审批环节在线下由专业审批人员完成等。

除普惠金融营销模式，普惠业务开展对客方面另一个重要领域是客户服务。与客户营销有“线上和线下”相结合类似，互联网时代也催生了普惠金融客户服务的OMO模式，如企业客户审批制取消后为缩短小微企业开户时间的“线上预约、线下办结”模式。小微企业开立基本户是一个具有代表性的客户旅程，银行可区分客户类型和产品类型，通过对客户旅程的梳理快速定位影响客户满意度的痛点，有针对性地在管理流程和系统功能两个层面进行全面优化。在此过程中，可进一步通过数字化手段建立一套可视化的指标体系监测客户旅程中每个触点的体验和满意度。此外，银行还应在战略和治理层面同步建设客户旅程提升配套机制，如理念形成和宣导、目标设定、考核机制及组织和团队保障等。

关于2020年中小银行在普惠金融业务发展规划方面的相关情况，课题组展开了专门调研①，发现约有76.27%的中小银行已经制定了普惠金融业务发展规划，18.64%的银行正在制定，只有5.08%的银行尚未制定普惠金融业务发展规划（见图2–5）。由上述统计数据不难发现，越来越多的银行开始重视普惠金融发展并且制定了普惠金融发展业务规划。对于少数尚未制定普惠金融业务规划的中小银行进一步调研则发现，该群体中约有80%的中小银行在未来1～2年计划制定普惠金融战略规划。

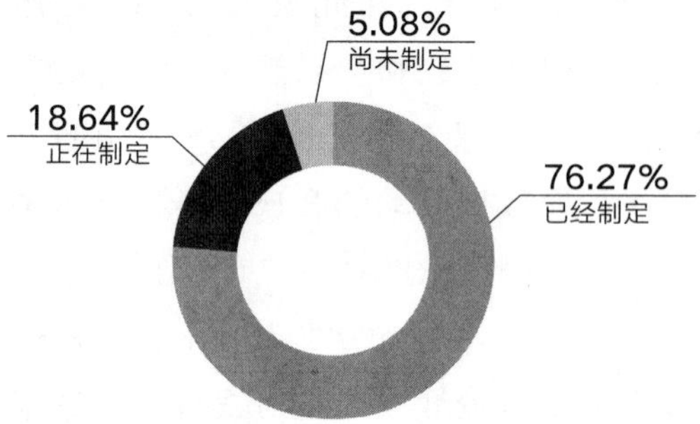

图 2-5　中小银行普惠金融业务发展规划制定情况

如图2–6所示，多数中小银行普惠金融业务发展规划包括目标客群（89.29%）、产品体系（76.79%）、服务和产品创新（66.07%）及服务渠道（62.50%）等内容要素。约有一半中小银行将区域差异（50%）、数字化和金融科技（46.43%）作为普惠金融战略规划的重要内容，也有部分中小银行将综合增值服务（37.50%）纳入普惠战略规划，少数中小银行则将业务协同（14.29%）作为普惠金融战略规划的组成，因为这些中小银行认为普惠金融业务不能游离于银行整体业务体系，普惠业务发展需要与银行的其他业务条线及中后台有效协同，以共同满足客户综合金融需求，实现客户综合金融价值。

① 本次调研对象主要为东部与中部地区的城商银行、农商银行及农信联社下属法人机构等，调研问卷共计收回59份有效样本。现场访谈对象具体包括宁波银保监局、宁波银行、鄞州银行、江苏银行、南京银行、江苏省农信联社、上海银行、马鞍山农商银行、苏宁银行等。课题组通过此次调研形成了《2020年中小银行普惠金融业务调研》报告，具体见专题1。本书中所指“调研”，如不特殊说明，均指此次调研。

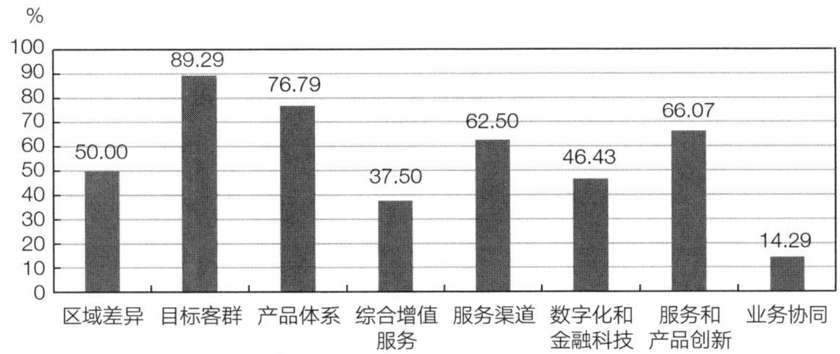

图 2-6　中小银行普惠金融业务发展规划制定情况

除了定性的核心内容要素以外，对于制定了普惠金融业务发展规划的中小银行，约70%将“客户增长数量”作为普惠金融规划的定量指标，超过半数中小银行也将普惠业务贷款余额增长、“两增两控”落实指标或者人民银行政策性贷款工具（如再贷款指标），作为明确其普惠业务发展任务目标的关键指标。

二、中小银行普惠金融创新、数字化和协同合作三大专题战略

（一）普惠金融创新战略

众多中小银行普惠金融创新需要大量“人、财、物”等资源的投入，银行有必要制定普惠金融创新战略，通过明晰的创新战略来引领自身充分利用各项资源禀赋，精准开展有效、务实的创新。

创新模式是普惠创新战略的核心组成，当前中小银行普惠金融创新模式主要包括四种类型：

第一，产品创新。针对普惠客群金融需求特征，尤其是融资需求“期限短、额度小、需求频、抵质押少”的特点，有针对性地开展产品创新。目前，普惠信贷产品的创新主要聚焦在基于不同数据来源的信贷产品，如工商税务数据、增值税发票开票数据、跨境区块链平台海关数据及企业支付流水和ERP信息等。各类担保方式创新、用信期限和频度及还款方式等创新、定价方式创新、本外币一体化贸易融资产品组合搭配创新等各种信贷要素及产品组合形成的创新，也是普惠信贷产品的创新热点。

第二，渠道创新。普惠渠道创新在“线上”和“线下”两个战场同时展开。线上渠道创新主要聚焦在网银、手机和微信多渠道融合打造用户体验一

致的服务入口，通过OCR、语音及人脸识别等AI技术提高服务便捷性。线下渠道创新则更多地在网点自助机具功能的多样化和智能化层面下功夫。部分中小银行已不满足仅仅创新改造自身的物理渠道和电子渠道，这些中小银行通过开放银行“借船出海”，将账户、支付和负债理财等嵌入普惠客群的生活场景和经营生产场景中，极大地拓展了银行渠道前端，以触达更多的普惠客户。

第三，服务创新。当前，中小银行普惠金融服务不仅强调过往“态度好、效率高”等传统服务要求，更需考虑到数字经济时代普惠客群如小微企业新的综合服务需求。小微企业不仅有金融需求，在数字化、信息化、管理提升等方面也有一系列非金融需求。部分专注于普惠金融的中小银行，如浙江泰隆银行已经通过打造开放科技平台或整合外部信息科技、培训、咨询、事务所等机构资源为小微企业提供信息化、人力资源、财务报销和培训咨询等一系列关键非金融增值服务。如果中小银行能够通过资源整合和生态圈建设去满足小微企业部分关键非金融需求，就既能助力客户提升竞争力，又能提高客户黏性和忠诚度，并反哺金融主业。

第四，运营和管理创新。中小银行普惠金融发展不仅需要由前台的产品、服务和渠道创新来持续推动，更需要中后台运营和管理的创新为前台创新提供源源不断的动力。浙江泰隆银行推出对公结算账户开户线上预约和线下办结的模式有效缩短了企业开户办理时长，减少了客户办理业务所占用的时间。此外，在普惠金融前台有大量应用场景的管理创新，如风控数据来源创新、机器学习模型算法创新、基于AI技术的人工智能催收及基于信贷工厂技术的信贷集中作业模式等均是中小银行普惠金融管理的创新热点。

近年来，国内领先银行如招商银行等通过建立创新基金、打造内部创新平台，举办黑客松、创新工作坊等活动，鼓励更多员工参与创新，建立全行创新氛围，取得了令人瞩目的效果。中小银行可充分借鉴招商银行、平安银行这些好的做法，设立“金融科技加速器”，负责与外部金融科技公司形成深度的场景合作，推动业务领域的金融科技孵化及应用落地；设立创新基金，确定投资重点领域并制定投资规则，如创新项目准入原则、运行机制及预算规划方案，通过内部孵化模式，筛选出具有创新性的项目进行投资和扶持，从而鼓励业务部门和分支机构挖掘出更多以科技创新为核心的普惠金融业务机会。

普惠金融创新战略除了规划设计普惠业务创新领域和创新模式，还需在创新目标设定、创新文化培养、创新保障机制建设及创新管理工具打造方面进行规划和布局。首先，中小银行应明确创新主题，确定普惠金融创新牵头组织，建立清晰的创新领导和决策体系。培育创新氛围及创新容错文化，提升创新风险容忍度，激活创新基因等则是为普惠金融创新提供了天然的优质土壤。其次，在创新保障机制建设方面，中小银行应梳理盘点创新人才，为创新夯实人力基础，同时将创新作为业绩考核和晋升标准。最后，中小银行可从内部和外部积极引入普惠金融创新想法，建立创新想法的优先级识别标准和流程，试验并快速形成以客户为中心的创新管理模型，推动建立并形成完整的产品创新生命周期管理机制，覆盖从孵化到落地再到产出评估全过程，建立普惠金融创新举措组合管理能力及创新预算管理能力。

（二）普惠金融数字化战略

传统的银行经营模式存在供需结构性矛盾，在网点布局上重视经济资源发达区域，忽视欠发达地区；在客户选择上重视优质客户，忽视长尾客户的金融需求，导致不少客户群体长期无法获取金融服务，无法成为资金的融入方。数据技术的广泛应用，一方面可以打破物理空间的阻隔，使偏远地区的人群能够获得金融服务；另一方面可通过大数据洞察客户的信用能力，突破原有信息不对称的困境，使客户获得金融服务的可能性大大增强。

数字化普惠金融战略就是中小银行围绕普惠金融业务定位，进一步明确普惠金融数字化愿景和目标，通过现状诊断、差距分析、识别关键提升领域，提出未来银行“以客户为中心”的普惠金融数字化转型方向和总体要求，形成企业级普惠金融数字化转型规划蓝图及配套关键能力建设目标，并进一步编制数字化实施路线图。

在明确普惠金融数字化战略前提下，中小银行在确定数字化转型实施策略时，一般应在四个领域进行布局：

第一，普惠营销和市场数字化，即“Go Digital”，该领域主要包括数字全渠道整合、数字营销和客户经营及客户关系管理、数字化客户体验等方面。

第二，普惠经营和管理数字化，即“Be Digital”，该领域主要包括数字业务流程和业务中台、智能运营、智能风控和合规、数字管理及信息分析、决策支持等方面。

第三，普惠生态和小微业务场景数字化，即“Eco Digital”，该领域主要包括数字生态和开放银行、数字场景金融等方面。

第四，普惠数字化管理机制，即“For Digital”，该领域主要是一系列配套的数字化管理机制，包括数字化理念培育、数字化组织保障、数字化人才培养机制、数字化创新或敏捷机制、数字化协同落地机制、数字化考核激励机制、数字化价值评估和审视机制及数字化项目群管理机制等方面。数字化普惠金融战略得以有效落地的前提是持续夯实普惠数字化的保障基础。

在前述部分依据强大数字化基因的互联网银行及在普惠金融数字化转型领域走在前列的中小银行成功实践基础上，以下数字普惠金融战略的整体构成值得关注。

如图2–7所示，该数字普惠金融框架由10大组件构成，分别是：（1）开放银行与数字生态；（2）全数字渠道融合；（3）数字营销与客户洞察和经营；（4）数字化服务—客户旅程和体验；（5）数字化产品研发与管理；（6）数字业务流程和业务中台；（7）数字化风控和合规；（8）数字化管理、分析和决策支持；（9）数字化基础设施和数据中台；（10）数字化保障机制。

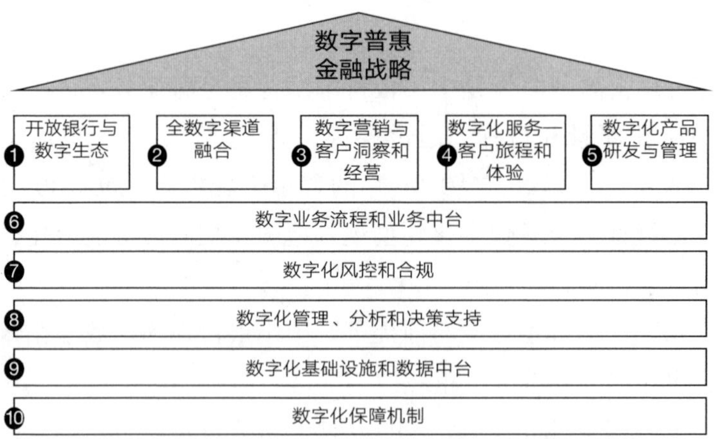

图 2-7　中小银行数字普惠金融的构成

（三）普惠金融协同合作战略

面对复杂多变的经营环境，作为普惠客群主体的小微企业更需要金融和非金融相结合的综合服务，其金融需求的广度与大中型企业相似。普惠金融要以“客户为中心”，通过客户端交叉销售、业务端产品协同乃至生态圈伙伴协作，实现面向客户的综合经营、综合服务。由此，围绕中小银行普惠金融协同愿景和商业模式的落地，制定明晰的普惠金融协同战略就很有现实意义。

中小银行普惠金融协同战略一般由四个层次构成：一是协同目标、协同模式和协同架构等顶层设计要素；二是四个层面协同场景的梳理和实施；三是支撑协同战略的前中后台协作和资源共享整合；四是各类协同场景最终落地实施的配套管理基础保障。

虽然不同类型的中小银行因管理架构不同，其协同场景类型也会有所差异，但中小银行普惠金融协同场景主要包括四种类型：

第一，普惠条线内部的协同场景，如围绕目标客群的经营性贷款、存款归行及扫码收单等支付结算产品和服务的组合搭配等。

第二，普惠条线与银行其他业务条线间的协同场景，如围绕目标客群的小微企业经营性贷款与零售代发工资的业务协同，如与小微企业主个人的财富管理和私人银行的业务协同，又如针对小微企业产业链核心企业的公司银行业务协同等。

第三，普惠条线与银行集团其他子公司之间的协同场景。当前部分中小银行已布局多元化金融牌照，这些银行在开展普惠业务时已经考虑与银行集团其他子公司之间的业务协同场景。如小微企业除间接融资以外还需要投行或券商牌照下PE/VC的直接融资支持；如普惠经营性贷款业务和消费金融公司消费贷款之间的业务协同补位等。

第四，普惠业务与第三方机构之间的协同场景。随着普惠金融平台化和生态化趋势愈加明显，中小银行需要与更多第三方机构开展协同，以参与或者构建围绕自身普惠客群的金融生态。第三方机构主要包括两种类型，一是各类非银金融机构和类金融机构，如保险公司、担保公司、私募基金、资管公司等机构，其协同场景与前述普惠条线与银行集团其他牌照子公司间的协同点类似；二是各类自带场景的大平台及金融科技公司，如银行与金融科技公司在普惠金融风控大数据源、模型建设等方面的合作，如银行与电商平台、物流公司等在平台金融和供应链金融开展的业务协同场景等。

普惠金融协同战略的四类协同场景得以有效落地实现的前提条件是普惠业务前台与风控、运营、数据、财务和人力等中后台的密切协作，以及银行内部的品牌资源共享、渠道等营销资源共享、业务中台运营资源共享，信息系统和大数据的整合、协同营销和交叉销售的流程整合。此外，中小银行在组织保障、协同职责、协同预算计划、协同管理流程和规则标准、协同考核激励等方面也要夯实各项协同管理基础，确保协同场景落地。

第三节　中小银行普惠金融战略管理和落地执行

一、普惠金融战略管理的六大要素

"一流的战略，二流的执行，不如二流的战略和一流的执行"，战略是做正确的事，执行力是正确地做事。没有执行力，再高明的战略也无法落地。战略管理就是覆盖战略编制和形成、战略传导和落地及战略监控分析和调整等一系列关键环节的管理机制，是产生战略执行力的根本保障。台州模式的代表行——台州银行和泰隆银行自成立以来坚守小微型普惠金融战略不动摇，其通过紧抓六大关键战略管理要素，确保战略定位和战略规划得以成功实现。

（一）管理层决心并以身作则

中小银行普惠金融战略推进实施过程绝非一片坦途，必定充满艰难险阻。普惠金融战略的落地离不开银行管理层尤其是"一把手"一以贯之的坚持，管理层应具备推动普惠金融发展的决心和专业能力，以身作则、躬身入局、亲自挂帅，带领全行保持普惠战略定力，坚定不移地实施普惠战略。

（二）战略实施的组织保障

管理架构是中小银行实施普惠金融战略的组织保障。普惠金融战略推进实施可实行统一领导、分层管理，即建立"一把手"挂帅，经营管理层、

PMO[①]及工作推进小组、总行职能部门和分支机构为一体的多层推进体系。在此，普惠金融业务PMO作为普惠金融战略实施的控制塔能够起到“承上启下”的作用，对上承担工作汇报、决策支持、自下而上信息传递和沟通管道等职责；对下则承担阶段性工作目标设定、过程管理和状态跟踪、总体工作统筹和协调及必要的实施指导等职责。

（三）战略实施举措的分解及正确排序

通过影响程度及产生效果所需时间两个维度对战略举措进行排序，确定优先级和关键举措实施先后顺序。根据排序结果，建立普惠战略实施路线图，明确各项举措对应的责任部门、责任人，重要时间节点和里程碑等。针对近期需推进落地的关键战略举措制订速赢计划并以此为起点迭代推进战略实施。

（四）对战略实施所需要的各项资源配套支持

普惠战略实施需在人才、资金及科技等方面进行大量投入，对此银行董事会和管理层达成充分共识尤其重要。由于普惠金融在初期投入较大且业务规模和盈利等见效相对较慢，平衡好短期效益和中长期收益的关系就显得尤为重要。同时，在战略落地过程中，“一把手”和其他管理层的时间投入也会起到良好的示范和引领作用。

（五）有效的战略过程管理

普惠战略过程管理包括战略规划编制、传导执行、跟踪与调整三大环节，三者相辅相成，形成管理闭环。具体而言，首先可通过内外部分析和同业对标编制符合政策导向并适合机构自身情况的普惠金融战略，其次借助组织架构调整、绩效考核、薪酬激励和战略实施路线图等方法执行传导普惠业务战略，最后跟踪评估并及时调整也是确保普惠战略始终保持科学性和适用性的必要条件。

（六）战略风险管理

中小银行应将普惠战略风险管理与普惠战略管理相融合，同时将普惠战略风险纳入全行战略风险管理体系中，通过对普惠战略风险的监测、评估和管控，为普惠战略推进实施保驾护航。

① PMO是Project Management Office的缩写，指项目管理办公室或专项工作小组。

图2–8列示了2020年中小银行普惠金融业务战略落地执行效果调查问卷的结果，分别有13.56%和57.63%的中小银行认为自身普惠金融业务战略得到了很好或者较好的落地执行。对比前文数据，约有76.27%的银行制定了普惠金融业务发展规划，由此可见，绝大多数制定了普惠金融业务发展规划的中小银行其落地执行情况良好。也有15.25%及13.56%的中小银行认为其普惠金融业务战略落地执行的情况有待改进，这些银行应通过加强普惠金融战略管理机制来提升其普惠战略的执行。

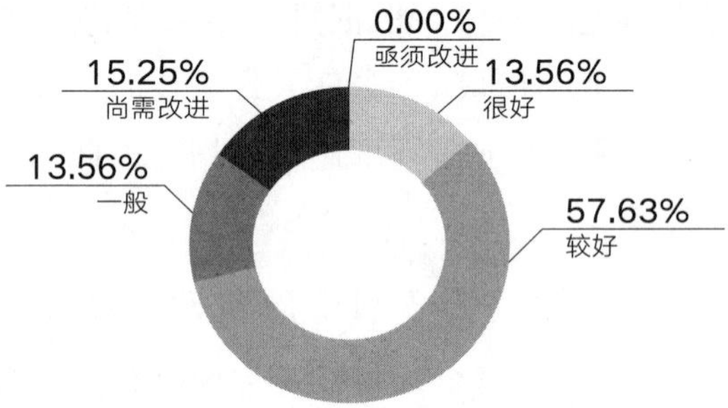

图 2-8　中小银行普惠金融业务战略落地执行效果评价

如图2–9所示，超过80%的受访中小银行认为管理层决心和支持是普惠金融战略执行较好的驱动因素，超过60%受访银行则认为普惠金融业务任务分解和过程管理及落实组织保障是普惠金融战略成功执行的关键原因。此外，业务规划与经营计划、绩效考核联动，人财物系统等配套资源到位及战略风险管控机制也被超三成中小银行认为是普惠战略成功实施的必备条件之一。

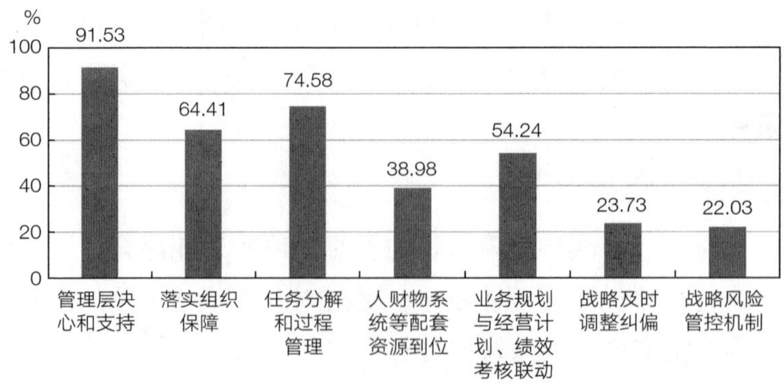

图 2-9　中小银行普惠金融战略执行的驱动因素

二、普惠金融战略管理闭环的三大核心环节

普惠金融战略管理包括三大核心环节，分别是普惠金融战略的编制、传导执行、跟踪与调整，三者相辅相成，形成战略管理闭环。

（一）普惠金融战略的编制

普惠金融战略是全行普惠金融业务发展的方向指引和行动纲要，应采用科学合理的方法编制。在编制普惠金融战略时，一般应从以下三个方面着手：

第一，内部分析。承接所在中小银行总体业务发展战略，并进一步明确普惠金融战略作为全行业务战略子战略的定位，深入剖析银行自身风控、运营、科技、队伍和文化等关键能力基础及配套机制现状，内部利益相关方对普惠业务的诉求和期望，以及普惠金融业务能力和协同情况等。

第二，外部分析。深入研判把握宏观经济整体运行情况、区域经济和金融情况、普惠金融政策、监管动态和产业政策等，以及普惠目标客群如小微企业发展和生存情况，外部利益相关方对普惠业务的诉求和期望等。

第三，同业对标。优先选择普惠金融业务开展较好的同业进行对标分析，从行业评价、各项经营结果数据、普惠金融模式、管理架构、营销作业模式、客户、产品及队伍文化、金融科技、风控合规等各领域进行全方位对标。

（二）普惠金融战略的传导执行

普惠金融战略需“多管齐下”有效传导执行。普惠金融战略的传导方法和执行手段主要包括普惠业务管理架构及关键管理人员的任用、相关政策制度和管理办法制定和执行、关键业务指标及其与计划、预算和考核的联动等。普惠业务战略执行纲要及战略实施路线图也是战略执行情况监控、跟踪和分析的必要工具。

（三）普惠金融战略的跟踪与调整

普惠金融战略的跟踪评估及评价调整对于战略实施成败和效果同样重要。

普惠金融战略的跟踪评估主要包括定期、不定期普惠金融业务战略执行评估，可以从指标达成、关键事项达成和政策执行等方面展开。对战略执行的偏差进行归因分析，并在达成管理层共识基础上制定有针对性的改进建

议；落实战略执行责任压实、必要的奖惩和考核等管理行动，以及战略执行进度汇总分析和报告等工作。部分中小银行目前采用“战略执行情况跟踪表”来辅助普惠业务战略的跟踪评估工作，该工具类似战略执行看板，可以完整呈现战略执行指标、关键事项、达成状态和原因等。

普惠金融战略执行的评价和调整主要包括普惠金融战略的检视、评价及调整等管理活动，一般而言普惠金融业务战略调整可与年度经营计划编制结合起来同步开展。

综上所述，中小银行应尽快建立完善的普惠金融战略管理流程，并形成相应的执行标准，通过“固化于制”为普惠金融战略有效落地提供制度和流程保障。

三、普惠金融战略执行与经营计划和考核的联动

普惠金融战略推进落地较为成功的中小银行，如台州银行、泰隆银行、常熟银行及江浙地区部分农商银行除了重视普惠战略管理流程闭环外，对普惠战略推进所依赖的另一个重要闭环，即“战略—计划预算—绩效管理”也举措有方。该闭环中战略管方向，计划预算定目标，而绩效管理则评估目标执行，三者相辅相成，有机结合才能保证银行普惠战略的有效落地执行。

第一，确定普惠金融战略关键指标如业务规模、有效存贷款客户数、FTP营收、资产质量等及其目标值，然后将这些指标沿三个维度进行展开分解，一是按主要普惠业务板块或业务产品单元进行分解，落实到业务经营计划中；二是按业务部门及分支机构进行任务分配，落实到业务单元工作计划中；三是按季度或月度进行业务推进节奏安排。

第二，将普惠金融关键业务和财务指标纳入职能部门和机构等业务单元的考核中，主要是明确考核指标、厘定考核目标区间和目标值，并落实责任相关方。

第三，分析普惠金融业务绩效指标达成情况并归因相关经营情况，将此分析作为普惠金融战略回顾和调整的有效输入，保证普惠金融业务战略回顾和调整的有效性和准确性。

通过建立关键战略举措与年度重点工作任务、战略绩效指标与年度经营计划和业务预算的联动机制，配套以资本、财务费用等资源配置机制和绩效考核体系，可有效打通普惠金融业务战略推进中的传导环节和执行环节，使

普惠金融业务考核有据可依，普惠金融业务就能在既定战略规划的路径上高效、有序地向前推进执行。

四、普惠金融战略风险管理

普惠金融战略风险管理是中小银行普惠金融战略管理机制的重要一环。普惠金融战略风险可定义为普惠金融业务经营策略不当或外部经营环境变化而导致的风险，其关键风险因素是战略制定不当、执行实施不力或由于缺乏对外部环境变化的反应，导致原定普惠金融发展战略不适合中小银行未来的实际需要。

基于战略制定、战略实施调整两个阶段，对中小银行普惠金融战略风险驱动因子进行分类总结如下：

第一，战略制定阶段。此阶段包括普惠金融业务开展的领导力，普惠金融管理架构的完备性，普惠金融战略规划制定方法合理性，普惠金融战略定位的准确性及战略构成要素（如客群定位、产品体系等）的合理性等风险驱动因子。

第二，战略实施调整阶段。此阶段包括战略针对外部宏观政策和市场等环境变化的调整能力，普惠金融战略重检和调整机制，普惠金融战略实施的资源保障能力，普惠金融战略与经营目标结合及与绩效考核体系结合情况等风险驱动因子。

根据上述两个普惠金融战略风险的核心风险驱动因子，中小银行应开发建立一套普惠战略风险识别和评估工具，部分领先银行会采用打分卡来评估普惠业务战略风险。在对普惠金融战略风险充分识别和评估的基础上，中小银行应进一步采用以下方法对普惠战略风险加以有效管控：

第一，优化完善普惠金融战略规划制定方法。首先明确定性和定量相结合的普惠金融战略目标，以此作为战略规划的基本依据和出发点，并为战略实施和管理提供业绩评价标准。在此基础上，基于宏观和微观相结合、定性和定量相结合、长远和当前相结合、前瞻和务实相结合、全局和局部相结合、同业经验和自身实际相结合等原则，进一步优化完善普惠战略规划制定方法。

第二，强化普惠金融战略传导和落地监控。采用绩效管理工具将既定普惠金融战略有效分解并渗透到日常业务推进中，密切关注、实时监控战略的执行情况，定期对战略支撑能力及实施效果进行分析，及时发现普惠金融战略执行中存在的问题。其中常见问题包括：由于外部经营环境（如监管政策的调整、经济金融环境等）的变化，普惠金融战略指标需要进行调整；普惠金融战略执行效果与绩效目标偏离较大或者表现异常；普惠金融考核办法及指标设计不合理；发生影响普惠战略执行的异常或例外事件等。

第四节　中小银行普惠金融战略落地实施的配套能力保障

普惠金融配套能力建设是跨越普惠金融战略和实施鸿沟的必由之路，国内普惠金融业务领先的中小银行莫不是多年耕耘、久久为功，悉心打造普惠金融业务发展所需的各项基础能力。更多中小银行应借鉴成功的经验，详细规划普惠金融战略实施所需各项关键能力的建设和保障。

调研显示，接近80%的中小银行认为风险计量和管理能力是普惠金融发展的核心中后台能力，也有超过一半（50%）的中小银行认为队伍培养和建设、产品综合定价、中台整合运营、差异化绩效考核和激励及金融科技和数字化等方面是普惠金融发展的关键能力，部分中小银行则同样关注业务品牌、文化和纪律对普惠金融业务发展的影响（见图2-10）。

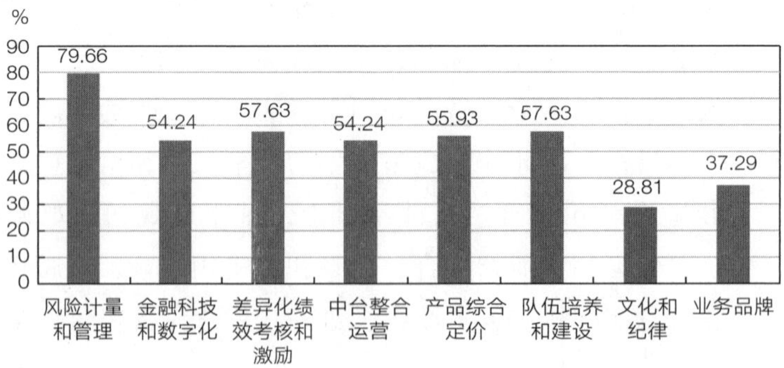

图 2-10　中小银行普惠金融业务发展所需关键中后台能力

一、品牌塑造保障

普惠金融业务品牌建设有助于中小银行强化普惠金融业务运营意识，传达差异化的品牌主张，在客户心中树立清晰的企业定位和企业形象，提升银行的美誉度和客户忠诚度，并树立良好的社会责任形象。研究表明，普惠金融客户对银行品牌较为关注，而他们一旦与银行建立信任关系就会有较高的忠诚度，因此建设良好的品牌有利于体现普惠金融的服务品质，助力营销，提高客户黏性和忠诚度。

配合普惠金融的市场定位、目标客群和渠道策略等构建普惠金融品牌体系是很多中小银行成功的秘诀之一。在银行统一金融服务品牌框架下，进一步完善普惠金融品牌建设机制，并以产品系列、客群分类、营销活动三个维度形成相对完整的品牌架构。目前，业内不乏以上三个维度普惠金融品牌的例子，产品系列如江苏银行的“税e融”、泰隆银行的“融e贷”等，客群分类系列如宁波银行的“白领通”等，营销活动如泰隆银行的“泰医贷”等。

在构建普惠金融业务品牌架构同时还同步建设普惠金融品牌标准体系、品牌推广体系及品牌维护体系。其中，品牌标准体系侧重于品牌形象标准、品牌物资标准和品牌行为标准。品牌推广体系遵循“品牌无处不在”的原则，将社会、政府、监管和普惠客群可视、可听、可体验的品牌触点拓展到能力所及的最大范围，扩大品牌影响力。品牌维护体系则更多关注品牌保护和防御，通过品牌监控、舆情监控处置、品牌侵权及诉讼维权等工作，最大限度维护和巩固自身普惠金融品牌建设成果。

二、风险管控保障

风险管控能力是中小银行开展普惠金融的核心能力之一。普惠信贷业务授信管理应根据其市场定位、目标客群开展市场调研和客群特征分析，再依据市场环境、行业现状、客户经营、融资需求等制定差异化准入、授信审查审批、贷后管理等一系列作业标准。

当前普惠金融客群新行业、新业态、新模式不断涌现。传统小微企业随着国家产业升级、结构转型也在发生深刻变化，并逐步呈现出专业化、数字化、特色化、创新化等新特征。与此相应，普惠信贷业务授信管理也紧跟客群转型步伐，进一步将传统和现代的普惠风控技术相结合，有效定位小微企业的风险特征和风险因素，准确计量信用风险，并进行后续的风险缓释和管控。

首先，中小银行在普惠信贷贷前环节着重落实好以下五个关键要素来防范风险：

第一，明确授信政策。在聚焦小微、“三农”、扶贫等传统普惠领域的同时，进一步延伸到科技金融、绿色金融、跨境金融等普惠创新领域，明确鼓励、维持、限制和退出类行业，优化信贷投放结构。

第二，严把准入关。借助大数据等金融科技手段在准入评估阶段严控欺诈风险、道德风险和操作风险。在满足银行整体风险偏好的前提下应体现“普惠”含义，适度降低准入门槛，如泰隆银行将“两有一无”，即有劳动意愿、有劳动能力且无不良嗜好的普通市民和农民纳入普惠金融服务对象中。类似还有台州银行的“三看三不看”等标准。

第三，做实信贷调查。信贷调查是解决信贷信息不对称问题的关键环节。通过“跑客户”和“跑数据”相结合可全面掌握客户的“软信息”和“硬数据”。银行在使用“四眼原则”“面对面、背靠背”等传统线下小微信贷调查技术的同时，可通过人民银行征信、政府信用信息共享、第三方数据源及内部数据源等采集征信、工商、司法、税务、公安及支付结算流水等各类信用数据。泰隆银行的实践证明，通过数字化改造后的线下信贷调查与大数据赋能的线上信贷调查相结合的方式，银行可有效解决普惠金融信息不对称的难题。

第四，精简实用的信贷资料。作为普惠信贷主要客群之一的小微企业，工作人员相对较少，“一人多岗”现象普遍存在，其融资需求一般又较急，小微企业对普惠信贷服务的基本要求就是便捷、高效和务实。由此，普惠信贷业务中客户提交或填写的信贷资料应当更精简，以基本证件资料、工商、税务及相关行业和经营所需资质等证明材料为主，其他资料可通过大数据手段自动获取或者完成填报。同时，中小银行从客户便捷角度出发，对需客户签名的信贷文档进行了相应的整合合并，实现客户“最多跑一次，尽量少签名”。

第五，风控前提下的灵活授权。普惠信贷通常金额小、笔数多且小微企业因区域、行业、企业及企业主的多样化呈现出差异化的经营模式和运营特征。对此，中小银行建立授权审批模型，充分下放审批权限、缩短决策链条，实现多数小额信贷业务在基层完成审批，提高作业效率。在授权下放的同时，监测审批效率、审批层级分布情况等并进行动态调整。台州的两家小微银行即采用这种充分授权的“基层大众”模式。如果银行普惠金融业务目标客群相对集中和清晰如产业集群、产业园区和产业链客户等，就有可能在系统分析、全面把握客群风险特征的基础上，形成特色调查指引，匹配授信政策，为信贷工厂模式下集中授权审批奠定基础。常熟微贷则采用信贷工厂“集中审批”模式。当然，无论采用何种审批模式，均要以符合银行风险偏好、目标客群特征、信贷申请大数据情况及信贷文化为前提。

其次，在普惠信贷的贷中决策环节将风险管控考量和授信条件落实嵌入信贷审批决策和产品要素设计中。

第一，担保方式。普惠金融客户一般以流动资产为主，缺乏固定资产作为有效的抵质押物。为有效解决这个问题，迎合小微企业的实际融资需求，很多中小银行正积极探索主推保证担保或信用贷款，强调第一还款来源和企业主还款责任。近年来，随着政府和监管政策的大力引导，加之普惠信贷风控大数据源进一步丰富及基于AI技术的评分卡和机器学习算法进一步优化，纯信用贷款的投放力度正进一步加大。泰隆银行勇于创新，探索将传统的亲情和诚信融合在一起，推出一款“义融通”道义担保贷款，并取得了良好的社会效益和经济效益。该产品由与借款人或借款人的法定代表人具有亲情、友情、恩情等道义关系的第三人来提供保证，通过道义担保人对借款人情感上的约束和影响，加强借款人的还款意愿，降低信贷风险。

第二，大数据信贷反欺诈和信用模型。近年来，银行用于反欺诈、准入和信评的数据来源得以极大的丰富。通过人民银行征信、政府信用信息共享、第三方数据源、场景数据源及内部数据源等，银行可采集、加工各类信用数据用于普惠信贷的一系列模型建设、验证和迭代优化。各类大数据被中小银行广泛应用于构建信贷反欺诈模型、准入模型、客户申请评分和借款人评级模型、债项评级模型。其中，信贷申请数据结合关系网络、设备指纹等开发的反欺诈规则和反欺诈模型，主要用于防范普惠道德风险。基于黑名单或者白名单结合全局硬规则形成的准入模型，则能把好普惠信贷申请的大门，并节省后续信贷管理资源。采用评分卡或机器学习算法开发的贷款申请评分模型、借款人评级模型等则被用于形成信贷策略，防控信用风险。目前，规则、算法、模型和策略不仅用于普惠信贷决策，在收益评分模型、交叉销售模型、客户流失模型、行为评分模型、交易欺诈模型、早期逾期模型和催收模型等方面均有深入的应用。

第三，信贷决策和审批。中小银行普惠信贷决策可基于传统风控审贷结果，或基于规则、模型和策略的模型化审贷结果。普惠传统风控技术以IPC风控技术或国内“三品三表”风控技术为基础，这些风控技术针对客群财务报表不够规范、财务信息不够透明和标准等特征，在大量信贷实践中提炼形成，并强调通过现场调查、侧面打听和交叉验证，最大限度还原客户实际经营情况、销售情况、资产负债情况和盈利情况等信贷决策关键输入信息。以泰隆银行广义“三品三表”为例，其中“三品”是指人品、产品、物品，人品评估客户的还款意愿，解决客户能不能贷的问题，产品与物品评估客户的还款能力，解决客户贷多贷少的问题；“三表”则是指水表、电表、海关报表。从广义理解“三表”，其真正强调的是多渠道获取信息，用于对“三品”有效的交叉检验，以保证其真实、准确，所以任何可以用于对“三品”进行有效交叉检验、核实的信息及搜集信息的渠道、方法，都是“三表”的内涵。除依靠特色风控技术下的审贷结果外，中小银行还应建立差异化的授信决策机制，以授信额度、风险特征为主，区分业务类型，采取不同的信贷审查审批要求和标准。

第四，合理的额度。额度也是一种普惠信贷风控要素。一方面，额度越小发生逾期时银行的损失越少、试错成本越可控且资产越易保全，结合普惠金融客户融资金额需求相对不大的特点，2020年将普惠型小微企业贷款的标准定为1000万元以下，中小银行普惠型小微企业贷款的标准更是下沉到100万~500万元不等。另一方面，厘定合理的额度也是普惠信贷实现线上化、自动化过程中最为关键的环节之一，普惠消费型贷款由于额度相对小且有公积金、个税及各类生活场景数据，其额度测算技术目前已为多数银行掌握。相对而言，对普惠经营性贷款额度的测算则较为困难，一方面经营性贷款额度相对较大，另一方面经营性贷款营收和净利润测算也更为复杂。在产业互联网大数据的支撑下，在数字普惠金融快速发展的背景下，相信众多中小银行攻克这一难题只是时间问题。

第五，贷款期限。贷款期限也是一种信贷风控要素，期限越短就越能及时发现风险并实现退出。此外，普惠信贷资金用途多为短期经营资金周转，所以传统普惠信贷的期限都普遍相对较短。但近两年，随着普惠金融下沉服务重心、推进增量扩面，不少中小银行陆续推出“长授信、短风控”的信贷产品，既能省却客户反复续贷签约的烦琐，又能管控好风险。在原传统短期信贷基础上，加强授信管理，通过与符合条件的借款人一次性签订长期授信合同，在有效授信期间，借助年审、精准贷后等短周期风控举措，在客户单次用信到期时，实现自动续贷，无须客户反复签约。

第六，还款方式和渠道。还款方式和渠道的设计和安排能对普惠信贷风险识别和控制间接起到一定作用，如按月付息比按季付息能更好地把握借款人的风险状况和偿还能力，线下柜面渠道还款比线上渠道还款更能增加与借款人接触，便于银行业务人员通过面对面的方式加强对借款人自身经营情况和风险状况的把握分析。

第七，覆盖风险的客户综合差异化定价。普惠信贷基本定价原理就是基于风险成本加成的客户综合差异化定价，这种定价基本思路同样适用于传统的对公和零售房贷等信贷业务。但有别于传统业务之处在于普惠信贷业务定价中，除了风险因素外，市场竞争态势、金额、客户综合贡献、客户特征分群、产品和产品组合、渠道、区域乃至客户个性化的价格承受力、议价能力、价格敏感性及权益偏好等均是影响最终业务成交价的差异化因素，且相关因素影响度较传统业务更大。总体而言，普惠信贷定价个性化、精细化程度较高，针对不同客户、不同业务往往可做到“一户一价，一笔一价，一期一价”。近年以来，在各级政府、人民银行和监管机构的大力引导下，普惠贷款利率逐年降低，而应对信贷利率下行的有效方法之一就是进一步提高精细化定价能力，并提升一线信贷人员的定价意识和对客定价能力和水平。如果银行能做到“该高则高、该低则低”，降低“高利率，高回报”业务定价，就能提高客户满意度，实现持续产效；与此同时提高“低利率，低回报”业务定价，并结合应用恰当的营销策略提高客均价值，提升客户综合回报。

最后，普惠信贷贷后环节还有两个关键要素，同样值得中小银行特别关注和重视。

第一，精准贷后管理。普惠信贷业务体量大、覆盖面广，但信贷人员精力相对有限，如按传统的贷后管理模式作业，会带来重点不够突出、贷后流于形式等问题。因此，除了常规贷后检查外，依托部署在系统中的规则、行为模型及相应的精准贷后策略，定期对存量贷款进行风险扫描，就能够精准发现疑似高风险客户，形成预警信息并及时推送给信贷人员，以便其在规定的时间内开展风险排查。这样就能将信贷人员的有限时间恰到好处地应用到相对高风险业务的管理中。

第二，专业资产保全。普惠信贷资产保全笔数多、金额又相对较小，中小银行应根据风险偏好、逾期资产处置收益及核销政策，选择多种形式的资产保全手段和方法。以微众银行、网商银行为代表的互联网银行已探索基于AI技术的评分卡或机器学习模型对M0/M1等不同阶段的逾期普惠信贷业务处置提供决策参考，并形成相应的处置策略。普惠信贷不良资产包转让或ABS需银行与资管机构、会计师事务所、律师事务所及三方评级、增信担保机构等积极创新、有效协作，对额小、分散底层资产的尽调、审计、估值、增信、担保和法律保障等关键环节进行高效、专业的业务操作，并包装成具有一定收益且结构合理的产品。也有部分中小银行，如泰隆银行，坚持对逾期业务自主清收，依赖专业强大的资产保全队伍，采用精准的资产形态管理并综合运用催收、起诉和强制执行等手段千方百计保全资产。此种模式针对普惠客户下沉的特征，通过银行自身强力保全措施，防止“群体违约”效应，在实践中也取得了较好的效果。

“全面合规”是中小银行普惠金融健康可持续发展的基本前提之一，其本质就是要求普惠业务符合一系列监管要求及内部规章制度。普惠业务人员应强化合规意识，强化制度标准的制定、执行和调整。常态化检视制度标准的针对性、科学性、合理性，并对标同业竞争力和创新性，根据市场、客户需求及时修复和调整，这也是制度标准得以有效执行的必备条件。基于制度标准的常态化自查、检查和抽查必不可少，针对检查发现的违规问题要实行差异化的违规处罚标准，确保“底线”和“红线”不被触碰。

中小银行普惠信贷风险主要源于道德风险和操作风险等特征决定了“全面审计”的重要性。垂直管理的普惠信贷审计由传统审计领域延伸到职能履行、信贷制度和标准执行及系统建设等各方面，属于“大审计”范畴。对此，不少中小银行做得很有起色，如泰隆银行充分应用大数据等科技手段加强审计模型的精准性和监督的有效性，通过审计结果通报、审计结果与奖惩等措施挂钩来强化普惠业务审计结果的应用。

三、金融科技规模化应用保障

中小银行运用新兴金融科技手段，推动普惠金融进行数字化转型，实现服务移动化、模型化、便捷化，借助金融科技“快速、开放、共享、智能”等优势，用系统代替人工，将复杂、烦琐的服务流程简化，达到降本增效、风险控制和客户体验提升的目标。

近年来，大数据、人工智能、云计算、区块链和物联网等金融科技技术在普惠金融领域得到规模化深入应用，极大地提升了传统普惠金融的“质和效”。

第一，大数据应用。在普惠金融的营销和风控领域是大数据用例较为集中的两大关键领域。在营销方面，银行通过数据驱动来进行客户精确画像、关系图谱描绘及客户分群，再精准叠加产品组合和营销方案，优化目标客群综合经营模式，增加普惠客户持有产品的宽度和深度，提升客均价值。例如，中原银行规模化推广大数据用例，在零售银行方面完成26个大数据用例的上线和推广，突出大数据用例在普惠金融尤其是负债业务提升中的作用。在风控方面，金融科技大数据的发展能较大程度地解决传统普惠、小微信息不对称的难题，如二代征信、社会信用信息共享、产业互联网的场景数据等。例如，泰隆银行基于规模化大数据的应用，规则引擎工具的完善，结合模型技术的升级换代，探索采用混合模型和模块化模型的建模方式，将传统“三品三表”模式模型化。

第二，人工智能应用。能够应用于普惠金融领域的人工智能技术包括机器学习算法、计算机视觉、智能语言和自然语言处理、知识图谱、生物特征识别、智能决策控制、机器人等技术。这些具体技术手段在普惠智能风控、智能营销、智能投顾、厅堂智能机具和线上智能APP、智能客服及中台RPA流程处理方面都有大量成功的实践应用。近期，GBDT、XGB、随机森林等机器学习模型被越来越多地应用于普惠信贷的行为模型和催收模型，实践证明相较于传统的Logit模型，这些机器学习模型一定程度上能够提升智能风控模型的精准度。

第三，云计算应用。目前，云技术已经被众多中小银行广泛应用，区别在于不同中小银行上云的系统和APP类型、数量有差异。普惠金融业务一般不单独使用云计算平台，但基础云（IaaS）为普惠金融营销和业务操作系统提供IT基础服务，移动云（mPaaS）作为一种PaaS为普惠金融客户经理移动作业APP和客户手机银行APP等移动应用提供开发平台，决策云（DaaS）作为一种特殊的SaaS提供算法模型、决策分析及运营数据可视化服务。SaaS层则是普惠金融开放银行及平台金融、场景金融等应用运行承载平台。

第四，区块链和物联网应用。目前该两项金融科技技术主要在供应链金融领域得到越来越广泛的应用。一方面，通过将订单流、物流、发票流及资金流等交易信息在不可篡改的区块链上实时记录并多方校验，增加舞弊成本，保证贸易真实性，可有效避免在供应链各节点上的道德风险。通过查看并分析历史的还款及逾期情况有助于进一步降低信用风险。另一方面，智能合约能控制供应链流程，减少人为交互，提升产业效率和操作失误。同时，基于智慧物联的仓库管理系统能够避免仓储货物因发生毁损、灭失对交易和质押融资业务造成的风险，是供应链融资中仓单质押或动产质押的关键基础。例如，华瑞银行“瑞e订”产品聚焦建筑产业供应链场景，创新双核心驱动下的“N+1+M”模式，通过与一家核心平台的封闭合作，将M家下游核心买方的信用向上游传导，实现融资服务向N家二级供应商延伸。该产品基于真实贸易背景，借助大数据、物联网、生物识别、人工智能、云计算、区块链等科技手段，创造性地将对供应商融资的时点由核心买方债务确权环节前移至货物确权环节，使滞后的交易账期转化为灵活的融资账期，从而帮助小微企业实现零账期经营，拓宽了小微企业融资渠道，提升了供应链上下游整体价值，有效助力普惠金融业务发展。

中小银行在普惠金融领域深入应用新兴金融科技技术助力业务发展的同时，需同步打造强大的信息科技架构规划能力。中小银行通过信息科技规划为信息科技建设提供系统架构规范和标准，以全面提高IT架构对普惠金融的支撑引领能力，支持未来普惠业务创新发展，提升银行普惠金融核心竞争力。

四、大中台运营保障

面对“千人千面”“百行百业”的普惠金融客群，解耦前端面向不同类型客户的交互界面，并提供相对标准化、可共享的服务是较为可行的应对之道，可使普惠一线作战单元更为灵活地处理客户差异化的需求，中台则提供相对标准的逻辑服务模块支持前台业务办理和客户服务，以提高效率、降低差错和成本。一般而言，业务中台、数据中台和技术中台构成完整的中台体系。

第一，业务中台与目前部分银行采用的“运营大集中”作业模式类似，但业务中台更关注客户旅程和客户服务，而不仅仅局限于银行自身跨业务、跨部门流程整合，所以业务中台对前端客户需求响应更及时，对客户体验提升更具针对性和精准性。普惠业务所依赖的业务中台实质是提炼客户旅程视角下银行信贷、支付结算等领域的公共共享服务能力，如开户资料审查、信贷信息录入和审核等一并由专岗人员进行业务操作，为市场前端提供业务流程若干节点的共享服务。中小银行可通过打造账户中心、授信中心、清算中心、后督中心等，将各种资源进行集成，形成标准化组件，供前台迅速调用和组装等。多数普惠金融业务领先的中小银行均建立了“信贷工厂”作业模式，这是业务中台的一种典型场景。普惠信贷由于额小、户多，信贷作业量较大等特点，将耗费市场一线人员大量时间且容易产生操作风险。例如，泰隆银行和常熟银行均采用“信贷工厂”模式，以集中作业和流水线作业模式批量处理小微信贷过程中的初审、录入、预评估、审核和审查、评级和审批、用信和放款及贷后管理等关键动作，有效发挥“减负减压、帮扶支持、监督审核，提升体验”作用。又如，泰隆银行的“信贷工厂”不进行集中审批，而常熟银行的“信贷工厂”则由专职审批人员实行集中审批，两家小微领先银行在“信贷工厂”功能上的区别，体现出信贷策略和客群准入等普惠信贷理念的差异。

第二，数据中台实质是由专业数据技术人员如数据科学家、数据架构师等通过建立规范的数据治理、强大的数据处理和标准的数据架构体系，为市场前端提供多数据源及数据整合、数据资产管理、数据分析和挖掘、数据建模及数据产品等一系列核心数据能力的通用服务。这一系列能力将大数据应用以“用例”形式嵌入数据驱动的业务营销、风控和运营中。领先银行正为其普惠金融业务打造一站式、智能化、实时化、服务化的数据中台，为普惠金融业务前端提供一系列数据产品矩阵。例如，泰隆银行为其小微金融服务前台提供信贷预评估、申请评分、额度模型及精准贷后等一系列小微风控数据产品，助力其传统小微风控技术实现模式模型化。当然，中小银行在建设数据中台时，除自身科技能力基础外，还可通过“客户、战略和技术成熟度和回报规模”等维度筛选外部生态伙伴共同进行数据中台建设，将传统的IT数据管理外包延伸到基于大数据的数字化合作与投资领域。

第三，技术中台为前述业务中台和数据中台提供技术支撑平台能力。目前银行业技术中台一般包括金融服务开放平台、加密平台、影像平台、传输平台等基础功能服务平台，并加载人脸识别、语音语义识别、OCR、RPA等功能模块，以提升技术支撑能力。这些相对底层的技术支撑能力对普惠金融数字化、线上化、移动化等转变起到了关键的作用。

五、精细化管理会计及资产负债保障

在纯线上普惠金融业务模式出现之前，国内中小银行普惠业务作业成本相较于其他银行业务高出许多。例如，台州地区城商银行采用线下或线下与线上相结合的模式开展普惠金融业务，其成本收入比普遍相对较高。针对普惠金融运营成本高的难题，中小银行可采用“管理会计”工具，以精细化的成本分摊和盈利性分析为普惠业务“降本增效”提供支撑，保证普惠金融商业的可持续性。

除了降低作业成本之外，银行通过计算普惠单笔业务、单客户、单账户等的EVA/RAROC来精确厘定每笔业务的财务贡献，将其与绩效考核的财务效益指标进行挂钩，并结合业务质量和风险状况等因素进行财务费用及资本等资源配置。精准的资源配置将更有利于中小银行提高相对有限的信贷资源、资本资源等的利用效率。

在流动性管理方面，普惠业务存在一定的存贷分离现象。一般而言，在额度较小情况下普惠借款人的存款归行率相对较低，由此造成“存贷倒挂”现象。在此情况下，负债组合管理能力对于中小银行就显得尤为重要，通过对公业务和零售业务的一般存款和金融同业的主动负债等为普惠业务提供流动性支持。在此基础上，高效的司库体系及资金头寸管理系统可以为普惠金融业务提供更好的流动性便利和流动性支持。

六、差异化考核和激励保障

信贷业务天然易有规模和速度情结、“放大款垒大户”、资产质量变坏的滞后性及经营者短视行为等负面倾向，普惠信贷业务也是如此。这就需要中小银行在坚持市场化考核导向的同时，通过正确处理规模、结构、比例、质量和效益之间的关系，及时修复负面倾向对业务带来的影响和挑战。针对这一挑战，2007年银监会修订了2005年出台的《银行开展小企业授信工作指导意见》，其中建立和完善小企业金融服务的“六项机制”中明确要求银行制定专门的业绩考核和奖惩机制，加大资源配置力度，突出对分支机构和授信人员的正向激励，并可提取一定比例的小企业授信业务净收益奖励一线业务人员。

国内普惠金融领先的中小银行均能够结合自身普惠业务架构，如准事业部制或事业部制等形式，制定专门有针对性的、差异化的、有特色的考核标准，确定与普惠金融相匹配的KPI考核维度、绩效指标和目标设定及评价标准。考核可基于财务效益、业务发展和质量结构三个主要维度，辅之以合规等若干重要的过程管理指标。针对新型普惠金融业务创新如互联网贷款等业态，还可配合敏捷组织形态，探索采用OKR的考核模式对业务属性和业务规模均存在较大不确定性的创新型普惠业务进行试错、探索，并找到可复制的模式和打法。

除普惠业务条线、部门和机构考核外，对于普惠业务员工考核要与组织考核结果有机衔接，采用科学考核方式合理评定员工的工作绩效、履职情况和能力潜力，实行明确的计奖规则，切实维护员工利益、保护员工积极性。根据不同阶段任务目标开展形式多样的劳动竞赛，也是在正常的薪酬体系之外加强对员工激励的有效方式。

在普惠金融业务中，适度科学的尽职免责和不良容忍度也有利于给普惠业务员工在思想和行动上松绑，有利于积极开拓业务，释放一线人员生产力。实际操作中，可遵循“严控主观风险、尽职免除责任、适当风险容忍度”的责任认定原则，明确容错指标，实行不良贷款“适度容忍”，对认定相对较轻责任的业务也给予适度容忍。与之配套的是要对贷款发放全流程进行审视，查找问题、剖析原因、明确责任。在此基础上，以分层分类的方式，采用经济处罚和行政纪律处分相结合的手段，对信贷业务相关参与人员进行市场化追责问责，做到信贷人员责权利的统一。

第三章　中小银行普惠金融客户需求和产品体系创新

第一节　中小银行普惠金融主要客群及其在数字经济时代的变迁

一、普惠金融客群的一般情况和特征

中小银行普惠金融业务遵循“以客户为中心”的原则。普惠金融从本质上说，是全面提高“中小微弱”的生存能力、发展能力甚至于它们的创新能力[①]。2020年中小银行普惠金融客户之所以变化，剔除新冠肺炎疫情特殊因素之外，还取决于几大因素。第一，普惠金融客群的群体意识和群体合作行为加强；第二，由于竞争等原因，中小银行普惠金融客户群体下沉，优质客户的需求和愿望发生迁移，对金融服务的可得性、成本和效率更加敏感；第三，伴随着数字技术的全面发展，银行开展普惠金融的数字技术和科技水平持续提高，中小银行业普遍运用金融科技、数字技术来创新普惠金融产品、推动对普惠金融客户服务，建立长效的、普惠金融客户服务机制已经逐渐成为中小银行可持续发展的健康普惠金融的重要内容。

当前，小微企业和个体工商户仍然是中小银行普惠金融业务最主要的客户群体且该群体增长迅速。2019年底，全国银行业金融机构普惠小微贷款余额为11.59万亿元，全年增加2.09万亿元，较年初增幅22%，同比多增8525亿元。2019年底，全国银行业金融机构通过发放普惠小微贷款支持小微经营主体2704万户，较年初增幅26.4%，全年增加565万户，同比多增100万户[②]。

① 引自2019年3月贝多广在CPCP国际研讨会上的讲话。

② 中国人民银行．2019年金融机构贷款投向统计报告［R］．2020-01-23.

2020年底，全国银行业金融机构普惠小微贷款余额为15.1万亿元，同比增长30.3%，增速比上年底高7.2个百分点；全年增加3.52万亿元，同比多增1.43万亿元。农户生产经营贷款余额为5.99万亿元，同比增长11.5%，增速比上年底高5.1个百分点；创业担保贷款余额为2216亿元，同比增长53.7%；助学贷款余额为1307亿元，同比增长10.9%[①]。

从细分领域来看，"三农"既是普惠金融的客户群体，其发展也是我国实现乡村振兴、推进城乡统筹发展需要解决的主要课题。"三农"客户涉及农业龙头企业、农业供应链、农村合作社、个体农户等。为了满足"三农"客户各类金融需求，中小银行积极创新金融服务和产品，致力于提升农村金融服务覆盖面、增强金融服务乡村振兴可持续性。本次调研中发现，中小银行对"三农"及乡村振兴政策的认可度为56%，在服务"三农"的过程中仍需银行自觉承担"普之城乡，惠之于民"的社会责任，持续有效提升金融支农水平。另外，科技金融和消费金融是2020年普惠金融热点话题。2020年是特殊的年份，中央和各地政府出台了加强科技发展和促进消费的各项政策，中小银行积极响应国家政策，在服务高新技术企业和个人消费领域诞生了许多成功实践。从上海的情况来看，在金融服务科创、高新企业方面，为贯彻国家创新驱动战略，助力上海强化科技创新策源功能方面，形成了普惠金融业务发展的新领域。例如，上海银行聚焦集成电路、生物医药、人工智能等重点行业，针对科创企业各个生命阶段需求，主动提供"高于信贷、不止于金融"的综合服务，为其注入产业发展新动能。该行溯源对接科创企业，提升金融服务覆盖面，针对上海市重磅打造26个特色产业园区等政策，上海银行积极做好科创企业源头服务。依托"一园一策"差异化金融服务、上门对接企业的绿色通道、额度优先费率优惠等园区金融的相关举措，提升高新技术企业服务覆盖面。同时，该行聚焦服务咨询、科创贷款、现金管理、产业链服务、投贷联动等五个维度打造科创产品体系，不断升级完善服务。在金融促进消费方面，疫情之下一些城市通过发放优惠券、举办消费节、开展直播带货激发新兴消费等手段刺激消费。与此同时，中小银行依托地方下沉优势，消费贷款业务纷纷开启了降价促销模式。例如，"你好e贷"[②]是南京银行

① 中国人民银行．2020年金融机构贷款投向统计报告［R］．2021-01-29.

② 新华网记者．"南京银行：'你好e贷'助力普惠金融"［DB/OL］．新华网，2019-06-19.

一款全线上个人消费贷款产品，最高可借30万元，最长授信期限为3年。拼团申请贷款人数在8人以下可享一年期优惠利率6.08%，8～15人（不含）可享5.88%，15人及以上可享5.58%的优惠利率。新冠肺炎疫情前，“你好e贷”的利率都在6.09%以上，上海、江苏、北京、杭州正常缴纳公积金且信用记录良好的用户即可加入这一活动。

近年各级政府、监管政策力度不断上升，力度持续加大，尤其是自2018年以来，从中央到地方越来越重视普惠金融对于服务实体经济、服务小微企业、服务百姓民生的重要性。2019年的政府工作报告明确提出了要把普惠金融作为稳市场主体的重要支持并明确提出以工商银行、农业银行、中国银行、建设银行、交通银行为首的国有大型银行当年普惠小微贷款增速不得低于40%。这是政府工作报告中首次明确普惠金融发展量化目标，普惠金融正式上升为国家战略。2018年至今，人民银行及银保监会已下发多份普惠金融发展的重要文件，包括《关于2020年推动小微企业金融服务“增量扩面、提质降本”有关工作的通知》（银保监办发〔2020〕29号）、《关于2019年进一步提升小微企业金融服务质效的通知》（银保监办发〔2019〕48号）及银保监会、人民银行、发展改革委、工业和信息化部、财政部联合印发《关于对中小微企业贷款实施临时性延期还本付息的通知》（银保监发〔2020〕6号）等，并从“三个不低于”“两增两控”等多个监管口径持续动态监测银行业机构普惠小微贷款规模增长、户数增长、成本控制、不良率等多个维度情况。同时，人民银行和监管部门综合运用MPA（宏观审慎评估体系）、定向降准、小微金融服务监管评价、支农支小再贷款等多项监管工具箱和综合监管政策、货币政策工具，对银行业金融机构服务普惠客群、开展普惠金融的情况进行量化为主、定性为辅的监管考核。力度如此之大的对于普惠金融的政策支持，反映在数据上，就是普惠小微贷款的“增量扩面、提质降本”。2019年全国新发放普惠小微企业贷款平均利率为6.7%，较2018年平均水平下降0.69%，其中5家大型银行新发放普惠小微企业贷款平均利率为4.7%。

应时应势，在政策推动下，普惠金融客群进一步下沉。原先不以普惠小微客群为主要目标客户的大型银行“大象起舞”，纷纷发力普惠金融，从在总行层面成立普惠金融事业部强化顶层设计，到持续不断完善普惠金融产品体系、加大普惠金融科技投入、增加普惠金融从业客户经理队伍、加强普惠金融考核等，国有大型银行、全国股份制银行、城商银行、农商银行、信用社、村镇银行，形成了一个普惠金融客群争夺和拓展的压力链条。大型银行的普惠客群下沉带来几个明显趋势：一是整体银行业普惠客群进一步扩大和下沉。2019年底上海地区普惠小微户均贷款余额为160.47万元，2020年11月末户均贷款余额下降至143.35万元。二是对中小银行，尤其是以农商银行、信用社、村镇银行等原本以县城、镇村、社区为主要服务客群形成了明显的挤出效应，如图3-1所示，2020年上海地区新增普惠小微贷款1686.24亿元，新增贷款户数15.4万户。其中，大型银行新增贷款余额占全部增量的37.5%，新增户数占全部增量的11.4%；农商银行及村镇银行合计新增贷款余额占全部增量的8.4%，新增户数占全部增量的7.9%；城商银行合计新增贷款余额占全部增量的9.6%，新增户数占全部增量的5.1%。三是针对普惠小微客群价格利率水平的快速降低。2019年全国新发放普惠小微企业贷款平均利率为6.7%，较2018年平均水平下降0.69个百分点[①]；上海地区2019年新发放普惠小微企业贷款平均利率为6.63%，2020年新发放普惠小微企业贷款平均利率为5.17%，利率水平明显下降。

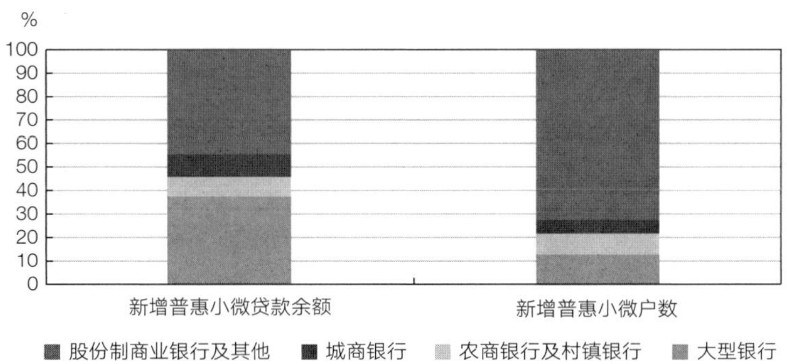

图 3-1　2020 年上海地区普惠小微贷款新增情况统计

本次2020年中小银行普惠金融工作调查问卷包括59家东部、中西部的城商银行、农商银行及部分农村信用联社下属法人机构等。如图3-2所示，从样本银行小微企业贷款余额占比结构来看，截至2020年6月30日，超过70%的样本银行小微企业贷款余额占各类的贷款总额比重超过10%。其中，30.51%的样本银行小微企业余额占比为30%～50%，受访银行表示，预计未来2～3年该区间将进一步增长。

① 中国人民银行．中国普惠金融指标分析报告（2019年）[R]．2020-10-16.

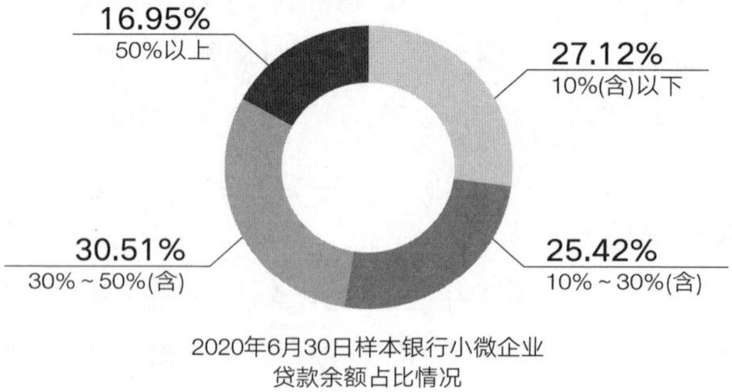

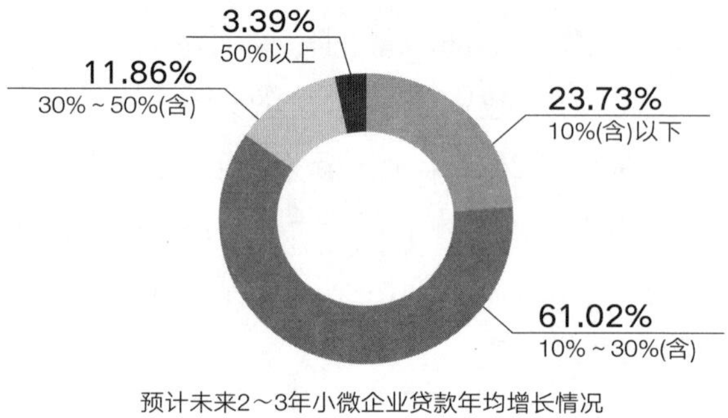

图 3-2　中小银行小微企业贷款余额占比及未来增长预计

从单户贷款规模结构来看，如图3–3所示，小微企业贷款户均规模大多集中在100万～500万元，受访银行数量比例超过56%，与上年同期调研数据结果相比，户均贷款进一步下沉趋势明显增加。

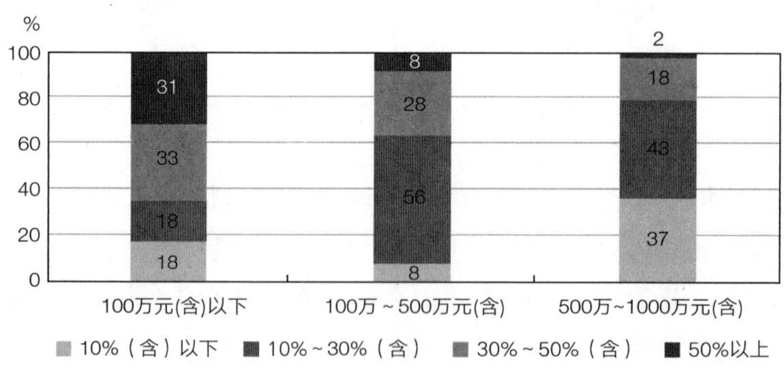

图 3-3　中小银行单户贷款规模 1000 万元（含）以下小微企业贷款余额结构分布

二、长三角地区普惠金融客群的特点

在对中小银行普惠金融客群的一般情况进行概要分析之后，将聚焦长三角地区的普惠金融客群进行深入展开。首先看上海地区普惠金融客群的特点。从企业客户来看，上海的制造业、进出口贸易、金融业最为发达。2019年，上海第三产业增加值占全市生产总值的比重达70%以上，战略性新兴产业制造业部分产值占工业总产值的比重提高到30%[①]。上海产业园区众多，供应链完善，产业集聚效应明显，如上海市北工业园区、青浦工业园区、宝山工业园区等，中小银行通过园区或供应链批量获客成为重要的普惠金融营销方式之一。从个人客户来看，上海是一个老龄化程度较高的城市，60岁及以上老年人口占总人口超过30%，这就造成上海普惠金融客户在年龄和收入上出现两极分化，如何满足老龄人群金融需求成为上海地区中小银行普惠金融业务中一个迫切需要解决的问题，打造以老年人和低收入者为重点的民生金融服务体系，重点解决这类弱势群体的信贷可得性问题。2018年银保监会上海监管局提出探索“大都市型普惠金融的上海模式”，并且发布了《2019年上海市普惠金融发展报告》，上海小微企业金融服务持续增量扩面降本提质，科技金融持续发力支持科创中心建设，民生金融框架初具雏形。

其次再看上海以外的长三角其他地区如江苏省、浙江省、安徽省等区域。这些地区开放程度高、创新能力强、基础设施完善，普惠金融总体水平较高，多数经济指标和金融指标数据高于全国平均水平，是中国经济贸易往来和普惠金融客户最活跃的地方，有大量的潜在客户值得挖掘。一方经济土壤培育孵化一方金融业态，这些区域针对不同客户的普惠金融业务模式也十分多样，例如园区金融、供应链金融、消费金融、绿色金融、科技金融等均有众多生动的模式呈现。有些中小银行，如浙江泰隆银行、台州银行，江苏的常熟银行等通过近年的不断摸索，结合地方水土、经济、产业、人口因素总结出了适合自身发展的普惠金融模式。根据《长三角普惠金融指标分析报告（2019年）》，截至2019年底，长三角地区普惠小微贷款余额为36424.47亿元，占长三角人民币贷款余额的9.80%；农户生产经营贷款余额占人民币贷款余额的3.78%，领先全国平均水平0.27个百分点；创业担保贷款余额占人民币贷款余额的0.04%，较全国平均水平低0.05个百分点；低收入群体中在银

① 引自2020年1月15日上海市市长应勇发布的《上海市十五届人大三次会议政府工作报告》。

行有贷款的成年人比例为29.21%。与上海普惠金融重点在中小微、科创和社区、民生发展等情况不同，长三角其他地区的普惠金融客户还覆盖农户、农民工等低收入人群。

当然，长三角地区三省一市的经济发展情况、产业结构、城乡发展情况等存在许多差异，也导致普惠客群的差异化。上海市作为长三角一线国际化大都市，传统上以总部经济、地方国资为经济发展的主导，非公经济发展优势不突出，2019年上海市地区生产总值中，公有制经济增加值18328.67亿元，比上年增长6.1%；非公有制经济增加值19826.64亿元，增长5.8%，非公有制经济增加值占上海市生产总值的比重为52.0%[①]。此外，由于上海地区城镇化程度较高，农业整体呈现出小、散、弱的格局，在地区GDP中的比重也是逐年降低。上海地区2019年全年实现农业总产值280.74亿元，比2018年下降4.8%。2018年全年上海市实现农业总产值282.48亿元，比2017年下降4.4%[②]。

浙江省是非公经济、小微企业高度发展的省份，截至2019年底，纳入中国小微企业名录库的浙江省在册小微企业数量达到222.4万户，占在册企业的87.7%，在册非公企业数量达233.4万家[③]。截至2020年6月末，全省普惠型小微企业贷款余额为2.1万亿元，户数为478.9万户，比年初增加59万户。长三角地区中[④]，安徽省中小微企业总量已经超过100万户，占企业总数量的99%以上，2019年安徽省非公经济实现增加值22421.3亿元，增长7.7%，比全省地区GDP增速快0.2个百分点，占全省地区GDP的比重为60.4%。截至2020年6月末，安徽省普惠小微企业贷款余额为5538.8亿元。截至2020年6月末，江苏省普惠型小微企业贷款余额为1.32万亿元，贷款户数为147.19万户，比年初增加24.7万户[⑤]。2019年江苏省非公有制经济实现增加值74125.9亿元，占GDP比重达74.4%，非公经济增加值占GDP比重达55.9%[⑥]。从市场主体数量及普惠小微贷款规模来看，浙江省非公经济、小微企业发展强劲，远超其他两省。

---

① 上海市统计局. 2019年上海市国民经济和社会发展统计公报［R］. 2020-03-10.

② 上海市统计局. 2018年上海市国民经济和社会发展统计公报［R］. 2019-03-18.

③ 中国银行保险监督管理委员会网站（www.cbirc.gov.cn）。

④ 安徽省经济和信息化厅网站（jx.ah.gov.cn）。

⑤ 常州市人民政府. 2020年上半年江苏银行业和保险业服务实体经济报告［R］. 2020-08-07.

⑥ 江苏省统计局. 2019年江苏省国民经济和社会发展统计公报［R］. 2020-03-03.

三、数字经济时代普惠客群的变化

近年来，全球经济数字化发展趋势愈加明显，传统产业加速向数字化、网络化、智能化转型升级，数字经济规模持续扩大，数字经济增加值规模由2018年的30.2万亿美元扩张至2019年的31.8万亿美元，规模增长了1.6万亿美元①，数字经济已成为全球经济发展的新动能。

从产业分布来看，小微企业分布消费领域、服务业等第三产业占比高，从产业链视角看小微企业产业链中下游居多，主要是下游的批发零售和贸易行业、现代服务业及中游的部分传统制造业及由城镇化催生、房地产行业拉动的传统建筑业。数字经济时代新兴产业主体快速成长，如数字经济时代现代服务业下新型商业企业和个体工商户如新零售等贸易行业客群、文化娱乐创意产业客群等。此外，无论小微企业经营行为还是社区居民日常生活行为正在发生深刻变化，在数字时代更趋移动化、智能化，比如工业互联网和基于云技术的新一代企业资源管理ERP技术对于企业内部生产和经营管理的影响，又如电子商务及手机等数字化设备对社区居民日常生活和支付习惯的颠覆性改变等。

当前国际形势复杂多变，全球产业链、供应链挑战与机遇并存。中小微企业在疫情冲击下，一方面纾困，另一方面转型，不再是简单回到过去或低水平拉锯，而是要积极打造数字供应链，通过数据流在更高层面整合传统生产要素，以此构建具有世界先进水平的数字化供应链体系，在转型升级中寻求增量突破。商贸类小微企业应用大数据、云计算、区块链、人工智能等信息技术创新发展，加快数据赋能，减少库存的同时缩短对零售终端的响应时间，助力企业加快资金周转实现降本增效。制造型企业则借助5G、物联网等技术实现各类制造设备的万物互联，通过工业互联网实现数字化转型并最大限度整合企业内部和供应链上下游企业在物流、资金、商流及数据资源，提升供应链整体效率、促进供应链企业协同发展，构建健康发展的供应链生态。

从趋势来看，数字产业化和产业数字化成了我国经济发展中的新增长点和重要推动力量。随着2020年3月30日，《中共中央国务院关于构建更加完善的要素市场化配置体制机制的意见》发布，明确将数据与土地、劳动力、资本、技术等传统要素并列，从国家顶层设计角度，首次明确将数据作为核

① 中国信息通信研究院．全球数字经济新图景（2020）［R］．2020-10.

心的资源要素之一，进一步强化了社会各界对于数字经济的重要性的认识。回顾国际、国内互联网这十年来的发展态势，以脸书、苹果、亚马逊、奈飞、谷歌（英文简称FAANG）等为首的国际科技巨头及以阿里巴巴、腾讯、拼多多、京东、百度等为首的国内互联网巨头发展历史无不印证了“数据为王、流量为王”的平台经济、流量经济和场景金融发展理论。流量是一种蕴含用户各类底层需求的注意力经济，互联网时代，用户原有的线下需求如社交、娱乐、资讯、购物等映射至线上的各互联网服务，而这种用户需求被寻找、挖掘和满足的过程相较于线下经济活动可以被更轻易地转化为数据和信息。用户基数的快速扩张、用户时长的快速提升（根据QuestMobile数据，2019年第三季度国内移动互联网月活用户达到11.4亿人，月人均单日使用时长达到6小时）带来了巨大的红利，在这一过程中流量概念应运而生。流量经济背后是互联网技术迭代驱动的信息效率提升。国内互联网流量的形成与分发已经形成了相当成熟的闭环，各互联网平台的经营过程都是在不断获取流量并对流量进行转化变现，其变现的方式包括但不限于短视频、游戏、社交、电商、长视频、搜索等。疫情之下，普惠金融服务一方面通过线上新媒体的公域和私域营销来触达客户、开展线上活动，另一方面也通过构筑在流量之上的场景金融来实现金融端的流量变现。场景可按照个人、公司、政府和金融机构进行划分，目前消费场景金融已经被互联网巨头、商业银行和消费金融公司充分挖掘。随着金融服务逐渐线上化，消费金融场景在传统的3C卖场和装修、教育、医美等线下门店的基础上，日益线上化。通过发展线下场景、线上和线下相结合场景等多种模式，针对长尾客户的消费场景不断细分，场景金融呈现更加多元和丰富的特点。同时，伴随国内工业互联网的蓬勃发展，面向企业的场景金融将通过银企直连、开放银行、基于区块链的供应链金融场景及电子票据系统等越来越多地付诸实践。场景金融是构建金融服务嵌入商业场景的生态，降低金融服务的获得门槛，提高场景的运转效率与场景本身的附加值；同时多样化的金融场景能进一步满足长尾用户的金融服务需求，也使得金融服务于真实交易。

2020年新冠肺炎疫情突然暴发，疫情一方面成为在线经济爆发的催化剂，另一方面疫情下“无接触”服务成为全社会关注的焦点，而无接触的银行服务包括普惠金融服务成为创新热点。

推进无接触普惠金融，需要围绕客户服务、营销推广、风险管控、运营管理等银行各方面工作，建立起相适应的制度体系，例如，完善客户服务运营体系，一方面要优化无接触服务模式。根据银行业务发展的现状与趋势，以及客户的行为习惯，无接触银行包含三种服务模式：一是在线自助服务模式，是指银行通过手机银行、微信银行等线上渠道，直接为客户提供金融服务。二是无人现场服务模式，即“无人银行”模式，如建设银行在2018年4月推出国内第一家“无人银行”，客户可在网点使用自助机具实现自我服务。三是远程人工服务模式，是客户通过自助机具或者线上渠道，与银行员工进行远程对话来办理业务，传统的如VTM在线开卡；近期出现依托在线社交平台搭建服务工作室，如建设银行推出的“云工作室”，客户可通过线上渠道进入客户经理自己的线上“工作室”，与客户经理实时联系并获取金融服务。

另一方面，要提升无接触客户服务能力。一是增强线上与客户及时交互能力。银行要加强线上运营管理，确保自建的各类线上渠道，都具备与客户及时交互的功能，尤其对客户线上提出的业务问题，能够及时反馈与处理。二是强化客服中心的响应能力。客服中心是银行业务办理、产品营销和争议处理的重要枢纽。在无接触银行中，客服中心的分量将进一步强化。要提升语音识别、智能客服能力，优化客户分类分层服务，统筹好客服资源，为客户提供高效、便捷、顺畅的服务。三是提升“点到点”的服务能力，指在客户寻求服务的各个触点中，银行都能一站式顺畅地应对客户要求，最大限度地减少客户问题层层转交的现象，这需要对服务流程进行优化，提升服务环节的线上化、自动化程度。

推进“无接触银行”建设，当下依靠5G、AI、物联网、大数据等成熟的数字化信息技术，依托坚实科技支撑体系与强大风控能力的“无接触”普惠金融全线上化运营已经成为中小银行争相创新、广泛参与的普惠金融热点。

第二节　新冠肺炎疫情下的普惠金融客户行为变化

一、疫情下小微企业经营状况及其变化

2020年受新冠肺炎疫情的影响，小微企业在资金、人才、市场等方面遇到困难，发展举步维艰，企业经营受到巨大冲击。小微企业大多属于现代服

务业，尤其是从事住宿、餐饮、零售、娱乐及外贸出口等小微企业，受到的冲击更为严重。一方面，极低的开工率造成了大量小微企业资金链断裂；另一方面，由于需求萎缩，已开工的小微企业和个体经营者很难恢复正常营收水平，接踵而来的是停发工资、停交房租、停付货款，甚至会影响到整个供应链的运转。

据统计，2020年第一季度，我国文教娱乐业有68.7%未开工，建筑装修业有44.2%未开工，住宿餐饮业有35.9%未开工，服务业中的其他细分行业也都有20%～30%的微型企业和个体经营者未开工。[①]由于国家对于人员聚集、流动等的限制，导致2020年春节期间及春节后的聚餐、旅游、娱乐和其他室内活动显著减少，因此相关产业的复工复产速度较慢。同时，受疫情影响，已开工的微型企业和个体经营者很难恢复正常营收水平。2020年第一季度，在已开工的微型企业和个体经营者中，88.7%的日均营收未恢复至正常水平的八成，67.6%未恢复至正常水平的五成，41.8%未恢复至正常水平的三成。

例如，上海F果蔬种植专业合作社，成立于2011年，是集果蔬种植、配送、贮藏、加工、包装、销售于一体的综合性果蔬专业合作社。合作社位于上海市金山区，占地面积为0.733平方千米，蔬菜基地常年以种植绿叶菜为主，主要蔬菜有青菜、空心菜、草头、杭白菜、卷心菜等，送往各企事业单位食堂、无人售菜机和鲜菜市场。作为金山区首批与上海市中心城区进行农超对接的单位，该合作社在上海市区标准化菜场开设有“无人菜场”直销点，全市共设了3家生鲜便民菜市场和186台无人售菜终端机，2020年春节期间，受新冠肺炎疫情影响及市场需求的增大，果蔬种植基地在确保原有蔬菜供应基础上，安排人员加班加点，采收可上市蔬菜，蔬菜每日上市量达到4吨，但由于疫情持续影响，需向其他农户采购蔬果以保障市场蔬菜供应，因此急需流动资金用于经营周转。该果蔬种植专业合作社碰到的问题是疫情之下千万微型企业和个体经营者共同面临困难之一，除此之外，由于生产和营业停摆，但是房租、工资、利息等费用刚性支付，该群体面临的另一大财务问题是刚性成本支出带来的现金流压力。对于一个企业而言，没有利润是痛苦的，但没有现金流才是致命的，难以获得融资，将导致企业无法维持正常经营。为帮助小微企业和个体经营者渡过难关，亟须解决“融资难、融资

① 国家金融与发展实验室．2019—2020年小微融资状况报告［R］．2020-05-28.

贵、融资烦”等问题。上海农商银行针对此类型客户的困难情况，从果蔬种植、运输、销售和消费的产业供应链着手，及时推出疫情纾困贷款，赢得了客户。

中国从2020年3月初开始在全球范围率先复工复产，受益于基建的快速反弹和中国完整的全门类工业产业链，到2020年底经济复苏进度超出预期。总体来看，中国后疫情时期的经济复苏走在世界前列。2020年第二季度的GDP增速由负转正，达到3.2%，而第三季度经济继续恢复，GDP增速恢复到4.9%。尤其是2020年下半年，随着国内疫情的缓解，众多小微企业逐渐复工复产迎接疫情后经济复苏、内需释放与增长带来的新机遇。国内小微企业运行指数自2020年2月31.9一路攀升到12月的44.1，其中小微企业市场指数从2020年5月的39.0升到12月的39.5，采购指数同期从41.8升到42.1，绩效指数同期从43.4升到44.2，信心指数则从40.4升到41.1①。由此可见，随着2020年下半年国内经济的强劲复苏，小微企业的生产经营情况和财务效益也是一路持续增长，但尚未完全恢复到疫情之前的水平，因前述小微企业运行指数在2019年全年均在45.9以上，2019年1月更是高达46.1。

疫情之下，一部分小微企业积极应对疫情对企业经营的影响，利用自身优势，如公司规模较小、灵活性较高，通过转行或多元化扩张业务来调节企业的主营业务方向。它们利用现有设备生产市场紧缺的产品，诸如口罩、防护服等，以此扭转公司危机。还有部分企业顺势而为，快速进行数字化转型，从线下模式变为线上模式，如线下培训机构开设线上培训课程、传统线下家居行业谋求线上发展之路等。2020年4月，上海提出大力发展在线新经济，上海市政府发布了《上海市促进在线新经济发展行动方案（2020—2022）》，力争到2022年底，将上海打造成具有国际影响力、国内领先的在线新经济发展高地。该方案明确指出，将聚焦无人工厂、工业互联网、远程办公、在线金融服务、在线文娱、在线展览展示、生鲜电商零售、无接触配送、新型移动出行、在线教育、在线研发设计、在线医疗12大重点发展产业。市场既关注企业数字化转型的质量，又关注转型发展的速度，只有有效跨越疫情带来的危机，才能出现发展的良机。许多中小银行对于这些企业转行、多元化扩张、数字化转型的做法进行综合评估考察后，根据具体情况发

① 《经济日报》记者．中国邮政储蓄银行小微企业运行指数［N］．经济日报，2021-01-09.

放了贷款，支撑其渡过难关。

未来，在线经济模式可能成为一种新常态。如今人工智能、区块链等新技术日益进入实体经济和金融应用领域，未来3～5年在线新经济业态、产业链条将逐渐成熟。在在线金融领域，那些拥有庞大数量用户优势、流量优势和场景优势的互联网巨头们已纷纷布局，在线经济的未来可期。

二、疫情下社区居民生活状况及其变化

疫情对社区居民的日常生活和行为也产生了重要的影响。首先，居民的生活半径和生活区域发生变化。受疫情的影响，居民的生活半径缩小，对外活动的频率减少，平时的线下消费、办公、娱乐活动逐渐转移到线上平台；其次，居民的社交活动呈现出无接触、少交流、点对点的特点，以居家生活为主，尽量避免外出。对外交流以线上交流为主，非要外出也是避免直接的人对人的接触。这对于中小银行的数字化转型和完善服务提出了更高的要求；最后，疫情造成的经济停滞让更多的居民意识到了储蓄和财富管理的重要性，叠加2020年结构性宽松的货币政策，包括中小银行在内的银行业2020年上半年的存款余额猛增。

与此相应，过去人们追求更好的工作、更多的财富等诉求暂时让位于生存的需要、日常生活必要的交往，居民的行为也随之呈现出一定的新特征。一是焦虑和互助相结合，在因疫情流行和各国封锁的早期阶段，居民的焦虑感明显提升，经历焦虑的年轻人占比从13%增加到24%①。二是信息引导和信息传播对居民行为的重要性格外明显。人类已进入后工业化时代，并初步完成了由工业化时代向信息化时代的转型。疫情时期，精准、权威的信息能引导居民正常的生产生活，谣言在人民焦虑状态下的破坏性更大，官方、权威的信息引导和传播就显得尤为重要。三是线上活动比线下活动更适合居民生活，无接触、少接触、屏对屏成为新的社会方式。无接触商业在疫情中迅猛发展，无人货架、无人超市、无人机配送的兴起很大程度上改变了线下零售行业的业态，在线办公、在线教育、远程医疗极大地改变了居民的生活状态。

后疫情时代，人们的生活方式、生产和消费方式都已发生巨大变化。每

① Alex S.F. Kwong, Rebecca M. Pearson, Mark J. Adams. Mental Health Before and During COVID-19 in Two Longitudinal UK Population Cohorts [OL]. www.cambridge.org. Cambridge University Press, 2020-11-24.

个人都应顺应变化，与时俱进，才能更好地适应后疫情时代的生活。后疫情时代社区居民的生活习惯将发生如下几个方面的改变。

第一，疫情结束后许多不会或者不习惯用手机支付的一部分人或者老年人也加入了手机支付的行列，一些新兴支付手段的兴起，将会在疫情过后的常态生活中改变人们的支付习惯。

第二，线上经济兴起改变人们的日常交往模式，首先是网络会议、网络教学、网络签约、网络招聘、网络社交等尽量避免人与人接触，随之而来的线上活动增加，对线下业态带来不小冲击。

第三，后疫情时代将改变人们的消费模式，人们将更加热衷于网络购物，对于喜欢健身的朋友更喜欢网络课程健身或者家庭健身，当然为了尽量避免去人群集聚的地方，家庭聚会适当地改为点餐外卖服务，避免了堂食带来的风险。餐饮服务业也会增加送餐服务使得人们有了更多选择。

第四，后疫情时代人们更注重健康，尤其是在公共医疗、个人卫生和健康管理等方面。在公共医疗方面，医疗保障体制、医药、医疗等整个公共医疗系统的变化将对人们生活产生深远影响；在个人卫生和健康管理方面，人们一方面会继续保持疫情期间养成的戴口罩、勤洗手等良好的卫生习惯，另一方面养生、健身锻炼、体检、康复及保健知识学习等也会受到更多重视。无论是年轻人还是老年人，从吃什么、喝什么到穿什么、用什么等，健康的各个方面都会挂在嘴边，惦记在心里。养生、医疗卫生等领域的需求也在逐年增加。

第五，健康出行、安全出行成为人们今后的首要选择。旅游或者经常出差的人们，干净卫生的酒店将成为首选，安全健康出行的理念将会改变更多人的出游目的地。

第三节　中小银行普惠金融客群的需求分析

一、中小银行普惠金融客群的需求分析

中小银行普惠金融要以客户为中心梳理和总结客户需求，前提就是对客

群精细画像并进行细分，进而健全广覆盖、有差异的普惠金融产品和服务体系，分类、分层满足不同普惠群体的金融需求。根据银行业普惠金融的一般定义，普惠金融客群主要可分为以下四类：

第一，社区居民客群。该客群主要是自然人且多为受雇人士，对于个人而言，其年龄、职业特性及生活场景共同决定金融产品和服务需求。比如，安身立命（19~35岁）阶段，处于生命周期的“单身期”和“家庭形成期”，主要场景包括求学、就业、结婚、育儿、创业等，主要需求点为个人住房和综合消费、婚庆准备、子女初始教育费用、就业上岗费用及初创启动资金等；又如，安居乐业（36~65岁）阶段，处于生命周期的“家庭成长期”和“家庭稳定期”，主要场景包括品质生活、子女教育和子女结婚成家、投资经营、财富积累、赡养老人和退休规划等，主要需求点为个人投资及财富增值、家庭保险、子女教育和生活及赡养老人等。此外，中小银行社区居民客群，中老年、中下收入水平的社区居民较多，对于老年客群，其需求往往与生活保障相关，适合为该群体量身定制符合老年人特点的金融产品和服务。老年人金融知识素养相对不足，更容易受到金融产品的误导销售和金融欺诈的影响，是金融服务和维权的重点保护对象。

第二，小微企业客群。该客群主要是法人，对于企业而言，其规模、行业特性及企业日常经营场景共同决定金融产品和服务需求，当然企业主属于社区居民客群。小微企业群体生命周期短、抵御风险能力弱、发展不确定性大。该群体组织形式为企业、合伙或个体工商户，企业主的人品对企业的存续发展至关重要，但很多实质上是企业主经营的项目，俗话说得好“船小好掉头”，也正因此小微企业能够快速调整经营策略和管理方式。此外，该群体容易存在内部管理不规范、财务信息不透明、缺乏有效抵押物等不利于金融服务供给的问题。一般而言，小微企业融资需求存在“短、小、频、急”的特点，其中“短”是指贷款周期短，“小”是指贷款金额小，“频”是指贷款需求频率高，“急”则是指贷款需求急。由于相对缺乏有效的金融供给并且信贷替代融资产品的利率更高，加之小微企业使用贷款资金主要用于临时周转，贷款周期较短，实际承担的利息在可接受范围内，所以小微企业对于利率价格一般不甚敏感，对于该群体而言，首要紧迫的是解决“融资难、融资烦”的问题，再考虑“融资贵”如何解决。对于企业而言，其行业属性很大程度上决定其金融需求，小微企业由于其规模较小，行业属性偏弱，但具一定规模的小微企业也具有一定的行业属性，如建筑行业小微企业需要工程施工垫资、预付工程款和各类投标保证金，故其对各类非融资性保函（如投标保函、预付款保函、工程质量保函等）及铺底性质的流动资金有融资需求。除行业属性外，某些小微企业“类型标签”也对其金融需求有影响，常见的类型标签有“绿色”“科创”和“外贸”等。科创类小微企业如信息软件、生物医药等往往前期投入大、回报少，部分企业以轻资产模式运作，成长性较强，这就需要银行提供“二高一新一低一长”的服务，即信用额度相对较高、审批效率高、抵押品类型新、贷款利率低和贷款期限长等信贷服务。对于结算和负债类产品，不同类型的小微企业对于金融产品的需求大小和时间点均有差异，比如实践中批发零售业的小微企业货币资金占比较高且资金周转较为频繁，其对支付结算、现金管理等金融产品的需求要多于资金链相对较紧且生产销售带有一定周期性的制造业小微企业。

第三，个体经营户客群。该客群兼具自然人属性和生意经营属性，故其金融需求由个人和经营“双重”特性决定且两种特性相互交融。作为自然人其金融需求与社区居民相同，同时其经营金融需求来自项目启动、采购原材料、储备存货、临时周转、发放员工工资等，这两种金融需求部分情况下会有所交织，即该客群部分资金需求的用途有时相对模糊。针对该客群，资金短缺时提供融资服务以满足经营所需，资金充裕时提供现金管理服务以满足个人资产保值增值的需要。

第四，“三农”等涉农主体客群。该客群主要包括广大农民及涉农经营主体客群。“三农”中广大农民作为自然人金融需求与社区居民类似，但也有部分具有农村特色的个人金融需求，如乡村住宅升级所需资金；“三农”中的“农村、农业”则主要是指涉农经营主体客群，根据农业农村部口径，涉农经营主体客群包括涉农企业、合作社、家庭农场、农户等几类，该群体金融需求较为广泛，涉及农林牧渔产业链上中下游等农业生产和经营、农业基础设施、农村公共设施、农村工业和服务业、农业支持建设等方方面面。涉农经营主体客群的金融需求具有较强的季节性特征，需要中小银行提供不同场景的服务，如农忙季提供资金支持或保险服务，收获季提供结算、存款及投资理财等金融服务。

除上述金融需求之外，中小银行还应充分考虑普惠金融的社会治理特性，结合网点转型、场景金融及小微企业增值服务等事项，进一步分析、梳理普惠客群的相关非金融服务需求。一方面，中小银行作为金融体系的“毛细血管”，与经济最基层社会组织和经济组织休戚相关，是普惠金融赋能社会治理的主力军。由此，针对中老年和农民的金融知识普及教育、社区中的慈善、公益活动、网点的便民服务甚至基层党建活动等均应在银行整体规划普惠金融产品和服务体系中予以考虑。另一方面，数字经济时代，普惠金融与小微企业的经营场景及社区居民的生活场景结合得更为紧密，将“衣、食、住、行、玩、医、用、教”等居民生活需求、企业税务、法律和信息化等经营管理需求融入普惠金融服务体系中，有助于赋予普惠金融更丰富内涵，有助于中小银行建立与普惠客群更为紧密和稳固的关系，有助于获取更多的可用于营销和风控的场景数据。

总而言之，中小银行应综合考虑自身普惠金融战略定位、风险偏好、所在区域经济情况和产业特征、产品策略和渠道策略等因素，在广义普惠金融客群中进一步细分定位适合自身的目标客群。其后立足目标客群，进行精确的客户画像并建立客户关系图谱，结合以价值为基础的客户分层和大数据驱动的多视角客户分群，总结客群特征并对金融需求场景进行细分。

二、疫情对中小银行普惠金融客群需求的影响

由于疫情防控，使小微企业客户的管理行为和社区居民的日常生活行为发生变化，导致金融需求也产生了相应变化。为了对冲疫情影响，监管部门出台了一系列支持小微企业的金融政策，这些措施促使中小银行更加深入地思考普惠金融服务模式的改革。

研究表明[①]，由于疫情，近八成微型企业和个体经营者存在融资缺口，但缺口金额相对较小，面临融资缺口的微型企业和个体经营者比例较2019年整体情况有了一定程度上升，但微型企业和个体经营者的经营规模越小，越难获得银行经营性贷款。疫情期间，有融资缺口的微型企业和个体经营者首先最希望得到提升贷款额度的帮助，其次是降低贷款利率。由于缺乏触达渠道，微型企业和个体经营者等长尾端一般较难获得银行经营性贷款的融资支持，面向个人发放的银行消费贷、信用卡资金则一定程度流向了经营支持领域。通过银行获取筹资性现金流的净流入以降低或缓解疫情影响下的经营性现金流的短缺，这是2020年上半年小微企业获取银行信贷资金的主要用途

① 国家金融与发展实验室．2019—2020年小微融资状况报告［R］．2020-05-28.

之一。在此期间无还本续贷、借新还旧、展期等需求同比大增，而扩大生产经营规模等需求来源则大幅下降。此外，小微企业对于信贷资金利率变得日趋敏感，随着国家诸多降低小微企业融资成本的举措出台，如监管的考核和目标管理，政府针对部分高新技术企业和“专精特新”企业的贴息贴费政策等，叠加国有大型银行、全国性股份行的普惠客群下沉，金融科技的进一步推广等诸多因素交织，小微企业从银行获取信贷资金的成本逐年下降。2020年1~11月，全国银行业发放的普惠型（银保监会“两增两控”口径）小微企业贷款加权平均利率为5.88%，较2019年下降0.82个百分点。由此可见，小微企业和个体经营者融资需求的用途及对利率价格的敏感性发生了较大的变化。当然，疫情之下“马太效应”也会在小微企业群体中进一步凸显，一些有充足现金流及流动性储备，规模相对较大的头部小微企业为寒冬之后蓄势待发，也出现了“持币观望”的短暂歇业或者放缓生产经营节奏的情况，该部分小微企业的融资需求则会减少，但该群体对支付结算、企业或企业主所拥有的金融资产保值增值的需求则会显现。

除小微企业、个体经营户及社区居民对金融服务需求自发变化以外，普惠金融服务内涵得到进一步延展，具体体现在服务方式、服务效率和服务内容等诸多方面。在服务方式方面，疫情要求银行进一步发展线上业务，引导社区居民、小微企业通过互联网、手机APP等线上方式完成移动支付结算、存款和贷款业务等普惠金融业务，实现零接触或无接触的普惠金融服务；在服务效率方面，部分小微企业和个体经营户存在较大的资金缺口，面临巨大的现金流压力及生存危机，中小银行需要建立、启动快速审批通道，简化信贷业务流程，结合产品和业务“线上化”切实提高信贷等金融服务的效率；在服务内容方面，疫情也推动普惠金融与社会治理更紧密地深度融合，如部分中小银行充分利用自身网点布局优势，结合社区银行作业模式和网点转型工作，发挥自身的金融科技和数据优势，积极响应地方街道、乡镇提出的协助进行人员流动管理、防疫物资发放等的需求。

前文已分析，2020年不同行业的小微企业可谓“冰火两重天”，疫情也爆发出一些新的商业需求，催生了传统商业的迭代升级。新兴的在线数字经济行业、新零售行业、网红经济行业、大医疗卫生健康相关行业及结合工业互联网化的传统制造业升级、金融科技行业等则遇到了前所未有的大好发展机遇期，伴随着这些行业超常规发展，其金融需求也日益旺盛。这些新经济、新业态的金融需求既有传统小微企业金融需求的特点，也呈现了更多科技企业的金融需求特征，这些都值得开展普惠金融业务的中小银行花大力气去分析、研究和提炼总结。

2020年下半年，随着国内疫情得到有效控制，小微企业和个体经营者迎来了复工复产的大好时机，随着该群体经济活动的逐步恢复，其融资需求也随之变得旺盛。根据小微企业运行指数的情况，小微企业的融资指数从2020年5月的51.3一路升至2020年底的52.8，其中细分行业的融资指数情况如下：制造业的融资指数由5月的53.0升至54.5，批发零售业的融资指数由50.9升至52.3，服务业的融资指数由51.6升至53.7，住宿餐饮业的融资指数由46.0升至47.5，建筑业的融资指数由50.0升至50.4，交通运输业的融资指数由49.0升至51.7，农林牧渔业的融资指数由49.8升至50.3。由上述数据可以看到，小微企业融资指数自2020年下半年以来获得持续强劲增长，尤以批发零售业、服务业、住宿餐饮和交通运输业的增长动力为强，这也符合疫情之后这些行业的反弹复苏的经济增长规律。

第四节　中小银行普惠金融产品创新和发展

一、中小银行普惠金融产品体系发展现状

完整的普惠金融产品体系包括资产大类产品、负债大类产品及中间业务大类产品。从广义角度来看，普惠金融产品体系与银行全谱系金融产品体系在产品大类层面没有明显差别，狭义普惠产品多指普惠信贷类产品。

普惠信贷产品根据前述普惠客群的一般融资需求特点，对信贷产品要素如期限、担保方式、价格、用信和还款方式、计结息方式、风控手段等及其组合进行有针对性的设计和安排。目前，中小银行推出的普惠信贷产品货架可谓琳琅满目，各种品牌的普惠信贷产品令人眼花缭乱。穿透表象看本质，普惠信贷产品分为面向小微企业的法人贷款、面向以小微企业主、个体工商户和农户等自然人为主体的经营贷及面向个人的消费贷及少量依托大额信用卡等载体的现金分期等产品。目前，各家银行的信贷类产品不仅数量多，而

且持续创新。

目前，普惠信贷类产品发展呈现以下五大特点。

第一，落实政策指导。为支持小微企业发展，明确支持重点，特别是对交通运输、批发零售、文化娱乐、住宿餐饮等受疫情影响特别严重的行业企业给予政策倾斜，北京银行推出了“京诚贷”，对符合政策的小微企业做到“应续尽续”“应延尽延”。

第二，开展综合经营。为普惠客群提供各类综合化、一站式服务。针对普惠客群的需求，不再单一地、割裂地提供单品类产品或服务，而是以客户为中心设计一揽子服务，如从账户开立、聚合支付、投融资服务、财富管理等角度出发，为客户提供全方位、立体化服务，提高普惠客群获得综合金融服务的便捷化程度。

第三，巧用平台赋能。例如，宁波银行的“出口微贷”业务，是依托国家外汇管理局跨境金融区块链平台，在国家外汇管理局宁波市分局指导和支持下创新推出的纯信用融资产品。“出口微贷”以中小规模的外贸企业为主要服务对象，具体来说，主要面向200万美元以上工贸企业、300万美元以上贸易型企业，为出口企业提供无抵押的纯信用贷款。此外，为方便客户办理贷款，宁波银行的“出口微贷”应用国家外汇管理局区块链平台“企业跨境信用信息授权查证场景”，通过数据模型自动核算授信额度，全线上操作、全自动审批、资金最快10分钟到账，不需要往返跑银行，资金审批效率高。

第四，开辟线上战场。例如，上海农商银行的“鑫e贷”，为客户提供在线申请、模型审批、自助提款和还款、额度循环使用的快捷融资。“鑫e贷”综合客户收入、负债、人民银行征信及外部数据等信息，通过策略及模型自动计算确认客户授信额度，经营贷款最高不超过50万元，随借随还、循环使用。

第五，善用组合和裂变思维。例如，浙商银行的“e家银”资产池，个人客户可将持有的理财产品、大额存单等流动性较弱的金融资产及房屋、个人信用等非金融性资产入池生成授信额度，贷款利率可智能调节、个人积分可抵扣利息。同时，家庭成员可以组成家庭池共享贷款额度，亲朋好友可以组成亲友池，实现额度互助，打通个人、家庭、亲友圈的资产负债，实现智能化综合金融服务平台。

此外，为了更好地服务新业态下的小微企业，如科技型企业，满足此类企业各成长周期的需求，宁波银行上海分行制定了针对科技型企业的专项服务方案。一是授信支持，即提供无须抵（质）押的信用类、保证类贷款，贷款期限为1年，且利率较低。该款科技贷产品主要以科技履约贷、专保融产品为载体，企业无须提供抵（质）押担保。为此，该行建立了科技金融专业化评审团队和风险评价评级体系，行内资源对科技型企业有所倾斜，放宽科技型中小企业的准入规则，将产品范围从履约贷扩充至行内各项小微企业授信产品。二是投贷联动，对有投资价值的企业，会加上“科创贷”的标识，该产品业务模式包括三种类型：其一是先贷后投，企业当前更需要债权融资的，发放贷款的同时配套远期认股选择权，若企业未来逐渐发展向好，股权价值上升，可推荐合作机构按约定条件认购企业股权；其二是先投后贷，企业当前更需要股权融资的，则帮助其对接合作投资机构，后续在企业需要债权融资的时候再配套贷款；三是投贷结合，企业同时需要债权和股权融资的，则由该行和投资机构一起，投一部分贷一部分，贷款的同时配套远期认股选择权，约定未来按约定条件追加投资。通过该款“科创贷”产品加大针对目标科技企业的信贷支持，放宽授信准入，同时在结算、票据、国际业务及个人业务等方面也会加深支持。

除信贷大类资产业务以外，为满足普惠客群日益多元化的金融需求，中小银行纷纷推出普惠金融产品组合包或者普惠金融产品矩阵，资产、负债和支付结算等中间业务齐头并进，提升客户持有产品数，加强综合经营，取得了良好经济效益和社会效益。通过数字化手段日益融合到产业链中的小微企业有强烈的现金管理需要，而小微企业主及普通的社区居民则随着个人财富的积累对相对高收益的理财产品有旺盛的需求，对此众多中小银行在满足监管规制的前提下，在利率自律机制约束下进行存款负债产品的创新，比如，浙江泰隆银行推出“心愿家”品牌存款，将定期存款、大额存单等存款产品与客户权益和积分有机链接，把亲情等元素嵌入金融产品中，提供“更亲、更近、更温暖”的金融产品；又如，宁波银行针对小企业推出智能活期、智能定期理财产品为企业提供满足其流动性管理和收益要求的现金管理和投资解决方案，有效提升了小微企业现金类资产的财务收益。

2020年，小微企业融资普遍存在“续贷难”的情况，一方面，可能因为经营情况的变化导致续贷条件无法满足；另一方面，续贷的操作手续和新准入贷款没有实质区别，导致客户体验较差。部分得到融资的小微企业贷款到期时应收款项尚未收回，出现流动资金缺口，从而导致企业面临资金链断裂的情况。根据这种情况，浙江泰隆银行针对相对优质客户推出了“接力贷”产品，该产品为满足客户经营需要，向客户发放的用于归还旧贷的无缝续贷经营性贷款。该产品业务模式有以下几个特色：一是手续简便，时效高。客户可根据自身情况提前申请使用“接力贷”产品，若上笔关联贷款与“接力贷”的保证人、抵（质）押物相同且贷款期限在最高额担保合同有效期内，则可沿用原最高额担保合同；同时可实现“接力贷”当天签合同、当天放款的高效作业流程；二是可连续多次使用“接力贷”产品，该行对客户“接力贷”连续使用次数不作要求，而是对连续累计使用期限进行控制，且同一客户可同时存在多笔未结清“接力贷”。银保监会出台了关于中小微企业贷款阶段性延期还本付息政策，在“应延尽延”的政策指导下，“接力贷”产品为受疫情影响资金困难的企业延期还本，帮助这部分企业渡过难关。

针对无接触金融服务的要求，众多中小银行推出针对小微企业的全线上贷款。宁波银行面向小微企业推出“快审快贷”业务，以住宅为抵押物，提供评估、审批、签约、放款各环节限时服务。该产品通过对企业、个人的多维度数据进行综合分析，优化信贷审批模型，自动推断授信金额和等级，解决小微企业或者小微企业主融资过程中的信息不对称问题，实现信贷智能管理。该产品通过一日审批、线上送抵，手续简单便捷，让小微企业无须漫长等贷。同时，可自动续贷、有效期限最长为20年、抵押物折扣率不低于七折等特点，额度循环使用，贷款无缝衔接，让小微企业贷款更加便捷、实惠。

除了中小银行日益丰富的普惠金融产品矩阵（以融资类产品为主、结算支付为辅），为了进一步提升客户黏性，各家银行也日益重视对于普惠金融客群的综合服务。当下中小银行从获客、活客、留客的角度出发，拼服务也成为非常重要的一块客户营销和管理的内容之一。以往更多重视对于大客户提供一对一、个性化的服务，也逐步重视对于广大中小客户提供模块化、可组合的金融服务。目前，中小银行提供的各类服务主要分为以下两类：

第一，各类增值服务。以小微企业为例，对于处于不同发展阶段的小微企业，推出企业税务筹划、法律咨询、财务管理、职业技能培训等咨询及培训服务，将银行自身打造成为各类资源的聚合平台，为中小微企业提供高附加值服务，进而帮助企业快速良性成长，在巩固银企关系的同时收获潜在高成长性客户；再来看社区居民的日常生活需要，不断推出各类和卡产品结合的权益类服务。例如，中原银行倾情打造的“中原吃货地图”正式上线，用户可以通过该“地图”寻找到藏在巷子深处的特色美食，并享受打折服务。这是该行服务“人民对美好生活向往”的一个缩影，中原银行结合信用卡业务将链接更多商家，为用户提供财富管理、生活消费等一站式服务。

第二，与社会治理结合，提供各类便民服务、公益服务及防疫抗疫。注重“三农”、小微、科创及社区百姓等广泛普惠客群的金融服务痛点、堵点，线上线下相结合提供人性化关怀的服务，比如，针对老年人对于智能终端操作简单化的需求，部分中小银行推出老龄版个人手机银行；针对社区百姓，纷纷推出1元起购的理财产品；在诸多线下网点，通过与园区、社区、郊区的联动，开展“送金融知识下乡”“金融知识讲堂”等活动，普及金融知识；在疫情期间，中小银行也积极践行社会责任协助各级政府开展抗疫工作，又如，中原银行疫情期间上线社区疫情管理产品“一区一码”疫情登记管理系统，充分满足客户需求，有效提高社区防疫信息化。截至2020年6月30日，累计上线社区102475家，覆盖1794个物业公司。社区总用户数为394万户，线上注册用户为358万户，缴费笔数为37.5万笔，缴费金额为1.3亿元。该社区产品不仅有效助力地方街道、乡镇防疫抗疫，在获客、留客等方面给中原银行带来了可观的效益①。

综合来看，围绕“三农”客户、小微客户（小微企业、小微企业主、个体工商户）、科创客户（科技企业、双创企业）及社区百姓，提供更加丰富多样、更加便捷高效、更加各具特点的综合金融服务成了越来越多中小银行发展普惠客群的实施路径之一。

当前，我国的数字普惠金融体系正在形成以银行类金融机构为中心，以互联网企业为支撑，以非银行金融机构为补充，金融科技企业赋能，基础设施不断完善、制度保障不断健全的全方位发展格局。我国数字普惠金融实践愈加丰富，在服务“三农”、精准脱贫、小微企业融资与智慧城市建设等方面，新服务、新产品不断涌现。

金融科技的不断迭代升级为普惠金融的发展提供了强有力的支撑作用。一是金融科技能够提升普惠金融覆盖率。新时代下，金融科技与普惠金融的结合大幅降低了金融服务的成本，也让以往难以覆盖到的长尾客户被纳入金融体系中，从而拓宽普惠金融的深度和广度。二是金融科技能够提升普惠

① 中原银行．中原银行2020年中期报告［R］．2020-09-17.

金融可得性。普惠金融服务的最大客群是小微企业。通过规模化运用普惠客群的交易、行为等多种类型大数据让普惠金融客户的个性特征和需求能够相对完整地呈现在银行面前。而人工智能、大数据等技术手段的充分运用能够对区域、场景和客户需求进行精细分类、精确刻画，针对不同客户群体特征提供与之匹配度更高的金融服务。三是金融科技能够提升普惠客户满意度。金融科技高效、便捷的属性，能极大地提升银行的业务效率。随着大数据应用、自动化审批及互联网技术的普及，很多金融服务客户可以通过手机银行、微信公众号或小程序等方式获得融资支持、财富管理资讯或者线上自助办理支付结算业务，不再需要前往银行机构营业场所，省去了路程奔波，从而带来客户满足感和满意度大幅提升。

与此同时，金融科技的实践运用中也相伴产生了一系列问题，如某些金融场景的资产爆雷、特殊人群（如老年人）对智能化应用接受程度与使用能力的差异、利用企业客户的便利进行新型电信诈骗和网络赌博、部分电商大数据平台可能形成的数据垄断等。因此，开展普惠金融仍不可过度依赖线上智能化手段，而应是线上线下相结合、科技与人工相结合，科技运用与传统手段并不是互为排斥相互割裂的，而应当相辅相成互为补充，共同为普惠金融的健康良性发展保驾护航。

在2020年中小银行普惠金融工作调查问卷中，针对小微信贷产品和服务差异化体现的问题，分别有89.83%、76.27%、62.71%及55.93%的银行认为业务流程简化、担保方式多样、营销服务半径及审批权限下放是显著的差异化特点。通过普惠产品创新做到“人无我有、人有我优”为业务拓展提供差异化的竞争优势（见图3–4）。

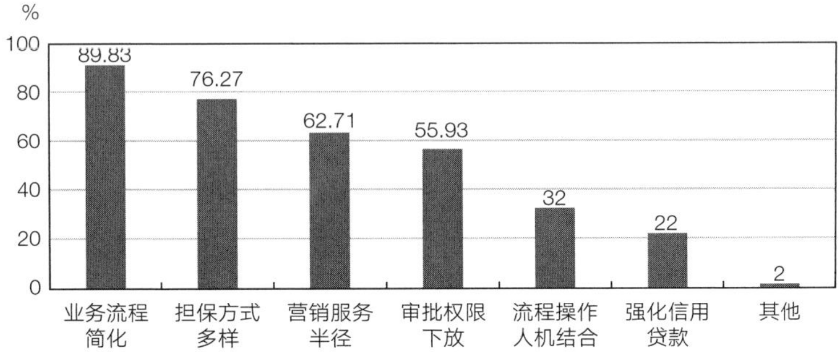

图 3-4 小微普惠客户信贷产品和服务差异化的体现

二、中小银行普惠金融产品发展趋势和创新方向

目前，国内中小银行普惠金融产品创新主要包括以下三大趋势：

第一，针对普惠小微长尾客群，进一步通过信用下沉、营销下沉、服务下沉，去触达更加“微小”的普惠客群。为了形成和国有大型银行、全国性股份制银行的差异化竞争，以城商银行和农商银行为代表的中小银行把目标客群由竞争最激烈的以抵押和政策性担保方式为主的、信贷需求在200万～1000万元的信贷需求小微客群进一步下沉瞄准需求在200万元甚至100万元以下、轻资产的小微客群，以期通过更下沉的市场，获取增量空间。

第二，比较领先的中小银行从客户需求出发，以打破存贷产品界限的有限核心产品搭配组合而不是层出不穷的新产品。典型的组合模式包括资产+资产类组合，如贸易融资本外币一体化组合、供应链融资类如应收加预付类等；资产+负债类组合包括保证金存款加票据融资；资产+中收类组合包括出口信用证下押汇；负债+中收类组合包括代收代付下现金管理；金融+非金融类组合包括最常见的信用卡叠加权益。通过产品组合可以形成各类综合复杂的金融产品来满足客户的差异化交易、经营、消费及理财等综合金融需求。

第三，在现有产品体系下，领先中小银行重点用数字化手段优化现有产品的客户旅程，如简化和缩短信贷流程、降低担保方式要求等。加大金融科技的投入，加快普惠金融的数字化转型。一方面，是对传统线下业务流程进行数字化重构，运用大数据、区块链、云计算等金融科技手段，力图实现从贷前尽调、贷中审查、贷后管理各个环节的全流程的数字化转型，以达到提升业务效率、提升客户体验的目的；另一方面，是线上线下相结合，构建0～1000万元的普惠小微信贷产品矩阵，最大限度地满足、覆盖普惠小微客群的金融需求。

普惠信贷产品的创新可从担保方式、抵押品类型、期限、额度、用信方式和还款方式、计结息方式、定价、风控和流程、渠道和产品组合等维度着手，衍生出新产品和新功能。此外，创新热点还包括担保方式创新、用信期限和频度及还款方式等创新、定价方式创新、本外币一体化贸易融资产品组合搭配等各种信贷要素及产品组合形成的创新。进一步对中小银行普惠金融产品创新进行分析后，不难发现普惠产品创新与渠道创新、风控创新、营销和服务创新及运营和管理创新密不可分，比如，发票和税务小微贷款既可以

看作是某种产品创新又是风控技术的创新；又如，以房产做抵押的快捷小微经营贷，如宁波银行的“快审快贷”、中原银行的“永续贷”等均是结合抵押品、风控和信贷流程等创新的综合产品创新；再如，以线上垂直渠道获客的小额经营贷或者消费贷众多“联贷”类产品就是渠道创新和产品创新结合的典型例子。

除了对信贷产品期限等要素进行创新，目前数字化和线上化也是普惠金融产品创新的重要方向，体现了数字普惠金融的发展趋势。普惠产品数字化主要体现在以下四个方向：

第一，业务流程线上化，主要指信贷业务贷前、贷中和贷后全流程业务操作和业务办理线上化，在技术上就是拆解信贷全流程的关键环节并将其以微服务的形式部署在云上。领先中小银行采用多项金融科技手段，研发了个人客户移动端APP与企业客户PC端，客户可足不出户完成贷款申请、电子合同签约、提还款申请等在线操作，并通过实名认证、人脸识别、数字证书等技术进行客户身份识别、签署电子协议等，确保个人信息的安全。根据行业实践，目前除了小企业贷款的抵押品处置不能实现完全线上化，其他环节基本都可以实现线上化运行。

第二，风控线上化和自动化，主要指覆盖贷前的反欺诈和准入、申请评分和评级、额度和押品评估等模型、贷后的行为模型、精准预警模型及催收模型等。大数据的发展能最大限度地解决好传统普惠业务信息不对称的难题，而基于规模化大数据的应用、规则引擎工具的完善，结合模型技术的升级换代，如混合模型和模块化模型的建模方式及机器学习技术逐步成熟引入，传统小微信贷技术如IPC和广义“三品三表”等模式也正实现逐步的模型化。

第三，获客引流场景线上化，主要指通过构建普惠金融新型平台生态圈，基于开放银行的理念和技术，将银行的产品和服务嵌入小微企业的经营场景和供应链中，嵌入普惠个人客户“衣、食、住、行、玩、医、用、教”等日常生活场景中，实现高频接触、海量获客。

第四，产品管理的数字化，主要指通过大数据高级分析技术“以数据来说话”，对产品收入贡献、产品组合价值、产品渗透率和到期叙做情况、产品交叉销售情况进行系统全面分析，将规模化大数据分析能力嵌入从产品规划和设计到后评估的全生命周期中，为产品营销、产品定价、产品持续迭代和优化及产品退出及实现产品市场拓展的精准资源配置提供决策支持。

在2020年中小银行普惠金融工作调查问卷中，针对各中小银行对小微客户推出金融创新的举措方面，约有67.80%的银行选择“加强客户信用识别，严把准入关”，位居第一；其次是约有55.93%的银行选择“基于人机结合，提升客户体验和服务效率”；最后是约有49.15%的银行把“加强贷后风险监控的模块”作为创新主要举措；也有部分银行将“与第三方平台或供应链合作的供应链金融”等作为小微产品和服务创新的抓手（见图3–5）。

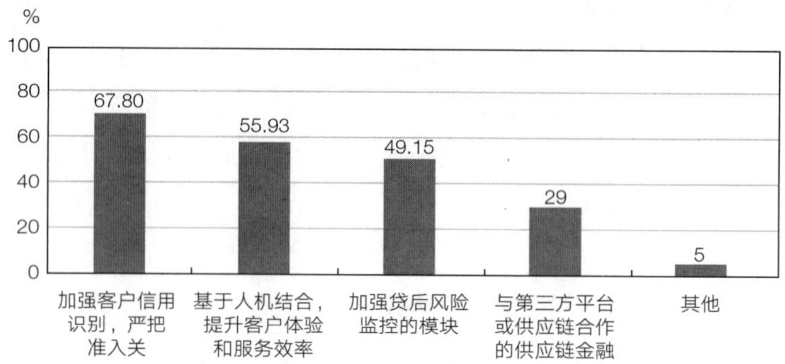

图 3-5 小微普惠客户的金融创新举措

第四章　中小银行普惠金融渠道创新与发展

第一节　中小银行普惠金融渠道建设与经营的三大挑战

渠道是商业银行营销的平台、途径，也是品牌的载体和体现，还是竞争的手段和依托，是商业银行经营的一个重要内容。中小银行普惠金融创新和发展需要进行渠道建设，才能增强其核心竞争力。

当前我国中小银行进行渠道建设基于三大背景：一是新冠肺炎疫情的影响。2020年，暴发的新冠肺炎疫情，总体来看冲击是暂时的，长期而言，经济仍然会沿着常态化的轨道运行，疫情对于银行业的影响有限。二是普惠金融市场竞争的影响。近两年普惠金融发展迅速，市场竞争激烈。在政策引导下，目前五大国有大型银行全部完成了小微金融事业部的挂牌，不断下沉服务重心，新兴银行也加快了普惠金融体系建设，不断延伸服务触角。大型银行及新兴银行的普惠贷款迅速增长，与中小银行争夺中小微客户，对某些地区的中小银行形成了一定的挤压。三是金融科技赋能的影响。在金融科技的助推下，大型银行及领先银行转型发展加快，处于领先地位，而中小银行由于科技投入能力不足、数字化金融人才缺乏、经营机制不成熟等问题，数字化转型相对较慢。基于以上三大背景可以看出，中小银行渠道建设和运用面临着巨大的持续性挑战。

一、数字化渠道建设的迫切性挑战

在获客渠道方面，现阶段中小银行大多还是以传统渠道为主，即实体网点和营销团队构成的获客渠道已不能满足客户消费习惯的变化，不能跟上传统银行转型升级的步伐。而大型银行和领先银行的获客渠道近年来迅速由线下转至线上，从传统基于人力的营销转变为数字化获客，从交易型导向至信贷类导向发展。更加重视场景化获客，利用金融科技的发展与互联网企业之间进行技术对接，将银行服务融入互联网平台场景中，获取最为活跃和最具价值的客户，达到了较高的客户体验和获客效果。

在网点建设方面，截至2019年底，大型银行网点数量较2018年底下降893家，股份制银行网点数量下降233家，城商银行网点数量上升415家，农商银行（包含农商银行、农村信用社和农村合作银行）网点数量下降244家。多数银行属于微调状态，下调网点数量超过100家的均为国有大型银行和股份制银行。截至2019年底，国有大型银行、股份制银行、城商银行和农商银行的网点数量占比分别为47.95%、6.59%、7.99%、34.31%[①]。银行业务电子化是网点缩减的最主要因素。大型银行和一些股份制银行在科技上大力投入，随着线上对线下业务的替代率越来越高，银行会考虑把线下网点并掉，导致网点缩减，而部分中小银行目前尚未达到这一阶段。

在个人网银用户数量方面，2016—2019年共有6家银行在年报中完整披露了个人网银用户数量，其中国有大行个人网银用户规模突破亿级，股份制银行个人网银用户规模多数在千万户左右，唯一一家披露的中小银行为贵阳银行，2019年用户总数为92.89万户[②]。

在手机APP客户数方面，手机APP作为银行互联网金融主要产品之一，也是银行业务发展重要的线上渠道。根据各银行年报披露的数据，截至2019年底，工商银行、建设银行、农业银行、邮储银行等国有大行手机银行客户数持续增长，纷纷超过2亿户，其中工商银行手机银行（“融e行”）客户数达3.61亿户排在首位。股份制商业银行的手机银行客户数大多集中在1000万户左右，其中较为领先的招商银行零售端有两个APP，累计用户数破亿，月活跃数均超4000万户。平安银行APP累计用户数7431.93万户，月活客户数为2835.13万户。中信银行、浦发银行和光大银行的用户数均超过3000万户。而城商银行中手机银行月活跃客户数排名第一的江苏银行手机银行客户数仅有700万户，与国有大型银行和股份制银行差距明显。

① 博智经邦研究部。

② 中国电子银行网。

根据上述分析可以发现，相较于大型银行、领先银行和新兴银行，中小银行布局金融科技较晚、产品专业化和数字化程度低，数字化渠道建设可能更显迫切。因此，必须加快中小银行数字化渠道建设，否则在疫情常态化冲击下将更加落后于其他银行。从趋势来看，经济数字化将是未来的方向，面对跨区域渠道建设受限、网点物力成本上升、客户离店率提高等挑战，加快渠道转型是中小银行创新发展的必由之路。疫情的到来也给未来银行业，尤其是中小银行的数字化带来了新的警示，即数字化实践。此次疫情凸显了零接触的线上服务的重要性。德勤针对500名在疫情期间办理过银行业务的客户进行线上调研发现，有80%以上客户的业务办理并非在网点完成，有90%以上客户在手机银行办理过业务，近60%的客户认为即使居家隔离，以及网点营业时间发生变化，也未影响其获取金融服务。经过本次疫情冲击，受访者中超过90%的比例表示会更多选择线上渠道，其中30%是在疫情期间体会到了线上数字化服务的便利性、安全性、友好性后作出的改变。由此可见，非接触式服务或成常态。

数字化渠道的建设是银行突破网点限制的重大机遇，中小银行必须加快数字化渠道建设，在金融科技的引领下，不断重构客户行为轨迹、接触渠道、服务流程和场景，提高自身核心竞争力。

二、以普惠客户为中心的渠道建设艰难性挑战

普惠金融作为渠道建设的重要经营内容，一定要以普惠客户为中心。目前，渠道建设主要有传统模式、关系营销和尾地特色“主营中小客户”三种模式。传统模式是一种交易型营销，银行关心如何生产和获取客户，通常遵循如下过程：寻找潜在客户、谈判、交货付款、结束交易。这种模式通常以线下渠道作为营销与服务的主要阵地，面向所有客户，缺乏特色。关系营销模式是与关键的利益相关者（如供应商、客户、经销商、员工等）建立起彼此满意的长期关系，通过建立良好的互惠合作关系从中获利，强调充分利用现有资源来保持自己的客户。这种模式缺乏创新，以人海战为主。尾地特色“主营中小客户”模式依据的是“长尾效应”，以中小微客户为主，但在获客、营销、服务渠道上缺乏差异化。

目前，尽管国内商业银行在渠道建设方面进行了诸多探索和创新，并取

得了一定成果，但整体仍然停留在传统商业银行渠道构建的思路上，以普惠客户为中心的渠道建设仍具艰难性。

第一，渠道建设没有针对性，对于市场的定位共性有余而个性不足。对于一家银行而言，确立自身个性是确保核心竞争力的先决条件。在渠道建设上没有针对性会导致营销失去特色，无法清晰定位不同渠道职能，很难找到与之投入相匹配的高附加值客户，银行就会失去核心竞争力。此外，渠道建设过程的成本投入也很高，缺乏针对性会导致银行进行了高投入，却未必获得高产出，而且也没有达到客户预期，最终会影响渠道效能。

第二，渠道建设缺乏特殊运营机制。部分银行未成立统一的渠道管理部门，渠道管理仍然各自为政，由人力资源及各零售业务条线分散管理，未上升到业务管理领域的高度。有些银行虽成立了渠道管理部门，但要真正形成统一规划和统一管理的运营模式，还需要很多时间，很多“小企业部”仅是内设机构之一，没有真正发挥到渠道管理的作用。

第三，专营渠道建设也缺乏内外协同支持机制。渠道仍然是多头管理，缺少内外协调联动，如各部门之间的沟通协调机制有待完善，业务及客户数据未能有效共享，客户引流策略尚未制定，线上渠道和线下渠道未协同发力。业务流程缺乏跨渠道整合设计，客户跨渠道体验不佳，难以运用大数据、多渠道协调开展精准营销服务等。

第四，目前建设的以普惠客户为中心的渠道建设创新不足，缺乏通过科技手段整合渠道的方法，未能聚焦普惠客户的需求。渠道是商业银行与客户的第一接触点，渠道的建设和运营必须紧紧围绕银行经营所需，加强创新发展，才能随着市场的变革与时俱进。

中小银行之所以存在以上渠道建设的挑战，涉及普惠金融定位和追求目标的问题。中小银行做普惠金融要定位于以普惠客户为核心内容来做经营渠道建设，有些中小银行还是选择笼统地将普惠客户混在一般客户中，缺乏特定性，不能很好地满足普惠金融客户的需求。此外，中小银行做普惠金融需要从自身追求的目标来考虑渠道建设，否则会偏离方向，无法达到预期效果。因此，从传统渠道的改变来看，中小银行以普惠客户为中心的渠道建设的艰难性涉及定位和追求目标的问题，只有准确把握这两个问题，才能在渠道建设上找准方向，解决当前的困难。

三、渠道建设向渠道经营转变的理念与机制挑战

数字化经营及普惠金融创新发展迫切需要商业银行加快渠道建设向渠道经营转变。在当前情况下，中小银行的传统渠道已经难以适应发展，在渠道转变过程中，又面临着观念与机制的挑战。

从理念来看，第一，渠道不仅仅是“硬件”，更是“软件”，是重要的经营内容。通常的“硬件”包括网点、ATM、银行卡等，虽然目前已开始从线下过渡到线上，但仍未达到真正的数字化。所谓“软件”，是指渠道具有生命力，背后有强大的算法和大数据支撑，需要不断地更新参数去发挥它的作用。数字化经营要求银行不断开发渠道“软件”，获得源源不断的生命力。第二，渠道不仅仅是通道，更是窗口、平台，是重要的获客、营销手段。渠道连接了银行和客户，为客户获得金融服务提供了窗口和平台。银行未来的数字化渠道建设，能通过渠道赋能，构建业务场景，将真正有价值的服务通过业务平台直接提供给客户。第三，渠道不仅仅是“单一物体”，更是“有机体”，是银行综合营销不可忽略的重要“组件”。目前，很多银行还是将渠道与产品、营销等相互割裂，这不利于银行进行数字化经营，只有将渠道与产品、营销等相互捆绑，共同推进，才能获得更大的竞争力。

从机制来看，第一，渠道建设与经营应当有机结合，特别是适应普惠经营、普惠客户营销的有特色的渠道建设与经营。目前，很多银行的普惠经营和普惠客户营销仍与一般的经营、营销杂糅在一起，并未单独分开，不利于形成特色营销，难以围绕普惠客户打造“精准营销”。

第二，渠道建设与经营应当纳入数字化经营机制。以往银行提供的金融服务渠道以物理网点和网上银行、手机银行等自有渠道为主，网上渠道、平台化渠道、场景渠道、虚拟（AI配套）渠道、开放渠道、供应链渠道等有待建立。这些数字化渠道将主动迎合嵌入式金融服务，以更加透彻、敏捷地识别、感知、引导、创造和满足客户需求，为银行加快经营模式转型提供了可行方向。

第三，渠道经营如何与产品、服务、内部组织架构协同，将合适的产品，通过合适的渠道，提供给合适的客户。此外，组织管理体制、联动经营、绩效考核等在渠道建设与经营中都有待突破。

第二节 中小银行普惠金融渠道建设与经营新探索

一、上海银行：渠道领先，移动优先

（一）渠道建设“进”战略

上海银行是一家实操较强的城商银行，在中小银行中处于领先地位。早在2012年，面对内外部环境的新变化，上海银行就明确了“中小企业的综合金融服务提供商”“依托传统银行优势、独具特色的在线金融服务提供商”等特色定位，从传统银行的物理网点、自助柜台，到网上银行、手机银行和互联网银行，服务形态不断变迁，电子渠道优先发展成为上海银行全行战略共识，移动优先战略成为渠道战略发展的核心。

在移动渠道为先的战略引领下，上海银行个性化赋能在线经营，打造开放互动、数据驱动的在线营销服务平台，提高线上服务比例，从场景中启动、嵌入、激发金融服务需求，不断优化效率、成本和客户体验；线下持续夯实，深化网点智能化转型和数字互动，优化网点布局，推进业态重塑，提升网点一体化经营能力。截至2018年底，上海银行在线及自助渠道结算分流率达94.41%，较上年底提高3.57个百分点。

（二）渠道开拓不断“新”

2013年，上海银行正式推出个人手机银行，明确以移动端为重心、手机银行为重点的电子渠道发展策略，在移动端构建便捷、精简的在线服务、交易、销售平台，加快产品创新，围绕客户体验、获客、销售、财富管理、消费信贷等重点，将手机银行打造为移动金融拳头产品。

2018年初，上海银行推出个人手机银行5.0版，新版手机银行聚焦互动与智能，积极拥抱新科技，推出了指纹登录、刷脸登录、刷脸转账、AR活动、隐形盾等。新功能和新体验让手机银行渠道一跃成为客户访问、交易、销售和活跃的主渠道。2018年，上海银行手机银行荣获“CFCA区域性商业银行最佳手机银行奖”和“网金联盟银行业网络金融创新最佳移动银行奖”

等奖项。截至2018年底，手机银行客户数达到450.45万户，较2017年底增长40.94%，三年增幅达183.53%。轻渠道获客带来的微信银行客户数达296.14万户，较2017年底增长36.75%，三年增幅达264.91%。

2020年初，上海银行又推出了新版手机银行6.0版，围绕“简·智”内涵推进数字化创新，个性、智能、简单、连接和开放是其主要特点。在个性方面，新版手机银行6.0版运用大数据，将个性化服务从小众人群普惠到每一位客户；在智能方面，运用金融科技，语音服务、生物识别等功能让交互体验更加自然；在功能方面，化繁为简，打造全场景财富管理，包括客户旅程重塑、客户级资产、全在线贷款、亲情账户管理等；在生态方面，构建线上线下自营生态，连接千万人的消费和金融需求；在开放方面，通过多维度、场景式的轻渠道获客。截至2020年底，上海银行手机客户逾690万户，微信银行客户数超过370万户。

（三）渠道发展协同“建”

上海银行以移动渠道为核心，积极推动内外智能连接和跨渠道线上线下协同，逐步实现移动渠道与网点、客服渠道的联动服务，持续推进打造在线渠道、物理网点、呼叫中心立体联动的协同体系。

在网点渠道上，上海银行引进新型智能柜员机（ITM），定位为具有丰富外设的超级“手机银行”。该智能柜员机在查询、取款、转账等场景充分借助APP身份认证，账户激活支持联动开通手机银行，在提升网点服务效率和客户体验的同时，与线上渠道形成协同效应。目前，上海银行的智能化网点覆盖率已超过93%。

在客服渠道上，上海银行贴合养老金融战略特色，推出“美好生活e理财”电话人工代客交易服务，帮助不善使用电子渠道的老年客户提供便捷的线上服务体验。同时，上海银行的智能机器人“小海”、BI商业智能等技术已连通手机银行、微信银行等在线渠道，能够实现智能作业、精准营销，推进高频金融场景和生活场景的连接，进一步提升跨渠道服务体验。

未来，上海银行将持续推进智慧渠道建设，发挥领先银行的科技实力，将移动渠道打造成为服务用户的主渠道，运用金融科技聚焦客户需求，不断个性化和智能化，多层次、多渠道地为用户提供体验领先的在线金融服务。

二、乐清农商银行：因地制宜，拓展数字化

（一）从线下向线上转型，建设服务全渠道

手机银行是乐清农商银行建设全渠道的制高点，已上升至与存贷款同等重要的战略高度。通过大力构建丰收主渠道，近5年每年新增丰收互联任务都在10万户以上。截至2019年底，丰收互联客户已超60万户。

在支付移动端方面，乐清农商银行着力搭建支付结算场景，抢占支付移动端。一方面，围绕乐清人商圈、本地生活圈大力铺设一码通、智能付等设备。另一方面，推进智慧菜场、智慧公交、智慧停车、智慧小区、智慧驾校等智慧项目。截至2019年底，移动支付客户达64万户，一码通客户、POS收单客户沉淀日均存款合计达40亿元。

在电子分流率方面，乐清农商银行实施“村村通”工程，助农服务点实现全市行政村全覆盖，为村民提供小额代理存取、转账汇款、水电费缴费等20余项基础金融业务，升级标准型丰收驿站238家，计划在全市12条乡村振兴示范带打造丰收驿站“旗舰店”。截至2019年底，助农服务点全年业务交易笔数120万笔，相当于柜面业务量的1/4，电子银行替代率达93%。

（二）从粗放向精细转型，构建农村大数据

农商银行大数据关键是农村大数据，乐清农商银行自2014年开始，着手建立“乐清人大数据”及网格管理系统。通过推进数据全覆盖、数据标准化和数据立体化，覆盖所有乐清人家庭，目前已经收齐全市911个行政村22个社区36万户数据。实施整村授信“985”战略，即建档占比为90%以上、授信占比为80%以上、签约占比为50%以上，将普惠信息、授信信息、存量信息、社会信息进行交互，精准读取客户个人及其家庭画像，为以人为核心金融服务和精准营销提供支撑。

乐清农商银行注重存量客户的再挖掘，拥有140万户存款客户、12万户贷款客户、15万户普惠签约客户、100万户中间业务及代理客户、1.8万户企业开户客户，从2015年开始探索建立“精准营销”和“数据决策”系统。一方面，通过数据发掘潜在客户，建立存量客户精准营销模型；另一方面，通过存量客户营销客户，切实发挥本土化和软信息优势，凭借以客带客提高营销成功率。

乐清农商银行在构建农村大数据和挖掘存量大数据的同时，积极推进

“最多跑一次”合作，通过窗口延伸和共享获取社会数据。积极推广“小额贷款卡”“创业卡”循环贷产品，截至2019年底，两卡贷款余额为200亿元，占比为70%，贷款户数为8万户，网上放贷率达95%。客户经理人均管贷户数近700户，已经与社保、税务、国土、公积金、工商、法院等部门开展合作，并进一步实现数据共享。

（三）从扩面向增效转型，推动金融科技化

乐清农商银行不断提升金融科技能力，大力推广移动办贷和线上放贷，在手机上即可提供普惠金融档案建档、评级、授信、签约、放款一站式服务。

自2015年开始，乐清农商银行着手构建“模拟利润考核”系统，通过科技动态考核，提高考核的实时性和准确性。此外，乐清农商银行还建立了“拓展考核管理”系统，进一步提高存贷款及中间业务营销绩效考核效率，为员工价值评价提供及时和准确的数据支撑。

乐清农商银行推动管理简单化，建立“乐清农商银行管理系统”。在贷款流程上，通过缩短审批流程、简化合同文本、实现一键查询、推广线上放贷等措施，提高办贷效率。在风险控制上，推出“三有三无”“十准十不准”、星级评定模型、个贷流贷评分模型等本土化微贷技术，从定性审贷向定量审贷转变。在人事管理上，建立“人力资源管理”系统，为四项制度、员工管理、绩效考核等提供科技支撑，实时掌握员工动态。

乐清农商银行审时度势，抢抓数字化转型“窗口期”，提出“依托大数据、建设全渠道”的发展战略，以大数据作为渠道建设的战略安排，在实践探索中，结合当地的经济和金融特点来开展渠道建设，抢占先机，走出了一条适合自己的数字银行转型之路。

三、苏州农商银行：融入战略，分步实施

2018年，苏州农商银行确定了“11448”五年战略发展规划，开启新一轮战略转型工作，将线上化、数字化、智慧化转型作为主线。其中，1代表以客户为中心；1代表以服务为根本；4代表零售、公司、机构民生、金融市场“四轮驱动”；4代表吴江、苏州、异地、线上“四板联动”；8代表产品管理、渠道平台、风险管理、资负管理、金融科技、激励约束、队伍建设、企业文化“八大支柱”。其中，“四板联动”中的线上建设和“八大支柱”中的

渠道平台建设是数字化转型的重要组成部分。

短期数字转型目标中，苏州农商银行将升级全行IT架构，引入敏捷开发模式，缩短迭代周期，快速响应市场的变化，给客户提供更加安全、便捷、快速的金融服务。产品场景化、生态化，手机银行、网上银行、微信银行、ATM、智能网点、网贷平台、现金管理平台等系统平台不断建设完善；渠道整合过程中以客户、产品两个维度进行场景整合，通过智慧营销和智慧风控给客户提供差异化的产品和营销方式，扶持客户快速成长，实现双赢；通过线上、线下相结合的方式，对产品流程进行优化；关注营销对产品场景化的影响。

在中期数字化转型目标中，苏州农商银行将推广金融云平台，提升系统的扩展性、稳定性和高可用性，为数字化转型提供技术支撑；建设API开放银行，将金融服务输出给互联网金融公司、大型商超、医疗、交通、院校等，借此获客、活客，进而实现金融服务无处不在；建设互联网核心，通过高并发、高扩展、高稳定性的互联网核心系统，提升互联网金融产品研发能力。

在远期数字化转型目标中，完成智慧银行建设，建立全行的智慧生态体系，实现线上、线下金融服务互融互通；智慧银行API输出能力提升，通过同业、跨界合作，将金融服务融入百姓的衣、食、住、行、玩、医、教等生活场景中，提供360度金融服务体验；产品营销模式转变，搭建智慧银行运营、营销团队，与客户一起成长。

苏州农商银行的分步战略目标清晰，根据自己的实际情况和所在区域的科技金融发展，通过不断完善渠道建设，一步步实现数字化转型，在特色中求发展，向绿色银行、普惠银行、科创银行转型，打造差异化的竞争优势。

四、桂林银行：扎根社区，服务亲民

（一）强化战略引导，满足客户需求

以客户为中心的社区银行模式也是一种渠道。相比较而言，国外社区银行发展较为成熟，如富国银行和安快银行等，长期以来专注于社区耕耘，取得了瞩目的成就。桂林银行长期以来学习和借鉴国内外经验和教训，在不断总结和改进中，对社区银行商业可持续模式开展了一些有益探索。

桂林银行于2013年提出向零售转型的战略：融入社区生活和商圈，通过

为客户提供非金融服务，实现场景化营销的社区银行模式。社区银行作为管理行下属机构，管理行从规划、选址到日常经营管理，全程参与。条线管理部门对社区支行整体规划、业务发展导向等进行指导管理。桂林银行秉承“您的烦恼，我帮解决”的服务理念，以“便民、惠民、亲民”为宗旨，坚持以客户需求为导向，注重客户体验，在网点选址、装修和服务等方面注重贴近于居民生活，培训银行员工真正融入社区生活，根据附近居民和商户的作息习惯，在监管部门规定范围内自主确定营业时间，满足客户错时办理金融业务的需求。同时，整合商户资源，为客户提供日常生活、工作、教育、娱乐等方面非金融服务，在降低信息获取成本的同时，提升信贷业务的风险识别能力。

（二）强化服务意识，走进社区生活

桂林银行注重强化银行员工走出去营销、上门服务的意识，变“坐商”为“行商”，对网点周围1.5千米内的商圈进行调研走访，对网点周边小区、商户、企业、事业单位逐点、逐户走访、了解客户需求。通过走进社区生活，银行员工借助鱼骨图管理工具记录和分析客户需求，针对客户需求进行分类管理。对于客户的需求，能够满足的及时满足，不能满足的及时反馈给总部，作为产品改进和管理优化的重要依据，并在下一次走访中反馈进度。通过持续反复的走访活动，实现对周边客户需求的充分了解，也建立了良好的互动关系。

在走访过程中，桂林银行整合周边的商户资源，根据网点周边的实际情况，打造了各具特色的主题社区支行。例如，坐落在小学旁的支行，不但会为小朋友提供放学后娱乐休息、写作业的区域，还会定期开展亲子读书活动，联合周边商户开展图书展示、借阅、才艺表演等各式活动；坐落在商圈附近的支行，会提供品酒、品茶、休息办公的区域；坐落在老年人居多的社区旁的支行，会经常举办养生沙龙、展示柴米油盐日常生活刚需等活动。通过这些活动，在满足客户非金融需求的同时，可以不断提升客户对银行的认知和了解，增强认同感，引导客户主动选择社区银行的金融产品和服务。

（三）强化服务和产品体系，提升客户体验

桂林银行不断搭建线上、线下相结合的服务渠道体系，通过布放智能柜台、移动营销Pad、高速大额存取款机等设备，实现了绝大部分线下业务自

助办理，依托智能设备、智能交互技术，给客户全新的体验。同时，手机银行、微信银行、直销银行、生活平台等不断丰富，提升了业务办理的便捷性。

围绕居民和商户的需求，桂林银行推出了丰富的产品体系。比如，对于缴纳公积金或在本行有存款或按揭业务，而又有短期资金需求的客户，推出纯信用、纯线上的产品“速贷”；对于有纳税记录的小微企业，推出纯信用、纯线上产品“乐税贷”。除此之外，桂林银行持续优化内部流程，实现了社区银行和信贷经营部门的无缝对接，银行员工在了解客户需求后，即可转推荐给信贷经营部门，由其做好调查和审批，有效满足客户需求。桂林银行便捷、快速、有效的资金支持，提升了资产业务的发展能力，赢得了社区居民和周边小微企业的认可。

桂林银行对社区银行商业模式的探索是具有可持续性的，为国内渠道的拓展提供了很好的范例。未来，桂林银行将持续推进和完善社区银行模式，加快跨界资源整合，差异化满足客户不同层次的需求，推动大数据应用，打造更智能的后台支撑，拓展服务范围，推动社区银行模式在农村地区落地，为国内社区银行模式的发展树立标杆。

五、腾讯云：科技布局，创新渠道

（一）微银行：银行渠道端不可错失的新风口

在微信生态日臻成熟且自成体系的今天，银行的微信端，即微银行，是最佳的私域流量池，是当前银行渠道端不可错失的新风口。作为微信的产业端，腾讯云拥有20多年的互联网组织架构发展经验和创新理念，以及业界最专业的互联网流量运营经验和方案，在用户获取、激活、存留、裂变、转化等每个阶段，可以基于数据精细化、智能化将私域流量用到极致。

腾讯云流量主要借助电商、直播、内容、游戏等手段完成从公域流量到私域流量的流量挖掘。之后，基于数据的内容、活动、客群运营等，将流量盘活，进一步提高客户的忠诚度。在完成交易后，线上、线下自有渠道可结合互联网运营手段激励用户进行社交裂变。完成裂变后可向APP、小程序、公众号、官网等自有渠道进行引流，最终形成一个流量闭环，最大限度地挖掘用户全生命周期价值。

微信“公众号+微信群+朋友圈”形成了多触点的生态圈，让商家与用户直接建立关系。微银行还可以建立丰富的C端场景，全方位地触达客户。直播、虚拟营业厅、小游戏等多个特色场景，结合流量池的载体“小程序门户+业务功能矩阵+公众号”，可以快速地承接所有线下线上推广渠道，转化率高，而且可以精准地关联到单个业务场景。在这种社交场景下植入金融服务推广体系，解决了目前行业里移动端内容太过刚性，对用户缺乏软性吸引力的问题。

（二）四大平台：全面助力银行加速数字化转型

开放金融平台是腾讯云全方位地接入合作方的开放场景的平台。腾讯云在发展互联网业务及“云+产业”探索的过程中，形成了非常丰富的“金融+互联网”“金融+产业生态”，在开放金融平台中提供给银行来合作。腾讯云提供开放平台进行系统的构建，通过一个持续经营的开放平台来做经营管理、分析和迭代，包括API层、权限、生态渠道管理、运营、监控分析等。

金融风控平台的建设让腾讯云在监管合规的前提下输出自有数据，应用在风控场景。腾讯云经过多年的运营，积累了海量数据，拥有八大安全实验室、20年黑产攻防经验、99%以上互联网用户覆盖以及全球最大黑产数据库。风控应用场景覆盖金融核身、反欺诈、信贷风控、交易风控、金融监管等金融机构各类展业场景，日调用次数大于1亿次，累计守护信贷资金1万亿元，累计防护10亿笔风险请求，挽回潜在业务损失800亿元。

腾讯云在助力银行零售转型中，打造了基于线上、线下打通的全流程营销解决方案，建立了金融营销平台。后台提供客群大数据治理，通过数据驱动，精准触达，数据和营销自动化结合，做到千人千面并发掘关键体验短板，迭代提升营销效果。中台提供3万种丰富的活动模板和素材，实现营销活动及内容的高效生产，并提供权益和会员体系，权益多样可因人定制，数字权益、三方虚拟、实物权益也可在平台实现权益管理及发送。最终连接腾讯所有投放渠道，以及第三方渠道对接，多渠道管理和分析，并且营销平台还提供了微银行小店，做到全民的营销和裂变。

开展好业务需要有一个强大的适应互联网场景的基础技术底座，腾讯云提供了自主可控的云化技术底座三大主打产品。TCE专有云平台首先服务了微众银行，目前已成功应用于国有大型银行、国有保险等几十家中大型金融机构，产品成熟度非常高。TDSQL是腾讯云数据库团队打造的金融级分布式架构，不仅仅是一个分布式数据库，而且还可以提供MySQL协议的关系型数据库实例、分布式数据库实例、分析性数据库实例。TSF以腾讯云中间件团队多款成熟的分布式产品为核心基础组件，提供微服务治理，秒级推送配置、链路追踪等高可用稳定组件。云化技术底座为金融客户建设合规、安全、自主可控的IT基础设施。

腾讯云全面发挥腾讯生态的独特优势，在渠道建设上利用科技全面布局，是目前中小银行所缺乏的。通过准确把握微信私域流量构建的银行渠道端新风口，依托四大平台，建立起以体验为核心、以数据为基础、以技术为驱动的架构体系，不断提升内在价值、增强创新力和竞争力。

六、网商银行：科技助力，扩大客群

（一）客户下沉，布局农村领域

网商银行成立于2015年6月，从服务线上的“网商”到线下的“码商”“三农”，至今其服务的小微企业数量已超过1700万家。以网商银行为代表的互联网银行，利用金融科技手段，通过大数据、云计算、人工智能等核心科技，打造了全新的业务流程和商业模式，将服务范围扩大到了过去难以触达的客群，并提供高效、便捷、随时随地可得的信贷服务。

现在农村金融覆盖面广，小微企业需要下沉，三四线城市的客户增长比一二线城市用户增长更快。在农村金融领域，网商银行之前是传统的支付下乡模式和“线上+线下”的熟人模式，之后开始探索线上供应链金融模式，对接核心企业数据，或者与政府、保险公司积极开展合作。截至2019年底，网商银行历史累计服务客户2087万户，其中80%的客户从未获得过银行经营性贷款，涉农贷款服务用户达344万户，年底不良贷款率1.3%，户均余额仅3.1万元。为了让更多县城小店、农户能享受平等金融服务，网商银行和497个县域达成战略合作，其中包括146个贫困县，与县政府共同破解金融服务的“最后一公里难题”。

（二）推行无接触贷款，造福小微企业

网商银行于2018年6月宣布启动“凡星计划”，向行业开放技术，网商银行于2018年6月宣布启动“凡星计划”，向行业开放技术，与金融机构共享“310”模式，即3分钟申请、1秒钟到账、0人工干预模式，该模式是目前国

内线上小微信贷流程再造的典型代表，体现了金融机构硬核的科技能力，整个贷款流程没有任何人工因素，目前“310”模式已经推广至50家金融机构。数据显示，2018年，网商银行提供了1万亿元的小微企业贷款，笔均贷款约为1.1万元，笔均贷款时长是90天，且贷款是完全信用，不需要有任何担保和抵押、随借随还，大大节约了企业的融资成本。值得注意的是，年使用贷款的频次是8次，平均至少销售周转率在8次以上，这是传统银行做不到的。在新冠肺炎疫情期间，这种无接触贷款恰好让小店店主在不出门情况下，也可以快速获得资金支持。

新冠肺炎疫情发生后，线上、线下都有不少小店收入大幅下降，而开销和成本仍在，资金链断裂风险急剧上升。在中国银行业协会与全国工商联等组织的倡议和指导下，网商银行联合100多家银行共同发起了“无接触贷款微助计划”，该计划的主要服务对象是受疫情影响最大的小微企业和个体经营者，为其提供多种无接触贷款线上信贷服务。截至2020年4月30日，网商银行联合其他金融机构累计发放小微经营性贷款5322亿元，对其中1480亿元贷款进行了利息减免。

网商银行的多项成功案例，体现了以互联网银行为代表的线上金融机构和传统线下金融机构通过线上、线下合作等方式在渠道建设方面，以及金融科技应用方面的长足进步，构建小微数字金融长效体系，实现银行业数字金融融合。

第三节　普惠金融渠道建设趋势展望

银行之所以要数字化转型，是因为在新时期业务经营中遇到了新的挑战。尤其是在当前疫情下，数字化转型正深刻推动着渠道建设的创新与发展，线下“渠道为王”、简单的“人为渠道”“关系营销渠道”即将过时。渠道建设创新与发展将成为当下，或今后一个时期的商业银行，尤其是中小银行普惠金融发展的“新引擎”。

一、传统渠道：脱胎换骨

目前，传统营销的渠道服务都应当与时俱进。相对于大客户而言，普惠客户具有小和多的特点，金融服务能力普遍偏低。因此，传统渠道不能立即退出历史舞台，而要通过脱胎与换骨跟上时代的潮流，通过不断升级提供新的服务模式。

（一）门店（含ATM）：区域服务、方式转变和复杂业务处理

银行网点是时代的产物，从网点到门店，见证着移动互联时代的进程。强化门店的区域服务功能是必要的，可以根据周边区域小微企业的不同情况设立门店，通过门店的周边服务来占领附近市场。例如，安排少儿财商活动、玉文化交流活动、中医养生讲座等，为客户和周边社区居民提供丰富的金融生活服务，打造自身的区域服务特色。

门店的服务方式要转变，客户行为模式的转变使银行线上化转型成为必然。智能化是当前网点转型的一大方向，也是网点新型化的一大助力。特别是对于普惠金融模式的门店，要不断提高科技化、自动化能力，借助人机结合，将数字化引入服务当中，从而进行精准营销和服务。此外，门店的大小要与成本相匹配，根据周边客户作息设定灵活的营业时间，并了解他们的需求提供针对性的产品和服务。除了ATM、机器服务等自助服务，门店也要有一定的能力提供复杂业务的人工服务。客户的需求随着发展在不断提高，客户对于银行的服务也会提出更多、更复杂的要求，因而需要门店能够灵活地反应。打造有温度的智能门店是对未来门店发展的一个趋势展望。

（二）电话银行（含Cash Center）：智能化、个性化

电话营销是银行大数据营销触达客户的重要手段，以大数据为基础，以人工模式为主，与客户通话进行主动销售。在整个电话营销过程中，整理客户资源及将线索分类等工作都需要花费销售人员大量的时间和精力。

在5G、AI、大数据等国家新型基础设施建设的助推下，智能化和个性化越来越成为银行电话服务渠道的转型新常态。外呼机器人代替传统人工电销，自动拨打电话、沟通客户，提供智能化、标准化的银行服务，且能够自动标签化分类筛选出高意向客户，人工销售只需将时间精力投入后续的二次营销，为客户提供优质服务，挖掘客户最大潜力，并与之建立良好的长期合作关系。新型电话银行也能针对不同的客户提供个性化的服务和解答，与银行传统客服中心相比，在降低管理成本、提高服务和营销能力、提高工作效率、深化数据应用等层面均具有明显优势。

（三）客户经理：场景化、移动式、交流式业务服务

银行做有温度的金融服务与营销依靠的是客户经理。客户经理作为银行与客户间的桥梁，代表银行推广产品和提供服务，属于人的渠道。在未来，客户经理不仅是一对一地给客户提供服务，还融入场景生态中，将金融服务镶嵌在客户的场景业务中。场景类客户包括零售、出行、景区、学校、医疗等，针对不同场景提供相对应的产品和服务，作为专属客户经理相伴客户成长。

客户经理还要学会提供交流式业务服务，多与客户交流，多站在客户的角度去考虑问题，根据客户的客观情况，不仅是送去产品，在与客户交流之后还要创造新产品。在这个过程中，客户经理需要不断地发掘客户需求，以此建立长久的合作关系。客户经理最主要的工作就是创造价值，在银行服务上要尽可能地通过客户经理这个渠道发挥人的价值，让客户真正感受到便捷、有温度、“懂我”的银行服务。

二、数字渠道：线上线下新组合

（一）场景式

在移动互联网时代，场景与生态圈是绑定用户的重要手段。用户使用的是多产品、多渠道、多平台的结合，信息在内部相互传递形成了生态圈和行为链。场景建设的核心是体验，无论采取怎样的渠道变革的路径，判断是否成功的标准和依据都是是否提升了客户的体验。在多数情况下，客户与银行的联系并非仅通过某固定的渠道，而是偏好方便快捷、体验更好的服务方式。

银行开展场景式渠道建设，首先要了解场景是做什么的，客户喜欢什么，客户不喜欢什么，在渠道中明确不同客群的服务模式，包括在各种场景或服务中确定主次渠道，并且不断将这一过程精细化，从大的客户分层、客户分群，直至能细化到每一个客户。银行通过平台的场景实现了获客，客户在这个过程中就会产生系列的数据，包括但不限于可以积累客户的习惯、喜好等信息。通过数据分析，可实现客户精准分群，并推送相应的营销信息，为后续经营进行铺垫。

（二）APP式

银行致力于不断通过科技力量降本增效，APP渠道同其他电子渠道一样承担信息中介及交易银行的角色，可实现的功能齐全，对网点业务的替代率

很高，缓解了线下网点接待客户、处理业务的压力并进一步承载构建零售生态圈的希望。银行通过手机APP渠道来建设零售业务生态圈，积累普惠客户，深入场景中提供创新的金融服务成为新的想象空间，而且APP也有利于提供优惠服务及积累数据，对银行留存客户及后续风控均有好处。

银行现有客群中本身就有非常强大的使用APP处理简单业务的需求，特别是已形成互联网习惯的年轻群体、专业市场小微企业主等。APP要以便捷、优惠在先，产品创新紧随，不断创新，开发产品结构新颖、具有吸引力的金融产品，利用金融能力构建零售业务堡垒。

（三）合作化的平台式

银行内部除了打通各个分支行、各个业务条线之间的渠道，包括线上和线下渠道、人工和虚拟渠道，同时也在不断打通外部同生态合作伙伴之间的渠道，具备很大的想象空间和发展潜力。通过合作可以优势互补，搭建一个合作共赢的生态，数字技术带来的包容性发展的红利，让金融服务更好地服务实体，让更多的普通用户和小微企业从中受益。

对于中小银行，应选择更多大型的、持牌的或者有实力的第三方公司去合作。尽可能地选择月活在千万级别以上的平台开展合作，且这部分平台可以优先选择在行业中处于龙头地位的、其提供的服务能够对客户产生极大依赖性的，甚至是难以被取代的，退而求其次的才是流量百万级的高频活跃场景。龙头客户平台提供的功能往往会更加丰富，客户的活跃度较高，声誉会有保障。中小银行要发挥各自优势、集成互补、互通场景，整合平台、客户、市场、渠道和技术等资源，打通银行服务、场景权益与客户消费全链路，致力于数字经济时代下银行与第三方平台的深度合作。

（四）开放银行式

开放是外向的生态融合，开放银行模式将成为推动传统银行服务向银行生态圈进阶的必经之路。开放银行是面向生态的银行商业模式和金融模式数字化的重塑，它不只是一个API平台，也不只是一个技术架构，是前台、中台、后台能力全面开放，走出去和引进来。开放银行的核心价值在于，关注用户在何时何地需要解决怎样的问题，将金融/非金融产品与银行服务能力组合嵌入合作方场景中，解决终端用户的痛点问题，通过标准化的产品服务设计，支撑合作项目的快速、高效对接。

对于银行来说，开放银行可以帮助银行变客户服务为用户服务，变产品服务为场景服务，变渠道获客为平台经济，变APP运营为API运营。做开放式银行，不是让客户了解银行有什么，是银行要主动了解客户，根据其业务流程定制方案，签署协议。从被动服务向主动服务转变，服务的方式从有限的网点、渠道及本行手机银行，向更多客户接触的行业、场景和互联网应用转变。从每天服务客户5分钟向24小时转变，服务能力从有限时间、地点向无限扩充。

三、智慧渠道：探索创新

（一）人工智能（AI新模式）

智能机器人是目前人工智能技术的集大成者，它包含了语音识别、自然语言理解、计算机视觉、单/多态情绪识别、SLAM等关键的人工智能技术方向，为人工智能的进一步升级指明了技术突破的路径。人工智能技术的飞速发展，推动了机器人在银行业多元化的场景应用。交互式机器人是一种全新的智能金融营销渠道，银行引进机器人不仅能提高银行业务处理效率，减少客户等待时间；还可以通过AI和大数据识别高端客户，给银行提供精准营销机会及给领导提供私人助理机器人服务；同时可以提升银行品牌影响力和网点客户体验度。

机器人作为智能化的厅堂管家，以客户需求为出发点，帮助银行实现轻量化作业和差异化服务，兼顾了效率、体验与安全。比如，语音指导客户使用自助机具和线上渠道办理业务，快速解答客户业务咨询、理财咨询，有效减轻柜面和厅堂压力。AI机器人可以创造一个自由沉浸的科技金融消费空间，机器人带来的体验升级、口碑传播等多重价值将使银行的流量和品牌效应明显增大。

（二）产融协同新模式

随着科技的日益发展，“产业互联网+供应链”将是融合与共生的，产融结合，共同发展，将为各行各业带去新鲜活力。企业供应链通常是很长、很散的，但是中小企业居多，会产生大量的数据，产融协同就是要搭建起一个平台，银行根据普惠客户的特点，结合不同的场景，打通企业与银行之间的数字信息系统，以此形成自己独特的渠道优势。依托“场景+科技”的力量沉淀数据，联合上下游不同场景、不同业务模块，将数据打包给资金方，形成不同的供应链金融产品，可以服务好行业内的每个不同的客户，并促进行业的健康发展。

在平台商业模式的大背景下，商业银行应坚持以客户为中心，以金融服务为嵌入点，在企业商业模式转型的过程中，参与到产业金融中来，提供一种服务平台化、线下线上一体化的金融解决方案，推动金融和产业的结合，最大限度地实现产业链与金融链的共赢、共享发展，让低成本的资金可以高效率流入整个物流产业链条，真正地让金融活水浇灌小微企业。

（三）区块链模式

作为引领全球新一轮技术变革和产业变革的新技术，区块链已成为各金融机构布局的重点领域之一。从智慧渠道的建设角度来看，区块链可以为解决传统供应链金融痛点提供技术支持。利用区块链的数据难以篡改性、数据可溯源等技术特性，可以不断提升供应链金融的融资便利性与融资成本降低能力，对银行和小微企业来说，是一个双赢的结果。对银行而言，银行能够以较低成本吸引链上除核心企业以外的其他所有企业成为自己的客户。这些获得核心企业背书的小微企业有望成为优质客户，风险较小。对企业而言，增强链上各家合作企业黏性，可以提高协同合作水平，稳定并壮大产业链和供应链。

银行业务中的“区块链+”可以拥有丰富的应用空间，除了供应链金融，在支付清算、贸易金融、金融交易等领域均可实现落地场景。区块链的技术目前还在不断发展的阶段，现阶段更多还是以创新试点、应用探索为主要脉络，需要结合具体的应用场景，以场景为切入点，加强技术底层的研究和优化，利用区块链特性不断赋能，从而持续深入普惠业务。

第五章 中小银行普惠金融数字化赋能的新发展

当前，全球经济增速放缓，同时受到新冠肺炎疫情的巨大冲击，经济出现更多不确定性因素，银行面临诸多挑战，金融科技发展推动商业银行数字化转型，已进入全面实践阶段。金融科技不再是中小银行变革的外生冲击，而成为中小银行主动适应数字经济、实现全面转型的内生动力。数字化转型为中小银行普惠金融赋能，很多中小银行已将数字化转型作为核心战略进行推进，普惠金融数字化转型紧跟形势，因地制宜，积极实践，在精准营销、有效风控、高效运营等方面取得进步。在这个过程中，部分中小银行虽取得了较好的成绩，但发展不平衡，数字化转型程度总体上落后于大型银行和股份制银行。

第一节 中小银行普惠金融数字化转型的双重挑战

一、中小银行普惠金融数字化转型经营层面上的挑战[①]

（一）资本投入相对不足挑战

2020年5月22日，李克强总理在向十三届全国人大三次会议做的政府工作报告中指出，“推动中小银行补充资本和完善治理，更好服务中小微企业”。国务院金融委第九次会议也明确指出，“当前要重点支持中小银行多渠道补充资本，优化资本结构，增强服务实体经济和抵御风险的能力”。本次新冠肺炎疫情的冲击进一步弱化了中小银行的盈利能力，据《银行家》杂志

① 本部分图表及数据引自肖翔. 数字化观察之六十五：疫情下中小银行的数字化转型［J］. 银行家，2020（10）.

的披露，资金投入方面，约68%的被调研中小银行信息技术资金投入占总营业收入的比例低于3%，仅有约12%的被调研的中小银行信息技术资金投入占总营业收入的比例高于5%（见图5–1）。加大资本投资力度要落实到中小银行的成本支出、营业收入及利润实现等综合财务考量。

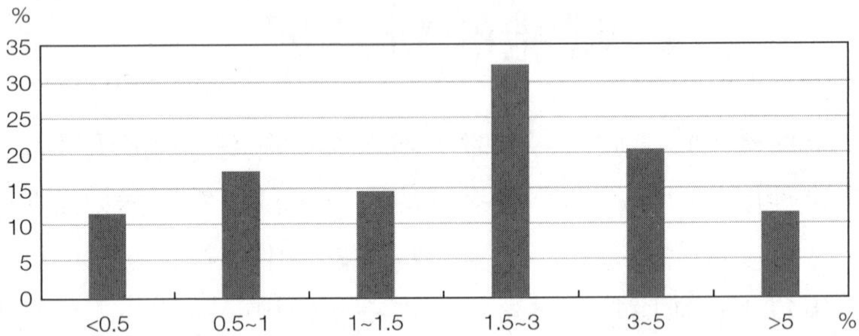

图 5-1　被调研的地方中小银行信息技术资金投入占总营业收入的比例分布情况

（二）金融科技能力不强挑战

很多中小银行信息技术外包、架构落后，科技创新能力是数字化转型趋势下的重要挑战。据《银行家》杂志的披露，从技术应用来看，与大中型银行和新型互联网银行相比，被调研中小银行的技术应用能力有待加强。如表5–1所示，大数据（97%）、生物识别（94%）和人工智能（70%）在被调研的地方中小银行的应用较为广泛，但云计算（55%）、区块链（27%）和物联网（15%）的应用占比相对较小。

表5-1　不同类型调研银行技术应用在同类机构中的占比　　单位：%

名称	人工智能	区块链	云计算	大数据	物联网	生物识别
地方中小银行	70	27	55	97	15	94
大中型银行	92	77	75	100	57	100
新型互联网银行	100	75	100	100	25	100

科技能力作为中小银行普惠金融数字化转型的重要基础，在技术研究、更新应用等方面有助于进一步推进中小银行数字化转型。然而，目前中小银行普遍面临的困境是缺乏金融科技复合型人才，科技基础相对薄弱，开发模式较为传统，自主研发能力和数据应用能力不足，具体表现为缺乏足够的资源进行新技术的研究与更新，往往在应用层面处于滞后的状态。中小银行

科技实力不足、数字化经营能力与线上渠道欠缺，存在着金融科技定制化难题，与大型银行、股份制银行相比，大部分中小银行的科技能力差距很大。

（三）数字化转型的路径挑战

中小银行数字化转型需要数字化发展战略与数字化转型方案、路径、策略等配套实施。中小银行对战略的重视和理解程度，直接决定了数字化转型的整体性和前瞻性。中小银行在战略方面大多停留在初步的金融科技规划或数字化转型规划中，缺乏差异性、精细化的战略定位和强有力的创新推动举措。目前，部分中小银行过度效仿大型银行、股份制银行，追求数字化战略的“大而全”，却未结合自身实际打造“专而精”。

总之，中小银行由于存在规模小、内生动力匮乏、创新能力弱、风险控制能力不足等问题，在资本投入、科技能力、战略规划等经营层面上处于弱势地位，严重制约着数字化转型的道路。在外部环境上，大型银行加大对普惠客群的重视力度后，其业务快速下沉，进一步挤压了中小银行的生存空间。但是，中小银行可以把握国家和地方层面的扶持及自身灵活的经营策略，在数字化转型发展上寻找机会。我们相信，未来十年将是中小银行普惠金融发展的黄金时期。

二、中小银行普惠金融数字化转型业务层面上的挑战

（一）精准营销挑战

普惠金融优质客群的市场是相对固定的，在大型银行和股份制银行市场挤压下，中小银行针对普惠金融客群的精准营销面临挑战。银行传统营销成本高、精准度低、转化率低等痛点越发严重，物理网点营销、地推路演营销、沙龙会议营销、电话短信营销等传统方式已无法满足数字经济时代的需求。随着我国商业银行体系多元化格局逐步形成及金融脱媒的加速，客户的金融服务需求日趋精细化、专业化、个性化、多元化、智能化。针对不同客户实际金融需求和特点，需要制定有针对性的精准营销策略。如何在获客、服务及产品等方面实现智能精准营销，成为摆在中小银行面前的重大课题，也是中小银行提高自身竞争力的重要途径。

（二）有效风控挑战

金融科技和数字普惠金融是一种新兴的金融行为，但其也未改变金融的风险属性，甚至因其与网络、科技相伴相生的原因，数据、信息安全等风险

反而更为突出。进一步提升防控金融风险能力，对于推进数字普惠金融持续健康发展有重要意义。依托金融科技的发展，当前很多普惠金融产品通过从线下转移至线上，实现了快速的发展，相关的风控模型不断变化，传统风控迎来了新视角，进而丰富了传统风控的形式和价值。其中，大数据帮助银行以一种低成本、高效率的方式完善金融机构的风控体系，降低了普惠金融推行的风险，如何运用大数据是一项长期研究的课题；同时，银行也面临如何运用数字化风控技术、有效提升算法和模型的精度、提供更加有效的风险识别和预警，从而构建起智能风控大脑的挑战。

（三）高效运营挑战

从近年来的发展经验来看，中小银行往往在科技投入、基础设施建设等“硬实力”方面能够实现快速迭代升级，但是在组织架构、敏捷开发、智能运营等“软实力”方面却存在严重滞后，组织再造仅仅停留在机构设置和团队扩建层面，没有实现管理层、中层和基层员工协同推进的敏捷模式，成为制约其转型升级的主要因素。为了快速应对市场高频变化并实时智能响应客户个性化、差异化、定制化金融需求的能力，中小银行必须加快推进深层次改革，构建与之相适应的内部组织机制，否则向新模式转型可能就会变成空中楼阁。当前，不少中小银行已开始推行敏捷开发模式、实施部落制或领域制组织改革、部署中台架构转型战略，但线上和线下如何协同，仍然是运营管理在转型过程中面临的挑战。

从行业情况来看，中小银行普惠金融数字化转型在经营层面和业务层面面临着双重挑战，数字化基础能力的不足影响了数字化转型和发展。中小银行应当针对自身特点，突出重点，结合地方经济、产业特色和客群情况，聚焦主业主责，以当地客群为主要服务对象，以特色金融服务和产品为重要抓手，推动线上和线下渠道相结合，确定差异化、特色化、精准化的数字化转型定位。扬长避短是中小银行成功数字化赋能的关键。例如，城商银行可将地方经济、小微企业和城乡居民作为主要服务对象；农村中小银行可深耕县域市场，坚持支农支小的市场定位，选择将建设特色智能网点、打造特色手机银行、推广特色金融产品等作为数字化转型的主要突破口。大数据、云计算、人工智能、区块链等技术能力都需要持久积淀，而不是一蹴而就，是一场战略投入的持久战。

第二节　中小银行普惠金融数字化赋能的新实践

2020年，面对大型银行掐尖、互联网巨头取尾的夹击，中小银行没有束手就擒，而是通过普惠金融数字化转型取得了很大的成果。中小银行充分应用大数据、人工智能、云计算、物联网、区块链等前沿金融科技，改革创新模式、重整系统架构、聚焦创新方向，积累了大量普惠金融科技创新的经验和案例，取得了良好的经济效益和社会效益。本节将从数据数字化、场景数字化、移动数字化和人工智能数字化四个方向分别加以介绍。

一、数据数字化：提升数据运用的五大能力

如今，银行的数字化转型已然迈入全面经营数据化的新阶段。在中小银行以数字化方式支持小微企业的发展中，数据发挥着关键作用，但实践中面临难题。一是获取广覆盖、真实数据的能力不足。小微企业涉及较多行业，大量信息不规范、不透明、不充分，且政府数据、公开数据对该类客户的覆盖面较低，造成数据库中数据缺失、滞后，中小银行利用大数据等数字技术得到的数据不能充分反映小微企业发展经营的情况。二是数据治理能力不足。中小银行的数据治理处于萌芽阶段，导致为小微企业进行客户画像、精准营销、批量化获客和留客等环节的数据支撑作用削弱。三是数据价值挖掘能力不足。由于中小银行缺乏统一的数据标准、格式和整合能力，对数据分析、加工、发掘价值的能力和技术比较粗放落后。因此，中小银行应着力提升小微企业数据掌控能力，强化数据治理和价值挖掘。

（一）数据获取能力

数据是数字经济时代的重要生产要素和战略资源，蕴含着巨大的商业价值。多数中小银行尚未建立起自上而下的完整的数据挖掘体系；个别业务部门开始进行了数据挖掘分析的尝试，但大多是偶发的、零散的、凭经验的，缺乏大数据思维，数据挖掘工作缺乏统筹管理部门。中小银行需要在各类金融业务、各种场景交互、各类渠道中不断获取数据资源，充分挖掘客户行为、账户特征等内部存量数据，加强社保、税务、司法、海关等地方公共数据接入，全方位盘活内外部数据，并将非数据要素转换为数据要素，通过数

据真正了解客户，从而更好地服务客户。

（二）数据积累能力

银行每天通过积累大数据，再以技术服务催生出金融服务，数据资产已成为银行的重要核心资源。数据积累层面存在不同层次的积累不足：一是在多数情况下数据采集不规范、存储/加工不规范会造成有效数据的积累不足。二是在传统业务模式下，经常使用的数据比例较小且非常集中（多局限于报送、报表类基础数据）产生的数据采集范围不足问题。三是受重视程度、技术水平等因素的影响，没有对大量非结构化数据进行处理，导致可直接用于分析、建模的结构化数据积累不足。中小银行需加快数据积累工作进度，从零余额逐步做大，业务数据、风控决策数据、客户还款数据等同步积累；当数据积累到可以满足风控模型监督学习的要求后进入迭代阶段，启动风控模型建设，并根据模型实际效果进行高频迭代。

在新冠肺炎疫情发生后，金谷农商银行全面优化升级云端金融功能和产品，多数信贷产品从线下移到线上，充分利用自主研发的云端金融和接入政府部门平台优势，自主研发农户建档系统，实现农户贷款全流程线上化，对前期线下数据进行整合并为业务的数字化所用，为广大客户提供线上金融生活服务，真正做到了“让数据多跑路、让客户少接触”的防控要求，为农商银行数据治理提供了很好的典范。

（三）数据开发能力

数据积累后的难点在于价值挖掘和数据输出。数据越是杂乱，就越难被利用，标准也越难统一，再加上新冠肺炎疫情的推动和数据线上化，业务线上化的进度被大大提前，数据体量加速膨胀，其价值挖掘的任务就变得比以往更紧迫。只有内部数据统一，进行标准化设计，才能更好地与外部合作单位进行数据资源匹配和流通，也才能实现数据的内外双循环。中小银行应制定完善的数据采集规范，对客户信息采集的范围、颗粒度进行明确；做好数据分类分级管理，建立规范数据共享与使用机制，以客户全渠道整合为应用点，对各渠道数据采用埋点的采集方式，全量采集客户行为数据，以统一数据标准、规范数据接口，解决各种数据不统一、难共享等问题。

中原银行在此方面进行了大胆而富有成效的探索，以敏捷银行作为起始点推动数字化转型，适应以客户为中心的管理模式和经营方式的变化；规模化推广大数据使用，将数据应用到业务管理和经营中的方方面面；通过数据驱动，开展精准营销，提升运营能力，更好地满足客户需求。

浙江省农信系统针对数据资产管理制订了明确的规划和目标，从基础数据、应用数据、决策数据等方面形成多元化的治理体系，打破数据鸿沟。根据浙江省农信系统的业务需求和特点，浙江省农信系统逐步以云服务方式，向辖内200多家法人银行机构提供数据服务，提升浙江省农信系统的数据渠道整合能力、数据计算分析能力和数据治理服务能力。通过数据项目立项和规划，不断优化大数据平台的技术运用，不断提升数据开发能力，在数据治理的基础上开发出一系列创新产品。

（四）数据运用能力

将数据引入业务应用中，才能充分释放其价值和潜能。在数字化转型背景下，中小银行急需建立一支既精通业务、又熟练掌握数据分析技术的复合型人才队伍，逐步提升各条线在大数据的挖掘统计、量化分析、数据建模等方面数据运用能力；建立数据交互机制，形成数据管理部门与银行业各部门之间的良好协同，防止内部数据碎片化，弥合外部数据的鸿沟；建立一体化数据分析管理平台，充分应用数据分析，合理制定风险管理的策略，提升风险管理的体系有效性，将数据用于经营分析、精准营销、客户需求洞察和风险控制等方面，深入挖掘客户数据价值，从而改进营销策略、改善客户体验、提升营销效果、提高产品易用性与获客留客能力。

江南农商银行在内部数据治理和外部数据引入的基础上开发银行大数据平台架构，形成“江南汇、江南库、江南盾、江南镜”四大数据平台，以数据服务于业务领域。江南农商银行实现了对非结构化数据（PDF）的解析、结构化数据的标准建立、外部数据的整合、内部数据与外部数据的联动等功能，解决应用数据的零散性和数据存放的杂乱无章，提高外部数据的精准性，为客户画像、机器学习建模、企业知识图谱提供支撑，提高数据的易用性，提供高效、便捷的数据服务能力。

（五）数据管理能力

数据管理的核心是保障安全，严防数据泄露、篡改、损毁与不当使用。数据管理涉及各个业务条线，需要耗费大量人力、物力，且一时难见成效，因此数据管理必将是一个长期系统工程。中小银行应健全数据安全管理长效机制和防护措施，实现数据集中化管理，数据全口径和全生命周期性的管理；秉持用户授权的原则采集、保护、管理和使用数据，保障数据的安全性、合规性；以问题为导向，抓住数据质量这个牛鼻子，狠抓数据质量问题，发现一个、解决一个，最终提升全行的数据管理的水平，通过经营管理发挥数据价值，提升市场竞争力。

中小银行提升以上能力的路径如下：

第一，数据治理是数字化转型内部生态赖以建立的基础。数据既是银行作为资金媒介的重要价值来源，又是履行安全和隐私任务中较难控制的风险点。为此，中小银行应搭建数据治理平台，统一管理全行的数据标准，提升数据质量。

第二，敏捷组织是数字化转型适应客户生态的关键。中小银行要探索将原有机构的人力资源重新配置调整，建立科技与业务相融合的，基于跨职能实体小组的，涵盖客群、产品、渠道的敏捷组织架构。

第三，数据管理是与外部生态共享连接的保障。中小银行在与外部生态数据的具体合作过程中，应完善数据合作基础设施，注重数据安全保护，破除商业价值、数据安全、隐私保护、基础设施等障碍和“数据孤岛”，实现数据的合作落地。

二、场景数字化：开拓普惠金融新模式

（一）平台模式

平台化发展一方面基于用户需求和行为变化，另一方面也是中小银行内生变革的选择。相比传统的商业模式，平台模式契合了数字经济时代快速连接、高效供需匹配、突破产业边界的发展趋势，具有去中介化、去中心化、去边界化的显著特征。基于中小银行庞大的自营渠道及丰富的特色业务，构建平台生态圈、挖设护城河，是近年来布局的热点，但侧重点各有不同。第一大类是建立跨界生态圈，比如，中小银行通过股权投资、联营企业和兼并收购等方式，基于利益、风险共担原则建立银行和创新科技企业的战略合作。第二大类是向内打通共享平台、向外输出系统化服务能力，由建立生态圈到出圈、破圈。相比之下，这种情况在业内更为常见。不管哪种模式，都驱动了中小银行普惠金融服务体系和价值创造方式的再造。

以济宁银行为例，济宁银行自主研发“金融+生活”服务平台“慧济生

活”，集成吃、喝、玩、乐、购等高频应用场景，实现了与小微企业的生态共建。济宁银行探索政务服务中植入金融场景的服务模式，并联合发展改革委利用大数据分析挖掘信用信息资源价值，帮助授信主体便捷获得信贷，推进济宁市民信用分建设；将银行客户流量引流至平台入驻商家，并通过将低频金融服务转变为高频生活服务，进一步拓宽了银行服务范围；借助平台实现与企业流量共享、数据标签共享，提升了企业数字化管理能力和线上经营能力，同时解决了银行活跃客户及数据缺失痛点。

南京银行从2017年开始研发“鑫E伴”，旨在打造一个由银行主导的小微企业移动服务平台。南京银行选择了与小微企业资金业务关联度较高的转账支付、移动审批、代发工资、日常报销等功能为一期上线的核心功能。“鑫E伴”使用简单，上线至今，已有16000家企业入驻使用，目前又引入了商旅、收单、缴税等功能，取得了预期效果。

在移动互联网时代下，中小银行的平台经营既是技术手段、产品服务、经营理念的不断创新，又是整个发展战略和金融业态的深刻变革。未来的银行不只是一个地方，更是一种行为，是一个平台。这样的平台，是轻型化、移动化、场景化的平台，如影随形，无处不在。

（二）“开放银行”模式

“开放银行”通过与商业生态系统共享数据、算法、交易、流程和其他业务功能，为商业生态系统的客户、员工、第三方开发者、金融科技公司、供应商和其他合作伙伴提供服务。从技术视角来看，目前国内“开放银行”模式主要有三种：第一，平台调用模式。银行将自身业务和数据服务通过标准的API、SDK等形式公开发布，场景方根据需要自行调用，各取所需。第二，主动接入模式。银行以客户为中心，主动与场景方接洽，希望将金融服务嵌入客户衣、食、住、行等生活场景及生产经营应用中，以增加与客户的接触面，从而达到快速获客目的。第三，联盟共享模式，该模式既不以技术优势先进的银行为核心，也不围绕占据流量优势地位的互联网平台企业，而是将大小银行、各类生态场景方以平等的方式接入平台，共享平台中的客户资源、金融科技能力、金融及非金融服务。

中小银行采用平台调用模式的案例是江苏银行推出的开放银行服务平台门户网站，合作方可登录网站了解该行开放银行可输出的服务能力，注册成为开发者，通过银行审核后进行应用创建，选择相应API接口服务，完成公钥上传审核、沙箱调试后，提交上线。江苏银行官网显示，该行开放银行服务分为八大类：账户管理（电子账户、现金管理）、场景服务（车生活、爱学习、爱健康、黄金屋、综合缴费）、贷款服务（金e融）、支付结算（e融支付）、交易银行（票e融、供应链平台）、信用卡（申请、分期、查询）、公共服务（利率查询、网点查询、产品查询、智能客服）、金融科技（人脸识别、发票验真等）。

众邦银行的“开放平台”是一种典型的主动接入模式。众邦银行作为一家互联网交易银行，从成立之初就着手规划开放银行建设。2018年10月18日，武汉众邦银行推出众邦银行开放平台，除提供传统的H5/API对接方式，还提供场景融入形式的SDK服务。开放平台的服务范围已经覆盖了供应链金融、投资、融资、钱包支付、公共服务等总计180多个接口。截至2019年7月16日，众邦银行已经对接数十家B2B场景平台和近百家互联网平台。通过开放银行建设，众邦银行的用户实现了从零到百万户的突破，每天交易额实现了20亿元的大步跨越，交易量从零稳步增长到近300万笔，其中99%的交易都在线上完成。开放银行的建设为众邦银行的快速发展提供了强而有力的支撑。

“开放银行”模式中的联盟共享模式可以参考南京银行与阿里云联合推出的“鑫云+”平台。南京银行整合合作行与行业平台资源，聚焦综合化金融服务，将银行的金融服务能力融入个人生活和企业生产经营场景中，努力做中小银行和行业平台的连接者，打造与实体经济、公共组织、金融科技企业深度融合的共享生态圈。南京银行2019年年报显示，截至2019年末，“鑫云+”平台已与近100家主流互联网平台和企业对接，同时与22家中小银行展开合作，累计获客2286万户，累计投放贷款2732亿元（见图5-2）。

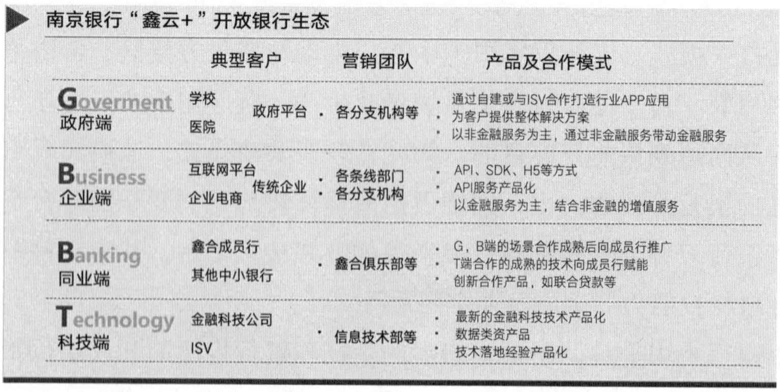

图 5-2　南京银行“鑫云 +”开放银行生态

（三）“供应链+区块链”模式

供应链金融帮助中小银行批量拓展小微企业客户及可靠、高效地控制小微企业融资风险，既可以满足小微企业获得金融服务的需求，又能够满足中小银行批量客户、寻找资产、沉淀存款、获得多元化服务收入、风控等需要。区块链技术具备的分布式账本存储数据库及去中心化、不可篡改、可追溯的特征和金融领域内的相关需求具有天然的契合性。对中小银行而言，“供应链金融＋金融区块链”的模式也是其打开普惠金融市场容量的钥匙。

壹诺金融与贵阳银行等金融机构合作推出了爽融链平台，将区块链的核心技术（分布式账本技术、加密账本结构技术、智能合约技术等）应用于多方参与的供应链金融场景中，实现核心企业信用的无损传递，打造了资金管理的封闭回路。爽融链平台核心功能主要包括实名认证、凭证管理、在线融资、资金管理等，解决了企业间及企业与银行机构间信息不对称和回款路径的问题，银行能更有效地盘活存量资产，以存量促增量，获客成本及难度显著降低。

南京银行的供应链场景探索较早，在2011年就专门设立供应链管理部门，推动该项业务的发展。2014年南京银行整合了境内及跨境供应链业务，形成了境内外、本外币一体化的综合客户服务能力。同时，南京银行结合产业场景，将供应链融资和现金管理相结合，解决客户融资、账户管理、支付结算、资金增值等全方位的服务需求。在供应链业务的发展中，南京银行秉承“四位一体”的发展理念，即核心企业的供应链业务、各类平台的供应链业务、与同业合作的供应链业务和与金融科技相结合的供应链业务，逐步形成南京银行供应链生态圈，助力供应链业务的发展。

综上所述，区块链解决了企业间及企业与银行机构间信息不对称和回款路径的问题，使中小银行能更有效地盘活存量资产，以存量促增量，获客成本及难度显著降低。对于实体经济，区块链支撑下的多级供应商融资体系，能够依托核心企业信用，为小微企业提供优质低成本资金，有效降低小微企业融资成本，提高资金流转效率，降低整体生产成本，提升相关产业竞争力，引导更多资金回归实体；对于监管可以设立区块链节点的方式参与业务，在不干扰银行正常工作的前提下，随时检查、穿透式监管，监管效率极大提升，促进“产监一体化”生态的形成。

三、移动数字化：打造普惠金融客户服务新方式

随着移动互联网的迅猛发展及智能手机的广泛使用，目前手机银行已经成为中小银行普惠金融最重要的触客渠道。手机银行的局限性在于：一方面，手机银行无法像银行营业厅一样提供面对面、有温度、有情感的服务；另一方面，手机银行无法做到精细化服务，无法提供面向不同客群、差异化、个性化的服务。因此，开放化、智能化、情感化、精细化和互动性，将成为未来手机银行发展的重要方向。

移动、视频营业厅是客户服务的新方式。在当今5G网络高速发展的背景下，视频技术与银行业的深度融合成为可能，越来越多的银行开始探索"5G+远程视频营业厅"的新模式。5G带来最高可达10Gbit/s的速率、最低30~70毫秒的网络延时、更低的丢包率、更好的抗网络抖动及更低的流量成本，这都使实时音视频有了质的提升。特别是在2020年新冠肺炎疫情大背景下，国家发布了多个关于加强线上金融服务的通知：2020年2月1日，中国人民银行、财政部、中国银保监会、中国证监会、国家外汇管理局发布《关于进一步强化金融支持防控新型冠状病毒感染肺炎疫情的通知》（银发〔2020〕29号），2020年2月15日，中国银保监会办公厅发布《关于进一步做好疫情防控金融服务的通知》（银保监办发〔2020〕15号），两个通知中多处提到运用视频连线、远程认证等科技手段，发展非现场核查、核签等业务，优化丰富"非接触式服务"渠道。

远程视频营业厅，作为一种现代金融IT服务模式，银行客户可以通过微信、手机银行、移动PAD、智能柜台、PC端等不同渠道接入，通过远程视频，视频坐席辅助客户完成交易操作，解决客户办理业务中遇到的操作问题。在合法、合规及风险可控的前提下，远程视频营业厅凭借更好的客户体验、高效的业务办理效率等优势，成为未来智能银行的标准交互渠道。

中小银行普惠金融运用移动、视频营业厅的四个应用场景案例，分别为对公开户、线上银行、远程勘探及贷款面签。

（一）泸州银行：小泸云厅

泸州银行远程视频银行——小泸云厅，目前已上线对公开户法人面签、企业账户网银签约、个人信息维护、初始密码修改、短信签约/解约/修改、密码挂失及重置等十余项业务。泸州银行对公开户法人面签申请特点

是企业客户通过微信预约，在7×24小时内，可根据自己的时间安排，自助发起面签申请，采用动态实时音视频技术，实现线上面签，采用标准化的集中作业模式，由客服坐席统一面签，缩短等待时间、解放前台能力（见图5-3）。

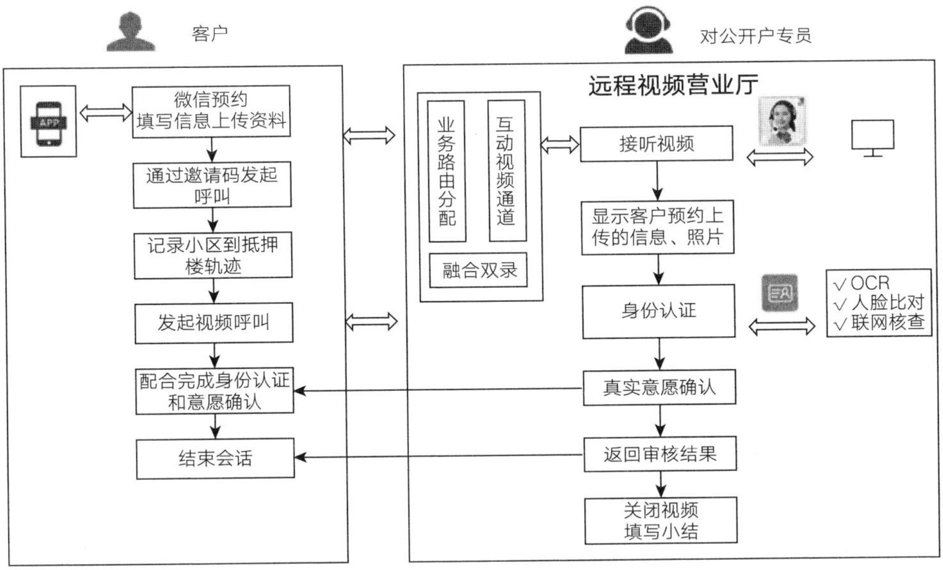

图 5-3　对公开户法人面签业务模式

（二）潍坊银行：线上营业厅

潍坊银行借助音视频服务、语音识别、OCR[①]识别等技术打造以视频营业厅、智能客服、智能催收等产品为核心的线上一体化解决方案，形成了集远程交易、协同营销为一体的新型业务模式；采用业内领先的语音识别（ASR）、语音合成（TTS）和语义理解（NLP）等智能技术，为客户提供智能语音导航、在线客服、智能外呼、智能质检等7×24小时全天候、全渠道的不间断智能化客户服务；让客户足不出户就能享受到面对面、有温度的银行服务。目前，潍坊银行线上营业厅已上线业务涵盖了账户类、签约类、信用卡类、对公开户等十余项业务。

① OCR（Optical Character Recognition，光学字符识别）是指电子设备（如扫描仪或数码相机）检查纸上打印的字符，通过检测暗、亮的模式确定其形状，然后用字符识别方法将形状翻译成计算机文字的过程。

（三）张家港农商银行：线上勘验

信贷抵押贷款，在客户完成贷款申请后，根据风控要求银行需要对抵押物进行勘验，传统的抵押物勘验需银行客户经理上门服务，投入成本高、效率低。张家港农商银行通过业务创新，上线了信贷抵押物线上勘验业务场景，客户通过手机银行或者小程序就可以一键接入视频银行完成线上勘验业务办理，在保障业务办理的安全合规及有效性的前提下，提升业务办理效率和客户体验。

（四）紫金农商银行：贷款面签

紫金农商银行为了提升客户体验和业务办理效率，引入了一套远程视频营业厅系统：客户通过远程视频营业厅即可在线完成贷款面签；客户通过视频呼叫视频坐席，视频坐席接收到客户呼叫，在线讲解合同及还款计划表；客户接受视频坐席投屏推送，签约并退出会话，视频坐席接受签约结果结束会话。该模式既无须客户经理上门签约，降低了人力和时间成本，又在签约过程中融合双录，可使发生的业务风险随时还原，提供法律见证。

远程视频银行在建设过程中最大的难点在于如何最大限度地提升客户体验，即如何在各种复杂网络环境下保障客户的实时音视频质量。传统互联网链路并非为实时音视频会话而构建的，而是为了适配全部的互联网应用，所以一旦发生瞬间大量的音视频媒体流传输，基础通用网络为平衡互联网资源，会限制实时音视频流的传输，这就是基于通用网络的音视频技术经常出现卡顿、延时、花屏等现象的根源。为满足银行长视频场景业务的需要，飞虎互动[①]在国内首创金融领域专属链路优化技术，即在某高速专用实时音视频网络上构建了一条金融行业专属的音视频传输通道，类似一条金融行业专属的高速公路。在保障数据安全方面，远程视频营业厅系统建设过程中充分考虑了业务和技术上的安全合规，构建了一套金融行业专属的音视频安全加密体系：数据和协议加密、交易流和媒体流分离、数据脱敏加密、金融级安全核身、用户身份及权限认证、数据备份与恢复、网络安全防范、数据存储的安全。

---

① 飞虎互动是一家致力于发展和推广企业与客户互动的创新技术公司，为金融行业提供先进的视频业务渠道，帮助银行提高效率、提升客户体验。

四、人工智能：探索普惠金融新未来

人工智能充满未知的探索道路曲折起伏，沉浮60余载之后，迎来了爆发式增长的新高潮，并逐步成为助推各行各业转型升级的新引擎。人工智能技术与金融服务和产品的动态融合，即为智能金融。人工智能在普惠金融上大有可为，中小银行应当学习借鉴并运用。人工智能极大地创新了金融产品和服务模式，对银行业产生了深远影响，如改善客户体验，降低服务成本，提高服务效率，增强服务、营销和风险控制能力，改变内部管理、推动内部组织结构变革等。

人工智能是“看得见、听得懂、说得清、猜得准、做得快”的普惠科技，按照金融机构前台、中台、后台三大模块分类，人工智能迄今至少可运用到金融的八大领域：前台为智能支付、智能营销、智能客服、智能交易，中台为智能风控、智能投顾和智能投研，后台为智能监管（智能数据）。相信随着人工智能的不断发展，其可应用于金融领域的场景还将迅速拓展。当前，智能金融主要体现在智能操作系统、智能字符识别、智能语音服务和知识图谱运用四个方面。

（一）智能操作系统

RPA（Robotic Process Automation）产品是一款新型工作流程自动化办公机器人软件，通过模拟人工操作进行自动流程执行处理。RPA机器人流程自动化可以代替办公人员操作电脑和软件，自动完成各类软件系统的工作和业务处理，准确高效地实现业务流程自动化，将员工从每日的重复工作中解放出来，提高生产效率。南京银行RPA由其发起成立的鑫合易家科技公司开发并运营，采用主流C/S（Client/Server）架构模式，前端客户端采用.net平台，基于Windows系统具有自主研发的SDK及各项功能，后端服务端采用Linux（CentOS）操作系统提供各类后台服务和组件，产品分为客户端（Studio）、服务端（支持本地化部署）和控制台（Web版）。

RPA的显著特点包含可以联动多个业务系统，自动执行完成工作采用RPA机器人流程自动化，不但速度快，而且几乎不出错、不知疲倦；能够在一连串的流程上起到替代人工、自动执行的作用，从而实现流程再造；不会影响现有IT系统的功能与稳定性；能最大限度地平衡效率与成本，且投资回报周期较短。南京银行从2018年开始实践RPA，到2020年已经通过其科技公司鑫合易家落地80多个落地场景，其中涉及普惠金融有企业开户、房产信息查询、贷款查询、调息机器人、企业司法信息查询、银行承兑汇票内审、风险检测机器人、贷后检测等。

（二）智能字符识别

ICR（Intelligent Character Recognition）即智能字符识别，是在传统OCR技术的基础上，加入了深度学习算法技术，采用了端到端的“OCR检测+识别”的框架，解决了传统OCR技术在复杂场景下的识别率不高的缺陷。随着ICR技术和应用场景的不断成熟和丰富，ICR技术代替繁复的人工录入已成为现实，大量的银行普惠金融从业者从简单、重复的人工录入和数据检查中释放出来，将更多精力投入业务拓展和细分产业研究中去。

ICR技术在金融业务场景中变得越来越有价值，极大地提升了数据采集和数据结构化的效率，各银行的系统建设过程由原来的各业务部门自行采购识别技术，转变为全行统一建设、全盘规划，满足全行各业务部门随调随用的目标。致宇信息目前是国内ICR领域领军企业，其在金融行内积累了大量应用场景。

1. 企业财务报表智能识别

企业财务报表智能识别基于深度学习算法，近年来在一些商业银行开始被广泛使用，代替了传统依靠手工录入财务报表的工作模式，极大地提高了客户经理的工作效率和一手信贷数据质量。企业财务报表智能识别的特点在于当财务报表不规范时，能够进行辅助作业，快速调整，与标准科目匹配；能够从影像资料中灵活截取内容，实时发起识别，避免人工录入。目前，台州银行、成都银行等中小银行均已成功上线。

2. 后督业务场景中的凭证识别自动勾兑

在进行事中监督监控或事后监督监控时，除重点监督交易由人员进行把控外，对非重点交易通过ICR技术自动提取交易凭证中的流水号、交易金额、印章、签名与核心系统进行相关比对，比对一致时自动通过，比对不一致时，会发出预警信号信息并转人工干预，人工干预进行分析审核交易合规性，降低监督工作量。

3. 集中作业业务场景切片识别应用

在集中作业业务场景中，为了对票据和凭证数据进行保密，需要对凭证、金融票据进行切片。传统的切片采用的是模板固定坐标位置切割，然后进行两录一校操作。引入ICR技术后，采用机器识别代替一录，提升录入的效率。由于金融票据、凭证切片有复杂的背景干扰和针式打印偏移和模糊问题，传统OCR技术难以达到较高的识别率，而采用深度学习技术的ICR能够很好地规避这些问题，从而使ICR技术在集中作业场景中具有很高的可用性。

4. 财务共享中心的发票识别

针对一些财务共享服务中心效率低下的问题，致宇信息研发了一套发票影像ICR识别方案。该方案利用先进的ICR技术将员工从耗时和出错率高的人工数据录入工作中解脱出来，使发票数据输入的速度大幅提升，而错误发生率却大大降低；在发票自动识别的过程中，同步完成发票真伪查验。

5. 影像自动分类应用场景

在银行的影像管理过程中，传统影像分类方式批量扫描，通过条码或人工进行分类，效率低，易出错。而影像智能识别分类方式采取批量扫描、自动分类+人工辅助分类的方式，应用深度学习算法技术，自动处理各种影像分类、存档、识别，通过大量的数据样本训练，对图片特征提取，将特征联系起来，构成高级语义信息，让机器像人一样有识别图片的能力，影像智能识别分类方式正逐步替换传统的影像分类方式。

6. ICR统一服务平台

ICR统一服务平台，采用微服务架构设计，充分考虑了系统与各外部系统的应用接口，包括但不限于渠道系统、下游数据分析系统等业务开展所必要的外部系统对接；同时，又能兼顾产品横向的扩展及应用，将所有的ICR类产品（见图5-4）汇集于统一的应用平台架构中为客户提供服务。

业务解决方案	ICR识别产品						
信贷/风险业务	财报识别	发票识别	证照识别	合同比对	影像分类	授信文件识别	……
供应链金融	发票识别	发票验真	发票监控	……			
财务中心	发票混检	发票分类	发票识别	发票验真	……		
柜面业务	证照识别	凭证识别	表单识别	影像分类	内容核查	人脸识别	……
合规风险/法规	合同比对	内容提取	授信文件识别	……			
集中作业&后督	证照识别	凭证识别	票据识别	影像分类	切片识别	……	
零售业务	身份证识别	银行卡识别	个人证件	……			
网金/移动类业务	证照识别	影像分类	人脸识别	……			

图 5-4　ICR 类产品一览

（三）智能语音服务

近年来，随着普惠金融创新产品的不断推出，普惠金融场景的不断丰富，普惠金融服务也更加趋于复杂化、专业化，面对小微企业和小微企业主的综合性需求，呼叫中心使用的传统IVR[①]按键菜单层级愈加复杂，交互流程增长，用户无法快速找到所需的业务节点。传统的人工服务模式已经不能满足用户需求，以ASR[②]、TTS[③]和NLP[④]为核心技术的智能语音解决方案逐步推出，并日渐成熟，其中科大讯飞等相关专业公司技术优势较为突出，与中小银行合作的案例也较为丰富。

1. 智能客服系统

随着大数据、自然语言处理、机器学习、深度学习等新技术的涌现，人工智能已成为新一轮变革的重要驱动力。客服呼叫中心已经开始迈入了全新的发展阶段，人不再是服务的核心，而是从一线的服务者变成AI数字员工的管理者，重构了客户中心的服务模式和服务架构。长沙银行应用全新的AI智能客服整体解决方案，通过科大讯飞的ASR、TTS及NLP等语音交互技术，有效解决垂直场景的复杂语音、多渠道交互问题，用户只需问出自己的需求，即可得到正确的应答，大幅度减少人工资源占用，提高自助服务的效率，提升用户体验，为呼叫中心降本增效。

（1）智能语音门户系统：共计建设节点数量81个（67个业务节点、14个闲聊集外节点），覆盖传统67%的IVR业务，导航分流率达82%，转写准确率达95.32%，语义准确率达87.30%，导航准确率达95.58%，2020年共计产生246万个导航交互数据，平均每日产生2.05万个交互数据，较2019年增长10.22%。有八成的客户咨询或者业务办理的电话被智能客服机器人承接和回复，项目总体成本下降80%，平均每个坐席人员可以同时监管10通以上的电话，整体效率提升10倍以上。

（2）智能语音分析系统：有效满足客服质检和营销挖掘需求。目前，智能语音分析系统日均处理超过300个小时的录音量，已建立75个应用模型，

---

① IVR是互动式语音应答系统，银行IVR一般为前置IVR，客户接入后先进入IVR处理，在无法解决客户问题的情况下才转入人工坐席。

② ASR是语音识别（Automatic Speech Recognition）的英文简称，是将声音转化成文字的过程。

③ TTS是语音合成（Text-To-Speech）的英文简称，是把文本转化成语音的过程。

④ NLP是自然语言处理（Natural Language Processing）的英文简称，是理解和处理文本的过程。

模型检出率均在80%以上，业务覆盖率达65%；同时，完成对全量录音的质检和对坐席的智能评分功能上线，实现了由传统人工抽检向智能质检的转型。

（3）多渠道交互系统：实现全渠道赋能提升，通过调用“AI+”能力平台，实现了该行手机银行APP、微信公众号的语音接入。客户通过移动端可以通过语音方式获取高效、便捷的业务办理及咨询服务。结合文本分析，进行客户需求、机制优化等数据价值的挖掘，提高客户体验和黏性，提升活跃用户量。

2. 智能外呼系统

智能外呼系统是通过应用语音识别、语音合成、语义理解等人工智能核心技术，实现由机器基于预设话术对指定普惠金融客户发起批量外呼的平台系统，旨在为中小银行节省大量的时间及人力成本。智能外呼系统提供呼前、呼中、呼后全流程的外呼解决方案。呼前：系统提供可视化流程配置界面，支持运营人员根据外呼业务需求灵活配置机器人话术及对应的用户意图、发音人播报音色等。呼中：通过科大讯飞领先的语音识别和自然语言理解技术，准确地理解用户意图，精准选择话术进行回答；同时支持对外呼通话实时监控，灵活控制外呼进度。呼后：系统能够自动对外呼结果进行标记分类，辅助运营人员进行下一步跟进，从而实现提升工作效率及实际转化率的目的。

目前，智能外呼系统使用效果总体良好，单个项目中，外呼总量每月平均环比增长82.2%，截至2020年8月31日，外呼总量达120万个，累计增长20倍；应用了21个业务场景，数字员工达60人，替代外呼人工坐席150人；整体意向率达62%，意向客户触达率最高达70.91%；在某类额度促激活场景中，智能外呼机器人日均促活率超过25%。同时，机器人也会对人机对话的语料信息进行分析，通过语义引擎的运算抓取客户的真实意图，为每通通话打上意图标签。对于额度使用意向强烈的用户事后通过人工外呼的形式提升转化效果，以人机耦合、人机协同的形式对传统的外呼模式进行智慧赋能。在2020年4月不到10天的时间内，机器人外呼客户共20990人，智能机器人筛选出接通意向客户6748名，截至4月26日，成功唤醒客户1664名，促活率达27.31%。在催收场景中，由讯飞集团控股的科讯嘉联通过外呼机器人辅助贷前信审、贷中交易提醒和贷后到期还款、催收等，部分应用已经初步接近人工水平。

（四）知识图谱运用

近年来，随着中小银行普惠金融业务的发展，金融监管力度不断加强，对于客户、账户、员工、资金关系等关联关系分析的要求也越来越高，在实际应用过程中，资金链、担保圈、客户关联关系分析也越来越多地在金融机构的不同领域被提及，而在传统的关系型数据库中，对于关联关系分析的效率极低，一般都是使用迭代等方式进行层级计算，尤其在涉及金融机构的海量交易流水数据时，往往只能分析3度以内的数据，而金融机构实际的风险管控、合规管理等要求的此类分析多数需要沿着关联关系链条进行更深层次的挖掘，分析对象呈指数级增长，传统数据库技术无法在合理的时间内计算出模型计算结果。知识图谱及图数据库作为一种较为新兴的技术，能够很好地展现和处理现实世界中的各种实体和关系，特别是复杂的网络关系，一定程度上解决了传统关系型数据分析难以应对非结构化、海量、异构数据和复杂计算，难以发现数据间的"隐性关系"，面对复杂业务逻辑，规则模型受限的问题。

针对知识图谱运用方面存在的难点，国内一些领先的AI独角兽企业和中小银行进行了有益探索。其中，明略科技[①]蜂巢知识图谱在中小银行积累了丰富的案例。一是利用人工智能算法构建识别潜在关系，如地址相似、频繁交易、代还关系等；二是对文本、图像等半结构化、非结构化数据建模，实现对报告、影像文件的分析；三是利用算法模型挖掘传统规则难以发现的问题，如资金回流、贷款代偿、疑似受控账户等；四是动态展示关联图谱，提供可视化、人机交互式的业务人员操作分析界面。

知识图谱共计有十大运用场景：以网络图谱方式完整展现资金流转全貌；展现完整的客户关系网络；自动推演多实体之间的关系（员工、客户、行外人员之间的关系）；受托支付关联及汇聚预警；对私疑似受控账户；贷款代还群；通过专家规则、机器学习、图挖掘等方式发现员工异常行为；疑似洗钱团伙及反洗钱分析；担保圈识别；贷后企业风险监测。

因数字化能力与数字化转型涉及银行经营、业务运营等方面，中小银行系统化赋能较大型银行和新兴银行相对落后，属于跟随型。在如何运用金融

① 明略科技是北京明略昭辉科技有限公司旗下数据中台和企业智能决策平台提供商，致力于通过大数据分析挖掘和认知智能技术，推动知识和管理复杂度高的大中型企业进行数字化转型。

科技实现深耕本地、零售转型、特色经营等业务战略的方法及路径选择上，中小银行必然与其他银行迥异。中小银行积极学习、运用金融科技，一些新锐银行已经在金融科技之路上进行了有益的探索与实践，并取得初步成果。虽然实际成效还有待更长时间、更多数据来验证，但它们行进的方向是顺应发展趋势的，应充分借鉴前行者的经验或教训，以减少试错成本；同时，中小银行需要尽快行动起来，发挥后发优势，跟上金融科技时代的步伐，助力银行业再创辉煌。

第三节　中小银行普惠金融赋能：构建数字化科技与业务新系统

科技系统是支撑，普惠数字化赋能需要科技系统、匹配的风险和运营管理系统。金融业务和信息技术的融合成为近年来银行业的重点研究对象和研究领域。中小银行数字化经营需重建银行信息科技系统，构建信息技术架构，需要信息科技能力的提升，更需要信息科技的支持。近年来，中小银行顺应发展潮流，在信息科技上补短板、求改变，积极努力为数字化转型打基础。

一、中小银行信息科技发展历程

（一）电子化科技（1990—2000年）

这一阶段中小银行尚处于单机版时期，基础账户信息逐渐标准化、数字化。银行尝试将手工账务、报表、授信信息人工录入系统，利用软件代替算盘，实现部分交易、账务服务和信贷业务的电子化，以提高工作效率。此阶段中小银行的信息传递、运用加快，开始使用IBM小型机，开发面向账户和交易的核心系统，面向流程的信贷管理系统等与业务高度耦合的软件系统。由于各中小银行陆续接入人民银行支付结算系统，先后发行借记卡和信用卡，ATM也相继投入使用，对于普惠金融客户而言，支付结算的效率得到极大提升。过去小微企业支付一笔异地跨行货款需要通过金融卫星通信专用网和全国电子联行系统（EIS），至少3天。大额支付系统（CNAPS）上线后，32个城市处理中心和1064个电子联行小站融合运行，资金在途时间缩短至几秒。

（二）网络化科技（2000—2011年）

随着计算机的逐步普及、基础网络设施的搭建和网络协议标准的形成，互联网由远程终端联机（多用户系统）发展为真正意义上的计算机网络，实现了从“网店式”向“网络式”的跨越。网络终端的使用主体由中小银行扩大至客户。在通过U盾确认身份之后，客户可以通过个人PC终端登录银行网站办理流水余额查询、小额转账、生活缴费等低风险业务。而在此之前，客户只能通过柜面、ATM等银行物理媒介办理业务，此阶段中小银行逐步实现远程化，通过网络化手段扩大客户规模，降低服务成本，取得了良好的经济效益，网点和人员规模不断增加，产品类别不断丰富。为了提升客户体验，电话银行和呼叫中心陆续成立，后台运营集中、数据集中稳步推进，一些中小银行尝试引入信贷工厂和IPC技术，普惠金融专业化程度不断提高，线上与线下信息验证，流程融合成为趋势。

（三）移动化科技（2012—2017年）

这一阶段的信息科技实现了时空的改变。2012年10月，人民银行上线第二代支付体系、非金融机构支付牌照发放，此后一年至两年，智能手机、安卓操作系统、应用商店、IM通信、4G相继出现，由搜索、电商、社交为核心应用的移动互联网商业迅速崛起。互联网巨头凭借用户、渠道、流量优势，探索出一套不同于传统金融机构的商业模式，移动支付、P2P、众筹、T+0货基等产品开始蚕食传统金融机构市场。此阶段，中小银行一边自建商城、开立直销银行营销二类户，一边尝试与互联网机构合作，互联网导流、风险兜底业务盛行。线上业务对中小银行IT系统性能、可用性、扩展性、安全性提出了全新要求，X86和双核心系统成为先进中小银行标配，新一代核心系统建设中，普遍采用了“交易与核算分离”的设计理念，以突出服务客户能力、创新能力和管理效率。对于普惠金融而言，其可得性和用户体验在移动化阶段得到巨大提升，但普而不惠的矛盾依然突出，场景消费金融和长尾小微信贷依然没有形成可持续的商业模式。

（四）数字化科技（2017年至今）

当前，中小银行处于数字化科技阶段，信息与交互不断拓宽。面对互联网金融野蛮生长导致的暴力催收、过度消费、P2P骗局，部分中小银行偏离服务实体经济热衷于在金融市场空转套利，监管机构在2017年开始出手，先是出台针对互联网金融的“断直联”和“网贷新规”，紧接着又下发“资管新规”、去杠杆，督促中小银行回归本源。凭借海量数据和业务规模，互联网巨头逐步去金融化，开始向中小银行科技赋能，将自己在大数据、区块链、云计算、人工智能等技术领域的成果产品化后向中小银行输出，其中在普惠金融落地且较为成熟的包括移动化获客、大数据风控、金融私有云、人脸识别、OCR、ASR、TTS、NLP、知识图谱、区块链数字存证等，普惠金融效率提升的核心动因由精细管理、流程优化、系统集成迈向由数据、算力和算法驱动的智能化和微服务架构。与此同时，中小银行也在加快自身数字化转型步伐，选择适应普惠金融发展的架构风格和技术路径，敏捷化、数字中台、开放银行等成为重要战略方向。在数字化变更和新冠肺炎疫情的双重背景下，普惠金融的政策环境空前宽松，新产品、新模式、新技术层出不穷，普惠金融的整体定价水平有所降低，但在数据安全、市场公平、商业可持续、核心技术信创等方面依然面临巨大挑战。

普惠金融业务具有数量多、金额小、客户散的特点，而信息科技具有效率高、覆盖广、发展快、成本低等比较优势，能解决普惠金融业务中广泛存在的交易成本和信息不对称问题，成为普惠金融业发展的新动能。信息科技的迭代发展、创新发展为普惠金融业务带来了效率和效益，也为中小银行普惠金融基础客户服务带来新发展和新机遇。信息技术的红利，最直接的体现就是利用科技和数据的力量将服务下沉到长尾的客户中去，践行普惠金融理念。如何构造数字化信息科技也是新挑战。在传统业务的数字化转型过程中，一定要首先抓住信息技术架构这一根本，才能更深刻地认识到新技术所带来的业务创新的机会和对原有业务体系的影响，然后再采用相应的技术手段有针对性地支持业务创新，而不只是简单地进行局部技术升级。

二、构建数字化信息科技新架构：分布式双核心系统

中小银行传统核心系统通常表现为核心功能与部分管理功能的结合，即在实现会计核算与支付清算的同时，还实现属于信贷管理、风险管理、财务管理的部分功能。主要特征包括：一是以交易为单元，通过交易来触发推动核算功能，包括会计核算和支付清算；二是从功能层面加入一些事中必要的流程管理或在外围嫁接了一些业务平台，也因此称为“胖核心”；三是部分数据库在数据系统上实现大集中，但数据库架构还是沿用每个分支机构独立

核算的形式，分支机构可以单独出表。

（一）“分布式核心系统”，适应数字化经营

以往银行的“竖井式”开发模式，造成大量单系统、紧耦合，不仅运维复杂、业务响应迟缓，而且资源利用率低下，成本投入居高不下。同时，因历史原因，国内银行已经围绕国外核心基础的软硬件，构建起了集中式IT架构，实质上已形成被绑定的局面。2016年，中国银监会下发《中国银行业信息科技“十三五”发展规划监管指导意见》，明确提出银行IT架构向云计算迁移，开放的分布式架构成为信息系统发展的方向。从科技架构视角来看，分布式核心系统是解决传统业务与创新业务协同运营、迭代、发展的有效运作方式，中小银行需要新建适应互联网（数字化）核心系统。核心系统是银行软件应用系统的基础，其价值在于实现各类基础业务的交易处理、支付结算和会计核算，无论是手机银行、柜面、电话银行等渠道系统，还是CRM、数管平台、专家决策等管理系统，都需要核心系统作为支撑。

随着网络技术的发展，业务场景和产品品类的丰富，以交易为中心的“胖核心”越来越不合时宜，取而代之的是网络化阶段以客户为中心的“瘦核心”。基于SOA①影响下的业务与管理分离的设计思想，“瘦核心”剥离了大部分管理功能，只完成传统存贷汇业务的账务和会计处理，定位为一个单纯的交易处理系统。“瘦核心”的主要特征包括：一是高度的参数化、单元机构的模块化，可提供标准化的交易处理，满足各种账务处理要求；二是与其他管理系统松耦合，高度的开发性和灵活性，能够快速适应不同业务场景，通过标准接口迅速开发迭代，满足市场和客户需求；三是支持完整的数据管理及监管报表生成。

互联网核心一般采用灵活兼容、弹性伸缩、自主可控、成本低廉的分布式架构。分布式核心通常分为分布式技术平台和分布式应用平台。分布式核心系统从应用架构的角度来看，会摒弃传统核心系统“大而全”的做法，转而采取“小而专”的实施策略：按业务领域将系统划分为一个个体量小但功能高度专一的系统，系统之间松散耦合，银行一笔业务的处理是这些系统互相配合完成的。图5-5是一种分布式应用系统规划示意图，从图5-5中可

① SOA是指一种软件架构，它可以根据需求通过网络对松散耦合的粗粒度应用组件进行分布式部署、组合和使用。服务层是SOA的基础，可以直接被应用调用，从而有效控制系统中与软件代理交互的人为依赖性。

以看出，一个“大而全”的应用系统分解为“小而专”的系统，每个服务系统都有独立的数据库，系统之间是完全独立的，是相互隔离的。好处在于每个应用服务系统均由独立团队开发，易于理解和维护；独立部署，且部署周期短；独立扩展和功能增强，有利于持续交付；能支持敏捷开发，快速迭代。

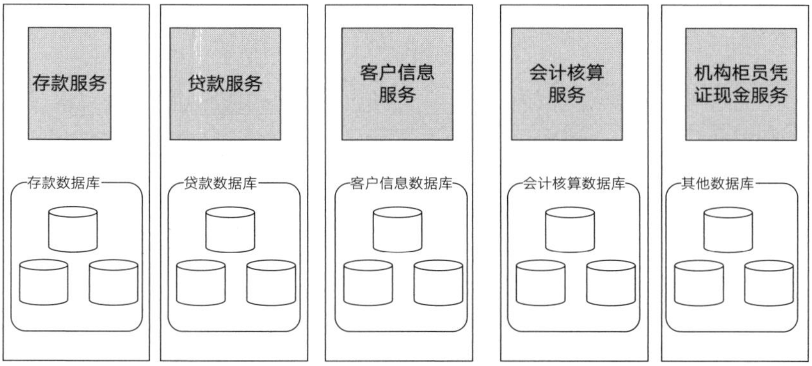

图 5-5　分布式应用系统规划示意

1. 分布式技术平台[①]

分布式技术平台是指开发核心时采用分布式基础架构，在此技术上开发的应用支持分布式部署。其基础架构包括分布式事务、分布式数据库访问、分布式批量框架、分布式缓存、分布式消息队列、分布式业务集成等。分布式技术平台开发的核心，拥有云原生能力，可以实现核心上云。目前，国内银行正处于从第三代集中式SOA架构向第四代分布式架构演进的关键时期。分布式技术可以从业务层面有效解决互联网时代银行所必须应对的高并发、大数据量和数据浪涌等问题，更可以从应用层面实现了应用功能的微服务化拆分，实现应用层的分布式微应用化，帮助银行响应市场创新的需求。同时，分布式技术的应用，也进一步推动了国内银行IT系统上云，解决自主安全可控等方面的问题。

银行分布式技术应用必须成体系，覆盖银行所有业务场景，构建完整的分布式技术体系，主要包含以下几个方面：一是服务分布式，即通过对业务

① 付晓岩，于宏志. 数字化观察之六十四：数字经济时代关键技术对银行转型的影响［J］. 银行家，2020（9）.

功能进行拆分，使业务系统更加灵活，同时每部分多实例运行，大幅提升系统的可用性及处理能力。二是数据分布式，即通过对数据的分布式存储及访问，提升大数据量表的访问能力，增加数据库整体运行资源。三是分布式缓存的合理使用，即降低数据的访问次数，提升单个服务的响应速度，间接提升系统的整体处理能力。四是分布式事务，该问题也是分布式在银行应用的最大挑战，针对不同场景，提供切实可落地的方案，解决跨服务、跨数据库节点的事务一致性问题。事务一致性的解决才能让分布式真正在金融行业实现落地。五是分布式统一调度，即协调多个分布式节点协同工作，有效控制日终处理时间。

2. 分布式应用平台

分布式应用平台是对核心系统的业务模块、功能、库表进行切割，变成不同粒度的子模块能灵活进行组合和拆分，而不像传统核心打包成一个大平台。微服务技术和云原生技术是主要的两种分布式应用平台。微服务技术是分布式技术的演进，其主要优势在于，解耦了业务复杂度，服务能够聚焦一个指定的业务功能或业务需求；强模块化边界，对其他服务依赖性弱；可独立部署，独立升级，团队新成员不用很深入别人的代码也能够很快投入生产；技术多样性，能使用不同的语言开发，如Java、Python、PHP、C#等。在银行应用架构层面，已经经历从集中式、分布式、微服务到微服务体系的演进过程，从分布式到微服务充分体现了这种演进的过程，从单纯的分拆到整合，再到形成体系，通过微服务体系对分拆功能进行完整管控，才能让服务分布式具备生产级的可用功能。

伴随着云计算的快速发展，以Docker（一个开源的应用容器引擎）和Kubcernetes（谷歌开源的一个容器编排引擎）为代表的容器技术在银行业得到了广泛应用，并不断积累形成了基于容器的云上生态系统，容器技术就是云原生技术的重要组成部分。基于容器技术的PaaS平台能够完美结合微服务架构，帮助银行实现敏捷、轻量、快速、高效地开发、测试、交付和运维一体化融合模式。目前，国内银行已经走在云原生技术的前列，如互联网服务、普惠金融、信用卡为主的面向C端业务系统，已经大范围应用云原生技术。同时，银行获客系统、手机APP、理财系统和银行活动系统等一大批面向C端用户的应用，以云原生容器技术作为支撑，获得了很好的管理和用户体验。可预见未来基于容器的云原生技术将更广泛地应用于银行业务系统中，银行也在慢慢将除交易系统外的大量金融业务迁移到容器平台上，实现PaaS层的标准化能力输出。

3. 构建分布式核心系统

长亮科技是国内分布式核心系统实践最多的厂商，是新一代核心系统的市场领跑者，其核心业务系统基于企业级微服务框架和企业级应用开发平台，采用全新的"微服务+单元化"的分布式架构，支持业务服务部署的灵活组合与拆分，支持单元化的灵活部署和快速扩容。微服务指在应用层采用微服务架构，将银行核心业务系统按照业务领域进行解耦，每个微服务业务功能上相对独立，支持独立部署，同时具有明显单一、内聚的业务价值。每个微服务之间低耦合，服务间通过包装API接口进行依赖，服务内包含完整独立的模型集合。单元化指把单元作为系统部署的基本单位，在全站所有机房中部署数个单元，每个机房里的单元数目不定，任意一个单元都部署了系统所需的所有的应用，数据则是全量数据按照某种维度划分后的一部分。系统针对分布式采用的单元化架构设计模式，将数据按客户维度进行分区，每个分区为单元，一个客户关联的所有数据落在同一个单元中，每个单元有自己的应用和数据。银行核心业务架构详见图5-6。

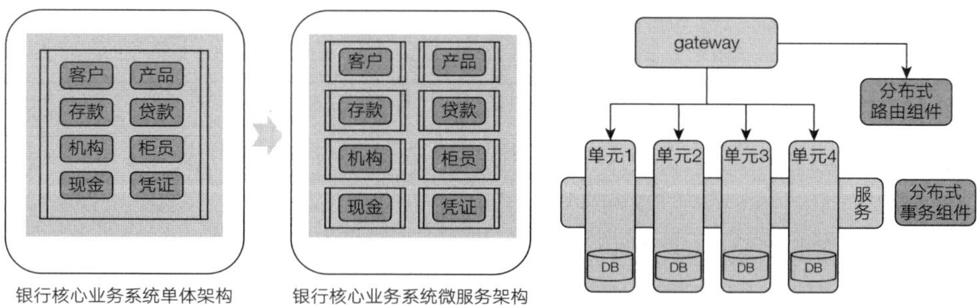

图 5-6 银行核心业务架构

（1）新一代核心系统具备以下六大特点：

——灵活化。系统在规划和设计时就考虑到灵活拆分和快速组装的要求，在整个微服务设计时将传统的核心系统拆分成十多个微服务单元，每个微服务单元都按照独立应用系统进行设计，可以实现独立的应用服务、独立的数据库数据存储、完全的独立部署和服务隔离；考虑到在具体落地和实现中要求（如效率、一直性、完整性等），又可以根据实际需要以微服务单元为基础进行合并组合部署，形成几个微服务单元部署在一个微服务群下，达到最优的处理效果；更开创性地支持分布式部署与集中式部署灵活设置。

——中台化。系统高度提炼出多个可复用能力中心，包括产品中心、定价中心、合约中心、用户中心与核算中心；以此五大中心为基础支撑全系统功能，构建起各个业务条线微服务，更好地满足普惠客户业务需求。产品中心以统一产品部件和参数管理池为基础提供存款、贷款、卡、理财业务产品定制，灵活支持业务线内或跨业务线的产品组合；定价中心提供费用、利率、汇率、税率的统一定制和设计，智能化地设计定价运算公式，并提供丰富的差异化定价优惠模型；合约中心可以有效管理客户、产品、账户三者之间的相互关系及差异化、个性化的要求；用户中心掌握客户全面信息（基本信息、关联信息、关系信息等），构建客户画像；核算中心统一核算规则处理，在分布式技术架构下有效保障账务处理的一致性。

——自动化。系统全面引入了自动化系统开发理念，包括自动化的测试工具、自动化生成代码生成框架、自动化风险预警和控制机制（针对特定的账户和客户提供相关机制）、自动化的冲正和回滚机制、自动化的热点账户识别机制、自动做到账务处理同步转异步的处理方式，为未来向智能化转型奠定基础。

——国产化。系统全面构建国产化的生态圈，从系统软件和底层硬件都做了全面的对接测试，国产的硬件服务器有华为鲲鹏泰山服务器、新华三服务器、浪潮商用服务器、龙芯等；服务器有欧拉Ouler、腾讯TLinux、中标麒麟、红旗Linux；数据库有腾讯TDSQL、华为高斯数据库、TiDB，达梦数据库、易鲸捷数据库等。

——高可用。系统通过多层级服务的集群或主备方式，自动完成内部的集群内负载均衡处理。同时，由控制层完成服务分流控制。软件层面采用软负载均衡及存活试探方式，确保服务运行正常。硬件层面采用多机互备方式及硬负载均衡方式，确保高可用性，避免单点故障，保证系统具有较高的稳定性。

——易扩展。系统采用主流技术平台和架构设计，具备良好的横向可扩展能力，采用独立于中间件平台、数据库平台的开发技术，支持主流的关系型数据库、中间件及硬件平台，提供渠道一致的标准金融服务，满足稳定、灵活、可扩展的要求。

（2）新一代核心系统的主要功能由八大模板构成，满足了商业银行数字经营系统的需求。

——交易接入模块：统一的对外服务交易接口，可以做到针对不同的系统和服务渠道提供一体化的交易服务。

——客户中心模块：相对独立的客户信息管理模块可以更好地管理客户信息以及相关应用在核心系统中的落地，并可以对接全行的客户信息管理系统。

——参数管理模块：将各个业务模块相关的较为分散的参数采用统一的参数管理模式和管理流程进行统一有效的管理，可以有效控制参数版本和参数治理。

——产品管理模块：统一定制核心系统与存款、贷款、卡相关的业务产品和产品间的功能整合、服务处理及产品定价相关业务处理的规则。

——公共管理模块：针对日常业务开展的基础运营支撑属性进行管理包括柜员权限关联、现金、凭证等日常业务管理流程处理。

——会计处理模块：采用业务处理和会计核算解耦的方式支持交易处理和会计核算分别处理灵活部署，减少业务和会计处理的相互影响，提高系统执行效率。

——基础技术模块：采用统一的技术平台和技术标准，由系统基础技术模块进行统一的服务管理和技术标准规范。

——交易处理模块：包括存贷款、支付结算、借记卡、中间业务、互联网业务等子模块。

存款子模块支持活期存款、定期存款、通知存款、零存整取等存款产品，支持灵活的产品配置，支持利率、汇率、收费市场化，支持对账户的集中管理和业务操作中的合规、操作等各类风险控制。

贷款子模块支持贷款账户管理及账户管理关联的一系列核算处理，支持多种贷款产品包括商业贷款、消费贷款、抵押贷款、住房贷款、信用贷款和其他特殊贷款，支持灵活的产品配置，适于设计各种贷款产品。

支付结算子模块支持支付结算类业务处理（本汇票、同城、系统内汇兑、委托收付）满足国内各类支付清算渠道，包括大额支付、小额支付、银联支付、SWIFT等账务处理）。

借记卡子模块集定期/活期、多储种、多币种于一身，支持一卡多户、多卡产品、现金、转存、转账等服务。

中间业务子模块代收代付等中间业务由中间业务平台负责与行外机构的互联及进行业务处理，提供核心系统相关交易服务接口及功能完成相关账户处理及核算处理。

互联网业务子模块定位于支撑互联网线上业务，面向互联网B2C、B2B等各种场景提供客户、账户、支付、融资和投资理财等金融核心功能。

新一代核心系统主要功能详见图5–7。

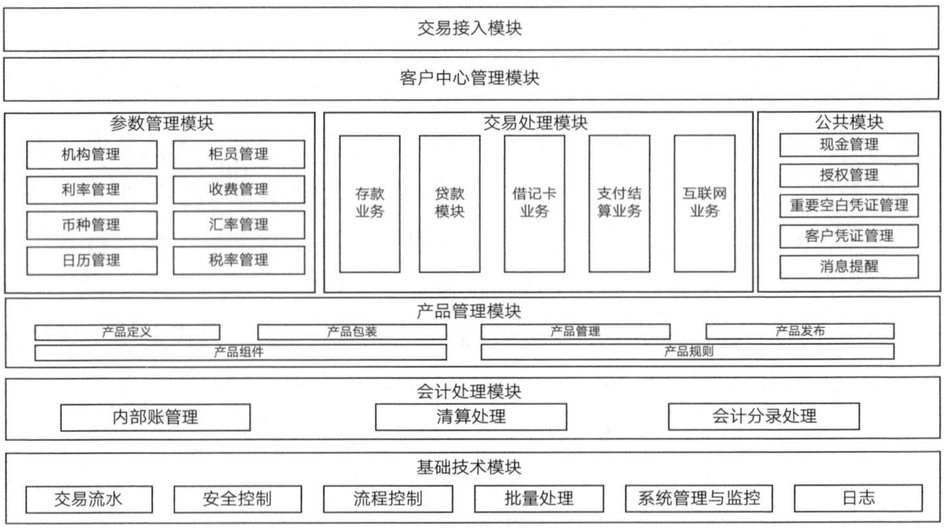

图 5-7　新一代核心系统主要功能

（二）如何构建分布式双核心系统

1. 以“外购、外包、外联”为主建新系统

中小银行在能力不足、没有规模经济的情况下，可以走“外购、外包、外联”的模式。传统上，银行一般都要进行资本投资，专设部门负责IT设施运维管理，时间、资金成本高昂。分布式核心系统对于技术的要求比较高，为了削弱成本和提高系统灵活性，科技能力有限的中小银行可以考虑寻求外部软件，即服务供应商和外包金融科技机构，进行集成开发运营或以单个项目为主。以“外购、外包、外联”的模式建设新系统，将IT建设的资本性投资变更为一种运营性支出，减少了银行在内部IT团队管理、技术系统更新方面的投入；银行可以更加专注于核心业务的快速创新，带给客户更加优质的体验。

中小银行需要对自身核心竞争力、管理优势劣势、整体价值和长远目标进行系统分析，根据IT基础设施和应用能力确定多大程度上利用“外购、外包、外联”。该模式下也需要评估风险对业务系统的安全性、系统和资源的可用性与完整性、信息的机密性及规则的一致性所构成的威胁。在供应商的选择上应慎重，选择那些具有丰富经验、良好信誉的可靠服务供应商和外包金融科技机构，而后再考虑成本。除此之外，需订立完善的“外购、外包、外联”协议，建立良好的控制机制并对其执行进行有效监督。

2. 建立“双速IT”产品开发与运用策略

当前，客户的需求日渐呈现出个性化、特色化和定制化的趋势，对需求响应时效等也提出了更高的要求，银行IT的需求精细化管理势在必行。为了有效支撑银行数字化转型，银行信息系统架构也必须向更具敏捷特性的架构进行变革，“快前台、大中台、稳后台”成为各银行竞相探索的架构模式，新旧双核心架构、快慢“双速IT”开发模式也是行业内较为领先的解决方案。

传统的开发模式已经难以适应前台不断变换的需求，而以客户为核心的快速迭代的前台开发系统、以交易为核心的后台系统同时运行的“双速IT”的开发模式则优势明显。在开发模式变革的同时，作业模式也要相应地进行调整，从瀑布式转变为敏捷式，推动IT走向前台，构建“业务专家+IT专家”的小规模跨职能团队，通过不同职能人员的联合办公制订端到端交付解决方案。另外，培养敏捷开发能力，通过项目制的方式，改变传统的业务部门提需求、科技部门响应需求的二元结构，将各方人员组织在一起，缩小决策半径，深度融合业务与技术，进而快速、灵活地推动产品上线。

3. 迭代升级并支持支撑普惠金融发展

（1）灵活账户体系。在账户设计中，要充分满足普惠业务发展的需要，就必须建立更加灵活的账户体系，优化业务流程。比如，小微企业的对公结算账户、贷款账户、理财账户、保证金账户、对应实际控制人的个人一二类账户、对应担保机构的账户、供应链交易上下游企业的账户、受托支付交易对手的账户、不同信贷业务子类的专户等，相互之间关系如何，在各类业务场景下的清算规则，以及会计分录的差异化处理。如果把账户关系割裂开来或者沿用较为简单的逻辑，一旦发生风险，只能通过人工逐步核查，触发交易，不仅错过最佳催回时机，也会投入较多人力。

（2）高效结算响应。在支付结算上，普惠金融对于结算响应的时效性要求更高。小微信贷需求通常基于小微企业对于市场商业机会的瞬间把握，尤其对于大众快销品、时令性商品、畅销爆品等行业的小微企业的资金需求转瞬即逝。通常情况下，银行会将授信和用信过程分离，采取随借随还的方式响应用户需求，但在诸多环节仍然存在难点，需要具备完整、高效的支付结算能力。通过率较高的银行卡鉴证渠道可以支持线上业务对客户身份的验证顺畅，否则客户只有在线下办理结算账户后，才能实现申请；用款环节，受到支付限额、账户类型和交易时间的限制，需要支持更多代付渠道；非本行账户差额扣款问题难以充分解决，所以代扣规则需要同时考虑业务需要和系统承载；贷后环节，普惠金融需要及时通过第三方账户完成代偿，对于无法收回的贷款，需要差异化的核销账务处理，这些都需要核心系统做适应性改造。

（3）双核心数据与业务流程融合。在业务流程上，双核心系统的难点在于传统核心如何与互联网核心实现业务流程和数据的融合。一方面，很多中小银行小微企业贷款账户都未实现统一管理，通常核心系统一部分，网贷系统另一部分，放款还款渠道少有统一，给客户带来很多困扰。另一方面，由互金渠道生成的小微业务较难与传统核心产品形成联动，如追加提款额、定价联动等，不利于风险控制和交叉营销。

（4）深度嵌入新场景。在业务创新上，普惠金融服务需要深度嵌入场景方，将银行的核心系统能力向产业端迁移，形成2B2C的业务模式，将账户、代收付、业务处理、交易风险控制等功能和小微企业生态的ERP系统打通，在交易中积累数据、寻找客户、创新产品。目前，互联网机构已经在产业端布局，运用区块链技术，重构普惠金融与场景的交易逻辑，在政策法规允许范围之内探索。

三、构建中小银行普惠金融风险管理新系统

数字化经营下，中小银行普惠金融面临着新的风险，一是信用风险管理，二是操作风险管理。中小银行需构建风险管理新系统，主要包括构建一体化普惠金融信贷管理平台、合规高效的贷后管理平台、线上业务风险管理系统，为普惠金融创新发展保驾护航。

小微信贷是中小银行普惠金融的核心内容，建立客户信贷管理系统是重要支撑。随着监管政策的不断优化、财税及货币等政策支持力度的持续增加，普惠金融服务政策体系日益健全，普惠金融组织及产品体系也逐渐完善，面向普惠口径客户群体的信贷投放力度近年来持续增大，普惠信贷余额持续增长，

业务占比逐渐增高。但面对普惠金融客户企业规模小、客户数量多、资金使用时间短、贷款频率高等融资特点，如何精准获取优质客户、提升作业审批效率、实现客户差异化精准贷款后，并在保证普惠金融贷款增速的同时提升信贷资产质量，达到监管关于“两增两控”的考核目标，仍为很多中小银行的痛点。

（一）一体化普惠金融信贷管理平台

普惠金融的难题在于风控，如何运用数字化赋能形成智慧化风控是重要手段。中小银行开始探索普惠金融新方向，研究普惠金融业务办理的新方法。随着移动互联网、大数据等新兴技术的不断发展及智能化科技手段的成熟应用，业务系统结合智能化数据及智能化插件应用的作业模式已成为中小银行普惠金融作业模式创新及金融科技创新的重要方向。中后台通过对智能化数据及智能化插件的应用，将构建“贷前智准营销、贷中智能作业、贷后智动监测”的面向普惠金融全流程的智能化风控系统。

目前，安硕信息已为全国数十家中小银行进行了面向普惠金融全流程的智能化风控系统的方案咨询及系统建设，其中为华东区域某城商银行构建的智能小微系统是面向普惠金融的智能化数据及智能化插件应用的典型代表。智能小微信贷系统本着“解放客户经理作业压力、提升审贷人员作业效率、加强系统自动化风控”三大原则，以数据为驱动，以智能化插件为辅助手段，结合移动展业平台及智能化中后台的应用，实现“满足监管要求、强化风险管理、提升业务效率、优化用户体验、促进产品创新”的目标，达到客户经理作业“只跑一趟”的目的。

智能小微信贷系统主要包括行销指挥中心、智能作业前台、产品创新中心、协同作业中心、贷后集控中心、监控分析平台六大功能子系统和智能中台、规则引擎平台、智数中台三大智能化辅助作业子系统。智能小微信贷系统通过与内部渠道类系统、运营支持类系统、内部业务系统、风险数据平台及数据仓库等行内外系统的对接，形成面向中小银行普惠金融的具备精准高效的客户营销服务能力、灵活快速的产品创新设计能力、标准高效的数字授信评估能力、联动精细的智能风险检验能力及全面多样的数据统计分析能力的独立智能化风控业务体系。

1. 六大功能子系统

（1）行销指挥中心。规范、灵活的行销管理将会实现客户行销收益的最大化。行销指挥中心用户将监测到当前机构下所有的客户情况及营销客户经理情况，包括客户当前的基本外部数据信息、营销价值信息、营销情况及客户经理当前的任务执行情况、客户经理营销轨迹等，构建行销指挥中心整体的统计分析及实时监测能力。

为了协助金融机构拓宽普惠市场，智能小微信贷软件可对接行内渠道端及合作机构进行客户引流，同时提供大数据自主获客功能，大数据平台将通过对工商、司法、税务、环保等外部数据的分析及加工，刻画客户的全景营销视图，并根据智能挖掘准入模型筛选智能化推荐客户名单，形成智能化风控体系的第一道有效防线。与此同时，系统将借助语音外呼插件对客户进行智能化营销，确认客户营销价值，并根据客户营销视图智能化匹配营销客户经理。行销指挥中心用户则可通过语音工具、视频工具、短信工具等智能化工具加强与客户经理的沟通，实时调整行销任务，让合适的客户经理营销合适的客户，提高客户转化率，使得客户营销工作合理化、高效化。

（2）智能作业前台。强大的营销展业移动端是客户经理线下营销处理的工具基础。智能作业前台作为搭建在移动端上的营销处理子系统，主要提供用户营销客户并为客户进行业务办理的功能（见表5–2）。智能作业前台以客户为基础、以任务为导向，通过客户营销及业务处理任务驱动的方式，引导客户经理现场作业。智能作业前台一方面提供用户对客户数据、行销数据、业务数据的管理功能；另一方面在客户授信作业过程中提供良好的功能支持，满足客户经理在智能作业前台的全流程作业需求，使客户经理行销工作高效化、智能化、便捷化，极大地满足了客户经理的行销需求。

表5-2　智能作业前台各模块具体功能

子系统名称	模块名称	功能概述
智能作业前台	登录	提供用户多方式登录智能小微信贷系统的功能
	工作主页	查看客户信息并对客户进行营销处理
	产品专区	根据客户资质智能化推荐产品并展示产品信息
	智能认证	获取客户证件及相关授权书文件等
	安检门	通过规则对客户进行准入检查，排查风险客户
	业务申请	发起业务申请，获取业务办理影像资料
	合同签约	通过视频面签等技术，实现线上化电子签约
	担保落实	确认担保落实情况
	提款申请	发起提款申请

授信作业过程中，系统将通过各类风控模型及智能化插件对客户及授信作业风险进行判断，对客户准入资质、客户信息真实性、业务信息真实性进行核准，并对客户全景视图进行动态刻画，实时追踪客户风险变化趋势，协助客户经理把控客户风险、排查风险客户，形成智能化风控体系的第二道有效防线。同时，系统将提供各类便捷化、智能化模型及插件工具，解决客户经理无法准确判别客户可贷产品及客户经理与客户沟通不够及时或不够便捷等难题以提高客户经理营销作业效率。

（3）产品创新中心。产品化是银行或金融机构业务赖以生存和发展的基础，产品创新中心采用“模块化设计、组件化管理和参数化控制”的理念，实现业务产品快速配置、创新及风险控制管理，满足银行或金融机构对产品管理的要求，为产品经理打造一个统一、灵活的产品设计平台。通过相关产品参数的精细化定义与大数据客户标签的结合应用，可以实现产品的智能推荐，从而达到精准化营销的目的，进一步贴合普惠产品智能创新的要求；通过相关安检门探测规则的灵活应用配置，可以实现产品差异化风控策略的选择，提高相关产品风险探测的准确性和灵活性。

智能小微系统的产品创新中心作为产品管理的一个独立平台，更多地关注产品定制本身的相关服务，逐步剥离与产品管理本身无直接关联的相关关联功能。产品管理包括基础参数的定义、基础组件、方案组件及产品的定义，产品参数的有机整合形成了功能的基础组件；各种基础组件通过不同的特性进行契合并修改具体参数要求，形成了方案组件；实现同一个基础组件在不同方案组件中的不同需求，产品通过引用方案组件，完成产品快速定义并使用，且同一个方案组件可被多个不同类型的产品引用，系统通过类比积木搭建的理念，完成创新产品或产品迭代的快速配置（见表5-3）。

表5-3　产品创新中心各模块具体功能

子系统名称	模块名称	功能概述
产品创新中心	基础参数管理	定义并维护产品基础属性参数
	基础组件管理	定义产品组件，对基础参数进行分类管理
	组件模板管理	定义产品模板，通过组件构成产品原型版本
	产品管理	对产品申请、产品变更、产品复核、产品发布、产品分析进行管理

（4）协同作业中心。前端客户经理的快速行销离不开后台强大的集中作业支持，协同作业中心主要是将业务申请及审批过程中烦琐且标准的工作内容进行拆分，并通过专岗专做的方式实现业务流的高效化、标准化，对整体的工作内容进行集约化管理（见表5-4）。

表5-4　协同作业中心各模块具体功能

系统名称	模块名称	功能概述
协同作业中心	集中录入	根据客户经理上次影像录入业务信息
	集中复核	复核业务录入质量，保证信息录入的正确性
	人工审批	人工审查，对业务风险进行审查审批
	视频面签	通过视频双录技术实现远程电子合同签约
	电话核查	通过软电话技术对客户进行贷后检查
	电话催收	通过软电话技术对客户进行贷后催收

协同作业中心人员作业过程中，系统将借助大数据平台数据及智能化插件进行辅助其作业，减少用户工作量，如业务数据的自动化抓取及补录、辅助决策功能等，在加强风控的同时最大限度地实现传统人工向数字员工的数字化转型。

（5）监控分析平台。为了满足领导层或数据分析人员对全行、区域、团队等业务数据及作业情况数据的监控要求、提高系统对各类数据的统计分析能力、增强用户使用体验，智能小微信贷系统建设了监控分析平台。监控分析平台以可视化视图的形式展示各类数据的统计分析情况，系统将根据不同用户的差异化关注内容，差异化定制监控分析模块及界面，协助用户实时了解普惠金融业务目前的业务办理情况及贷款风险情况等，为后续行内重点规划提供导向依据。

2. 三大智能化辅助作业子系统

（1）智能中台。智能中台作为独立的智能化工具管理系统，搭载了多种市场上已成熟应用的智能化工具，如OCR识别工具、人脸识别工具、语音外呼工具、软电话工具、视频双录工具等，其通过对各个业务系统业务场景的智能化分析应用，对外形成标准化的输入、输出接口，为业务系统的构建提供有效的便利。

（2）规则引擎平台。规则引擎平台是一个独立的用于各阶段规则整合及规则判定的规则管理平台，其承载了业务系统中各类业务及管理规则模型，包括机器人营销规则模型、客户与客户经理管理的营销匹配规则模型、营销额度及利率自动测算规则模型、反欺诈规则模型、贷后智能催收模型等。用户可在规则引擎平台配置或调整规则模型，实现规则模型的快速变更与版本迭代。

（3）智数中台。智数中台作为行内业务系统数据、征信平台数据、大数据平台数据及其他外围或政府数据的集成平台，主要负责对数据的整合管理及规则加工，如客户属性标签加工、自动化审批决策模型的指标加工等，用户可在智数中台自定义相应的规则或指标加工规则，并对外部业务系统输出相应的指标数据，为智能小微信贷软件的作业管理奠定了良好的数据基础。

（二）合规高效的贷后管理平台

普惠金融的贷后管理与公司业务差异明显，尤其是进入移动互联网时期业务量爆发，传统贷后管理方式无法支撑。贷后行业经过多年发展，市场化的程度不断提高，逐步形成了上游不良资产的供应方（包括银行、非银机构）、下游不良资产的买方（包括私募基金、保险公司、产业资本等）、中游大量第三方服务机构（包括律师事务所、资产评估公司、拍卖公司、催收公司等）组成的产业链。由于贷后行业进入门槛相对较低，鱼龙混杂，合规事件频现，行业亟待肃清，通过金融科技提升效率，降低运营成本和合规风险。

枫软科技[①]的Nebula贷后平台即是在此背景下产生的普惠金融贷后管理的完整解决方案。其中，NPLS系统满足内催、协催、核销、法诉、质检、贷后监控、智能委外管理，贷后数据分析，智能催收策略等全流程贷后业务管控，同时还包含智能委外管理解决方案，该方案实现了委外催收机构的智能画像选型，委外催收机构的系统对接、业务数据处理、委外分单政策制定及实行，便于中小银行更高效精准地选择委外机构并快速开展委外业务。

面向处置端：逾期信贷委外催收系统涵盖电话催收、信函催收、外访催收多种催收作业方式。通过动态定制催收策略，提高催收成效，节约催收成本。产品模块覆盖整个催收流程，在对应的模块中，不仅可以查找对应的细节数据信息、操作添加删除或修改等，还可以批量导入或导出数据，使催收工作更加便捷。

面向服务端：呼叫中心系统、语音质检系统与资产端NPLS系统和处置端

① 枫软科技是一家专业应用软件服务公司，专注于特殊资产贷后管理领域，致力于为银行、消费金融、委外催收机构、汽车金融及互联网金融机构等提供一站式贷后及催收管理解决方案。

CCDS系统对接，降低技术门槛。呼叫中心系统采用基于“开放互联”理念的IP一体化软交换方案设计研发，包含传统呼叫中心的电话交换、IVR（自动语音应答）、录音、CTI等所有软件模块，可以实现系统一键外呼、批量自动外呼，替代了传统手工拨号，在极大地提高了外呼效率的同时也让录音与通话记录的调取更加方便和便捷。语音质检系统，通过“情绪检查+语音文本转化”，可以100%覆盖全部通话记录进行检索，并且通过语义检索筛选大量的疑似违规通话，大大降低人工质检的损耗。

（三）线上业务风险管理系统

随着互联网和智能终端的普及、科技能力的加强，普惠金融服务逐渐从线下往线上转移。业务的线上化对风险管理的效率提出了更高要求，因此风控模式由专家经验判断逐渐转向线上数据决策，而这种转变也带来了很大的挑战。线上普惠金融客群大多属于长尾客户，还款意愿和还款能力较难精准判断，容易产生恶意欺诈和信用风险案件；同时其特征不明显且稳定性较差，对风控策略的要求更高、迭代频次更快。因此，线上风险运营能力，特别是基于弱数据的风控策略制定、模型优化和业务与风险的精准平衡能力成为线上普惠金融业务的核心竞争力。

1. 移动端风控

普惠金融进入移动互联时代之后，风险控制的重心由线下转向线上，如何在提升用户体验、提升业务效率的同时，通过技术手段减低移动端展业风险是中小银行共同面对的课题。

科蓝软件[①]在JavaEE平台上的应用开发日渐成熟，无论是对经典的面向对象设计，还是对各种设计模式及开发框架，都能结合中小银行需求，尤其是普惠金融场景进行个性化开发。开发框架NetBank 2000及Power Engine，明显提高了渠道类项目开发效率和中小银行普惠金融服务前端的服务水平。

移动开发平台采用模块化的架构，提供丰富的服务组件，实现搭积木式构建应用系统；建立高效快速的通道和统一的接入网关，实现轻量快捷的接入及实时可靠的推送；提供整套安全机制，极大地降低安全风险；提供全面的监控体系及动态热修复能力，快速解决线上问题；提供研发到运维全生命周期的支撑服务。

---

① 科蓝软件是一家为商业银行提供互联网银行（直销银行）、电子渠道、移动银行等解决方案的高科技企业。

（1）模块化架构。采用模块化的移动APP开发框架，对整个APP做分层解耦，遵循高内聚低耦合的原则。根据功能或业务职责将APP做模块拆分，每个模块作为一个独立的单元，各个模块可以并行开发、独立部署。模块间的依赖通过导入/导出服务来实现，导入/导出的服务可以是一段代码逻辑，也可以是一个资源。

（2）组件化开发。将基础服务提取为可复用的服务组件，开发时选择需要的服务组件，通过少量代码将这些组件进行组装，以搭积木的方式完成应用构建，提升开发效率。这些服务组件包括原生组件，如社交分享组件、扫一扫组件、LBS（位置服务）组件等；常用的公用UI组件，如轮播，对话框，标签栏（选项菜单）等。

全面监控体系包括稳定性监控、性能监控和用户行为监控。其中，稳定性监控是对系统的质量进行监控，实时获取客户端的崩溃率等可用性指标。性能监控是发现和改进客户端的用户体验，包括流量、速度等。用户行为监控能够帮助银行更加了解用户。

（3）移动安全体系。从通信安全、输入安全、交易安全和存储安全几个方面确保移动终端处于安全运行环境。一是对通信交易的信息进行加密和签名，防止数据的泄露和重放攻击。二是对客户端进行混淆操作，防止逆向工程。三是对客户端进行调试检测及注入检测，防止恶意软件的数据窃取。四是对设备上离线缓存数据加密。五是对输入密码保护，提供安全输入控件，支持国密算法加密。六是支持通过SSL协议实现服务器认证和验证。移动安全体系中含有移动定位、密码控件、IIFAA、云证通等安全组件。

（4）动态修复。动态修复是指不需要发布客户端版本而实现bug问题修复。产品中通过以下方式来实现：通过管理平台发布修改后新的weex和vue资源、客户端动态加载新资源的方式，实现动态修复；通过管理端来动态配置修改用户设备上页面的展示。

（5）普惠特色功能。普惠特色功能包括：①远程开立小微企业账户，仅需客户类别选择、上传资料、信息录入和绑定账户四步操作即可完成客户信息备案，远程开立小微企业账户。②在线房产价值评估，客户房产也可进行线上价值评估，房产总价和房产均价一览无余。③电子支票，扫码付款时可选择开具电子支票，使客户支付更加便捷、支付方式更加多样。

（6）交互设计。UI交互设计包括体验需求调研、竞品分析、易用性现状测试、信息架构梳理、业务场景梳理、低保真交互设计、可用性测试、高保真视觉设计、界面设计规范撰写、前端CSS规范撰写、静态Html页面制作、JS动效制作、优化设计、UI跟踪等环节，通常遵循视觉设计规范、文字视觉规范、间距视觉规范、标签视觉规范。互联网前端UI设计通常不遵从领导意愿，而根据前端使用效果和转化进行迭代和优化。

（7）其他。除上述功能外，还支持小程序开发模式，客户端与业务功能分离，业务单元通过H5资源包开发模式单独开发，支持多端投放；支持动态热发布、增量更新和动态修复，无须频繁更新客户端版本；页面可通过互联网前端控制平台动态配置，即客户端可以根据不同的用户属性来展现不同的页面内容，还包括欢迎页和引导页功能介绍等。

2. 大数据风控建模

（1）风险建模流程。线上风险运营的核心是大数据建模，风控模型反映的是对客户违约概率的预测。目前主要的建模方式分为两大类：第一类是传统逻辑回归评分卡，其应用较为普遍，且可解释性好、泛化能力强、稳定性高，但高度依赖建模人员的业务经验，信息价值挖掘有限、灵活度较低；第二类是基于机器学习的人工智能风控模式，其弱数据挖掘能力强、迭代周期短、应急响应迅速，对线上业务的适用性更高，但可解释性较低，容易出现过拟合情况。

使用风控模型需要一套完整的风控决策流程和系统。相对于风控模型，风控决策流程相对固定（见图5-8）。

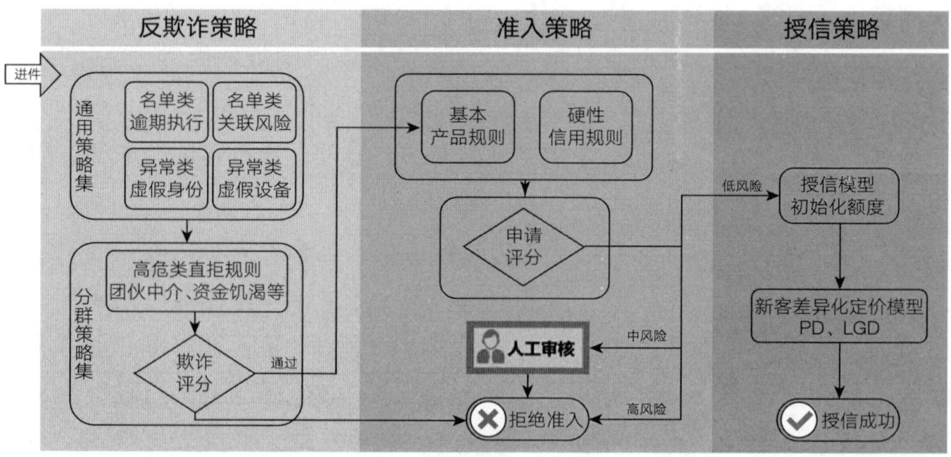

图 5-8　线上风控决策流程

（2）微众银行的大数据建模。微众银行从数据接入、数据建模、数据应用、数据安全管理构建系统化的数据治理机制，接入人民银行、企业、税务等超过30种数据源，通过供应商和经销商信用数据、交易数据、物流数据等多种来源进行综合建模，上线“微业贷”为供应链企业提供金融服务；围绕企业、法人双维度建立包含超过30个模型类别、300个子模型的大数据风控体系；银行AI团队自主研发首个工业级联邦学习框架，推动参与方在不交换底层数据前提下联合建模；在数据仓库、数据中台基础上，建设全行层面的风险数据集市和风险视图，实现关键风险监测指标的自动计算，提高各项风险管理工作便捷性和有效性；制定《数据认责和授权管理办法》，明确数据使用各项职责，建立数据使用授权审批流程，实现“保障安全、最小够用、用而不存、权益保护”的数据治理原则。

四、构建数字化普惠金融运营新系统

普惠金融涉及中小银行各类系统应用庞杂，除核心系统、信贷管理等信贷工厂类系统之外，还包括客户管理、产品管理、渠道管理、营销管理、绩效管理等中台系统，以及APP、H5广告、小程序、电话银行、视频营业厅等渠道交互类系统。这些系统大多面向交易、产品或管理，虽然功能丰富，但未按工作流贯穿打通，营销人员一次营销过程往往需要登录多个系统，导致工作效率较低，且各系统间形成数据孤岛、无法充分挖掘数据价值指导一线展业。如何协同运营非常重要，按照“场景驱动”方式整合“全信息系统”功能。为此，很多中小银行开始探索以“精准、高效、联动的普惠金融运营管理”为主线，按照“前后台分离、前端集成、后台专业”的原则，针对一线营销人员（支行行长及以下），通过“场景驱动”的方式整合现有普惠金融各系统功能，建立普惠金融运营管理中台。最终目标是降低传统中小银行在组织与流程、业务与核算、产品与交易、渠道与客户之间的耦合关系，支持面向普惠金融各类场景的快速创新。

台州银行与江苏润和软件[①]协同搭建的业务枢纽是数字化运营管理中台的典型代表。业务枢纽项目包含客户运营平台、产品运营平台、订单处理平台和通用计价服务平台四大模块，作为整个普惠系统架构的核心，对内连

① 润和软件是一家致力于发展和推广金融科技、物联网行业整体解决方案的综合服务商，为客户提供全面、即时、高效、前沿的数字化科技服务。

接金融产品层，与各基础产品服务系统配合，完成产品服务流程的组装能力（如跨系统的产品联动交易）；对外连接渠道层，将线上、线下渠道整合统一集成接入，实现业务受理服务集中调用与运营、运维界面功能的统一整合，渠道之间的互联互通、信息共享。业务枢纽由大数据分析平台提供风控、营销、产品和客户等主题分析，同时通过业务集成平台，提供对各类创新业务场景业务流程整合和编排的能力。

（一）客户运营平台

客户运营平台通过对客户行内、行外全景数据的全面管理，充分了解客户的财务情况、经营情况及市场前景，了解客户在经营中遇到的问题、对金融产品的需求和使用产品的感受，实现为客户提供有针对性的金融方案和服务，进而吸引客户，服务客户，提升客户体验，同时，也为银行更准确地把控市场风险、客户经营提供决策支持。客户运营平台主要包括工作台、客户管理、营销管理、产品信息和业绩报表管理等模块。各模块具体功能详见表5–5。

表5-5　客户运营平台各模块具体功能

功能模块	子模块	功能说明
工作台	重要通知	业务培训、紧急文件发布、业务流程变更、新产品发布，营销管理的活动、任务、执行等信息，客户经理名下上一日或月初发生大额资金转出、流失预警、客户等级降级等客户统计情况
	待办事项	待处理业务、贷后催收、风险预警
	业绩展示	支持客户经理自定义工作台中展示的业绩指标
客户管理	我的客户	呈现客户总体概况，便于客户经理快速定位查询客户
	客户联络	基于客户分层和所处生命周期阶段制定不同侧重点和关注点的接触计划，支持直接外呼、通话录音、记录客户拜访报告，视频支持双录
	潜在客户	针对潜在客户进行包括客户来源、分配、拓展方案、拓展执行、拓展监控和再分配的全闭环流程管理，主要提供创建潜在客户、制定拓展方案、潜在客户拓展报告及潜在客户拓展情况统计功能
营销管理	目标客户探索	用于营销活动的创建者，在发布营销活动之前对目标客户进行探索，可以根据营销活动的要求进行多次探索，实现目标客户的精准营销
	筛选客户模板管理	营销活动的创建者，可以将目标客户探索条件发布为筛选客户模板，以提供给其他人员使用，实现搜索条件的共享；筛选客户模板与目标客户探索的最大区别是筛选客户模板是可以共享，并且只保留搜索条件，而目标客户探索是私有的，保存目标客户探索条件的同时，也会保留探索结果
	创建营销活动	用于营销活动的创建者发布营销活动，包括营销活动基本信息、关联产品、营销对象、营销渠道等内容
	营销活动管理	对于发布的营销活动进行管理或跟进执行，同时可以对营销活动提前终止、活动延期、复制营销活动等

续表

功能模块	子模块	功能说明
营销管理	转推介及结果查询	营销人员与客户进行营销沟通时，发现客户有不属于自己业务范围内的新需求时，可以将此客户转推介给其他人员并查询后续营销结果
	过度营销控制	避免客户在某个时间周期内接收到太多的营销信息，提高营销的效率和客户的满意度
	营销（促销）规则配置	此功能主要用于客户在某一段时间内策划一些、组织一些营销活动，如在某一节日购买某款产品可以赠送一些礼品或打折等优惠处理
产品信息	产品目录	依据可售产品分类标准，对产品逐级划分并形成树形层级结构，随时查看可售产品信息
业绩报表	过程管理指标分析	主要用于分析营销过程指标，对营销活动、工作任务等过程指标进行分析，了解营销相关进度
	业绩管理指标分析	此功能主要用于统计所属机构下面的工作任务处理过程的情况，可以通过机构及待办事项类型进行搜索查询
	专业队伍评级分析	主要用于查询客户经理动态评级排名
	统计报表平台	能够提供与客户相关的分析报表的查询、打印、输出，满足客户经理、各管理部门对日常分析报表的要求
		提供较强的图表分析功能，根据选定条件生成所需的报表后，能够自动为用户生成所需的分析图表
		自动加工汇总客户经理的业绩统计指标，为客户经理业绩考核提供数据支持

（二）产品运营平台

产品运营平台实现从设计、配置上架、销售到退市的产品全生命周期管理，规范产品的创新流程；建立全行的产品目录，一键式的产品发布能力；通过标准化的产品模型实现对行内产品系统的标准模型化定义；通过灵活的销售参数、快速的产品变形、丰富的促销策略满足银行客户的个性化需求，实现对外多元化的支持；通过建立统一产品视图，为银行绩效考核、客户营销提供数据支持。产品运营平台包含产品创意管理、产品结构管理、产品层级管理、产品发布及面市管理、产品分析与评价等模块。各模块具体功能详见表5–6。

表5-6　产品运营平台各模块具体功能

功能模块	子模块	功能说明
产品创意管理	创意收集	通过开放的信息录入形式，接收系统使用者或客户的产品创意
	创意筛选	对收集的创意按条件进行筛选
	创意反馈	对收集的创意进行响应，响应的形式包含发布新的可售产品或对原有的可售产品进行微调以满足续期

续表

功能模块	子模块	功能说明
产品结构管理	产品模板管理	产品模板归属于企业级产品目录，是企业级产品目录固定划分层级中的第三层
	产品组件管理	产品组件是产品条件的集合，用于与产品模板关联定义产品条件的范围
	产品条件管理	产品条件指一个具体的产品业务元素和值域范围，产品条件类型包括列表型和填值型
产品层级管理	产品线管理	产品线作为企业级产品目录中的固定划分维度，属于必须具备的划分层级，以区分于自定义分类
	产品组管理	产品组是产品线下的一个子分类，作为企业级产品目录中的固定划分维度，属于必须具备的划分层级，以区分于自定义分类
	基础产品	基础产品是产品模板的一个实例，必须由一个产品模板进行实例化，继承来自产品模板的所有产品组件之后，经过对继承而来的产品组件进行部分条件的调整修改，才最终形成一个可以被可售产品使用的基础产品
	业务分类管理	由操作人员在自定义的产品货架和下属子目录下业务分类，分类可添加多层级，每个层级的分类均可关联可售产品
产品发布及面市管理	货架管理	管理企业级产品发布结构的顶层节点，支持对节点的查看
	可售产品配置	关联基础产品下的产品组件、修改关联产品组件的条件值域
	产品销售属性配置	可售产品销售属性配置包括配置可售产品的价格属性，包括基础价格、特别促销价格、成本价格等
	产品发布管理	对于产品目录管理系统中配置的可售产品，当需要进行内容变更时，则需要进行流程审批，审批的不同阶段会关联产品状态的变化，产品的上下架也会对产品状态进行影响
产品分析与评价	产品销量监控	监控统计产品销量
	产品销售统计与分析	按照不同维度统计、分析产品销售情况
	产品盈收分析	按照不同维度统计分析产品的盈收情况

（三）订单处理平台

订单处理平台实现全行金融产品统一交易流程。在银行对客金融产品和服务进行产品标准化后，银行对客交易、与第三方采购交易的过程可以采用统一的处理过程，订单处理平台是对订单模型的落地支撑，是交易和产品分离的具体体现。订单处理平台包括销售订单管理、采购订单管理、支付网关（工具）管理、交易核对管理等模块。各模块具体功能详见表5-7。

表5-7　订单处理平台各模块具体功能

功能模块	子模块	功能说明
购物车管理	购物车管理	购物车用来承接商品和订单结算，购物车试算的功能主要是产品价格（包括费用）试算、产品间关系试算（是否存在产品互斥关系）、产品促销规则试算（是否满足促销规则及促销与商品的对应关系）

续表

功能模块	子模块	功能说明
订单管理	创建订单	受理客户提交的产品购买请求，根据产品类型及销售属性驱动整个产品服务销售环节，登记订单相关信息，包括订单主信息（如订单号、客户号、交易时间等）、订单明细信息（如产品标识、产品数量、产品费用等）、费用调整项信息（折扣等减免费用、运费等附加费用）、产品调查信息（如理财产品的理财金额、理财周期等）、订单的货运信息（如实物类产品需要线下邮寄的要填写客户的收件地址等）
	订单核准	创建订单后，通过该交易完成订单的异步支付，即先创建订单再选择订单支付工具进行支付处理
	订单支付	登记支付工具信息，根据支付工具类型映射不同的支付服务
	订单交付	根据订单明细项中的产品对应的核算产品查询产品映射的交付网关配置及交付服务
	统计分析	根据销售网点销售报告、产品分类销售报告、支付工具销售报告统计得出订单销售的数量、订单状态的统计数量、订单明细统计数量
支付工具查询	产品支付工具	支付工具是用于资金清算和结算过程中的一种载体，对外提供产品支持的支付工具类型查询
	销售渠道支付	支付工具是用于资金清算和结算过程中的一种载体，对外提供销售渠道支持的支付工具类型查询
订单查询	订单列表查询	根据订单标识、产品标识、状态标识、客户标识、订单日期、产品销售网点、销售渠道等信息查询报价列表
	订单详情查询	通过订单明细查询可以查看订单标识、订单历史状态、订单日期、币种、销售渠道、客户联系方式、货运信息、订单支付信息、订单历史状态、订单产品明细等信息

（四）通用计价服务平台

通用计价服务平台实现全行范围内对利率、费率、汇率的统一管理，基于产品定价策略，通过配置全行产品及服务的利率、费率相关的价格要素，实现在总行定价的基础上，分支机构根据地区、客群、时间等要素自主调节价格；实现全渠道、全产品及服务对客销售过程中的差异化计价。通用计价服务平台包括基础价格管理，计价因子管理，产品价格管理，差异化利率、费率、汇率管理和客户费率、利率、汇率试算/计算等模块。各模块具体功能详见表5-8。

表5-8　通用计价服务平台各模块具体功能

模块	功能	备注
利率	基础利率配置	维护总行基准、基础利率的相关信息，包括新增、修改、删除和查询功能
	产品利率配置	维护每项基础产品利率执行时的逻辑参数
	差异化利率管理	差异化利率管理功能维护利率确定过程中的差异化规则，包括新增、修改、删除和查询功能
	利率试算/计算	利率试算是指相关业务场景下根据利率配置规则试算对应适用的利率价格的过程

续表

模块	功能	备注
费率	费率管理	费率管理包括新增费用、修改费用、删除费用及费用查询
	差异化费率管理	差异化费率管理功能维护费率确定过程中使用到的区格化规则，包括新增、修改、删除和查询功能
	费种决定规则	费种决定规则用来确定可售产品、交易与费种的关系，在计算时根据可售产品编号或交易决定适用的费种
	费率试算/计算	费用试算/计算是指相关业务场景下根据费用配置规则试算对应适用的费用价格的过程
汇率	基础汇率（外管局汇率）	维护结售汇牌价的相关信息，包括牌价类型维护、汇率价格获取及汇率查询，其中增删改的操作需要根据配置的流程进行复核审批，并经审批通过后方能生效
	产品汇率管理	维护每项基础产品汇率执行时的逻辑参数
	差异化汇率管理	差异化汇率管理功能维护汇率确定过程中使用到的差异化规则，包括新增、修改、删除和查询功能
	汇率试算	汇率试算是指相关业务场景下根据客户输入的试算数据并匹配客户个人情况，按照汇率配置规则，计算得出真实的、可交易的汇率价格及对应的买卖货币金额
计价因子管理	计价因子管理	统一管理价格计算过程中使用到的业务参数，包含新增、修改、删除、查询功能

数字经济时代的普惠金融发展必须走数字化经营之路，数字化经营与普惠金融实践需要信息系统的支持。信息系统作为金融科技创新的重要组成部分，是推动银行数字化转型工作的助推器、压舱石。随着金融科技在商业银行应用的不断深入，信息系统的作用和价值也将不断凸显。可以预见，在不久的将来，信息系统的应用成果会在反欺诈、反洗钱、交易事中风控、精准授信、监管报告与合规应对、网络安全防护、客户信息保护等多个领域全面开花落地，助力中小银行完成向数字化的历史性转型。

第六章　中小银行普惠金融管理模式和人才队伍建设

第一节　优化中小银行普惠金融组织架构

普惠金融组织架构是中小银行提升小微金融服务的体制保障。目前，中小银行普惠金融的组织架构主要体现为独立事业部体制（含计划单列的准事业部体制）和内部部门体制两种形式。

一、普惠金融独立事业部体制

调查显示，74.14%的样本银行已经设立了从事普惠金融业务的专营机构和专业团队，18.97%的样本银行的普惠金融专营机构和专业团队则正在建立中（见图6-1）。

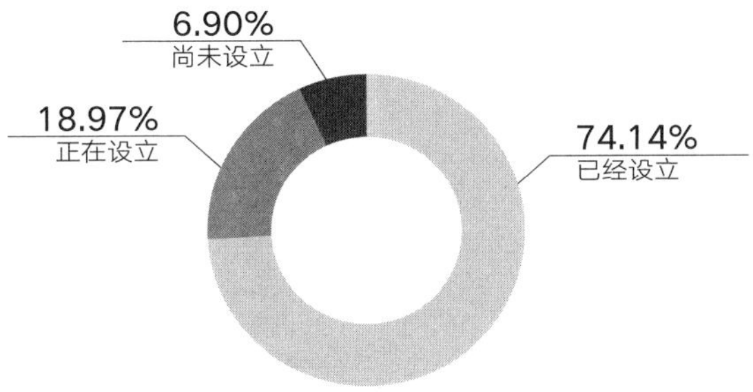

图 6-1　样本银行专营机构和团队建设情况

从调查情况来看，实行独立的事业部制具有诸多好处。

第一，更好地落实监管要求。中小银行成立独立的普惠金融事业部是积极落实监管要求的体现。监管部门按照国家要求，针对普惠金融的机构设置和业务发展提出了系列要求。2008年,《中国银监会关于银行建立小企业金融服务专营机构的指导意见》提出,专营机构是根据战略事业部模式建立、主要为小企业提供授信服务的专业化机构。鼓励各银行从自身实际情况出发,改进小企业金融服务,发挥专业化经营优势,建立多种形式、灵活有效的小企业金融服务专营机构。

第二,提升普惠金融服务质量。与传统金融业务相比,普惠金融业务的服务对象主要是小微企业、"三农"及其他弱势群体,而该群体在以往则经常被银行所忽视。成立专门的经营机构或者设立业务条线,能确保中小银行将部分业务重心向该类客户倾斜,并提供更好的服务。

第三,提高普惠金融工作效率。设立普惠金融事业部的中小银行都会制定专门的审批流程,实施单独的政策规则和执行标准,缩短内部的协调和沟通时间,避免部门之间的掣肘扯皮,最终大大提高了工作效率。

第四,确保普惠金融资源使用。中小银行实行普惠金融事业部制,有效地避免了基层员工或分支机构将有限的金融资源不恰当地调配至回报成果更高的业务,以确保普惠金融资源被单独列支和使用。

第五,有利于普惠金融精细化管理。中小银行在独立的事业部制架构下推进普惠金融,业务考核会更加具体、资源配置会更加精准、风险控制会更加精细、人员配备会更加专业,这既有利于监管层有的放矢地制定政策促进普惠金融业务发展,也有利于中小银行自身的精细化管理。

作为一家地方性城商银行,苏州银行提出了打造"新时代最美普惠银行"的战略构想,并率先推进事业部制试点,以"事业部+"的改革模式建立独特的普惠金融垂直管理专营机构。苏州银行通过单设普惠金融专业审批渠道、专设小微信贷特色机构、建立小微信贷优惠专项定价机制、单列小微信贷资源、差异化奖励考核等举措,确保普惠金融业务长效发展。2020年,苏州银行的小微企业贷款增幅达22.27%,小微企业贷款加权平均利率较2019年下降133个基点,让利6.36亿元;累计为5305户小微企业办理了6595笔延期还本业务,延期本金近80亿元;普惠小微信用贷款余额为48亿元,增长近28亿元,占全部普惠小微新增贷款的40.78%。

二、普惠金融内部部门体制

普惠金融内部部门组织结构的特征是在中小银行内部设立专门的普惠金

融部门，或者在零售部门之下设立专门的工作机构，具体承担普惠金融业务的经营和管理职责。

普惠金融部门组织结构具有如下优点：一是满足了监管要求，明确有相应部门和岗位履行相应职责，并能确保监管要求落到实处，完成监管部门的考核目标。二是不与战略业务争抢资源，不影响全行战略的实施，最终在不投入更多相关资源的情况下，既满足了监管要求，又有利于银行战略的实现。

当然，普惠金融部门组织结构也有不足之处：一是普惠金融业务的开展会受到相应限制。在人力、规模、费用等银行资源相对有限时，可能会出现相互争抢资源的情况；公司业务、同业业务或其他高收益战略性业务往往会得到更多的资源倾斜。在流程运行、风险控制和产品研发方面，似无更多资源给予普惠金融业务专门的保障。二是不利于监管要求的真正落实。设立专门部门只是形式上落实了监管要求，在产品创新、制度、流程及风控方面，并无专业的保障，效果也会打折扣。在完不成硬性指标时，有的中小银行会人为调整指标，甚至弄虚作假来完成指标考核任务。如此则不能真正落实普惠金融供给要求，更不能满足当地小微群体客户的金融服务需求。

优化组织架构模式，其目的在于推动普惠金融服务效率提升这一战略经营目标的实现。对中小银行而言，并不存在一种具有普适性的组织架构模式。组织架构模式的选择与优化应以能否助推小微金融服务的大规模、专业化运作为主要标准。因此，中小银行应选择能够充分适应市场客户需求和经营环境变化，并能够最有效配置各种资源的组织架构模式；在此基础上，还需充分考虑自身的信息科技系统支撑能力。

第二节　完善普惠金融专营机制和配套支持

对金融业来说，普惠金融是一个重要目标，也是金融供给侧结构性改革的主要内容，而不是一时之策，因此必须要从机制上不断强化，并朝着更加完善、更加巩固的方向发展。

一、以“愿做、敢做”为导向的普惠金融专营机制

中小银行的实践表明，要提升普惠金融的成效就必须实行条线化管理和专业化经营，即建立普惠金融条线垂直型管理体系，自上而下搭建经营管理机构，下放审批权限。

垂直化管理有利于缩短融资链条，提高市场反应能力和审批效率，从而实现经营战略的有效传导和落实。而专业化经营则通过建立专门的综合服务、统计核算、风险管理、资源配置、考核评价机制，将银行内部资源向普惠金融服务领域倾斜，下沉经营重心，建立健全权、责、利相结合的激励约束机制，从而激发普惠金融服务的内生动力。

普惠金融业务不像传统业务呈现出的“高大上”，具有信息不对称、成本高企、风险大等特征。如果没有一套符合其自身规律的经营机制做保障，便无人甘愿长期冒险耕耘。因此，中小银行必须要建立起一系列专门的经营机制，才能有动力、有能力实现其商业价值和可持续性目标，同时提高其服务的精准性与有效性。普惠金融专门经营机制主要体现在信贷审批专项化及审批权限下放。中小银行需要制定专门的信贷管理政策，建立专项信贷评审机制，并辅之以专门的统计核算机制、风险管理机制、资源配置机制、考核评价机制等。只有充分调动、发挥上述各类主体的积极性、能动性，引导其结合自身特点和市场定位，发挥其各自优势，提供多层次全覆盖的金融服务，才能实现普惠金融发展规划的长期目标。在内部，中小银行应进一步落实授信尽职免责、内部考核激励等制度；在外部，各保险公司应进一步发挥在普惠金融中的保障作用，让中小银行“愿做、敢做”普惠金融业务。

二、以“会做、能做”为导向的普惠金融配套支持

首先，为克服依赖人工的传统普惠金融发展模式面临的成本高、风险大、商业可持续性差、供需难匹配等诸多障碍，中小银行必须使用大数据、物联网、人工智能和云计算等数字技术发展普惠金融，提高普惠金融技能和提升普惠金融效率。这就要求中小银行重视以下方面的工作：

一是做好顶层设计，统筹规划新时代数字普惠金融的发展框架，扩大数字普惠金融试点范围，营造数字普惠金融的良好政策环境。

二是平衡风险创新，构建以风险为导向的监督管理框架，夯实金融机构主体责任，加强数字化监督管理能力建设。

三是破解难点、痛点，构建良好生态，积极探索利用数字普惠金融助力各类普惠客群，在技术上确保会做。

其次，在信用信息的归集、共享、使用和失信惩戒方面，整个社会应加强基本制度、主体责任、总体目标、科技手段、法制保障等建设，进一步完善信用体系建设，确保普惠金融能够有良好的信用支撑，让中小银行“会做、能做”普惠金融业务。具体表现为以下方面：

一是强化金融科技手段在各层级的信用信息归集、共享和查询机制的应用。在互联网和大数据等信息技术广泛应用及信息主体维权意识不断增强的背景下，规范共享开放信用信息，促进信用信息自由流动，完善征信市场发展，保障市场主体信息安全。

二是分级、分类推动政府相关部门和公共事业单位的信用信息向市场化征信机构合理开放，发挥市场在资源配置中的决定性作用，推动普通商业领域信用信息共享，促进普通商业领域征信活动加快发展。同时，强化监管和信息主体权益保护，防止信用信息泄露和滥用。

三是加快信用信息立法进程，推动信息共享开放。国家层面应尽快出台信用信息共享开放和信息主体权益保护的法律法规，界定信用信息共享开放的内容、范围、方式和安全保障措施，明确专业机构采集和使用信用信息的权利义务和法律责任，明确规定违规提供和传播或使用信用信息行为的机构或个人的处罚措施，清晰规范相关执法主体的责任和权限①。

四是利用新技术手段建立失信惩戒机制，限制失信者使用新技术，让其在新技术时代寸步难行，付出更高的成本。

第三节　夯实普惠金融人力资源基础

近年来，我国中小银行在小微金融领域展开了形式多样的探索与创新。从中小银行的实践经验来看，开展小微金融业务的核心难点并不在于战略或方向，也不在于技术或产品，而在于人才管理。“功以才成，业由才广”，企业资源的范畴很广，但核心资源只有一项，就是人力资源。企业管理就是界

① 张智富. 央行张智富：建议分级分类推动信用信息共享开放［J］. 中国金融，2020（5）.

定企业的使命，并激励和组织人力资源去实现这个使命。1988年6月，台州银行的前身“浙江黄岩路桥银座金融服务社”正式挂牌成立，开张伊始仅有6名员工，为10万元资本金，面临的最大问题不是发展而是如何生存。凭借其多年积累而成的人才机制与管理体系，“浙江黄岩路桥银座金融服务社”终于成为台州银行的原点。2002年3月，以台州市银座城市信用社为基础的台州银行开业。2019年底，台州银行拥有员工2万余人，资产总额达2229.60亿元，不良贷款率仅为0.65%，打造出享誉全国的小微企业金融服务品牌，成为我国小微金融领域的一面旗帜。台州银行成功的秘诀之一是精细化经营人才，塑造组织能力，把一切管理的着眼点定位在服务于人力资源效益最大化上，把管理的落脚点定位在让人力资源释放最大能量上。

一、人才管理构筑普惠金融“护城河”

一方面，小微金融业务在前端需要大量的客户经理来开拓客户、实地考察；另一方面，在后台还需要专业的风控人员来把握风险及技术人员进行业务支持。大量、及时、有效的人员投入在中小银行发展小微业务的初期阶段是非常有必要的，这就需要一套完善的人才管理体系以实现效率最大化。若管理不善，就可能出现人浮于事、管理混乱的风险，最终得不偿失。

小微金融的核心竞争力是技术还是人才，在业内有着不同的认识。近年来，各类中小银行即使采用同类型的信贷技术，成败也各有案例，说明这是人才问题，而非技术问题。以IPC微贷技术为例，需以组织为载体才能得以实施，但不同载体的实践成效却千差万别。小微信贷机构始终面临两大战略问题：一是营销获客；二是风险控制。两者在方法上是技术性问题，在实践中则是人力资源问题。在明确服务对象、营销技术及信贷技术（授信与收贷）后，团队需要吸纳何种胜任特质的成员，如何培训育成，如何考核评价、激励与晋升，如何设置部门、岗位（分工与授权），如何将流程按照部门、岗位分解，即有效的人事结合；更进一步，如何开展匹配业务性质的组织建设与文化建设等，都是需要面临的问题。因此，小微信贷机构的成功既表现为信贷技术的逻辑可行性，又表现为以人才管理为核心的组织与文化的操作可行性。

任何一家运用传统信贷技术做小微贷款的中小银行，都不可能同时解决风险、规模和成本三个难题。这就是信贷业务的“不可能三角”。解决的方法之一是数字信贷技术，或采用助贷或联营贷款模式，或采用供应链金融模式。但这些模式仍有监管难点有待解决，而出路只有一条，即通过加大人力资源投入来减少信息的不对称，有效控制信用风险，并避开与大型银行正面交锋，获得在细分市场领域的竞争优势。这种大力度的人力投入难以被大型银行所采用，而中小银行却可以在小微企业贷款这一细分市场领域建立起竞争壁垒，产生"利基优势"，并获得较高的收益率。

从人均资产规模来看，2019年底台州银行人均资产为1775万元，远低于其他上市银行，是典型的"人海战术"的体现。2019年底，泰隆银行人均资产为1871万元，与台州银行接近。尽管近几年来台州的几家小型银行都在加大金融科技的投入，但其经营模式整体上依然是一种"人海战术"，在台州银行约1万名员工中，客户经理就达到5000多名。部分中小银行的经营情况详见表6–1。

表6-1　部分中小银行的经营情况

名称	台州银行	泰隆银行	常熟银行	D银行	E银行
市场定位	小微专业行	小微专业行	转型小微	多条线	多条线
贷款余额/亿元	1515	1356	1099	1790	1144
不良率/%	0.65	1.1	0.96	1.71	1.99
净利润/亿元	42.22	31.79	17.85	18.81	14.56
ROE/%	22.85	21.57	11.52	7.69	8.9
员工人数/人	10185	9861	4259	3834	1925
投入比例（小微员工/全行员工）/%	50	50	30（小微员工1500多人）	8（2017年数据）	20

资料来源：各银行2019年年报。

二、普惠金融人才管理标准化趋势

（一）粗放阶段

早期信用社一般没有形成系统化的团队、组织、架构和流程，而是由业务员各自出击，自由发挥，难以形成合力，依靠的是业务员自身对当地客群的熟识，知根知底，信息不对称程度天然比较低（业务员先天掌握了客户的"软信息"，即非书面化的信息），业务员凭经验完成风险定价。可以说，这是在当时的技术、组织条件下较为有效的方法，但有其局限性，在社区圈子之外很难快速复制，而培养新人则基本依靠"传帮带"的师徒模式，传承效率也不佳。

（二）标准化阶段

2005年前后，我国银行业从德国引进了IPC技术，使小微信贷系统化、流程化、标准化程度大幅提高，人才的管理也进入了标准化阶段。IPC技术大体上仍被归类为全手工的人海战术模式，但它更加系统化、流程化、标准化，因此可复制性、可扩展性更强，比起粗放时代的人海战术，效率大幅提高。这反映了德国人严谨的逻辑思维和抽象思维能力，将人海战术中的各种经验提炼成系统规范的做法。此阶段的人才管理即业务团队组织管理异常重要，因为需要一支业务能力强悍的员工队伍去完成客户财务报表还原（主要考察还款能力）和多方收集客户软信息（主要考察还款意愿）任务，IPC会进行严格的业务培训。同时，还需要控制业务员的道德风险、操作风险、法律风险，杜绝出现与客户勾结的舞弊行为，且还不能发生侵犯客户隐私等其他违规违法行为。为此，中小银行还要设计一整套激励处罚机制，在控制业务员不当行为的同时，激发他们的主观能动性。因此，团队管理难度较大，甚至有时会有些许准军事化的色彩。

（三）标准化升级版阶段

“信贷工厂”模式是小微信贷技术标准化的典型代表，其概念来自新加坡淡马锡集团，指银行在从事中小企业授信业务管理时，设计标准化的产品和流程，不同信贷产品的作业过程就像工厂的“流水线”，并强调全流程的风险管理，从前期接触客户到授信调查、审查审批、贷款发放、贷后维护及贷款回收等工作，均采取“流水线”模式作业和标准化管理，并强调全流程的风险管控。该模式的人才管理有以下显著特点：

一是工作分工十分精细。业务开展前有专门的团队做区域细分市场分析；审查过程中有专职人员做一票否决的反欺诈分析；贷后专职队伍有专门从事电话催收、信函催收、现场检查等的分工。

二是每个岗位都独立作业，无须为其他岗位的工作负责。其好处在于大部分岗位在比较低的培训成本下就能取得比较强的专业化程度，而不同于传统银行的信审流程，后一环节需对前一环节负责。

三是在运营效率方面，以流程为导向，单笔放款时间一般为0.5 ~ 2天。其优点在于标准化作业，便于批量复制和品质控制，后台的模型运算也便于整体调控；缺点在于人员主观能动性低，系统依赖程度高。

三、普惠金融人才管理模式实践

中小银行普惠金融人才队伍的锻造，需要推行一整套独具特色的“选、育、留、用、退”一体化、差异化的人力资源管理机制，其中的“育”字最为重要。众多中小银行的成功实践表明，普惠金融员工的成才之道是有其客观规律可循的，而脱颖而出的常熟银行、台州银行、泰隆银行等各具特征、成效明显的普惠金融人才培养模式就是明证，值得业内借鉴。

（一）精准选配，科学筛选，合理匹配

盖洛普①观点认为，选对人比培养人更重要。要获得人才首先要把好招聘关。中小银行在招聘普惠金融员工时要考虑两个维度，一是该岗位的能力素质要求，二是个人的价值观是否与招聘机构的核心价值观一致。从长期来看，价值观的重要性远远超过能力素质。随着工作的逐渐深入，价值观的差异会让员工与企业之间的嫌隙逐渐放大。对从事普惠金融的中小银行而言，这无异于一颗不定时的炸弹，一旦引爆会产生重大的不利影响，且其能力越突出，对中小银行的负面影响就越大。因此，着眼于中小银行的长远发展，选人首要考虑的应该是价值观因素，其次才是能力素质与岗位要求的匹配程度。

台州银行的小微金融模式是与小微客户交朋友的社区银行模式，即与当地村民、居民建立牢固的、具有黏性的朋友关系，提供就近、脚勤、贴心的全方位金融服务，甚至有些时候可以将服务延伸到业务之外。为建立与客户交朋友的社区银行模式相匹配的员工队伍，台州银行专门设计了周边化、专业化的选人标准（见图6–2），从员工招聘到职业发展，都遵循周边化、专业化的原则。

招聘的周边化强调的是应聘者的居住地，即指应聘者出生或者居住在支行业务规划范围内的社区、村居，在当地具有地缘、人缘、亲缘优势，熟悉当地风土人情。专业化则强调应聘者除银行工作岗位外的相关行业的专业能力，还要具备支行业务规划重点发展行业、市场、商圈的相关工作经验，了解和掌握行业动态、经营特点、发展状况等。周边化、专业化选人策略

① 盖洛普是一家以调查为基础的全球绩效管理咨询公司。

使其能够在日后工作中更便于业务拓展，又能便捷、有效地获取风险控制信息。

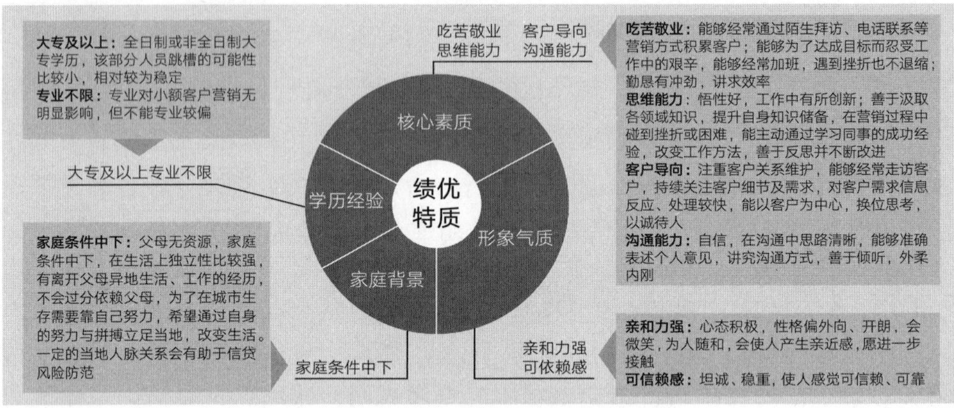

图 6-2　台州银行周边化、专业化的选人标准

常熟银行奉行“白纸化”人才引进，员工均从“白纸”开始，在常熟银行体系内逐步培养。常熟银行与大多数银行不同，新员工基本很少从他行招聘引进，一般都是从本地招聘本科以上的毕业生。此外，常熟银行一般不希望新员工有信贷相关的工作经历，而是作为一张“白纸”，从头开始学习、接受、融入小微金融文化。由于常熟银行有成熟的培训体系，招聘的新员工一开始要经历3个月左右的标准化培训，并且在职业生涯的过程中全程都有对应的导师进行指导，因此完全不需要此前有相关的经验。与此同时，这种模式还可避免来自他行的新员工受到原银行的影响，在信贷理念上出现“水土不服”，保证了银行信贷、风控文化的持续性。

（二）加速成长，建立系统的培训教育体系

1. 自主培养人才的教育

领先的小微银行特别注重人才素质和能力的培养与提高，他们将员工的职业培训上升到战略发展的高度。对培训的巨大投入所产生的盈利效应，使领先的小微银行在近几年的发展中取得了明显的人力资源优势。

台州银行建立起自己的“黄埔军校”——银座金融培训学院，已形成专门培养小微金融“子弟兵”的培训体系。学院能将一名无银行从业经验的新员工在3个月内培养成能独立上岗的前台柜员，6个月内培养成能独立发放30

万元贷款的微贷款信贷员，9个月能成为发放100万元贷款的小额贷款信贷员，1年半能成为发放大额贷款的大额贷款信贷员。

泰隆银行在杭州滨江为客户经理设立了泰隆学院，学院内有专业培训师300余名。在泰隆学院，新客户经理通过军训、专业、文化课程教育与技能训练、网点观摩等手段，在短时间内认同银行文化，并提升专业素养。泰隆学院的持续培训将伴随客户经理在泰隆银行的职业生涯。在泰隆银行的客户经理中，目前有90%以上都由银行自主培养成才。

2. 中高级人才都是“教练员”

在中国的大多数企业中，管理者的主要任务就是带领团队实现工作目标，中高级专业人才的主要任务也是发挥专业能力实现工作目标。在领先的小微金融机构中，中高级人才除了要完成工作目标，还需完成人才发展的目标。在泰隆银行，每一位新的客户经理都会有自己的“领路人”，他们是银行的基层领导或是从业多年且富有经验的老客户经理，他们言传身教，在实际操作中进行手把手培训，使新客户经理以最快的速度成长和提升。

3. 训战结合：培训的最终目的是应用

好的培训不会流于形式，而是培养真正的战士。训战结合的目的只有一个，就是让学员在学习后能在战场上取得预期的战果。台州银行为解决信贷员在还不具备一定调查能力时缺乏实践机会的问题，建立了“信贷工厂”模拟情景演练教学。“信贷工厂”是将信贷调查工作往培训方向进行转化，将客户的关键信息通过图像、录像呈现于教室，结合小微信贷业务标准化流程将银行信贷产品从信贷营销、信贷申请受理、信贷调查、贷审会作出信贷决策、签订信贷合同、信贷监控等环节，通过反复模拟练习及讲师的现场指导，将每个环节进行多次的模拟生产，以提高员工的信贷技术。信贷工厂模拟的落脚点是将小微信贷业务的标准作业流程完整地复制。讲师扮演客户，学员扮演信贷人员，学员需要通过贷款营销、信贷申请受理、信贷调查交叉检验、报表制作、贷审会作出信贷决策、签订信贷合同、信贷监控等环节，每个环节都根据业务需要实战操作。在“信贷工厂”模拟培训中，还十分重视学员对客户家庭成员、邻里关系等信息的了解，通过侧面调查，发现客户的非财务信息。信贷人员在通过模拟考核后，在岗位导师的指导下开展实习，一个月后再回到学院开展理论课程与模拟信贷业务训练，反复几个轮回，可以将一名初出校门的大学生在6个月内培养成能发放10万元以内微贷款的信贷员，9个月内可以培养成能发放10万～30万元的小额贷款信贷员。如此年年相续、循环往复，为银行的业务发展提供源源不断的有生力量。

（三）有效激励：点燃人才内在驱动力

1. 透明的考核机制

激励的关键在于是否将“价值创造—价值评价—价值分配”的人力资本增值循环做好。

常熟银行客户经理的薪酬采用“固定工资+奖金”的模式，奖金上不封顶。客户经理设置了80多个级别，工资、奖金均与此挂钩，每月根据KPI各指标（主要围绕贷款金额、放贷户数及资产质量三个维度）的表现进行调级，业绩好的员工基本可实现每月调级，甚至屡屡跳级，充分激发了员工的积极性。

泰隆银行在薪酬和资源配置上坚持向业务一线倾斜，业绩好的员工普遍比支行行长收入高，绩效好的支行行长比分行部门总经理的收入高。在充分激励的基础上，相辅相成的是泰隆银行严厉的约束机制。泰隆银行坚持信贷“谁发放，谁负责，谁收回”的原则，信贷人员对发放的每一笔贷款负有永久责任，直至贷款收回。贷款一旦出现风险，要根据风险发生的原因和可能的损失按规定追究责任人的经济赔偿责任；对于因违法、违规、违反制度放贷所造成的损失，则要终身追究其责任。同时，从事信贷工作的人员要根据其权限大小缴纳信贷风险金，对由于主观原因造成的贷款风险损失直接从信贷风险金中扣还。另外，信贷人员的绩效工资、奖金、福利待遇、职务晋升等均与贷款质量直接挂钩。此外，泰隆银行通过长期的培育、引导，在员工中形成了“以保持贷款高质量为荣，以造成不良贷款为耻”的企业文化氛围。正是在严格责任制、有效激励和企业文化氛围的三重作用下，约束了客户经理的行为、规避了道德风险，使他们真正把“银行的钱当作自己的钱”来看待。

2. 建立公平、公正、公开的晋升制度

员工在组织中得到重任是其个人价值实现的重要方式之一，按照以人为本的管理理念，企业应该为员工特别是核心员工提供良好的发展机会，对员工的职业生涯进行管理。通过对员工的工作及职业发展计划的设计，协调员工个人需求和企业组织需求，协调员工个人的职业生涯目标与企业发展目标，实现个人和企业的共同成长和发展。这不仅有助于形成更有凝聚力的员工队伍，还会更有效地调动员工的积极性和创造性，突出体现事业留人的宗旨。

常熟银行为员工设立了完善的职业生涯晋升路径，并开设了完善内部转岗、调岗的通道。其大多数后台人员都是从优秀客户经理中选拔的，分支机构管理层的90%以上都是从在总部经过历年学习、经验丰富的人员中派出。对于新进入体系内的员工而言，职业路径的选择多元，且晋升的路径也非常清晰。在完善的激励、晋升机制下，常熟银行过去10年间微贷业务人员的流失率仅为5%，处于行业的较低水平。

台州银行重视员工职业生涯规划，让员工晋升有路径、有空间，引导员工实现自我价值。新员工入行时，首先展示给他们的是台州银行的职业发展路径图，让他们看到自己的职业发展空间，每位员工都能在行内找到前辈榜样，得到激励。台州银行招聘的员工大都来自普通家庭，其接受教育的大学也不一定是名牌，大专学历也很常见。在银行做小微业务，只要肯努力勤奋、踏踏实实地工作，客户日积月累，大部分员工两年后的月收入能达到上万元，在同学中属于较好者。如果员工继续努力，业绩、能力综合表现优异，四五年后就有可能当上支行部门经理，甚至副行长、行长等，在同学中便属于佼佼者了。由于能看到继续上升的通道，员工便更加珍惜工作和职业晋升的机会。通过这样一系列的方式，可以激励员工把客户服务好、把风险控制好，进而得到不错的薪酬与良好的职业发展前途。

四、普惠金融未来发展对人才管理的挑战

（一）复合型人才引进与培养

目前，中小银行正在大量引入新技术，但新技术的投入使用意味着商业银行必须打破既有的信贷管理模式和体系架构，培养更多兼具金融与技术知识的复合型人才。金融机构需要的一是具备技术思维，并将其运用于金融业务场景，促进业务提质增效的复合型金融科技人才；二是懂产业发展与金融的复合型人才。中小银行需要了解小微企业运行的风险特征，而当前各类型银行的信贷原则、风险评价标准等，都基于抽象的金融理论，与小微企业经营活动特征的结合不甚紧密。中小银行的信贷员、审批官、风控人员也多数来自金融和财务专业背景，对小微企业所在产业、行业的特征及发展

趋势知之不多，很难深刻剖析小微企业的发展前景、企业的风险点及企业的金融需求，也难以真正做到高效服务小微企业。服务于小微企业的复合型人才的具体要求可归纳为“ABCD”四个维度：“A”为“Across”，是同时具有金融与科技的专业知识，并具有较强的学习能力。“B”为“Business Model”，是对商业模式熟悉，了解企业盈利与发展的模式。“C”为“Customer Experience”，强调人才要从经验与内心对“以用户体验为中心”有价值上的认同。“D”为“Data”，则要求人才要具备数字化思维。

（二）利用金融科技提高工作效率

在传统的小微贷款运营模式下，客户经理分散在网点，中台审批、放款人员则分散在各分支行，人员多、流程长，导致运营成本和人力成本高企，完全无法满足信息化时代的要求。因此，应借助金融科技的新思维和新手段，以线上化、数字化、智能化引领传统线下融资业务办理模式转型。通过互联网渠道，实现客户融资申请、合同签订、提款还款等操作的全线上办理，可极大地提升客户体验，并实现“一触即贷”的网络融资新模式，在有效提高业务办理效率、简化客户经理作业流程的同时，还可大大降低银行的管理成本。

（三）平台化的团队管理

布莱特·金[①]所著《银行4.0》的基本观点是，“银行服务无处不在，就是不在银行网点”。遵循以客户为中心的第一性原则，银行原来以产品和渠道为中心的模式已难以为继，而创造一种嵌入式、基于情景的数字体验，则不需要依赖实体渠道，可以通过数据分析和个性化推荐来完成。换言之，组织转型的核心就是要持续地向客户的需求作出反应。在互联网条件下，一种新的组织形式“虚拟组织”应时而生，在这种平台组织管理模式下，员工不再是企业的雇用者，其与企业之间是平等的、合作的契约关系。员工在企业一方面获得薪酬收入，另一方面个人也得到了成长。企业只有在向员工提供了他们独立无法得到的资源和环境后，员工才会归附于企业，才能创造出更大的价值。

① 布莱特·金曾被评为2012年美国银行（银行科技新闻）年度创新人物，是亚马逊银行类畅销书榜首作家，被《银行业交流》杂志称为“破坏之王”，“金融品牌”网站将他誉为“世界金融界最有影响力人物”。

第七章　合作是中小银行普惠金融创新发展的不竭源泉

合作是人类社会永恒的社会交往和经济交往的方式，人类社会演变和发展的历史，就是一部合作的历史。合作是伴随着人类社会的发展而发展起来的，现代社会分工越来越细，劳动生产率不断提高，社会成员之间的合作更是必不可少。当代世界具有全球化、信息化和多元化的特征，因此合作已经成为各经济体推进发展的共识和主要途径。

银行业作为现代人类社会交往活动中的重要行业和媒介，始终将合作作为自身发展的重要方式。中小银行是银行业的弱势群体，更需要通过合作来提升自身的经营管理能力。中小银行普惠金融主要向小微企业、农民和其他弱势群体提供服务，需要通过和社会其他机构的合作来解决客户广泛、多样的需求，完善普惠金融的服务。

第一节　中小银行普惠金融业务合作的渊源和现实

一、发达国家中小银行普惠金融业务合作探源

（一）发达国家中小银行普惠金融业务合作的基础

第一，发达国家深厚的经济基础和成熟的金融市场客观上推动了普惠金融业务合作的进程。活跃的金融市场和领先的教育质量也提升了居民的金融意识，人们参与社会金融活动的意愿更加强烈。根据世界银行的公开数据，高收入国家的成年人正规金融账户拥有率平均水平达90%以上，一些发达国家如澳大利亚、加拿大、丹麦、挪威的拥有率更是超过99%。不管是从普惠客群自身的能力意愿，还是从金融产品和服务的可得性来说，发达国家长期

积累的资源优势仍然存在。

第二，发达国家城市化程度与城乡一体化格局打破了普惠金融业务合作的边界。一般而言，城市人口能够享受到比农村人口更便捷多样的金融服务。发达国家由于城乡两级的基础设施建设完善，差异化程度小，各银行的营业网点和自动柜员机覆盖全面，能够尽可能为更大范围的人口提供金融服务。根据世界银行的公开数据，截至2019年，发达国家城镇人口占总人口的比例为81%，远远高于世界平均水平（55.7%）。同一统计时间，世界每十万名成年人拥有的商业银行分支机构均值为13.6家，中国的数值为8.9家，而高收入国家的均值是20.1家，其中，发达国家如美国（30.5家）、英国（25.1家）、澳大利亚（28.2家）、日本（33.9家）、法国（34.3家）、意大利（38.8家）、比利时（32.4家）的每十万名成年人商业银行分支机构拥有量远高于世界平均水平。

第三，发达国家良好的网络覆盖率和较高的信息化程度提高了普惠金融业务合作的效率，并且数字技术的普及也有效提高人们参与金融活动的频率，降低人们获得金融服务的门槛，进而引导人们的资金进入金融系统。根据世界银行的公开数据，截至2019年，全球每百万人拥有的互联网服务器平均数量为10049.5个，高收入国家的均值为56031个，而中国的这一数值仅为785个。由此可见，发达国家在信息技术发展和移动互联网的普及程度方面明显优于发展中国家。

（二）发达国家中小银行普惠金融业务合作的案例

1. 美国——以政府为主导的复合型农村金融体系

美国是世界上农业经济最发达的国家之一，拥有一套完整的农村普惠金融体系，为农村的经济发展提供了有效的金融支持。美国农村的普惠金融体系包括政府、商业银行、政策性金融机构、合作性金融机构、商业信贷公司、农村电气化管理局、农业保险体系等。

具体来看，商业银行是美国农村普惠金融体系中的主要供给方，商业银行负责为农民和为农业服务的金融机构提供贷款，若能够保证发放占贷款总额25%以上的农业相关贷款，即可享受政府规定的税收优惠。为避免商业银行因追求更可观的利润而把大量信贷资金转移到其他行业，美国农业信贷管理局会对部分商业银行发放的农业相关贷款提供补贴（如利差补贴）。政策性金融机构，如农业信贷管理局，除了制定优惠政策、提供补贴，还负责设立专门的部门对农业发展和农业相关金融机构的运行进行监督和调控。联邦土地银行、联邦中期信贷银行和合作社银行就是由农业信贷管理局独立监管的，三者都属于政策性金融机构，通过在资本市场上发行农业信贷银行债券筹集资金，为农民、农场主和农业生产提供贷款。合作性金融机构（如区域合作银行）主要为合作性的农业生产组织提供贷款，满足农业生产的季节性资金需求，如农产品的加工和产销、合作性粮棉生产。此外，合作银行也提供长期贷款，主要为农业项目建设提供贷款，如改造或扩大机构、购置土地、建筑或设备等。商业信贷公司的业务包括价格支持贷款、农产品抵押贷款、灾难补贴、差价补贴等，其中，价格支持贷款是保证农产品价格不低于最低价格而发放的贷款，商业信贷公司通过建立农产品的缓冲库存，将农产品的价格控制在一个稳定的水平上。农村电气化管理局从政府直接获得资金，投放给农村地区的基建类、水利工程类项目，贷款利率低、时限长。农业保险体系合理制定保险险种和保险费用、完善保险产品体系和保险条款，私人农业保险公司拟定保险合约，需提交联邦农作物保险公司进行审批后签署生效。政府为了保证农业保险机构的稳定运营，会为其补贴管理费用、提供再保险业务。

总而言之，政府作为总调度负责出台政策、财政拨款、税收优惠、提供补贴；各金融机构和部门通过资本市场筹集资金为农业和相关产业提供资金支持，并从政府处得到扶持；保险机构则作为农业生产最坚固的保障，发挥一个稳定器的作用。上述各类机构之间存在着密切的合作和制约关系，彼此之间分工明确、互利共赢、并存发展，形成了以政府为主导的复合型农村普惠金融合作体系。

当前，美国农村劳动力占比不到全国劳动力的3%，却是全球最大的农产品出口国。这与上述农村普惠金融体系的作用是分不开的①。这一体系推动了美国农场的规模化、集约化进程，大大提高了农户的生产效率，加速了农产品的周转，并将农业生产中的风险降到较低水平，使农户没有后顾之忧。

2. 日本——农协带领的合作型普惠金融，助推城乡统筹发展

日本是亚洲典型的发达国家，人均耕地面积小，但目前已经实现了较高

① 尹庆伟，田倩．美国农村金融体系建设对中国农村资金互助社发展的借鉴意义［J］．世界农业，2015（9）．

程度的农业生产现代化和城乡一体化。日本的农业协同组合（以下简称农协），是日本农民在政府支持和指导下建立的合作组织，主要业务有组织生产和生活贷款、组织农户储蓄、提供物质供应、建设公用的设施等。日本农村的普惠金融体系，就是在农协的主导之下发展壮大的。

经过半个世纪的发展，日本农协构造出了庞大的农业产销体系，建立健全了包括农户、基层农协、县农协中央会、全国农协中央会的组织机构，各级分工明确，相互合作。基层农协为广大农户提供农业生产方面的资金和设备支持、生产指导和各类相关服务，农户所需农业资金的绝大部分依靠农协的信用事业来提供。农协的业务范围非常广，几乎遍及各种涉农业务，包括农业生产的产前指导、必需设施（如联合收割机、大米加工设备、农用仓库、保温库、加油站等）的建设、销售与设备租赁、农产品的购销、农民的金融服务（存贷款服务、保险服务等）及福利（医疗、养老、子女教育、为农户申请政府补助）等。

近年来，日本农协致力于深化农业产业链，使农户可以更加深入地参加到农产品从生产到售出的整个环节中，包括拓展零售业务、开办便利商店和生态旅游项目等。在此过程中，农协起到了重要作用，通过增加贷款来支持农产品精加工和旅游宣传、成立专项投资基金引进符合绿色生态理念的种植技术等。此外，在技术飞速发展的当下，农协还重视农业科技的更新迭代，大力推广新型农业机械化设备，并且提供融资租赁服务，鼓励农户使用先进的机械化的设备，此举使日本农业科技得以保持世界领先的地位。

在农产品方面，农协不仅替农民规划农产品的种植，还负责农产品的大规模调度和流通。在新冠肺炎疫情期间，农协就发挥了农户和消费者之间的桥梁作用，向农户集中收购农产品，随后进行统一的存储加工、分拣包装、运输，最后进入零售货架供消费者挑选。农协的存在使疫情之下的农产品供求双方都得到了便利，同时通过高效的调度稳定了基础农产品价格。入股基层农协的农户如果由于疫情原因资金无法回笼，还可以获得农协提供的无担保优惠贷款。农协中的信用联合会负责将各基层农协吸收的农户储蓄存款合理分配到资金需求方手中，实现资金的优化配置。

总之，在日本，农协的影响力巨大，经济辐射力遍及农村的各个角落，在新冠肺炎疫情中更是扮演不可或缺的角色，切实保护了农户的收入和利益。

3. 德国——遍布城乡的合作金融组织网络和健全的合作金融管理体制

德国是世界合作金融组织的发源地，19世纪50年代创立的农村信用合作社和城市信用合作社可以说是世界上最早的信用合作社。1895年，德国中央合作银行和德国合作社协会成立，100多年来，德国的合作金融组织已经覆盖城乡并且形成了健全的合作金融管理体制。截至2019年底，德国1578家商业银行中有合作银行875家，数量上占比达55.45%[①]。

德国合作金融体系由最基层的地方合作银行（社）、中层的区域性信贷合作银行和全国性的德国中央合作银行构成，深耕小微企业，长期为这些企业及基础建设类企业提供借贷、储蓄、投融资、票据、电子银行等服务，其中，面向中小微企业的贷款有较大比例是中长期贷款，为德国普惠金融事业的发展提供了坚定的支持。德国中央合作银行作为这一合作体系的核心，长期以来承担着推动体系发展的重任，并且与地方合作银行及众多中小微企业建立起了稳定的业务合作。

德国合作金融体系的特点是自下而上入股、自上而下服务，形成了强大的金融服务系统。中央、区域、基层三级合作银行（社）相互独立经营，既保持着独立特色又发挥着联合优势。中央合作银行对其下两层的机构没有管理职能，有各种金融服务职能，主要包括资金融通服务、支付结算服务、融资租赁服务、票据交换服务、保险服务、国际服务等。

德国全国信用合作联盟既是合作金融体系中的一分子，也是一个服务型组织，中央、区域、地方三级合作银行及一些其他相关的金融机构都是这一联盟的付费会员，联盟负责向会员提供信息、协调外部关系、处理公共关系和宣传事项等。同时，由各类合作组织发起的区域性合作社审计协会具有行业监督的职能。

多年来，在三级合作银行、全国信用合作联盟和区域性合作社审计协会的共同努力下，德国形成了稳固的合作金融体系，长期为目标客户提供全面的服务，并且随着社会的发展不断拓宽业务领域，完善产品框架，优化服务体系，成为世界合作金融发展的标杆。目前，这一体系在欧洲大陆上已得到较好的推广，对于中国普惠金融发展，尤其是农业合作社的发展，也有着重要的参考意义。

---

① 许予朋. 民间借贷在德国［N］. 中国银行保险报，2020-07-30.

二、当前中小银行普惠金融业务合作的迫切性

（一）中国高质量发展的需要

当前，中国特色社会主义进入了新时代，高质量发展是中国新时代发展的基本特征。高质量发展首先是经济高质量发展，我国经济由高速增长阶段转向高质量发展阶段。党的十九大将基本实现现代化目标提前了15年（2035年），这其实隐含了对我国经济增速的要求。可见，高质量发展是在保证经济发展基础上的高质量发展。

制造业是中国经济高质量发展的重要承担者，以制造业为主的实体经济能否全面达到高质量发展的目标是一个至关重要的衡量指标，提高实体企业融资效率、降低实体企业融资成本刻不容缓。同时，小微企业是我国实体经济中的大多数，小微企业的成长能力和速度对经济增长具有明显的影响，增强金融的普惠性、促使金融为实体经济保驾护航、提高社会资源配置效率成为当前的关键任务。

高质量发展离不开社会的稳定，而中小银行普惠金融创新发展的合作体系和合作机制有利于维护社会的稳定。一方面，银行业的稳定是中国整体经济稳定的重要因素，中小银行的创新发展和稳健经营是银行业稳定发展的基石。另一方面，小微企业（包括农户）是国民经济的重要组成部分，与中小银行的联系最为紧密，只有两者协同共进，才能使整个社会保持稳定，中国经济才能实现高质量发展。

（二）金融供给侧结构性改革的需要

习近平总书记强调，当前要深化金融供给侧结构性改革，增强金融服务实体经济能力。金融供给侧结构性改革，就是要完善金融服务，优化融资环境，使金融供给能够适应和满足社会各阶层日益多样化的金融需求，尤其是改进小微企业和“三农”金融服务。而普惠金融的关注对象首先是社会的弱势群体，能够解决这些群体融资困难的问题，让他们享受到公平的金融服务，是金融供给侧结构性改革的重要任务。

中小银行作为金融服务的供给端，需要积极响应金融供给侧结构性改革的号召，结合金融服务实体经济的目标，主动发掘自身的不足，提升自身的服务能力。针对自身的薄弱环节，中小银行有必要向外部机构寻求合作来破解难题，汲取外部机构的优势达到取长补短的效果，从而完善服务的种类、

提升服务的质量。

（三）建立现代财税金融体制的需要

党的十九届五中全会通过的《中共中央关于制定国民经济和社会发展第十四个五年规划和二〇三五年远景目标的建议》（以下简称《建议》）中提到了我国要加快建立现代财税金融体制。建立现代财税金融体制中的一个要求就是构建金融有效支持实体经济的体制机制，提升金融科技水平，增强金融普惠性。《建议》中还提及，要支持中小银行和农村信用社持续健康发展，并优化政策性金融体系和金融监管体系，这也对中小银行加强外部业务合作提出了要求，由于体量和资金方面的弱势，中小银行只有通过增加与其他机构的业务合作来拓宽客群，提升自身的抗风险能力和可持续性。

（四）中小银行寻求可持续发展的需要

当前，由于金融科技和金融创新的不断涌现，传统银行业务受到挤压。中小银行的普惠金融业务是在夹缝中生长和发展的，它们不仅面临着来自互联网金融的挤压，还要面临来自大型银行和其他金融机构的竞争。为了谋求可持续增长，中小银行迫切需要联合外部力量巩固自己的竞争力。

第二节　中小银行普惠金融同业合作的展示

一、中小银行与银行同业合作

（一）中小银行与大型银行合作的案例与分析

1. 中小银行与大型银行合作的基础

中小银行和大型银行在合作过程中各有优势，中小银行是银行业中的弱势群体，在做普惠金融业务中存在相应的制约性。一是中小银行产品体系单一、服务体系不完善，服务手段和服务方式存在很大的提升空间，包括但不限于创新发展传统银行卡和信用卡业务及拓展理财业务；二是中小银行金融科技能力不足且起步较晚，单个中小银行无法承担金融科技开发和运营的高昂成本，这在当前金融科技已经成为普惠金融业务主要支撑的前提下，严重制约了中小银行普惠金融业务的发展；三是风险管控能力欠缺，我国大部分中小银行虽然拥有大数据风控模型和风险预警系统，但是有些中小银行受到区位因素和自身能力的制约，所构建的风控模型存在主观性、片面性和滞后性的薄弱点，难以精确及时地反映交易风险。大型银行恰好能够以其更成熟的技术经验在多方面给予中小银行辅助与支持，共同为我国经济活力注入活水，健全具有高度适应性、竞争力、普惠性的现代金融体系。

银行业结构在经济发展中起到不可替代的作用，大型银行和中小银行之间的关系一直备受重视，无法得出哪一方对经济增长更有利的结论。在大量的实证研究中发现，银行业中存在一种基于规模的专业化分工，中小银行在高度依赖“软”信息的小微企业融资中具有比较优势，充分发挥其比较优势也成为提高银行业服务效率值得探讨的命题①。当前的银行业改革很有必要继续推动中小银行特色化服务的特点，发挥其相对于大型银行的比较优势，在普惠金融等领域发挥更大的效能，同时在落实第五次全国金融工作会议上提出的服务实体经济要求的背景之下，加快地区性中小银行的发展也显得尤为必要。此外，大型银行与中小银行合纵连横存在的互补效应和替代效应将成为当下破解中小银行数字化转型难题的重要法宝之一。

2. 当前中小银行与大型银行的合作方式举例

大型银行往往在业务资质、管理能力等方面具有先发优势，而中小银行又有其深耕区域发展的优势，两者通过业务合作能形成优势互补。大型银行在金融市场、信贷资产、资产托管等业务领域与大量城商银行、农商银行、信用合作社达成战略合作，做到优势互补、合作共赢，有效推进普惠金融发展，已形成了一套适合中国国情、经济有效且可复制的模式，为普惠金融事业的长远发展提供了宝贵经验。

中小银行和大型银行合作的方式不局限于传统业务合作，还体现在大型银行发挥实质性作用帮助中小银行提升服务客群能力的合作。一是大型银行投资中小银行，发挥其在人才和风险管理方面的优势，指导中小银行做好风控和业务；中小银行则发挥小而精的优势，深耕本地小微业务。典型案例包括交通银行投资江苏常熟农商银行、西藏银行，战略入股海南银行等，其中对于常熟农商银行的战略投资也是其成功上市的重要影响因素。二是大型银行凭借较低的资金成本，在同业业务方面成为中小银行的资金批发行。具体方式包括在市场上认购中小银行发行的债券、开展小微转贷款的合作、提供

① 林毅夫．经济发展中的最优金融结构理论初探［J］．经济研究，2009（8）．

短期流动性支持等。例如，中国进出口银行与上海银行宁波分行合作开发的小微企业银行转贷款业务，由上海银行负责贷款的调查、审批、放款、贷后等全流程工作，中国进出口银行主要提供资金支持，有效地缓解了宁波小微企业融资难、融资贵的问题。三是大型银行和政策性银行与中小银行、民营银行在小微客户的共享、风控交流方面进一步开展合作[①]。

3. 中小银行与大型银行的合作经验

中小银行与大型银行合作就是按照“优势互补、资源共享、共同发展”的基本原则，基于各自的优势与业务侧重点，推动普惠金融的可持续发展。一方面，通过借助大型银行的科技优势与创新发展能力向中小银行输出管理系统、技术咨询与培训的技术合作方案，以银银、银保、银证产品为代表的多产品体系合作方案及以信贷管理、资产负债管理为代表的多业务管理制度合作方案，解决中小银行在市场准入、产品研发、科技水平、风险控制方面存在的短板，提升中小银行金融服务水平，提高普惠金融服务质量。另一方面，中小银行深耕区域经济，易于聚焦小微客户并获取客户“软”信息，通过平台化合作从而为大型银行实现信息互补、渠道互补的目的，提高其普惠金融服务效率。此外，通过共同做大市场规模，双方协商分配增加的业务收入，有利于实现行业良性发展，也更有利于实现银行业对实体经济的反哺。

（二）中小银行之间合作的案例与分析

1. 中小银行之间的合作由来已久

中小银行中的城商银行和农商银行，早在还是城市信用合作社和农村信用合作联社的时期就有合作。1987年4月，上海市豫园城市信用社与江苏省淮阴市清河、汇通两家城市信用社开办异地城市信用社间的直接通汇。1987年9月上海市自忠城市信用社与重庆市华侨城市信用社、成都市侨联城市信用社、贵阳市侨联振兴城市信用社开办多城市合作通汇。1995年起，各地城市合作信用社合并组建城市合作银行（1998年起更名为某某市商业银行）进一步推进了城商银行的合作。1996年11月8日起，全国36个城市陆续实现了城市合作银行间的埠际通汇合作 。现在的全国城商银行清算中心就是城商银行埠际通汇合作的成果。全国农信银资会清算中心则是全国农信系统清算合作的结果。当前，中小银行之间的合作诞生了新形式，如南京银行牵头成立的鑫合易家平台

① 中国财富管理50人论坛课题组．深化中小银行改革　提升服务小微企业质效——当前中小银行面临的主要问题与对策建议，[DB/OL]．凤凰网，2020-08-03.

合作模式；泰隆银行、台州银行与其他行普惠金融业务合作模式，等等。

与大型银行相比，城商银行、农商银行等中小银行对自身普惠金融业务的认识及定位还存在较大差距。从个案来看，在4000家左右的中小银行群体中，有个别银行已经成为普惠金融实践的佼佼者，形成了一套成功且可复制的普惠金融实践经验，如台州银行、泰隆银行、民泰银行等，可见普惠金融在部分中小银行中能够坚持发展下去。未来，一旦普惠金融成为全体中小银行的统一行动，将被赋予能够促进中国社会发展的更深层次的使命。

2. 当前中小银行之间的合作形式

一是由其中一家银行牵头，整合资源形成银银合作平台。2017年，由南京银行发起成立的鑫合易家就是一家聚合了国内金融科技各领域头部资源的平台科技公司，主要服务于鑫合银行家俱乐部140多家成员行。该公司2019年6月推出面向中小商业银行的普惠金融整体解决方案，通过平台将各家中小银行连成网络，互相之间实现优势互补、资源共享。

二是由行业协会牵头，与各中小银行、政府的合作形式。例如，上海市银行同业公会分别与上海市科技创业中心、张江企业信用促进中心及上海银行等中小银行或相关服务机构签署合作协议，承诺加强小微金融服务领域业务合作，建立信息互通共享机制，共同探索研究完善小微企业的融资、担保、信用环境等问题，共同搭建小微企业多渠道融资服务平台。

三是由取得成功的中小银行的高管组成金融服务公司，用已有的成熟模式来服务其他中小银行，将多元的金融产品共享给合作银行，丰富中小银行产品体系与服务质量。台州银行和泰隆银行均有高管下海创业，运用金融科技打造小微金融科技平台，进行市场化推广。例如，泰隆银行高管所创立的上海“磁金融”平台，连续4年累计投资近亿元，提炼台州模式20多年的专家经验，开发具有自主知识产权的小微信贷风控引擎，体现了台州模式的前沿探索。

3. 中小银行之间的合作经验

一是受各地区经济发展水平不均衡的影响，不同区域的中小银行服务的客户群体和行业类别差异较大，中小银行基于自身经营特点，深刻把握当地经济和特色产业的发展特点，进行普惠金融业务模式创新、完善普惠金融产品体系和服务体系。例如，台州银行通过借鉴IPC微贷等技术，并进行本土化、体系化和数字化升级形成的小微金融专业化体系，该模式聚焦小微客户（小微企业、个体工商户、小微企业主及农户等），破解了小微信贷规模、质量、效益“不可能三角”，实现了义利可兼顾、业务可持续、异地可复制，为破解国内小微企业融资难、融资贵提供了成功实践案例。

二是中小银行积极创造多样化的合作模式，例如，针对地方优势产业集群和产业链上下游的发展，深挖供应链金融。同一条产业链上的中小银行之间通过数据共享来了解自身客户上下游企业的经营状况，从而来判断自身客户的偿债能力、抵押品价值、收回应收账款的可能性等。

三是中小银行通过开展同业合作联动、输出自身能力等增值服务方式，深入挖掘客户需求，提高对客户综合服务能力，进一步打造差异化竞争优势。同时，还通过互相参股、经验输出、集群营销等方式，提升同业整体的竞争能力和抗风险能力，增强商业可持续性。

二、中小银行与其他金融机构合作

（一）中小银行与其他持牌金融机构[①]联动合作案例与分析

无论是实施乡村振兴战略，还是打赢脱贫攻坚战，中小银行与大型金融机构都是两支不可或缺的力量，要通过建立和完善双方的合作互动机制，打通普惠金融的“最后一公里”。调研结果表明，完善的信用信息共享机制与担保增信体系建设是中小银行的重点诉求，多层次市场融资体系建设（63%）、融资担保机构风险分担（59%）及保险机构融资保险与增信作用（51%）有助于促进中小银行普惠金融业务的发展。

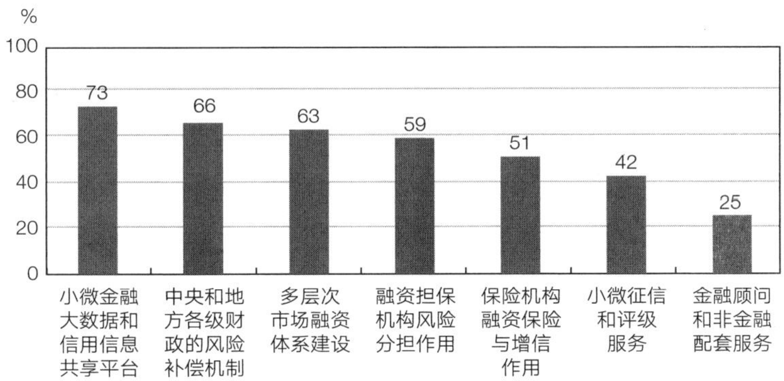

图 7-1　样本银行希望得到的政策支持

① 持牌金融机构指国家金融管理部门批准设立并颁发许可证的金融机构。目前，金融机构持牌的牌照分为银行、信托、金融租赁、第三方支付、公募基金、基金子公司、基金销售、基金销售支付、券商、期货、保险等。

1. 银保合作的发展现状及案例分析

中小银行与保险公司的合作虽然互惠互利，追求共赢，但是过程并非一帆风顺，双方的合作无论从深度和广度来说都有待提升。近年来，我国银行、保险机构不断加大资源投入，已逐渐从“卖保单、拿手续费”为主要内容的单一委托代理关系转变为结合双方优势解决经营主体的多层次金融需求的合作模式，但总体仍处于单打独斗、相对独立的局面，存在产品结构单一、创新程度不高、销售误导、恶性竞争等问题。

实际上，从中国银保监会的合并和金融混业需求的增加来看，良性的银保合作模式必然多赢。一方面，保险公司分担信贷方风险，既可以解决银行的后顾之忧，也让有了保险保障的普惠金融对象更有贷款的积极性；另一方面，银行客户群体广泛，提升了保险公司的获客能力。宁波银行2020年8月公布的半年报告显示，银行代理业务收入为29.98亿元，同比增加4.19亿元，主要原因是保险代销手续费实现较快增长；新华保险2020年10月披露的第三季度报告显示，其银保渠道前三个季度实现长期险首年保费223.19亿元，同比增长529.8%，增速远高于传统渠道，可见银保合作前景广阔。

当前，银保合作的供应链金融模式已被广泛接受，如安信农业保险公司承保上海银行金乡大蒜质押贷款等，其作用类似于担保，即在供应链中小企业不还贷款时，保险先予赔付再向中小企业追偿；赣州银行与平安产险签署战略合作协议，双方积极探索“城商银行+保险”的协同发展模式，基于保险代理业务、电子商务、金融科技业务等方面的深入合作，双方依托平安产险保险服务和金融科技领域的优势，以及赣州银行在赣鄱地区的业务优势和小微企业服务优势，拓宽保险服务代理网点覆盖面，完善银行客户保险服务。

2. 银证合作的发展现状及案例分析

银证合作真正起步是在2010—2011年，当时的银信合作受阻，券商看到了个中机会，尤其是2012年，中国证监会放开了证券公司定向资产管理产品的投资范围，降低了各类业务的风险准备比例，放宽了净资本的计算方法，提升了证券公司资产管理的规模上限。券商资管开放式通道的价值迅速替代信托公司，成为银行表内资产表外化的又一重要途径，券商资产管理业务集中爆发。随着我国资本市场的快速发展，近年来，银证合作关系不断深化。

中小银行与证券公司的合作分三个层次：一是短期融资与贷款合作，包括拆借、担保、专项贷款、股票质押贷款等；二是资本市场上的合作，包括存管银行、结算银行、新股验资银行、基金托管银行等；三是合作开展金融产品创新，包括银行为证券公司受托理财业务提供担保、共同为客户制定资产管理方案、合作开展信贷资产证券化项目。从当前来看，中小银行与证券公司的合作趋于良性发展。例如，2020年8月，甘肃银行牵手国泰君安，为甘肃省实体经济发展提供更高质量、更有效率的金融服务；2021年1月，厦门银行分别与中信建投证券、中泰证券签订战略合作协议，在资金业务、资管业务、财富管理业务、投行业务和投研业务等方面进行全面深入合作，实现合作共赢。

（二）中小银行与类金融机构创新合作案例与分析

类金融机构是指从事金融业务的非持牌机构，其范围并没有严格的界定。根据《关于加强影子银行业务若干问题的通知》（国办发〔2013〕107号）和《关于服务实体经济防控金融风险深化金融改革的若干意见》（中发〔2017〕23号），口径主要包括不持有金融牌照，存在监管不足的融资担保公司、融资租赁公司、商业保理公司、区域性股权市场等。类金融机构与金融机构之间既有身份认同上的区别，也有服务对象和作业区域的差异：一是类金融机构一般属于地方性机构，地域优势突出；二是主要服务于正规金融机构无法或不愿触及的长尾客户；三是需要借助正规金融机构（特别是银行）的支持，容易将风险传导至金融体系①。

1. 中小银行与融资担保公司创新合作的现状和成果

自2018年以来，政府性融资担保机构迎来了重要发展机遇期，《国务院办公厅关于有效发挥政府性融资担保基金作用切实支持小微企业和“三农”发展的指导意见》（国办发〔2019〕6号）针对当前我国融资担保行业存在的业务聚焦不够、担保能力不强、银行与担保公司合作（以下简称银担合作）不畅、风险分担补偿机制有待健全等问题，明确了相关举措。目前，银担合作模式还有较大潜力可以挖掘，尤其是中小银行的作用没有得到充分发挥。

银担合作起源于上海银行和中国经济技术投资担保公司的合作。经过上海银行与中国经济技术投资担保公司开创性的合作，人民银行把担保公司的准入移交给国家经济管理部门审批，曾经引发全国各类担保公司开设热潮。由于部分非公经济的担保公司急功近利，与普惠金融担保业务的公益性存在

① 任涛．一文读懂类金融机构［DB/OL］．任博宏观论道，2020-03-25．

冲突，更有少数担保公司涉足违规经营，又引发了一阵担保公司的倒闭潮。目前，各地的担保公司基本上是国有背景的担保公司。江西省融担公司自2012年成立以来，始终坚持准公共产品属性及政策性定位，聚焦小微企业和“三农”等普惠领域。该担保公司研发了以免抵押、纯担保为特点的“银担增信贷”；以知识产权变现的“银担高新贷”；支持拟上市企业的“映山红上市贷”等产品，为服务实体经济提供了多样化服务。2015年，上海市政府第98次常务会议决定设立上海中小微企业政策性融资担保基金（以下简称担保基金），首期融资规模达50亿元，2019年增资至100亿元。自2020年以来，尽管受突如其来的新冠肺炎疫情的严重冲击，担保基金仍然实现了近50%的高增长。截至2020年12月15日，担保基金全年共完成担保项目10470笔，担保贷款额达300.40亿元，提前完成市基金理事会下达的300亿元年度任务，已累计承做担保项目29715笔，累计发放贷款760.42亿元，年均增长52%①。

此外，以“银行自主审批、事后备案、风险锁定”为核心的“批次担保”新型合作模式也逐步得到推广。2020年9月、10月，上海松江、长宁两区率先推出了以服务国家战略为宗旨的“松江园区贷”“长宁企业贷”批次包专项产品，该项目发现机制由过去主要依靠合作商业银行推荐企业的“单轮驱动”，转变为政府与各合作商业银行合力推进的“双轮驱动”。基层地方政府和中小银行发挥地缘、人缘优势，配合担保公司做好保后服务和风险预警，共同对违约贷款追偿。地方政府、担保公司、中小银行通过三方合力，建立有效的失信惩戒机制，共同打造一个创新生态体系，助推普惠金融发展。

2. 中小银行与融资租赁公司创新合作的现状和成果

融资租赁是物权和债权的结合，20世纪50年代兴起于美国，逐渐成为与银行信贷、证券并驾齐驱的三大融资工具之一。按照《中华人民共和国商业银行法》，商业银行不能直接办理融资租赁业务，但可以通过与外部机构合作的方式介入融资租赁市场，借此拓宽业务，强化竞争优势。

现阶段，我国银行与融资租赁公司之间的合作主要体现在客户与金融产品的共享和融资方面，涉及的大多是中间业务和表外业务。在客户共享方面，商业银行拥有广泛的网络资源和充沛的资金资源，不仅可以为融资租赁公司推荐客户，还可以提供归集租赁款、租后管理（如替融资租赁公司对客户的账户

① 参见本书专题报告3“持续推进中小微企业政策性融资担保业务创新，全面发挥政策性引领撬动作用”。

进行监管）等服务。在融资方面，融资租赁公司可以在现金流不充裕的时候借助银行资金实施杠杆融资，银行在对项目进行风险评级之后作出决策。

除了与外部融资租赁公司展开合作，中小银行也可以通过自建金融租赁公司的方式将业务下移，利用自身优势，逐步涉足传统融资租赁领域。苏州金融租赁股份有限公司是由苏州银行牵头成立的融资租赁公司，立足于苏州本地强大的制造业基础和产业特色，树立了专业化经营理念，专注中小企业、新能源、文化传媒及高端装备等领域；永赢金融租赁有限公司是宁波银行设立的全资子公司，公司在资本金、现金流和获客方面依靠宁波银行的大力支持，依托其资源和优势，与各分行支行开展联动营销，深耕公用事业、智能制造、零售租赁三大板块，其中零售租赁板块重点支持经营稳健、产品竞争力强、下游客户稳定、盈利能力较好的中小制造企业。

3. 中小银行与互联网公司创新合作的现状和成果

近年来，我国中小银行与互联网公司在经过多年探索后逐步形成了合作共识。从各自的优势来看，一方面，传统中小银行基于其长期客户与业务积累，具有完善的客户信息、贷款记录及大量非结构化数据，同时经过长期经营，还具有信誉高、风控体系成熟、监管合规体系完整等特点；另一方面，互联网公司在构建网络生态与社交场景等方面具有显著优势，互联网公司通过客户在互联网平台上的活动来构造客户画像，包括识别客户财务风险、分析客户偏好等，从而为其提供个性化的产品，极大地提高了客户黏性，同时能够开发潜在的客户群体。但是，中小银行与互联网公司的合作也不可盲目推行，蚂蚁金服上市计划被叫停在很大程度上就体现了监管机构对于互联网金融公司无序扩张从而导致金融系统性风险的担忧。

蚂蚁金服为用户提供小额贷款，并且通过资产证券化的方式将这些贷款资产出售给银行，回笼资金，得到的资金用于再次发放贷款，最后用发放贷款所得的利息偿付银行。这种循环放贷的模式使得蚂蚁金服能够用少量的资本金撬动大额业务，综合杠杆率达到100倍以上，将盈利据为己有，将风险扩散至业务参与方。中小银行相比大银行更加缺乏资金成本优势，对于通过此类合作增加利润是有较大需求的，而且不仅仅参与了资产证券化，还涉及交叉购买、互相担保等业务，可以说是广泛地涉入其中，一旦蚂蚁金服无法收回贷出资金，所有参与的中小银行都会受到严重的风险窟窿。在此次事件后，中国人民银行联合中国银保监会共同发布了《关于规范商业银行通过互联网开展个人存款业务有关事项的通知》，商业银行应当加强业务风险评估与监测，强化资产负债管理和流动性风险管理，合理控制负债成本，通过互联网开展存款业务应当强化销售管理和网络安全防护，切实保障金融消费者合法权益。金融平台也应更加规范自身的行为，建立起更为完善和健康的银行与互联网金融合作体系。

第三节　中小银行普惠金融合作发展的特点与基石

一、中小银行普惠金融合作发展的特点

（一）2020年中小银行普惠金融业务合作的特点

第一，回归本源，聚焦主责主业，开展有针对性的业务合作。中小银行是国民经济的“毛细血管”，在业务合作的道路上根据自身的资源禀赋，找准定位、聚焦投入，实现稳步发展。根据银行自上而下制定的普惠金融战略规划、发展路径，细分各个流程环节，有重点地投放资源，通过多样化的合作模式，形成不可模仿的能力圈。不同类型的金融主体要坚守定位，取长补短，相互竞合，共同构筑茂盛的金融森林[①]。

第二，普惠金融业务模式学习成为合作主流。中小银行作为普惠金融业务主力军，如何形成适宜自身的普惠金融业务模式是普惠民生的第一步。较为成熟的台州模式不仅在浙江及其周边地区有成功复制的案例，在国内中西部地区同样具有村镇银行成功学习业务模式的典范。2020年第三季度银行业金融机构普惠型小微企业贷款余额为14.8万亿元，其中，城商银行发放2.1万亿元普惠型小微企业贷款，农村金融机构发放5.1亿元普惠型小微企业贷款[②]，扎根小微的中小银行发放普惠型小微企业贷款的占比逐步提升。

第三，合并是当前中小银行普惠金融发展的另一种方式。2020年新冠肺炎疫情冲击了小微企业的流动性，中小银行在帮扶小微企业渡过难关的同

① 引自郭树清在2020年金融街论坛年会上的主题演讲，2020年10月21日。

② 2020年银行业金融机构普惠型小微企业贷款情况表（季度），中国银行保险监督管理委员会网站，2021年2月9日。

时，也面临着业务开展遇到阻碍、自身经营出现问题等现象。为了普惠金融的可持续发展需要中小银行积极开展业务合作，发挥各自优势，其中合并是中小银行服务普惠金融客户的另一种方式，通过合并以带动普惠金融业、实体经济的发展，同时来壮大中小银行自身的业务。据不完全统计，2020年共出现7起中小银行合并重组案例，其中2起为城商银行、5起为农商银行及农信机构，共涉及近30家银行机构[①]。本报告的观点，德国合作银行的模式可能是中小银行既加强合作又提升普惠金融服务的较为理想的方式。

（二）2020年中小银行普惠金融业务合作的重要成果

1. 普惠型小微贷款规模提升

在金融服务实体经济和“六稳六保”工作的大背景下，我国2020年前三个季度GDP同比增长4.9%，经济继续强劲复苏。截至2020年9月末，普惠型小微企业贷款余额14.8万亿元，同比增长30.5%，对稳定市场主体起到重要作用。多项数据向好，为实现疫情防控和经济社会发展的双胜利提供了有力支撑。如北京、深圳、重庆、江西等地的村镇银行通过对“台州模式”的学习和探索，逐渐摸索出适合本地的普惠金融发展模式，并取得不错的业绩表现。

2. 国家开发银行开展转贷款业务，为小微企业提供金融支持

近年来，国家开发银行按照精准投放、服务实体、优势互补、互惠互利的原则，持续拓展普惠金融服务的广度和深度，与城商银行、农商银行、农村信用社等全国中小金融机构广泛地开展转贷款合作，将开发性金融资金优势与中小金融机构贴近市场、贴近客户的服务优势有效结合，有力地支持了小微企业扶贫和“三农”领域。截至2019年12月下旬，国家开发银行以转贷款方式向小微企业和产业扶贫发放超过1000亿元贷款，累计发放民营企业专项贷款1000亿元，实现了支持民营、小微企业“双千亿”[②]。截至2019年8月，国家开发银行在对台州银行、泰隆银行转贷款授信16亿元的基础上，进一步加大转贷款工作推动力度，力争在浙江省实现转贷款规模超过100亿元，支持中小银行以多元化、多层次、差异化的“台州模式”等更好地服务当地小微企业的发展；国家开发银行对绵阳商业银行、泸州农商银行、宜宾商业银

① 孟扬．中小银行改革发展透视：扎根当地、加速“补血”、“抱团取暖”［N］．金融时报，2021-01-29.

② 李丹丹．国开行“双千亿”支持民营和小微企业发展［DB/OL］．中国证券网，2019-12-23.

行等地方商业银行扶贫转贷款授信39.8亿元，累计发放10.6亿元，支持了一批种植业、养殖业等农业产业项目，有效地带动了当地建档立卡贫困人口脱贫致富[①]。截至2019年9月，国家开发银行向长安银行转贷款授信3亿元，实现发放8335万元，用于支持秦巴山区集中连片特困区汉中、商洛、安康等地16户产业扶贫企业；向东港农商银行转贷款授信5亿元，实现发放2.3亿元，有效促进了当地特色产业发展和贫困户增收。2019年9月国家开发银行向九江银行发放首笔小微企业转贷款3亿元，支持200余户小微企业解决融资问题，为革命老区小微企业发展注入新的动力。国家开发银行还向宁波银行、宁波通商银行、鄞州银行等6家银行合计转贷款授信33亿元，2019年8月以来累计发放15.7亿元，精准滴灌小微企业，助力宁波非公经济发展[②]。

3. 北京银行携手政策性银行探索业务合作模式

北京银行与国家开发银行、中国进出口银行合作开发“惠转贷”产品，通过转贷款形式为普惠型小微企业提供低成本资金。截至2021年1月，北京银行累计开展转贷款规模达148.5亿元，覆盖全国9个省市，累计服务3500余家小微企业和小企业主、个体户，平均单笔金额300万元，受益客户贷款成本较市场平均低80个基点，为客户节约利息近亿元，大幅降低企业融资成本[③]。

4. 南京银行发起成立合作平台，提供普惠金融整体解决方案

2017年，由南京银行发起成立鑫合易家。该公司聚合了国内各金融科技各领域头部资源，主要服务于鑫合银行家俱乐部140多家成员行，2019年6月推出面向中小商业银行的普惠金融整体解决方案。与之前互联网金融导流平台不同，该平台不仅为成员行开发独立的线上普惠产品，辅导其完成互联网风控、产品、客户和渠道运营体系的搭建，还将模型开箱，持续提供数据运营服务，其中汇集了众多成员行在普惠金融实践中已经取得实效的科技应用，如南京银行的鑫航标大数据平台、台州银行的移动营业厅、OCR银行流水识别等。在普惠金融平台化背景下，中小银行需要加强对各类科技产品和应用的交流学习，结合本行实际情况和资源优势合理选择，不是简单地将科

① 国家开发银行．国开行创新模式解小微企业资金之渴［DB/OL］．国家开发银行网站，2019-08-01.

② 国家开发银行．国开行转贷款“精准滴灌”小微企业［DB/OL］．国家开发银行网站，2019-09-20.

③ 成静．北京银行携手政策性银行创新推出“惠转贷”产品　目前业务规模近150亿元［DB/OL］．中国发展网，2021-01-13.

技产品融入业务流程中，而须把科技产品悟透，面向客户和场景，重新设计产品、调整岗位，推动普惠金融整体管理组织的变革。

（三）中小银行普惠金融业务合作的新趋势

1. 拓展合作平台

首先，中小银行地域分布广、数量多，天然有建立战略联盟、开展业务合作的需要。在助力国家京津冀协同、长三角一体化、珠三角一体化等区域发展战略的工程中，处于同一战略区域的中小银行发挥业务协同作用，推动自身转型发展，关注大银行的业务盲区，为基层客户提供价值，维护区域金融环境的稳定。

其次，中小银行形成战略联盟，实现抱团合作发展主要体现在四个领域：一是传统业务合作，分享借鉴现有高效可复制的中小银行普惠金融业务模式和小微风控技术，联动发展供应链金融等；二是创新型业务合作，打造特色业务服务联盟、旅游金融、商贸金融、弥补投行和理财业务的短板等；三是科技合作，通过开展联合技术攻关、软硬件设备共享、联合培养人才、技术输出等方式节省组建技术团队和开发的成本；四是智力研究合作，形成专业智库，为中小银行的高质量发展提供智力支持①。

最后，政府监管机构与行业协会为中小银行搭建“抱团取暖”的平台。从党的十八届三中全会提出发展普惠金融，到颁布《推进普惠金融发展规划（2016—2020年）》，再到推出《大中型商业银行设立普惠金融事业部实施方案》等，政府出台一系列政策法规支持和推动普惠金融的发展。当前，支持传统商业银行发展普惠金融的政策主要集中于差别化准备金、定向降准及信贷优惠政策等。政府监管机构与行业协会也可为中小银行建设“抱团取暖”平台，对行业内共性问题和可行的发展路径进行研究和探索，推进普惠金融的良性、可持续发展。

2. 弥补自身短板

经过这几年的飞速发展与新冠肺炎疫情期间的催化作用，我国数字普惠金融已经形成比较完整且特色鲜明的生态系统②。在数字化转型如火如荼的当下，一些中小银行选择线上服务、线下体验及两者之间的连接和结合。

---

① 张吉光，陈舟楫. 疫情背景下中小银行抱团发展路径分析［J］. 银行家，2020（4）：63-65.

②《2020年国务院政府工作报告》，中国政府网，2021年3月5日。

第一，共同建设普惠金融业务合作平台。大多数中小银行没有资金实力去研发系统，进行人才团队建设，加之互联网不断冲击传统银行业务，抢占银行客户，给中小型银行业务的开展造成了很大压力。中小银行的业务合作瞄准了另一个新的方向，建设普惠金融业务合作平台，形成渠道的互通、风控的互鉴、系统的互联、技术的互补，打通业务深度合作的关键环节；继续加强金融科技共享，推动银行各应用系统的共建，推进前沿技术应用，运用金融科技进行产品创新，坚守并拓展市场份额。

第二，互相学习借鉴普惠金融发展模式（台州模式的学习）。中小银行在学习普惠金融模式时，不仅要将目光投向体量较大的银行，更要着眼于具有相同特征的中小银行，在不断学习和借鉴中，把握适合自身的普惠金融模式。

尽管在提升价值创造力和客户体验等方面，中小银行已经取得了一定成绩，由于起步较晚，目前整体数字化转型能力还处于追赶电商的初级探索阶段。一方面，场景利用明显不足，线下大量高度同质化的网点，标准单一的服务模式难以满足客户个性化需求。另一方面，对于餐饮、出行、购物、消费等日常生活场景渗透不足，客户需求亟待挖掘和对接。线上线下业务处理和数据联动与融合也不够紧密，整体壁垒待打破。

3. 嫁接应用场景

未来，普惠金融业务与行业场景界限日益模糊、中小银行金融科技的应用能力日益增强及政策的大力支持都推动着银行的开放发展。开放银行建立在与第三方平台的合作上，作为银行触达长尾用户的重要路径，使金融服务与客户的日常工作生活实现了更为深入、紧密的融合，与“十三五”规划中“开放、共享”理念不谋而合，对普惠金融的推进有重大意义。

通过场景嵌入，开放环境下的银行打破了传统获客模式，能够唤醒沉睡客户并进行后续营销。比如，某线上外卖平台与银行合作推出联名信用卡为其用户提供支付、消费贷款等服务，银行开放若干个金融服务API接口供平台调用。发卡环节以平台为主，银行信用卡中心团队负责激活，但是平台会将外卖消费频次等行为数据推送给银行供参考，这将极大地提高客户转化率，尤其是年轻群体。

面对行业产品和服务的同质化竞争，银行亟须从线下物理网点渠道转向数字终端与线上场景。对于开放银行的主要目标中小银行而言，开放银行就像硬币的正反面，前期需要承担不小的资金投放、系统改造和人力等成本。因此，中小银行不应被时代潮流所裹挟，贸然尝试不熟悉的渠道领域，需要根据自身所处的发展现状、竞争优势灵活应对，提高战略能力，保持战略定力。

二、中小银行普惠金融业务合作的基石

中小银行普惠金融业务合作的基石是中小银行以小微为核心发展普惠金融业务，并有效支持小微客户群体。一是要在目标市场具有中小银行及普惠金融业务特色，深入市场形成自身的普惠金融业务模式；二是要形成中小银行普惠金融业务的核心竞争力。

据初步统计，2020年普惠型小微企业贷款同比增长30.9%；不良贷款余额3.5万亿元，较年初增加2816亿元；不良贷款率为1.92%，较年初下降0.06个百分点；拨备覆盖率为182.3%，贷款拨备率为3.5%[①]。多家中小银行在普惠金融业务发展上，取得可见的成效，并形成了适合当地的普惠金融业务模式。以常熟农商银行为例，其在发展过程中形成了“IPC技术+信贷工厂”的普惠金融业务模式，在ROE表现上接近行业平均水平，在不良贷款率、拨备覆盖率等指标上优于行业平均水平，逐渐形成了自身普惠金融业务发展的核心竞争力。我们对其加以具体分析说明。

常熟农商银行“三农两小”的市场定位非常清晰，且较早布局了零售业务转型，逐渐形成了“IPC技术+信贷工厂”小微模式，贷前调查主要采用IPC模式，依靠庞大的信贷员团体调查贷款客户信息，并进行交叉验证，其他案头工作通过线上“信贷工厂”同步完成，以较高的管理费用覆盖信用成本[②]。

IPC微贷技术核心是指评估客户偿还贷款的能力，包括三个部分：一是考察借款人偿还贷款的能力，其流程主要是信贷员通过实地调查，了解客户生产、营销、资金运转等状况，自行编制财务报表，分析客户的还款能力，为发放贷款的整体决策提供信息，小微企业的财务数据不作为评估业主偿还能力的重要指标。二是衡量借款人偿还贷款的意愿，首先评估客户个人

① 欧阳剑环．银保监会：鼓励银行保险机构依法合规与互联网平台企业开展合作［N］．中国证券报，2021-01-23.

② 常熟农商银行2019年年度报告。

的信用状况，具体衡量其包括个人声誉、信用历史、贷款申请的整体情况和所处的社会环境；然后，要求提供严格的抵押品，以降低客户的道德风险。对还款积极的客户给予激励，包括可能得到更大金额和更优惠条件的贷款及获得长久性的融资途径等。三是银行内部操作风险的控制，强调内部制度的建设，重视建立小微企业和商业银行之间的关系，努力实现小微贷款的商业化①。

信贷工厂是指将信贷业务标准化，通过建立IT系统，在线审批客户信息，做到对信贷审核、审批、管理的批量化操作，降低人力成本，提高贷款发放效率。

常熟农商银行2020年年度业绩快报显示，营业总收入为65.82亿元，同比增长2.13%；扣非后归母净利润18.02亿元，同比增长1.01%，盈利水平稳定增长；加权平均净资产收益率为10.35%，2020年第一季度、第二季度、第三季度商业银行资本利润率分别为12.09%、10.35%、10.05%，常熟农商银行近年来加权平均净资产收益率稳定在10%以上，略高于平均水平（见图7–2）。

图 7-2 常熟农商银行盈利数据

（资料来源：Wind）

常熟农商银行的不良贷款率近年来持续回落，并在2020年稳定在0.96%，低于商业银行平均水平1.92%；不良贷款拨备覆盖率持续提升，并在2020年稳定在485.06%，远高于商业银行平均水平182.3%（见图7–3）。

① 泥鸽靶团队．小微企业抗风险能力较低、贷款用途难以监控，如何做好风控？［DB/OL］．36氪新金融，2020–04–28.

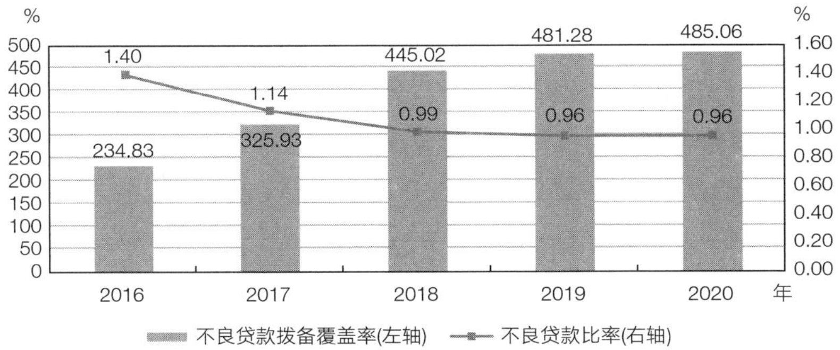

图 7-3 常熟农商银行不良贷款率

（资料来源：Wind）

常熟农商银行2019年年度报告显示，常熟农商银行有超六成的信贷资金用于支持小微企业，超七成投向涉农领域，近八成服务于实体经济。常熟农商银行在小微贷款占比如此高的情况下还能够将不良率稳定在较低水平并且逐年下降，正是得益于"IPC技术+信贷工厂"的业务模式，采取人海战术，由大量的客户经理深入社区和农村采集信息，确保了信息的真实性和有效性。常熟农商银行2020年第三季度报告显示，银行员工人数达6432人，小微金融事业部员工人数达1700人左右，体现出银行以高管理成本覆盖信用风险成本的战略，形成了常熟农商银行的核心竞争力。

第八章　中小银行普惠金融创新发展的展望和建议

第一节　普惠金融新百年征程中的作用

一、新百年的征程给中小银行普惠金融的发展带来新机遇

（一）中国的改革与发展给中小银行带来新机遇

“十四五”时期是我国全面建成小康社会、实现第一个百年奋斗目标之后，乘势而上开启全面建设社会主义现代化国家新征程、向第二个百年奋斗目标进军的第一个五年。全面建设社会主义现代化国家不仅需要推进经济现代化，也需要推进社会现代化。自改革开放以来，突飞猛进的经济发展快速推进了我国经济现代化水平，日新月异的社会发展也在不断提升我国社会现代化水平。

随着我国经济社会迈入新阶段，中国社会经济发展的特征正在发生变化。

一是物质基础不一样。2020年中国社会宣布摆脱贫困，全面建成小康社会，实现了第一个百年奋斗目标。历经百年风云变迁，中国共产党领导中国人民取得了新民主主义革命和社会主义革命与建设的胜利。目前中国已成为世界第二大经济体，人均GDP向中等发达国家水平靠拢。1978—2020年，我国人均GDP自384.74元增长至72447元[①]；金融机构各项存款余额自1155.01亿元增长至2472.11万亿元[②]。改革开放前中国经济占世界经济比重为1.8%，到2020年达17%。如果说，改革开放前中国经济还相当薄弱，今天中国经济发展则对世界经济格局有着重大影响。

① 中华人民共和国2020年国民经济和社会发展统计公报，国家统计局网站，2021年2月28日。

② 资料来源：Wind宏观数据。

二是市场经济成熟度不一样。中华人民共和国成立70年来，我国在经济体制方面进行了多次探索和改革。改革开放前的30年我国实行的是高度集中的计划经济体制。改革开放以来的40多年我们逐步构建和完善了中国特色社会主义市场经济体制。相比前几十年的探索，当前，我国社会主义市场经济已经很成熟了。2020年全国政协经济界联组会上习近平重申“让市场在资源配置中起决定性作用”。“决定性作用”体现引领国家基本的资源配置，同时也体现在社会经济活动的各个方面，如生活生产用品的配置、金融市场的调节等，不仅涵盖了经济领域，也涵盖了民生领域。

三是社会需求不一样。站在“两个一百年”的交汇点，如果说第一个百年中国共产党带领全国人民实现了脱贫和小康社会，那么第二个百年将实现社会主义强国，实现全中国人民的共同富裕。我国从一个解决温饱为目的的社会，发展到以解决人的全面发展为目的的社会，社会需求的广度和深度发生了巨大的变化。

中国的改革与发展为中小银行开展全方位的普惠金融服务提供了坚实的后盾，为扎根于社会基层中小银行带来了充分的机会。

（二）新百年的发展给中小银行普惠金融创新发展带来机遇

第一，新百年发展仍然是解决中国经济和社会问题的主题。虽然我国已成为世界第二大经济体，2020年GDP同比增长2.3%，达101.60万亿元[①]，但仍处于社会主义的初级阶段，人均GDP与世界发达国家相比还存在较大差距；且新一轮科技革命和产业变革深入发展，国际力量对比深刻调整，不稳定性、不确定性明显增加，世界进入动荡变革期。为应对日趋复杂的国际环境及解决国内经济发展和社会问题，我国第二个百年的主题仍然是发展，且是站在高起点上的发展，宏观环境的变化给中小银行普惠金融创新发展带来了机遇。

第二，新百年发展的变化是主要矛盾发生变化。中国社会的主要矛盾从“人民日益增长的物质文化需要与落后的社会生产之间的矛盾”过渡到“人民日益增长的美好生活需要与不平衡不充分的发展之间的矛盾”。中小银行扎根基层，服务对象涉及最广大的民生，解决问题和解决矛盾的角度发生变化必然带来国家政策着力点的变化，这为中小银行普惠金融创新发展提供了

① 邱海峰．GDP破百万亿元的中国答卷［N］．人民日报海外版，2021-01-19.

方向和新的途径。

第三，新百年发展是人的全面发展。人的全面发展是解决发展不平衡不充分的目的和手段。中小银行普惠金融创新发展正是为全体人民大众提供全方位的金融服务，解决经济发展和社会发展的主要短板，中小银行在社会基层和广大人民群众的服务会形成许多人的全面发展的平台和业务发展基础。

（三）在国内国际双循环的格局中给中小银行普惠金融创新发展带来机遇

第一，实施国内国际双循环战略，首先要坚持扩大内需这个战略基点。加快培育完整内需体系，把实施扩大内需战略同深化供给侧结构性改革有机结合起来，以创新驱动、高质量供给引领和创造新需求。这是双循环的战略基点，中小银行要进行自身的改革来适应整个社会双循环的要求，这也是普惠金融发展的动力。

第二，实施国内国际双循环战略，必须畅通国内大循环。依托强大国内市场，贯通生产、分配、流通、消费各环节，打破行业垄断和地方保护，形成国民经济良性循环。优化供给结构，改善供给质量，提升供给体系对国内需求的适配性。推动金融、房地产同实体经济均衡发展，实现上下游、产供销有效衔接，促进农业、制造业、服务业、能源资源等产业门类关系协调。扩大国内的大循环丰富了经济活动和金融活动的内容，是中小银行普惠金融创新发展的源泉。

第三，实施国内国际双循环战略，必然全面促进消费。双循环立足国内大循环，扩大内需要求顺应消费升级趋势，提升传统消费，培育新型消费，适当增加公共消费，增强消费对经济发展的基础性作用。消费作为拉动经济的“三驾马车”之一，又会带来新的需求和金融资源，增强储蓄和投资活动，为中小银行普惠金融领域的创新提供了平台和舞台。

二、中小银行普惠金融创新发展将夯实中国高质量发展和共同富裕的基石

（一）中小银行普惠金融创新发展的目标是用中国最基础的金融组织和金融活动方式来夯实高质量发展的基础

党的十九届五中全会明确提出要以推动高质量发展为主题，中小银行普

惠金融创新发展正是以夯实高质量发展为目标。从普惠金融的涉及范围来看，中小银行普惠金融创新发展不仅是社会基层的经济活动，还将是广阔的社会民生活动。如果说在2020年之前，中小银行普惠金融创新发展重点是围绕小微金融来展开，服务的对象主要是小微企业、“三农”和社会其他弱势群体，现在则是全体人民大众；原来普惠金融的主要产品是中小微信贷产品，现在则是全方位的金融服务；原来普惠金融服务的领域主要是经济领域，现在则不仅仅是经济领域，还包括广阔的社会民生服务领域。以这个角度体现的普惠金融，涉及的对象其实不仅仅是小微企业，而是广大的民生，它是民生的活动、社会的活动，这也是普惠金融最主要的内容。

中小银行恰恰都扎根在基层，扎根于社会民生服务之中。广大中小银行普惠金融工作的基础，不仅仅是普惠金融的经济领域，还是普惠金融的社会民生领域。中国高质量发展的基础在基层，中国4000家中小银行普惠金融创新发展为社会基层活动形成交融发展，良性循环，中国高质量发展才有底气。中小银行普惠金融创新发展正是通过最基础的金融组织和金融活动方式服务于广大的民生，提升整个社会各方面发展的质量，从而夯实高质量发展的基础。

（二）中小银行普惠金融创新发展将是全体人民共同富裕的重要支撑

“十四五”规划纲要提出，“全体人民共同富裕迈出坚实步伐”的目标和“更加积极有为地促进共同富裕”的要求，表明站在全面建成小康社会的基础上，中国的发展道路不是一部分人和一部分地区先富裕，而是全民富裕；表明面向建设社会主义强国，是实现全体人民的全面发展和社会文明进步，不仅仅是物质上的富裕，还包括环境的宜居宜业、社会的和谐和睦、公共服务的普及普惠，是全面富裕；表明中国梦的实现方式是共建共富，实现共同富裕需要全体人民辛勤劳动和相互帮助，人人参与，人人尽力，人人享有，共建美好家园，共享美好社会。要发展经济，实现共同富裕，金融是必须依靠的力量。普惠金融创新发展带动了共同富裕，这是中国特色社会主义实现高质量发展的必由之路。中国有4000[①]多家中小银行分散于社会基层的方方面面，为社会大众提供服务，这在很大程度上支撑了整个社会的共同富裕。

---

① 银保监会国新办新闻发布会答问实录，中国银行保险监督管理委员会官网，2020年4月3日。

三、中小银行普惠金融将协同国家战略，推进社会治理，实现中国梦

（一）中小银行普惠金融创新发展在国家战略发展中将赢得更大的市场

1. 中小银行助力国家创新驱动发展、战略性新兴产业发展

2020年，我国已迈进创新型国家行列，迈出了国家创新驱动发展战略第一步。2021年作为"十四五"规划的开端，开启了国家创新驱动发展战略第二步，到2030年跻身创新型国家前列，到2050年建成世界科技创新强国，成为世界主要科学中心和创新高地。在国家创新驱动发展过程中，大型企业起着龙头带动和引导作用，中小微企业也发挥着不可替代的作用。中小微企业不仅是吸纳就业的"主力军"（"十三五"期间新注册企业中，中小微企业占比近60%[①]），而且是国家创新发展的重要源泉。党的十九届五中全会指出，"发挥大企业引领支撑作用，支持创新型中小微企业成长为创新重要发源地，加强共性技术平台建设，推动产业链上中下游、大中小企业融通创新[②]。"中小银行的体制机制较为灵活、决策较快、熟悉本地企业情况、更加贴近市场，更具备在较短时间内精细化服务中小微企业的先天条件，中小银行将在国家创新驱动发展战略中拥有广阔的市场。

此外，"十四五"规划纲要提出，要发展壮大战略性新兴产业，培育先导性和支柱性产业。战略性新兴产业需中央与地方积极谋划重点投资项目，政策引导银行等金融机构加大资源倾斜。国有大型银行发挥国家金融服务国家队的作用，中小银行普惠金融业务模式不断推陈出新，面向战略性新兴产业精准服务，精准施策"专精特灵"新兴产业中的小微企业，赢得战略性新兴产业市场。

2. 中小银行与区域共享机遇与发展

长三角、京津冀和珠三角是我国制造业最为集聚、金融最为发达的地区，引领着全国经济高质量发展。在区域经济协调发展的过程中，中小银行聚焦主责主业，进一步提升质效，服务好当地企业、特色产业、地区居民将扮演

---

① 旌鑫. 天眼查大数据："十三五"期间企业年度注册增速达14% 中小微企业占比近60%［DB/OL］. 证券日报网，2021-03-03.

② 中共中央关于制定国民经济和社会发展第十四个五年规划和二〇三五年远景目标的建议，中央广播电视总台央视新闻网站，2020年11月3日。

不可或缺的角色。长三角中小银行普惠金融创新发展精彩纷呈，各家中小银行把握长三角一体化发展的契机，抓住市场机遇，引领普惠金融持续创新。上海银行、上海农商银行、江苏银行、宁波银行、杭州银行和苏州银行发挥头部中小银行的作用，在坚持传统中小银行普惠金融业务的基础上，在长三角企业联动发展、科创企业的金融服务中创造了新案例；台州银行、泰隆银行和民泰银行为代表的“台州模式”不断升级发展，常熟农商银行的“产品在线、服务在线、营销在线”模式把原来CPI模式推向新高度，以南京银行为背景成立的鑫合俱乐部通过100多家中小银行的合作，推进了普惠金融合作的新范例。

京津冀中小银行抓住三地协同发展的政策红利，成为协同发展战略布局中不可或缺的一环，为京津冀一体化提供有力的普惠金融支持。例如，廊坊银行先后开发并推动无抵押贷款产品“税银通”和“个人小额创业担保贷款”，为地区小微企业持续融资提供稳定、优质的贷款服务，与区域共享机遇与发展；北京银行制定了专项服务方案或倾斜措施，为三地公共基础设施等项目提供资金支持等。

珠三角中小银行在运用金融科技，推进数字普惠金融方面走在全国的前列。无论是传统的中小银行，还是新设银行，坚持创新引领、坚持科技引领，结合粤港澳大湾区建设，针对城乡建设一体化的布局，构建了普惠金融发展的新高地，取得了普惠金融发展的新优势。

3. 中小银行普惠金融创新发展助力乡村振兴

乡村振兴战略是新时代“三农”工作的总抓手，中小银行在金融服务乡村振兴战略中拥有广阔天地。中小银行（主要是农村信用社和农商银行）是农村金融的主力军和联系农民的重要金融纽带，与乡村振兴战略有着天然的紧密联系。解决乡村发展不平衡不充分问题、“三农”问题是中小银行应履行的社会责任，同时在农村基础设施的提档升级，农村人居环境的持续改善，农村土地制度、集体产权制度的深化改革中蕴藏着巨大的金融需求和广阔的市场空间。中小银行把握住机遇，抢占乡村蓝海市场，将自身发展与乡村振兴战略结合起来，创新普惠金融业务模式，推进转型升级，支持农村经济社会发展。

（二）中小银行普惠金融创新发展在社会治理中实现更大作为

1. 就业政策、教育政策、社会保障体系改革等为中小银行普惠金融创新发展留下广阔的空间国家就业政策、教育政策、社会保障政策是最大的民生问题。中国的前十年和前二十年的普惠金融的发展，中小银行发挥了普惠金融主力军的作用，主要的功绩在于小微企业、“三农”的金融服务上。为了应对新冠肺炎疫情，纾困小微企业的融资压力，稳定就业，着重解决了小微企业资金困境和其他金融服务的问题。面向“十四五”期间的普惠金融服务的广度和深度有了更大拓展。中小银行利用普惠金融的成功经验，借助自身的经营优势，在国家推进就业政策、教育政策和社会保障体系改革的过程中，会形成许许多多金融服务的机会，这是中小银行普惠金融的新领域。

2. 老龄化社会蕴含中小银行普惠金融创新发展机遇

中国发展研究基金会发布的《中国发展报告2020：中国人口老龄化的发展趋势和政策》预测到2022年左右，中国65岁以上人口将占到总人口的14%，实现向老龄化社会的转变①。由于生理因素，老年人对金融产品的使用和判断能力较弱，给普惠金融既带来了挑战，也提供了机遇。中小银行应直面挑战，抓住时代发展机遇，在加强数字知识和金融知识普及、量身定制符合老年人特点的金融产品和服务、鼓励终身的金融消费和投资规划等方面为老龄化社会提供高质量的普惠金融服务。

3. 中小银行普惠金融赋能社会治理，既赢得市场，又助力实现中国梦

中小银行是中国社会触及面广、与社会基层联系紧密、直接反映社情民意的基层金融组织，在社会治理机制中保障着金融功能的有效发挥。中小银行通过不断创新普惠金融业务模式，有效配置金融资源，为社会治理各主体提供资金支持；依托货币化、证券化等金融工具手段，促使政府资源、社会资源与金融资源的协同配置；搭建社会治理交流平台，汇聚信用信息资源，改善基层社会的信用环境。中小银行赋能社会治理提高了自身政治站位，在履行社会责任的过程中，既赢得了市场，又助力实现中国梦。

---

① 中国发展研究基金会．中国发展报告2020：中国人口老龄化的发展趋势和政策［R/OL］．中国发展研究基金会官网，2020-06-11.

第二节 优化中小银行普惠金融创新发展环境的建议

优化中小银行普惠金融创新发展环境涉及中小银行普惠金融创新发展的出发点的基本判断，涉及我国政策环境和社会经济环境的协调发展。

一、构建和完善中小银行普惠金融创新发展的政策体系

普惠金融是具有公益性和商业性双重性质的准公共产品，是金融治理现代化的属性要求与发展指向，也是新时代打造社会治理新格局的金融动力。通过普惠金融人民性、公平性、包容性和商业可持续性的结合，以可负担的成本将金融服务扩展到更广阔地区和更宽泛群体，向他们提供价格合理、方便快捷的金融服务，让百姓充分享有金融发展权，使金融发展成果平等地、普遍地惠及各类社会群体，使其更广泛、更有效地服务社会大众，促进社会公平正义，助力国家治理体系和治理能力现代化。

近年来，从中央到各级政府、监管机构充分认识到要做好普惠金融服务，不仅需要发挥好市场在金融资源配置中的关键作用，同时也应加大政策支持力度。自2020年新冠肺炎疫情以来，货币政策、监管政策、财税激励、产业政策和优化营商环境等领域多措并举，发挥协同效应、强化政策激励。这些政策受到包括中小银行在内的国内银行业的一致肯定和认可。

调查显示，接近46%的中小银行认为当前施行的一系列普惠金融政策，其具有较强的完整性和持续性；有接近40%的银行觉得政策的完整性和持续性尚可；约15%的银行认为这些政策不具有完整性和可持续性（见图8-1）。

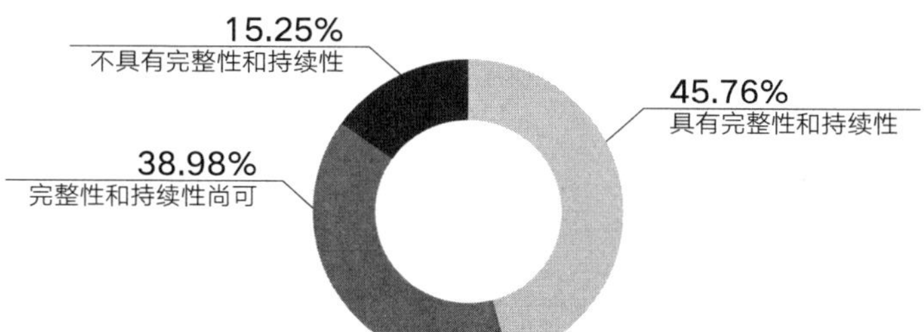

图 8-1　普惠金融政策的完整性和持续性程度

约有超过62%的中小银行认为当前国家对小微企业减税降费的财税政策应当长期实施，有25%的银行则认为一个阶段后应做适当调整，约有12%的银行则认为不必长期实施（见图8–2）。

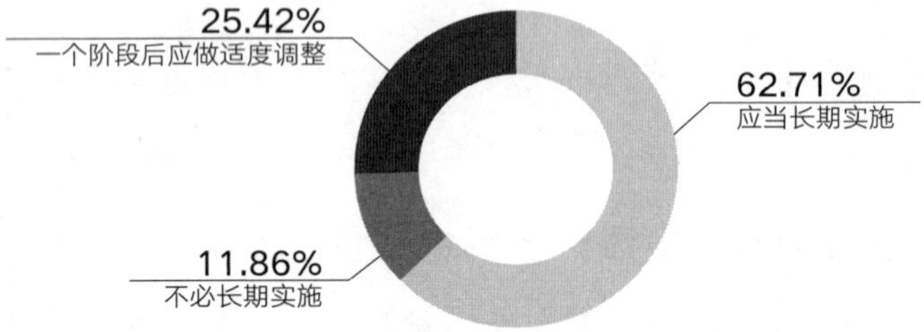

图 8-2　对于小微企业减税降费的财政政策是否应当长期实施

约有40%的中小银行认为2020年国家支持普惠金融和抗击新冠肺炎疫情政策效果很好，有56%的银行认为政策效果较好，也有极少数5%的银行觉得政策效果一般（见图8–3）。总体而言，银行对2020年国家支持普惠金融业务发展和抗疫政策总体是非常肯定和认可的。

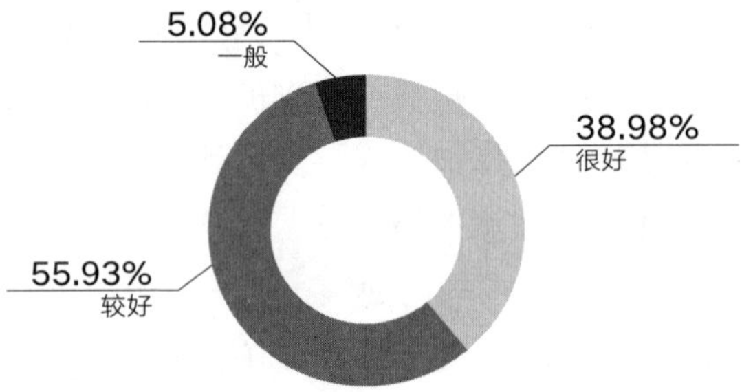

图 8-3　2020 年国家支持普惠金融业务发展和抗击新冠肺炎疫情政策效果

总体而言，中小银行对国家近年出台的一系列支持普惠金融和抗疫政策的效果还是较为满意的，所有政策措施的效果已不同程度地初见成效，普遍认可度在40%以上，银行认为其中货币政策、“三农”及乡村振兴政策和财政政策的效果相对明显（见图8–4）。

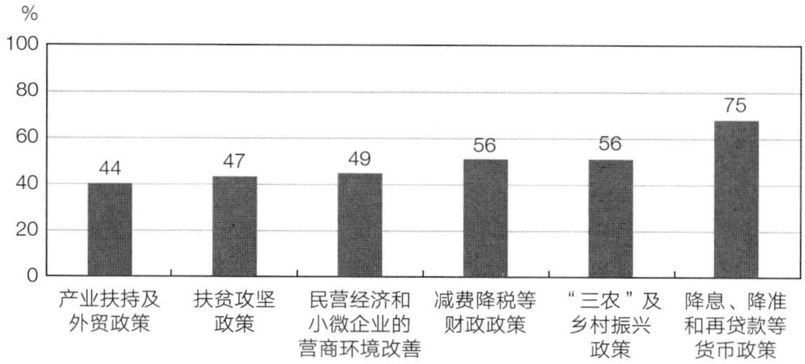

图 8-4 国家在支持普惠金融和抗击新冠肺炎疫情政策措施成效

中小银行认为2020年国家在支持普惠金融和抗击新冠肺炎疫情还需加大力度的政策措施中，排名前三的分别是民营经济和小微企业的营商环境改善、减费降税等财政政策、产业扶持及外贸政策，分别是56%、54%和42%。此外，有接近40%的银行选择“三农”及乡村振兴政策（见图8–5）。

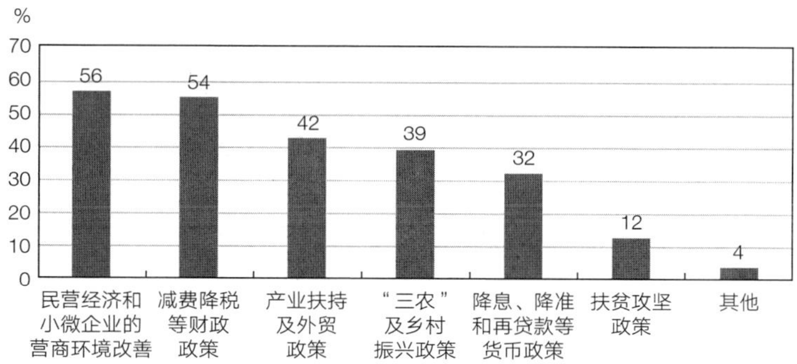

图 8-5 国家在支持普惠金融和抗击新冠肺炎疫情还需加大力度的政策措施

上述调研结果很好地反映了当下中小银行对国家倡导普惠金融和抗疫政策的看法及建议，在此提炼以下四点建议。

一是构建政策支持长效机制。加强小微企业融资的政策支持，要明确并兼顾短期目标和长期目标，短期注重支持政策的目标性和直达性，着力通过加大财政支持力度健全风险分担机制；长期坚持完善小微企业的融资环境，注重支持政策的差别化和统筹性，着力健全小微企业全生命周期的融资支持政策，构建银行“敢贷、愿贷、能贷、会贷”长效机制，不断完善中小微企业信用贷款、中长期贷款、知识产权质押贷款等的配套机制，助力市场主体“青山常在、生机盎然”。

二是鉴于当下各项货币政策工具使用状况和创新情况分析，一方面货币政策工具的进一步创新和放量的自身空间较为有限，另一方面政策工具的边际效应在日益递减。从微观层面来看，近年普惠金融的信贷投放力度持续加大，针对普惠金融客群的金融供给得到很大程度改善，尤其是对那些经营状况相对较好的小微企业甚至出现了过度授信、过度担保或者盲目跨领域投资等情况。由于小微企业主普遍相对缺乏对金融服务的了解及防范金融风险的意识，在过度授信情况下容易产生偿付能力或者流动性危机。所以，如何进一步用好、用足、用准货币政策工具，既能持续地通过“放水养鱼”来支持普惠金融发展，又能防止“洪水漫灌冲毁鱼塘”的情况发生需要政府、人民银行和监管部门合理把握、精准施策。

三是建立完善激励约束相容的中小银行普惠金融业务激励机制。一方面，认真贯彻落实关于金融业要回归本源的大政方针，进一步明确中小银行坚持服务实体经济、坚持差异化经营、坚持本土化发展的科学定位，通过监管考核机制推动中小银行内部构建起支农支小的资源倾斜机制。深化中小银行股份制改革，在金融业扩大开放的背景下进一步完善战略投资者引入机制，推动中小银行完善产权约束和法人治理结构。另一方面，进一步完善外部政策激励机制，通过财政注资、减费降税、结构性货币政策工具支持、弹性化监管等积极的政策激励，支持大小银行间进行动态博弈，进一步激活中小微企业金融服务的市场竞争。

四是需要进一步持续强化对民营经济和小微企业的营商环境改善，加大减费降税等财政政策、产业扶持及外贸政策的改革创新和支持力度。当前，财政政策工具、产业政策、贸易政策及营商环境的政策优化方面还存在较大空间，且边际效应也更为显著，但这些领域由于涉及更多的跨部门协调及中央与地方之间的利益分配等因素，其政策创新和优化其实际操作难度明显高于货币政策工具。由此建议：持续维持现行针对民营经济及小微企业的减费降税各项优惠政策，在产业扶持、贸易政策上更精准地将政策优惠资源配置到高新技术、科技创新及资本密集型产业，同时逐步提升和改善普适性的整体营商环境。

二、构建和完善中小银行普惠金融创新发展的社会经济环境

普惠金融发展不仅需要各项政策支持，更需要良好的信用环境及社会公共服务体系的支持。采取风险分担与信用增进措施能有效降低银行信贷的风险和损失，提高普惠客群融资可得性。近年来，在政府和监管的有效引导、大力支持和推动下保险机构融资保险与增信、融资担保机构风险分担、小微企业征信和评级体系及社会公共服务体系等方面均有较大的发展，有力地支持了普惠金融事业。

调查显示，在普惠金融风险分担和信用增进等领域，73%的中小银行认为应加大小微金融大数据和信用信息共享平台建设，66%的中小银行则觉得在中央和地方各级财政的风险补偿机制方面应该加大支持力度，其后依次分别是多层次市场融资体系、融资担保机构风险分担作用和保险机构融资保险与增信作用这三项均超过50%，也有42%的银行认为小微征信和评级服务值得孕育和发展起来。此外，较为创新的金融顾问和非金融配套服务也开始进入部分银行（25%）的视野（见图8-6）。

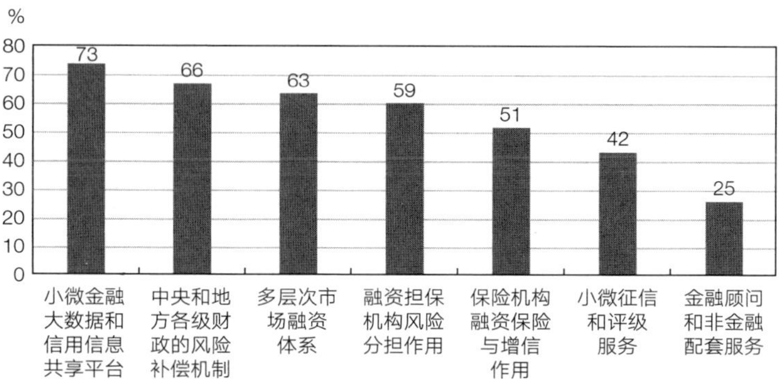

图 8-6　还需进一步加强对普惠金融支持的领域

近80%中小银行认为目前小微企业贷款在担保和再担保方面存在问题但问题尚不严重，也有约20%的银行认为存在较为严重的担保和再担保问题，这些包括担保链和担保圈、担保收费和运行不规范等问题（见图8-7）。

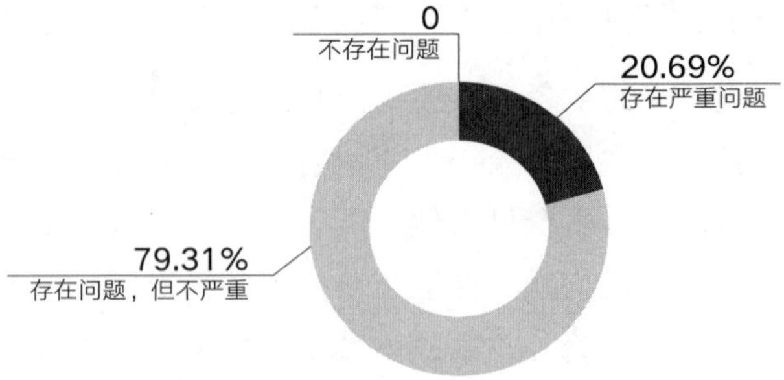

图 8-7　小微企业贷款在担保和再担保方面问题的存在性

上述调研结果反映了当下中小银行对支撑普惠金融发展信用体系和信用环境的看法及未来的建议，以此提炼以下观点供相关政府部门和同业机构借鉴。

一是加大小微企业信用信息共享平台或金融综合服务平台的打造。目前，在全国层面只有中央和部分省份着手该类平台的建设，未来一方面需要扩大该类平台建设的覆盖区域，另一方面需要在区域层面加强对该类平台的建设的规划和统筹，避免省、市、区县各自建一套信用信息共享平台，避免同一个城市或地区人民银行、银保监局、金融监管局各自为政，减少对公共资源的浪费。同时，还需要不断丰富该类平台的数据源，除大量的社会信用数据之外，能够接入更多的商业信用共享数据，如工业互联网和物联网产生的大量企业经营数据。此外，还需要积极探索该类平台在政府统筹支持情况下实现商业化可持续发展的业务模式。

二是持续完善多层次市场融资体系，完善直接融资制度。通过优化“反向挂钩”、税收、差异化监管等政策和退出机制，积极培育天使投资、创业投资等VC早期投资力量，探索完善投贷联动机制，加强对科技创新型中小微企业的融资支持；完善各层次资本市场之间更顺畅的转板机制，促进上市资源有效流动；提高中小微企业债券吸引力，简化发行注册流程；推动发展高收益债券市场，在加强投资者保护和信息披露的前提下，充分发挥市场化定价机制作用，丰富和完善具有多元风险偏好的投资者结构；建立健全债务违约风险处置机制，提高风险出清效率。未来，在确保针对普惠客群的间接融资金融供给的同时，还需要加大直接融资金融供给的创新力度，鼓励债务融资市场和股权市场参与者在各级政府和监管部门的支持下进一步丰富针对小微企业的直接融资工具创新，尤其是在小微企业征信、评级等信用机制完善，风险担保和信用增进机制优化保障前提下，积极探索小微企业主体在债券市场直融或理财资管直融的运行机制。

三是发挥多层次风险保障机制的作用，进一步完善我国“一体两翼四层”担保体系的联动机制，完善不同层级和不同类型担保机构之间的联保、分保及再保等机制安排。发挥财政资金的正向激励作用，构建完善政府性担保机构的资本金补充长效机制，扩大担保业务覆盖和融资杠杆效应。完善政府性担保机构的考核机制，适当提高担保代偿率等风险容忍度。健全银行、担保机构和企业不同市场主体之间，中央、省、市县不同层级之间的风险分担机制。在此过程中还需要进一步加强对优质小微企业的甄别能力，避免将宝贵的资金资源无差别地漫灌到市场中的各类小微企业主体中，优化金融要素的市场配置能力。

四是持续强化普惠征信和评价产品供给，未来金融信用及征信数据可以由人民银行统一提供，社会信用数据可通过各级政府的信用信息共享平台获得，进一步鼓励市场化机构以合理和可持续的商业模式提供各类小微企业的商业信用数据，引导更多的市场机构参与到小微企业的征信和评级中，不断优化和完善针对小微企业的征信和信用评级技术。大力开展小微企业各类信用信息的安全性和隐私性的宣传和教育，同步提升小微企业、银行机构及各类非官方的数据公司、征信评级公司对于数据资产安全和隐私的保护意识。

五是大力培育针对普惠金融的公共服务机制。对于普惠金融配套的公共服务和非金融综合服务增值服务，如金融顾问、培训、咨询、资讯提供等，通过这些举措一方面推进金融供给端的资源整合和供给方式的转变，另一方面在金融需求端帮助企业合理运用金融工具、指导企业做好风险防范处置，为金融机构、实体企业与地方政府搭起沟通的桥梁。应搭建市场化的机制和平台吸引和鼓励更多的机构主体参与到该项工作中，因为小微企业的综合服务需求同样是综合的、立体的，只有满足该类主体多元化的需求，才能从根本上提升其核心竞争力和市场生存能力。

三、构建和完善中小银行普惠金融创新发展机制

（一）构建和完善中小银行普惠金融创新发展的动力机制

1. 构建中小银行普惠金融创新发展的动力之源

习近平在党的十九届五中全会上关于《中共中央关于国民经济和社会发展第十四个五年规划和二〇三五年远景目标的建议》的说明中指出，以推动高质量发展为主题，必须坚定不移贯彻新发展理念，以深化供给侧结构性改革为主线，坚持质量第一、效益优先，切实转变发展方式，推动质量变革、效率变革、动力变革，使发展成果更好惠及全体人民，不断实现人民对美好生活的向往。这表明一切社会经济发展的动力之源来自于人民，人民对美好生活的向往也是普惠金融工作的动力。

普惠金融源于近代社会。法国的圣西门、傅立叶和英国的欧文作为空想社会主义的代表人物，揭露了资本主义的阶级压迫和剥削的现象，希望建立一个“人人平等，个个幸福”的理想社会。他们针对早期资本主义社会的弊端，指出互助合作的实践方向。圣西门第一次明确提出把“满足人们的需要”规定为新社会的唯一的和固定的目的。最早倡导信用合作的是法国的蒲鲁东，他认为货币信用行为是社会剥削关系存在的根源，主张通过信用合作实现互助互惠[①]。在这些思想的影响下，德国、法国等欧洲各国纷纷兴起了创办信用合作社。空想社会主义的思想家和金融家以普惠金融的方式支持了社会基层劳动者能享受到共同的、平等的发展机会，在一定范围实现社会秩序的稳定。第二次世界大战后，各国掀起了民族解放运动的高潮，社会的变革又带来了新的普惠金融的要求。在这一时期，发展经济学正式登上历史舞台。诺贝尔奖得主，发展经济学的代表人物阿瑟·刘易斯提出了二元研究方法和剩余劳动力的概念，他抓住了发展中国家劳动力过剩的现象，并把这些劳动力向高生产率部门转移视为发展中国家经济增长的关键问题。他认为只要有正确的指导，发展中经济体就能实现经济高速增长。这与普惠金融赋能社会发展的理念相契合。

真正从国家治理的层面推行普惠金融的是中国，并且赋予普惠金融人民性的内涵，使普惠金融焕发勃勃生机。习近平在党的十九大报告中指出，“必须坚持人民主体地位，坚持立党为公、执政为民，践行全心全意为人民

① 姜建清．世界金融百年沧桑记忆3［M］．北京：中信出版社，2020：261.

服务的根本宗旨，把党的群众路线贯彻到治国理政全部活动之中，把人民对美好生活的向往作为奋斗目标，依靠人民创造历史伟业”。当前，中国特色社会主义进入新时代，中华民族伟大复兴进入两个一百年的交接时刻。中华民族经过一百年的努力，消灭了贫困，全面建成了小康社会。普惠金融赋能社会治理为全面建成小康社会提供了途径和方法。习近平在2020年中共中央政治局第十三次集体学习时强调，“深化金融供给侧结构性改革必须贯彻落实新发展理念，强化金融服务功能，找准金融服务重点，以服务实体经济、服务人民生活为本”。普惠金融的思想源自空想社会主义思想家和先驱者，他们尝试用合作社、互助会来推进普惠金融。从空想社会主义到科学社会主义，中国社会主义建设的成功实践为普惠金融提供了理论基础和制度保障。以习近平新时代中国特色社会主义思想为引领，坚持人民主体地位的为人民服务理念和服务体系才是普惠金融创新发展的生命力。

2. 用“以人民为中心”的理念完善中小银行普惠金融监督管理体制的建设

普惠金融业务具有无差异、包容性的特征，是为社会大众提供服务的。当前，我国普惠金融的监督管理体制仍不完善，不利于普惠金融生产力的提升。应该坚持顶层设计，构建科学、有效、可持续的监督管理体系。首先，对开展普惠金融业务的金融机构进行梳理和规范，构建和完善我国普惠金融服务体系和架构。从银保监会监管下的银行业来看，有大型银行、股份制银行、城商银行、农商银行（农村信用社）、村镇银行和民营银行都在从事普惠金融业务。尤其是股份制银行、城商银行、农商银行、村镇银行和民营银行，设立时都是打着为中小企业、民营企业和民生服务的旗号，开展普惠金融业务。从全社会来看，开展普惠金融业务的还有小贷公司、保理公司、租赁公司和金融科技公司等。其中有些机构确实在开展普惠金融业务，有些机构开展普惠金融业务仅仅是表面文章。因此，监管部门必须全面梳理金融机构和非金融机构开展普惠金融业务的情况，从人民性、普惠性和整体性上去思考和设计普惠金融服务的机构和架构体系问题。其次，构建和完善普惠金融业务推进和管理体系。普惠金融业务的价值目标和其他金融业务的目标不一样，普惠金融业务的目标是要求被服务的对象和金融机构一起成长，倡导大量的、周到的工作为小微企业和社会大众服务。我国金融监管机构已经出台了一系列规定和办法，各类金融机构的普惠金融服务也取得了明显的成效。但是，在具体推进普惠金融业务活动中仍然存在运动式、一刀切的现象，这种做法与普惠金融的业务及服务对象的特征不相符合。构建和完善有利于普惠金融业务发展的制度体系或普惠金融业务发展的管理体系是中国现代化建设和社会治理体系建设的重要内容。

3. 良好的普惠金融生态环境，也是完善中小银行普惠金融动力机制的重要内容

中小银行扎根于基层，在中国基层社会具有完整的管理体系和广泛的经济组织。中小银行服务地方经济，在实施普惠金融过程中与千家万户形成了血肉联系，也是各地基层政府推进经济发展、实现社会治理的好帮手。中小银行高举普惠金融的大旗，力争让社会各阶层和各个经济主体享受到平等的金融服务，提升金融服务的广度和深度。这也是中小银行和地方政府的共同目标。近年来，各级地方政府和相关部门致力于营商环境的改善，在推动经济发展和完善社会治理过程中，发展了普惠金融所需的各类基础设施，为市场主体创造了有利于普惠金融发展的生态环境。一些中小银行抓住了金融生态的变化，利用自身组织体系的特点，形成了普惠金融服务的持续推动力。

（二）构建和完善中小银行普惠金融创新发展的合作机制

1. 走共同富裕发展道路，构建中小银行普惠金融合作平台

党的十九届五中全会提出，“坚持把实现好、维护好、发展好最广大人民根本利益作为发展的出发点和落脚点，尽力而为、量力而行，健全基本公共服务体系，完善共建共治共享的社会治理制度，扎实推动共同富裕，不断增强人民群众获得感、幸福感、安全感，促进人的全面发展和社会全面进步。”[①] 以人的全面发展和社会全面进步为目标，走共同富裕的道路，才能搭建起中小银行普惠金融合作平台。

2. 走共同富裕发展道路，建立中小银行同业合作机制，完善普惠金融的服务体系

在为人民群众提供普惠金融服务的过程中，中小银行必须建立同业合作机制，构建普惠金融同业合作服务体系。一方面，中小银行的实力薄弱，在某些业务开展过程中会遇到困难；另一方面，单一金融机构很难满足人民多样化金融服务需求，需要中小银行之间或中小银行与其他同业建立合作机

① 引自2020年11月3日中央人民政府网站发布的《中共中央关于制定国民经济和社会发展第十四个五年规划和二〇三五年远景目标的建议》。

制，聚沙成塔，共同解决问题。例如，在“三农”领域，农业保险在产品保障、服务供给及资金管理上发挥了不可替代的作用，2019年我国农业保险为1.91亿户次农户提供风险保障3.81万亿元，承保农作物品种超过270类，基本覆盖常见农作物，备案扶贫专属农业保险产品425个[①]。中小银行作为地方最完整的金融组织，其他金融机构都会愿意与中小银行开展合作。贯彻共同富裕的理念，完善普惠金融同业合作服务体系，为人民大众提供多样化的金融服务，才能为普惠金融创新发展开拓更广阔的天地。中小银行和保险公司都是在一个监管部门的监督下，更需要加快推进中小银行和保险公司普惠金融合作的常态化、制度化和平台化。

3. 走共同富裕发展道路，建立中小银行全社会赋能和合作机制，推动普惠金融的全社会良性互动

中小银行作为普惠金融服务提供方，利用自身资源，履行普惠金融的社会责任，活跃了地方经济，创造了许多普惠金融的鲜活经验和故事。当今世界已经进入电子化、信息化、大数据时代，人们的社会活动和经济活动已然是线上和线下融合、大众化和小众化交织、体验经济和流量经济并存、传统经济和创新经济相呼应，任何产业和行业都在发生快速和深刻的变化。中小银行在发挥普惠金融专长的同时，有必要嫁接社会各类资源，成为普惠金融综合服务商。为人民大众提供更好的、多样化的、个性化的普惠金融解决方案。在调研中已经看到，不少中小银行与供销合作社合作，形成为乡村居民提供集商业银行服务一体化的营业网点。特别是2020年新冠肺炎疫情以来，数字普惠金融成为各家银行精准施策的重点。为此，中小银行应该在做好自身的普惠金融业务的同时，高举人民金融大旗，主动嫁接科技企业、相关产业资源，建立全社会的普惠金融赋能和合作机制，推动普惠金融的全社会的良性互动，为普惠金融创新发展打造深厚基础和持续发展的动力。

① 引自中国保险行业协会官网发布的《2019年中国保险业社会责任报告》。

专题 1

2020 年中小银行普惠金融业务调研

2020年新冠肺炎疫情的暴发和蔓延对我国各行各业都产生了不同程度的影响，银行业金融机构在积极应对新冠肺炎疫情的同时，也深刻感受到疫情对整个银行业的转型发展所带来的巨大冲击。中小银行作为我国金融体系的“毛细血管”，始终立足于地方经济，坚守普惠金融定位，以产品服务创新、体系机制变革迎接挑战。

本部分主要通过调研问卷回收、现场访谈及公开资料信息[①]，深入了解2020年中小银行普惠金融业务在重大冲击下的发展现状，分析中小银行普惠金融业务战略规划实施、产品服务创新、体制机制保障及政策效果评价等方面情况，以期为促进中小银行普惠金融业务进一步发展提供有价值的参考依据。

一、普惠金融业务战略规划及开展情况

（一）普惠金融业务发展战略基本建立，战略风险管控有待提升

通过问卷调研和现场访谈，我们发现普惠金融业务发展战略规划已经得到绝大多数中小银行的重视。调研问卷数据显示，超过95%的受访对象已经制定或正在制定专门的普惠金融业务发展规划，并且已经确定了比较具体的定量发展指标。具体的定量指标设定主要包括客户数量增长（70%）、贷款余额增长（63%）与“两增两控”落实指标或人民银行政策性贷款落实指标（59%）等（见专图1-1）。

关于普惠金融业务战略落地执行评价方面，多达58%的样本银行自我评价较好，15%的样本银行认为本行在普惠金融业务战略落地执行上仍有较大

① 本次调研对象主要为东部与中部地区的城商银行、农商银行及农村信用联社下属法人机构等，调研问卷共计收回59份有效样本。现场访谈对象具体包括宁波银保监局、宁波银行、鄞州银行、江苏银行、南京银行、江苏省农村信用联社、上海银行、马鞍山农商银行、苏宁银行等。

提升空间。样本银行中超过57%认为战略风险管控机制亟待健全完善，45%的样本银行认为本行人财物系统等配套资源亟须调整优化，41%的样本银行认为本行战略及时调整与纠偏机制未跟上，其他需要提升的具体表现在规划与计划、考核联动（38%）、任务分解和过程管理（31%）等（见专图1-2）。

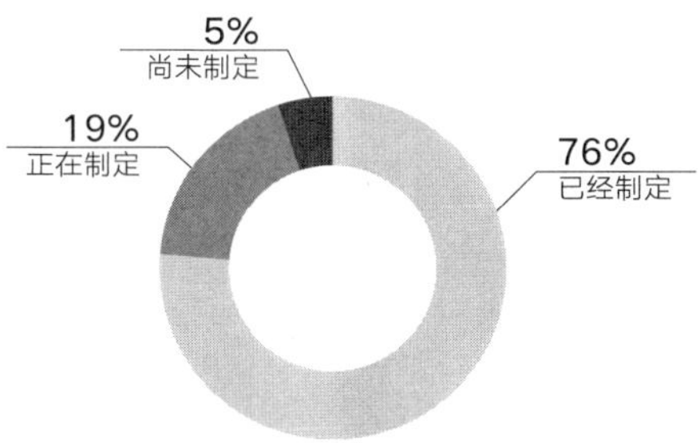

制定专门普惠金融业务发展规划

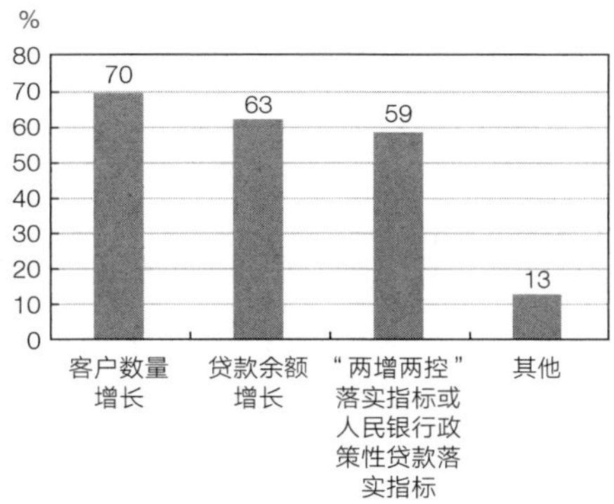

普惠金融业务战略规划定量指标

专图 1-1　样本银行普惠金融业务发展规划与定量指标制定情况

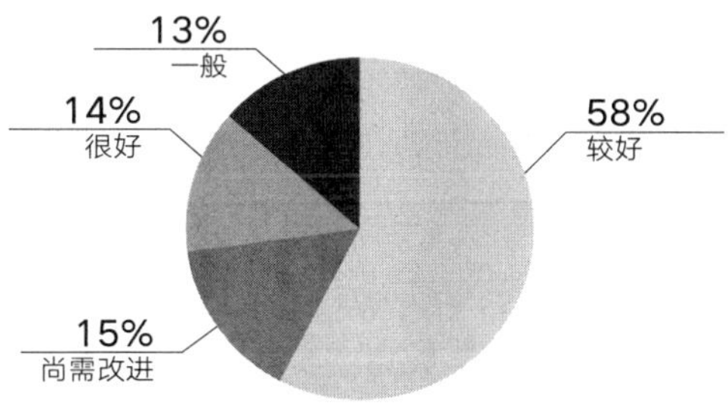

普惠金融业务战略落地执行效果评价

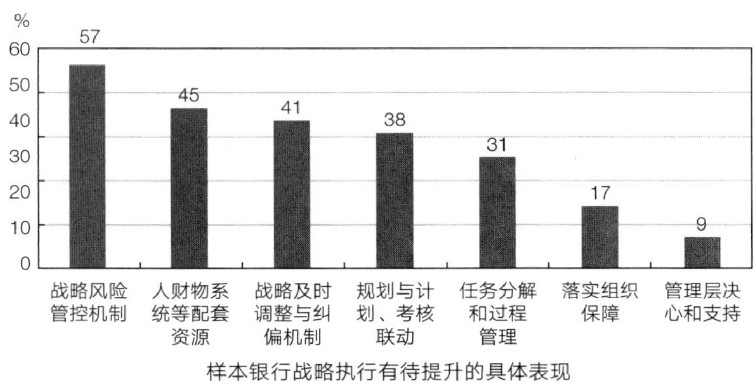

样本银行战略执行有待提升的具体表现

专图 1-2　样本银行普惠金融战略规划执行的效果评价及有待提升的具体表现

关于中小银行普惠金融业务发展所需配套的关键中后台能力方面，调研数据结果显示，样本银行选择风险计量和管理的比例高达80%，这与普惠金融业务高风险的特征有关。另外，选择队伍培养和建设（58%）、差异化绩效考核和激励（58%）、产品综合定价（56%）、中台整合运营能力及金融科技和数字化建设（54%）的比例也超过半数（见专图1–3）。

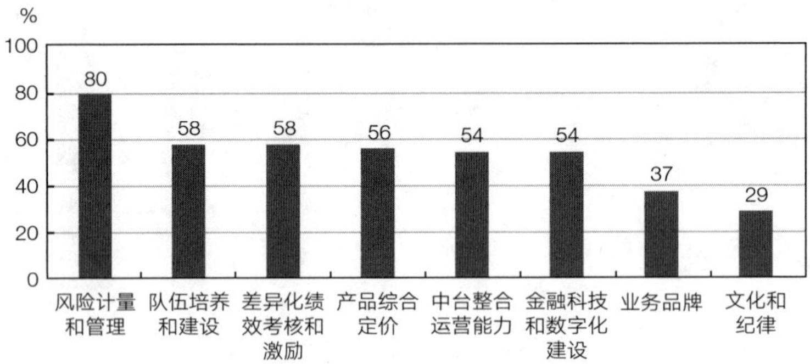

专图 1-3　样本银行普惠金融业务发展所需配套的关键中后台能力

（二）疫情期间的服务措施与经营手段

2020年受到新冠肺炎疫情的影响，许多小微企业受到冲击，在政策引导下，中小银行纷纷推出各项举措帮助小微企业渡过难关。较为常见的方法是延期还本付息（95%）、贷款利率优惠（90%）、征信保护（80%）、通过获取政策性贷款给予小微企业低成本的信贷支持（71%）、增加防疫业务绿色通道（68%）及减税降费等政策宣传（63%）等（见专图1–4）。

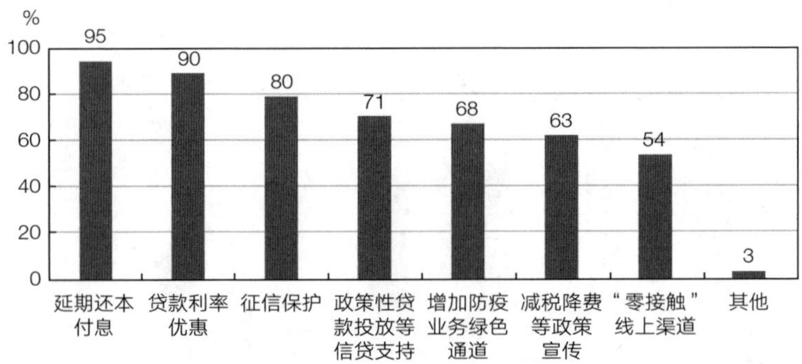

专图 1-4　样本银行在疫情期间出台的服务举措

疫情期间，中小银行主要采取考核导向调整（78%），定价优惠政策（76%），业务指标下达（73%）、政策宣传动员（63%）及专项营销活动（53%）等方式作为关键经营手段（见专图1–5）。

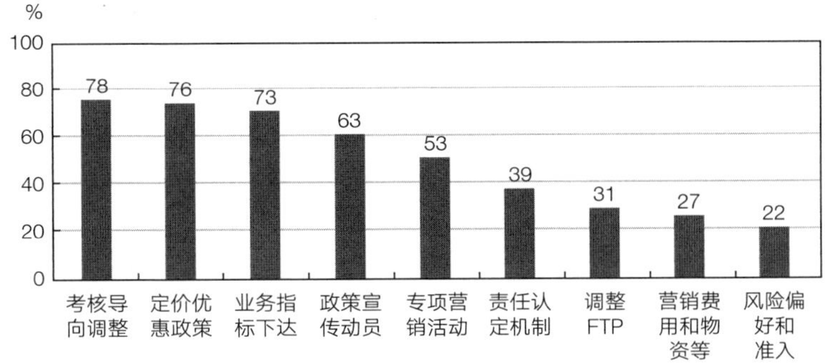

专图 1-5　样本银行在疫情期间采用的关键经营手段

（三）小微企业贷款余额增长，单户贷款规模进一步下沉

从样本银行小微企业贷款余额占比结构来看，截至2020年6月30日，超过70%的样本银行小微企业贷款余额占各类贷款总额的比重超过10%。其中，30.51%的样本银行小微企业余额占比在30%～50%。受访银行表示，预计未来2～3年，小微企业余额占比在30%～50%区间内的银行占比将进一步增长（见专图1–6）。

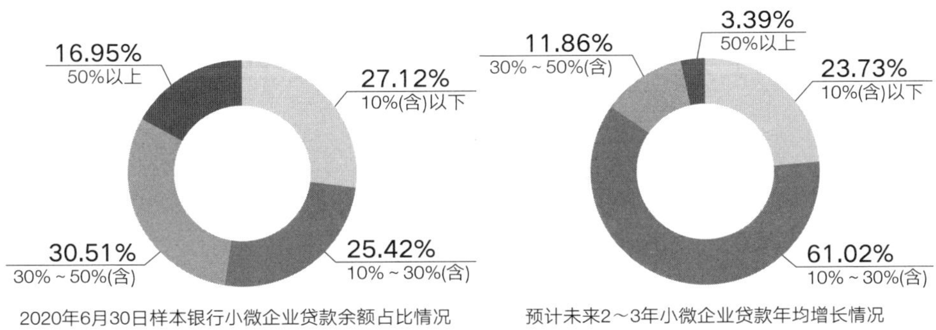

专图 1-6　样本银行小微企业贷款余额占比及未来增长预计

从单户贷款规模结构来看，小微企业贷款户均规模集中于100万～500万元的样本银行数量比例超过56%，与上年同期调研数据结果相比，户均贷款进一步下沉趋势明显增加（见专图1–7）。

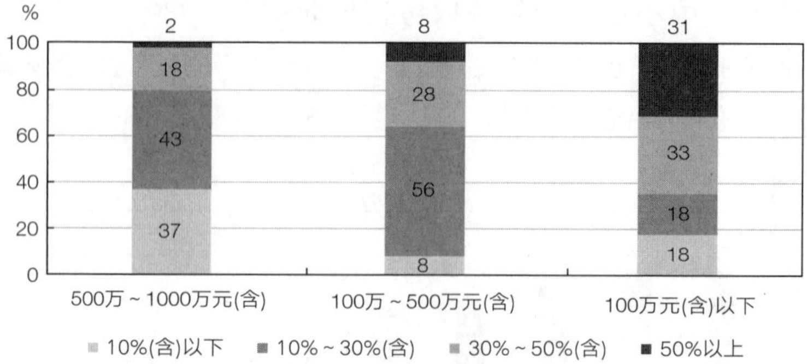

专图 1-7　样本银行单户贷款规模 1000 万元（含）以下的小微企业贷款余额结构分布情况

从信用类贷款余额占比结构来看，信用类贷款余额较少。2019年，60%的样本银行信用类贷款占比低于10%，30%～50%区间段的样本银行占比为25%，较上年同区间段余额减少14%（见专图1–8）。在普惠小微信用贷款政策①引导下，预计未来这一比例将有所提升。

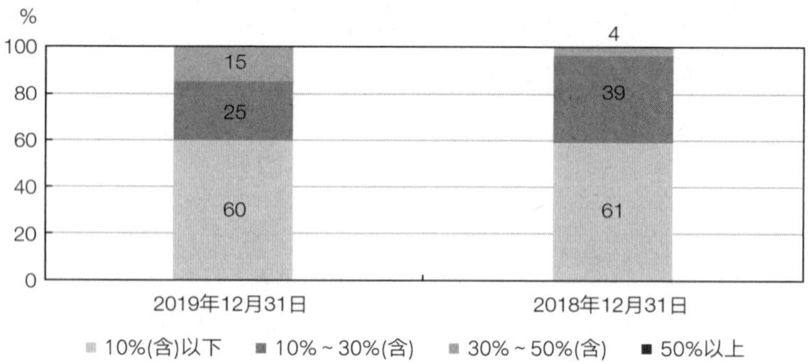

专图 1-8　样本银行信用类贷款在小微企业贷款中占比情况

（四）资产质量表现一般，风险控制仍需加强

从逾期率来看，截至2020年6月30日，58%的样本银行普惠金融业务逾期率在3%以内，15%的样本银行逾期率高于5%；从不良率来看，54%的样本银行不良率集中在3%以下，46%的样本银行超过3%（见专图1–9）。

① 2020年6月1日，财政部、人民银行等五部委发布《关于加大小微企业信用贷款支持力度的通知》，人民银行会同财政部使用4000亿元再贷款专用额度，通过创新货币政策工具，按照一定比例购买符合条件的地方法人银行业金融机构普惠小微信用贷款，促进银行加大小微企业信用贷款投放，支持更多小微企业获得免抵押担保的信用贷款支持。

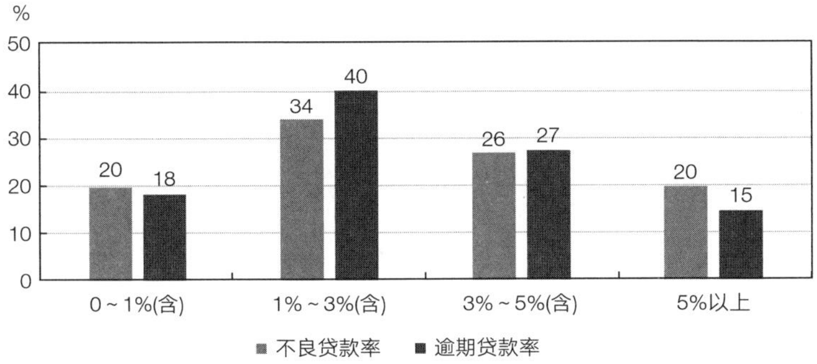

专图 1-9　样本银行普惠金融业务贷款质量情况（截至 2020 年 6 月 30 日）

在小微企业贷款定价方面，截至2020年6月30日，对小微企业的平均贷款利率高于LPR 150个基点的样本银行占比约为42.86%，高于LPR 100～150个基点的样本银行占比为8.93%，高于LPR 50～100个基点的样本银行占比为33.93%（见专图1–10）。

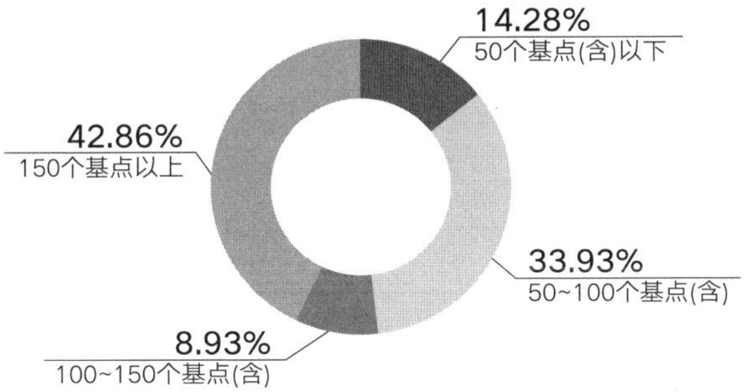

专图 1-10　样本银行小微企业贷款定价情况
（对小微企业的平均贷款利率高于 LPR 不同基点数占比）

二、普惠金融业务获客渠道及产品

（一）获客渠道以线下为主，线上业务增长缓慢

中小银行继续发挥传统优势资源，深入发展线下业务，传统的获客模式不断深化，同时也积极拓展多元化获客渠道。传统的获客方式以关系型营销为主，中小银行通过加强与园区、社区和行业协会之间的合作关系进行批量获客。供应链金融是深入发展的传统获客方式之一，中小银行以供应链为载体，借助核心企业和核心平台，充分挖掘产业链上的小微企业。调研结果显

示，将近85%的样本银行通过园区、行业协会等合作获客，56%的样本银行通过加强与供应链核心企业的联系，获取上下游客户，这与2019年调研情况相比有所提升；44%的样本银行选择与电商平台、金融科技公司等第三方客户平台合作（见专图1-11）。

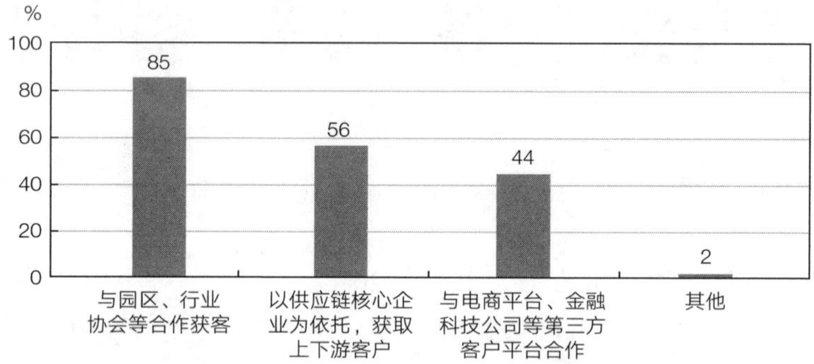

专图 1-11　样本银行在普惠金融业务方面获客的方式

普惠金融线上业务占比亟待提升，线上获客渠道有待拓展。从调研结果来看，57.63%的样本银行普惠金融业务占比不足10%，33.90%的样本银行线上业务占比在10%～30%。截至2020年6月30日，样本银行线上业务增长情况如专图1-12所示，55.93%的样本银行增速为10%以下，23.73%的样本银行增速为10%～30%。场景化获客是拓展普惠金融线上业务的主要方式之一，选择这一方式的样本银行占比达78%；52%的样本银行表示目前已与第三方公司开展合作；选择通过自建APP方式获客与接入政府大数据平台的样本银行占比分别为45%和41%（见专图1-13）。促进线上和线下协调发展是中小银行普惠金融业务的必然趋势，尤其是在新冠肺炎疫情的影响下，中小银行普惠金融业务线上化进程将进一步加快，预计未来这一比例将会有所提升。

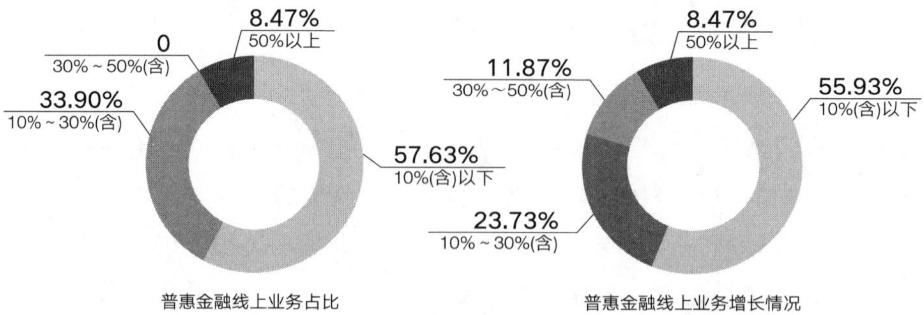

专图 1-12　样本银行普惠金融线上业务占比及增长情况

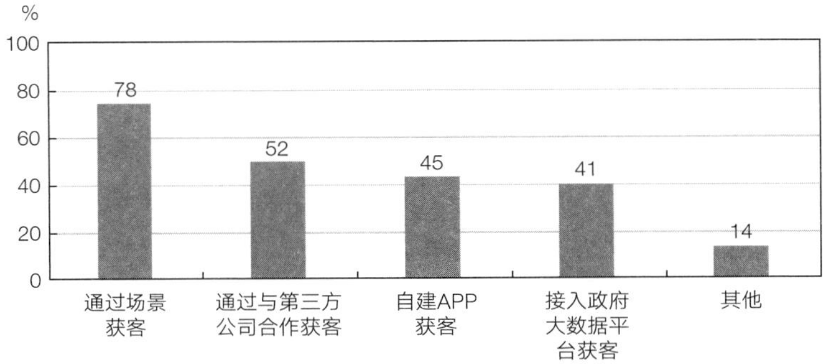

专图 1-13 样本银行拓展普惠金融业务的线上渠道

（二）差异化服务模式，创新金融产品

伴随着金融科技在商业银行领域应用的深化与成熟，未来金融产品与服务的标准化、同质化程度会越来越深，提升自身的特色化业务和差异化能力成为多数中小银行的共识。调研结果表明，简化业务流程与多元化担保方式是小微信贷产品和服务差异化的主要措施（见专图1–14）。90%的样本银行通过简化业务流程，提高业务效率，为优质小微客户提供“一路绿灯”的信贷通道，76%的样本银行借助外部合作为小微企业提供多元化担保方式。

在金融产品创新方面，68%的样本银行更加注重强化贷前客户信用识别，严格控制准入环节；56%的样本银行基于人机结合，提升客户体验和服务效率（见专图1–15）。

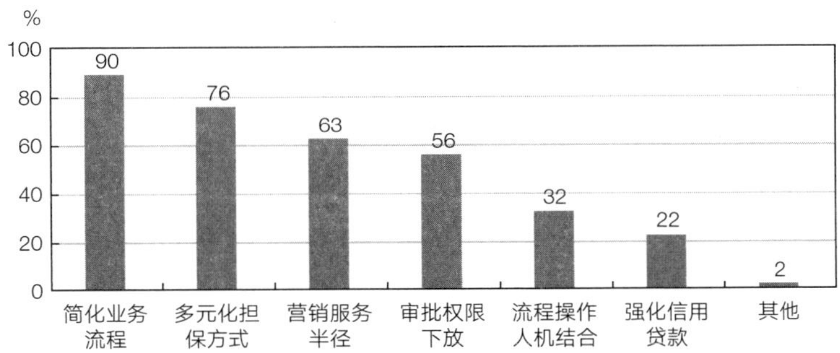

专图 1-14 样本银行小微信贷产品和服务差异化的主要措施

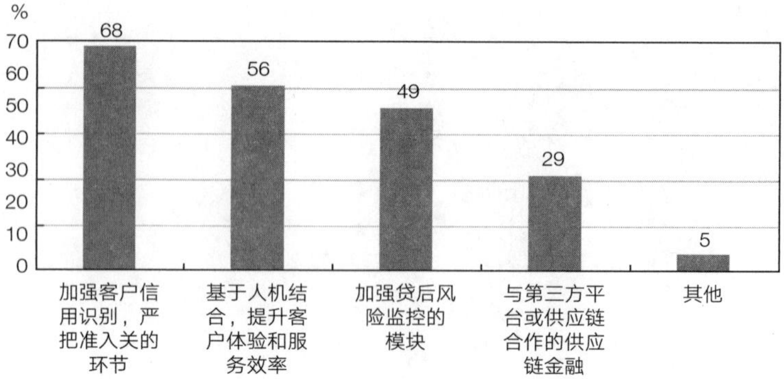

专图 1-15　样本银行针对小微客户服务的金融创新情况

三、普惠金融业务体制机制及保障

（一）专营团队基本建立，专门考核机制有待完善

在组织架构方面，74.14%的样本银行已经设立了专门部门、专营机构及专业团队从事普惠金融业务，18.97%的样本银行表示正在建立中（见专图1–16）；在绩效考评制度中，76%的样本银行已经针对小微企业信贷业务设定了差异化的考核机制。然而，针对小微企业金融的相关业务制定了专门考核指标的样本银行仅为49%（见专图1–17）。这表明，多数中小银行已经深刻意识到打造普惠金融专营体系、做好服务小微客户顶层设计的重要意义，但在具体考核指标与考核方案设置方面不完善，绩效考核的激励约束作用尚未得到有效发挥。

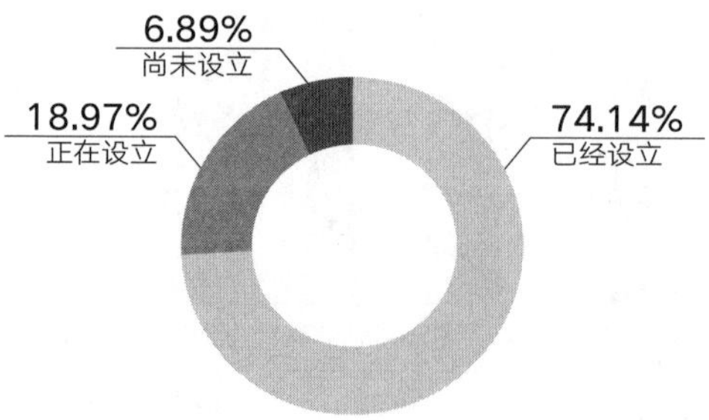

专图 1-16　样本银行专营团队建设情况

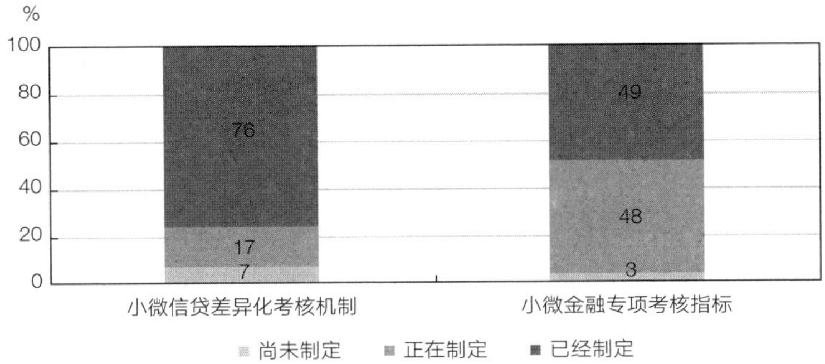

专图 1-17　样本银行普惠金融绩效考评情况

（二）重视“三道防线”风险化解机制，尽职免责制度尚需进一步完善

关于评价普惠金融业务第三道防线在风险防控中的作用，超过68%的样本银行认为本行作用发挥较好（见专图1–18）。调研结果显示，受访银行普遍认识到普惠金融信贷业务风险防控中第三道防线的作用与定位，约96%的样本银行认为审计监督对业务风险防控具有实质性作用（见专图1–19）。

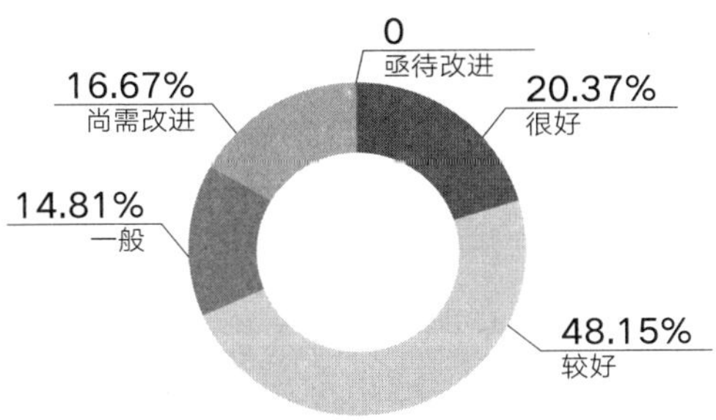

专图 1-18　样本银行对第三道防线在风险防控中发挥作用的认识

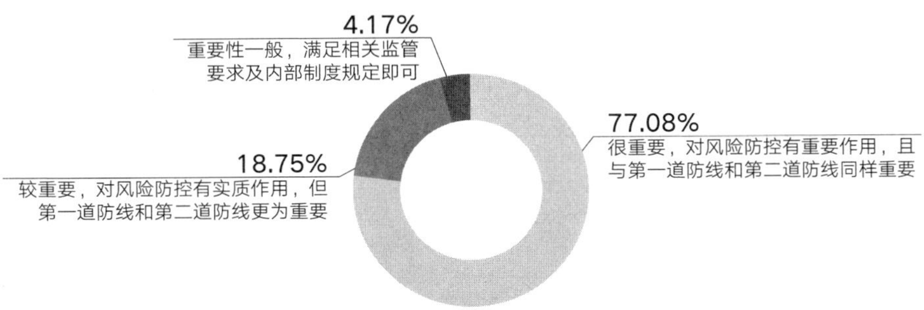

专图 1-19　样本银行对第三道防线风险作用和定位的认识

在尽职免责制度方面，65.52%的样本银行表示已经建立尽职免责制度，其中，2020年上半年免责人数在50人以下的样本银行占比为75%，免责人数在50～100人的样本银行占比为16%（见专图1–20）。结合现场访谈来看，多数受访银行将尽职免责与不良贷款容忍制度进行有机结合，对分支机构执行差别化容忍度。对小微企业不良贷款率未超出容忍度标准的分支机构，在无违反法律法规和监管规则行为的前提下，分支机构负责人及信贷人员免予追责，具体操作过程中如何把握尽职免责的边界问题值得关注与探究。

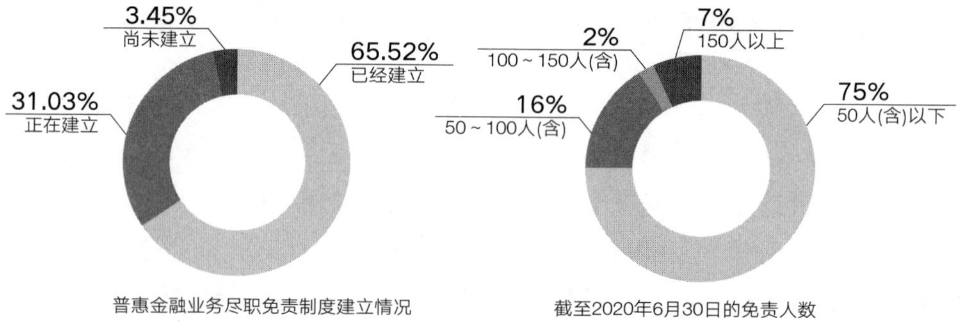

专图 1-20　样本银行普惠金融业务尽职免责制度建立情况

（三）多通道职业发展体系与人才培养体系有待建立健全

调研问卷结果显示，超过43%的样本银行已经建立了涵盖不同职位序列、不同层级普惠金融业务人才的多通道职业发展体系，接近40%的样本银行表示正在建立。对于是否建立针对普惠金融业务的不同层级、不同类别人才培养体系，仅有34%的样本银行表示已经建立，50%的样本银行表示正在建立中（见专图1–21）。

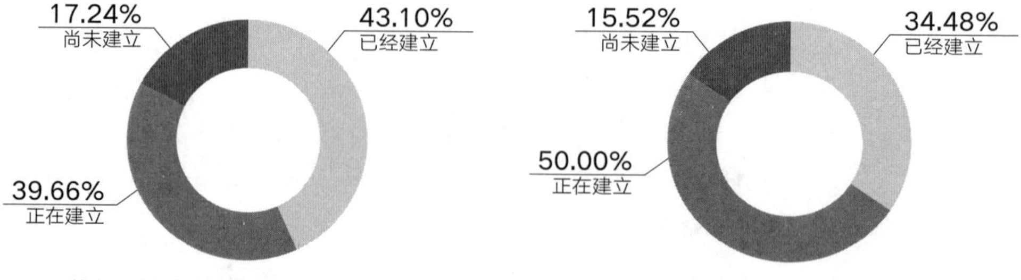

专图 1-21　样本银行普惠金融业务人才职业发展通道与培养体系建立情况

（四）从业人员满意度较高，基层员工流动性较高

样本银行近两年的平均离职率结构分布如专图1-22所示，84%的样本银行离职率低于10%，这表明整体从业人员对工作满意度较高。然而，离职人员主要集中在基层员工，近两年普惠金融离职人员为基层员工的样本银行占比为75%（见专图1-22），受访银行表示员工离职原因主要为晋升难、业绩压力大、薪酬待遇不合理等。这说明中小银行在员工薪酬待遇和岗位晋升方面存在一定问题，完善绩效考核办法和薪酬分配制度，为员工设置清晰的职业规划仍是人才培养的主要方向。

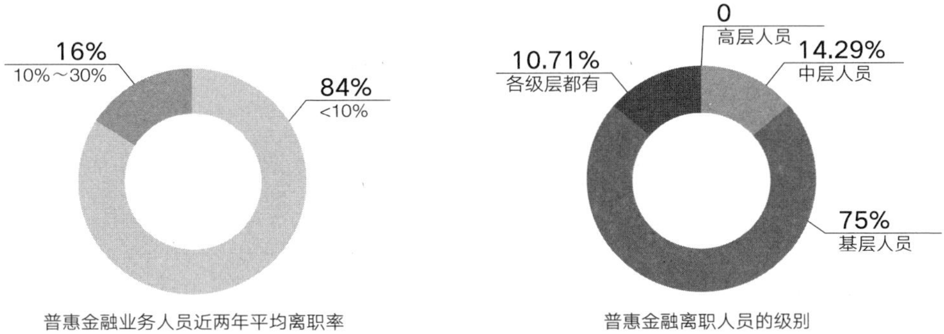

专图 1-22　近两年样本银行普惠金融业务离职情况

在人才队伍建设问题上，76%的样本银行认为专业人才不足是队伍建设面临的最大问题与挑战；其次是人才培养机制不健全，人才培养缺少创新能力（57%）（见专图1-23）。在普惠金融业务人才缺乏问题上，排名前三的分别是风险控制型人才（71%）、金融类复合型人才（69%）及市场经验丰富型人才（60%）（见专图1-24）。

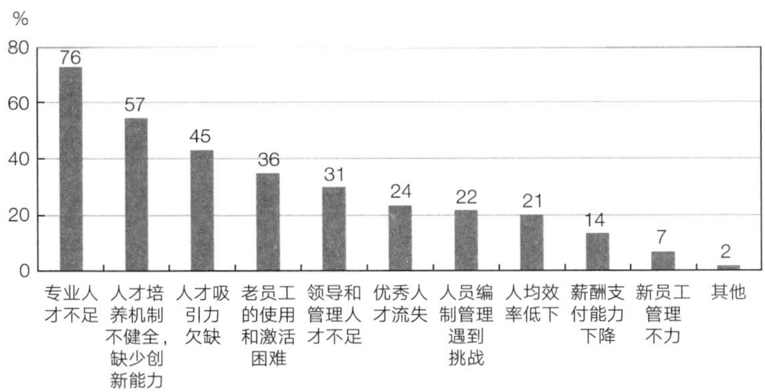

专图 1-23　样本银行普惠金融业务队伍建设方面遇到的突出挑战

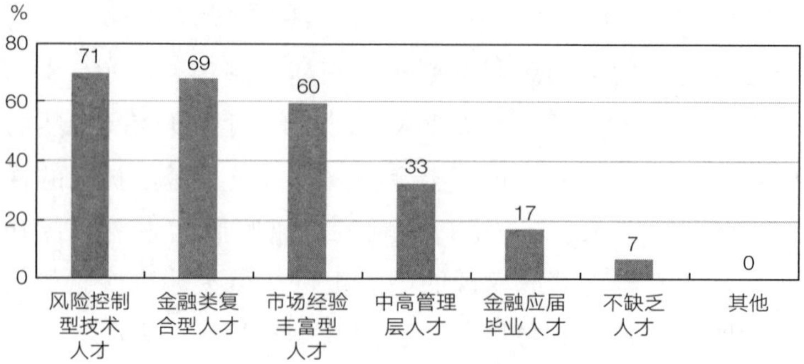

专图 1-24　样本银行最缺乏哪些类型的普惠金融业务人才

超过半数（50.85%）的样本银行表示目前的组织架构、职责分工、流程规范等很有助于普惠金融业务人才能力的发挥，35.59%的样本银行表示有些障碍（见专图1–25）。这表明如何提升银行内部人才保障机制的作用、完善相应的激励约束机制、培养和留用复合型人才是中小银行面临的共同难题。

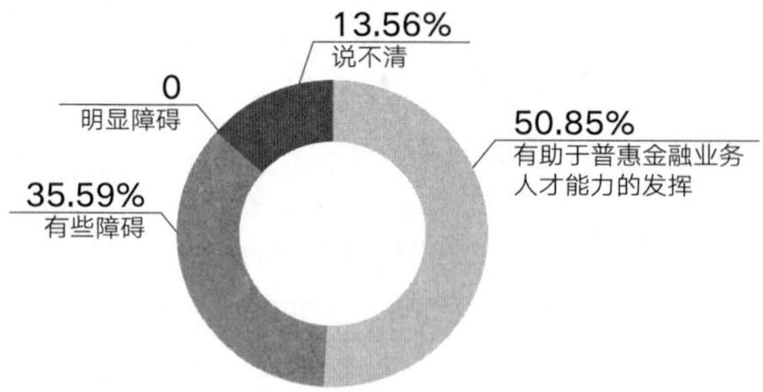

专图 1-25　样本银行对目前的组织架构、职责分工、流程规范的评价

四、普惠金融业务管理系统及运营

（一）管理系统建设引起重视，数字化转型难度凸显

核心业务系统基本建立，移动展业系统与获客系统是最大的系统建设需求。调研问卷结果显示，75.86%的样本银行已经建立了针对普惠金融业务的相关管理系统，其中，已建立获客系统与移动展业系统的样本银行占比不到三成（24.14%）（见专图1–26）。

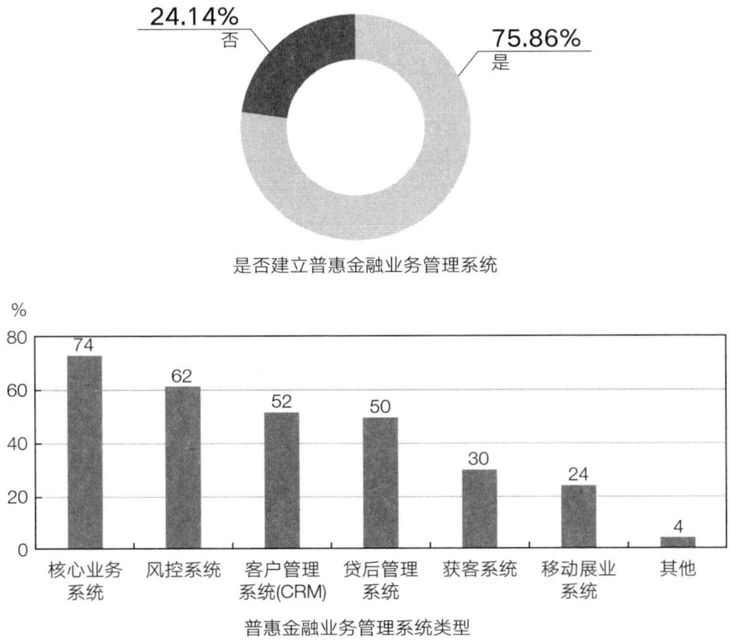

专图 1-26　样本银行目前普惠金融业务管理系统情况

在小微客户信贷管理系统方面，43.10%的样本银行没有独立的小微客户信贷管理系统，所有信贷管理要求和大客户基本相同；39.66%的样本银行表示线上小微客户和消费金融共用一套网贷系统，传统端仍使用大客户信贷管理系统；17.24%的样本银行表示小微客户资产业务前端实现了统一管理，但负债及结算业务仍与大客户雷同（见专图1–27）。

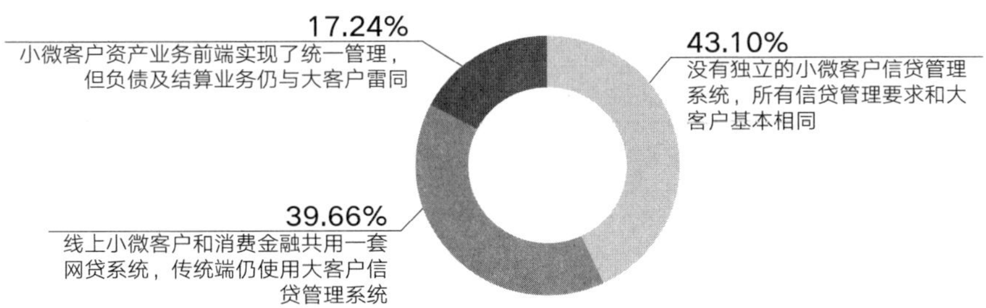

专图 1-27　样本银行小微客户信贷管理系统情况

中小银行普遍认同建设管理系统对开展普惠金融业务具有重要作用，并计划未来加大对系统开发的投入。80%的样本银行认为目前已有的管理系统有助于提高业务效率，71%的样本银行认为在风险控制方面有效果，认为可以拓展营销渠道和降低业务成本的样本银行占比分别为66%和63%（见专图1-28）。

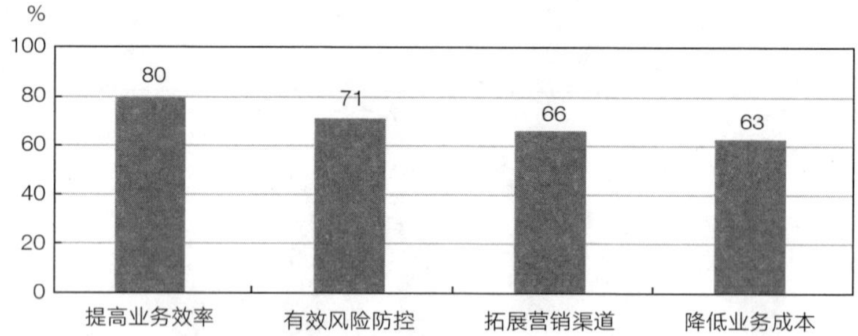

专图 1-28　样本银行建设管理系统对开展普惠金融业务的作用

场景接入成本高与数据处理难度大，是中小银行普惠金融数字化转型中的主要难点和痛点。69%的样本银行认为场景接入成本高、风险高、难以规模化；67%的样本银行认为大量非结构化数据处理难度大，极大地增加了操作成本；57%的样本银行认为数据标签的选择和数据清洗过程复杂（见专图1-29）。

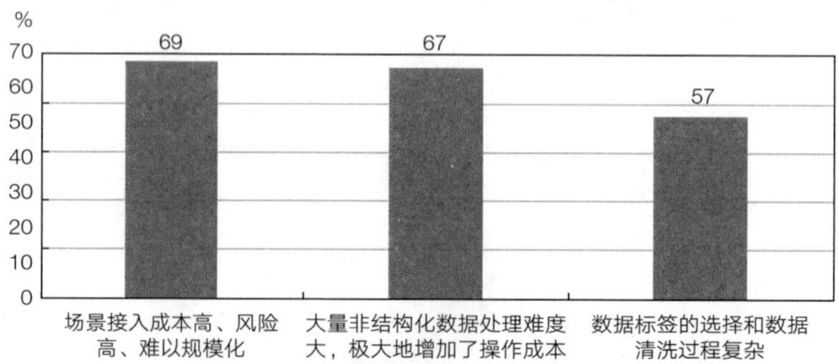

专图 1-29　样本银行认为普惠金融数字化转型的难点与痛点

（二）系统搭建方式有待拓展，资源投入有待提升

在管理系统建立方式上，样本银行主要通过行内自建（54%）与统一规划

方式[①]（46%）。从资源投入来看，被调研的地方中小银行的资源投入有待进一步提升。约有60%的样本银行管理系统资金投入占总营业收入比例低于2%，约27%的样本银行管理系统资金投入占总营业收入比例高于3%（见专图1–30）。

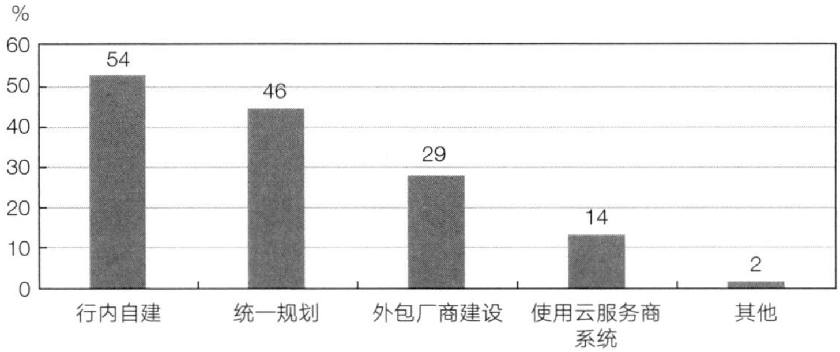

样本银行管理系统搭建方式

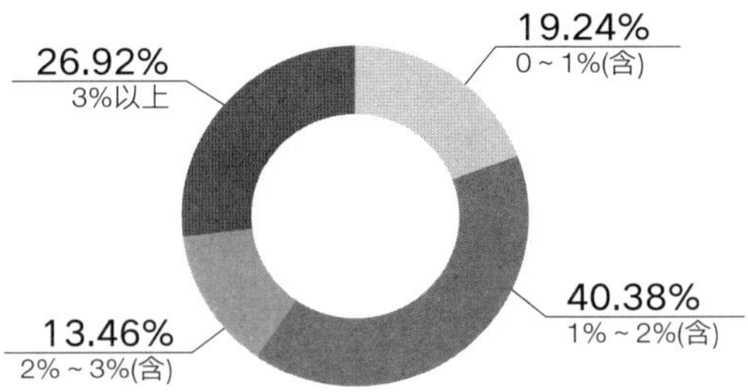

未来三年计划在管理系统开发方面的投入占营业收入比例

专图 1-30　样本银行管理系统搭建情况

五、普惠金融业务发展的其他方面

（一）多数中小银行对当期普惠金融政策实施效果表示满意

从专图1–31可以看出，超过八成（85%）的样本银行认为，我国当前实施的一系列普惠金融政策完整性与持续性尚可。高达95%的样本银行认为，我国近年为发展普惠金融事业和2020年为抗击新冠肺炎疫情而出台的一系列政策效果较好。具体而言，样本银行对降息、降准和再贷款等货币政策认可度高达75%，对“三农”及乡村振兴政策、减税降费等财政政策认可度为56%。

① 例如，省联社统一建立信息系统供辖内法人农商银行使用。

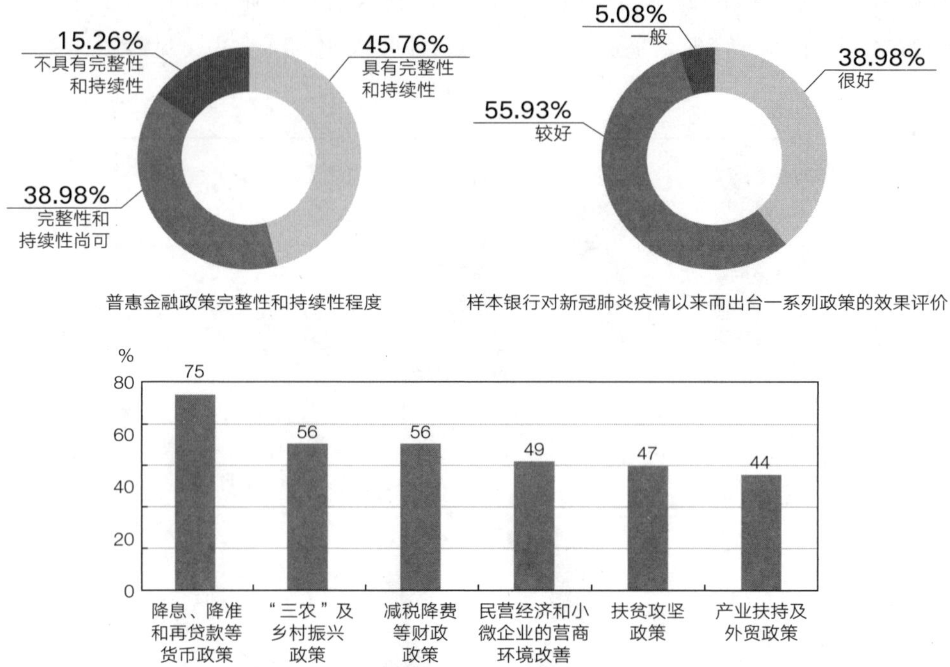

专图 1-31　样本银行对当前普惠金融政策的效果评价

目前，我国普惠金融事业面临着许多问题，排名前三的分别为：商业可持续性需提升（59%）、基础设施建设需加强（56%）及体系不健全（54%）（见专图1–32）。

关于发展普惠金融业务的政策建议，62.71%的样本银行认为，对小微企业减税降费的财政政策有必要长期实施，25.42%的样本银行认为应根据市场实际发展情况作出适当调整（见专图1–33）。从走访调研中我们了解到，中小银行希望监管政策能够根据小微企业的真实特征，执行差异化监管尺度，对普惠金融新产品、新模式的探索与试行，期待监管机构能够给予足够的支持与包容。

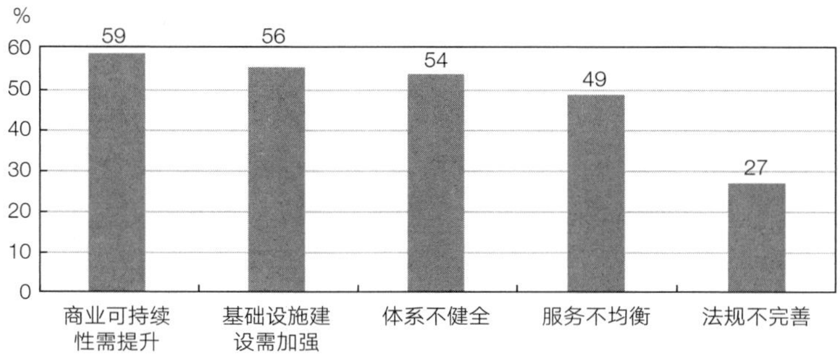

专图 1-32　样本银行对当前普惠金融事业发展的效果评价

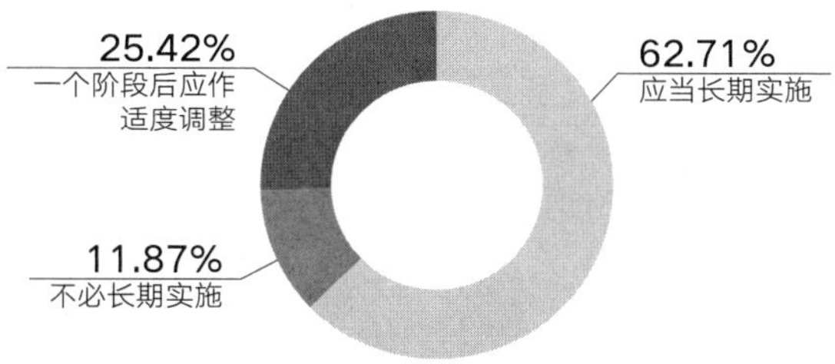

专图 1-33　样本银行对当前小微企业减税降费财税政策的效果评价

（二）信用信息共享与担保增信体系建设是中小银行关注的重点领域

调研结果显示，约73%的样本银行表示加强小微金融大数据和信用信息共享平台建设是普惠金融发展的重中之重；66%的样本银行希望在中央和地方各级财政的风险补偿机制上得到政府政策的支持；63%的样本银行希望完善多层次市场融资体系；另外，融资担保机构风险分担作用（59%）及保险机构融资保险与增信作用（51%）的进一步提升，将有助于促进中小银行普惠金融业务的发展（见专图1–34）。

（三）不良率高与科技手段不充足是中小银行普惠金融业务表现的突出问题

自2020年以来，受到新冠肺炎疫情的影响，小微企业的生存环境异常艰难。样本银行认为，当前小微企业发展面临的主要困难与突出问题具体表现为：科技信息投入与运用不足（63%）、融资能力有限（59%）、市场准入和发展限制（58%）及财务能力不足（53%）等（见专图1–35）。

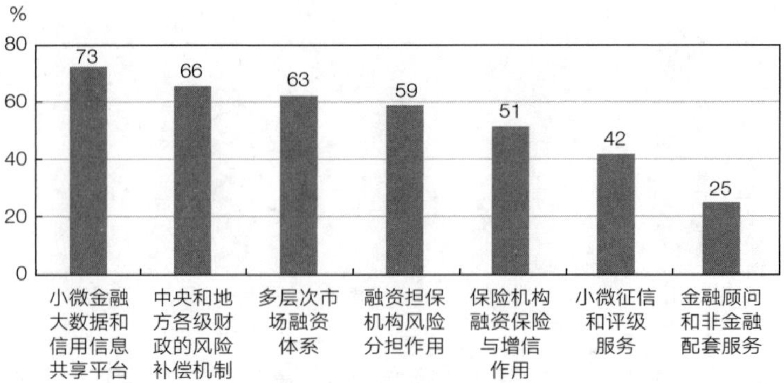

专图 1-34　样本银行希望得到的政策支持

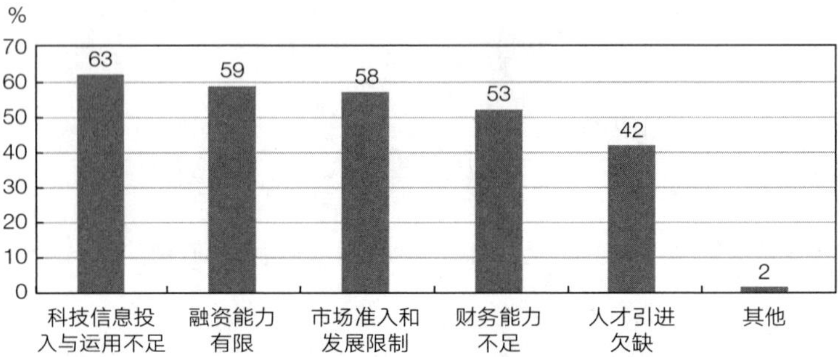

当前小微企业发展面临的主要困难与突出问题

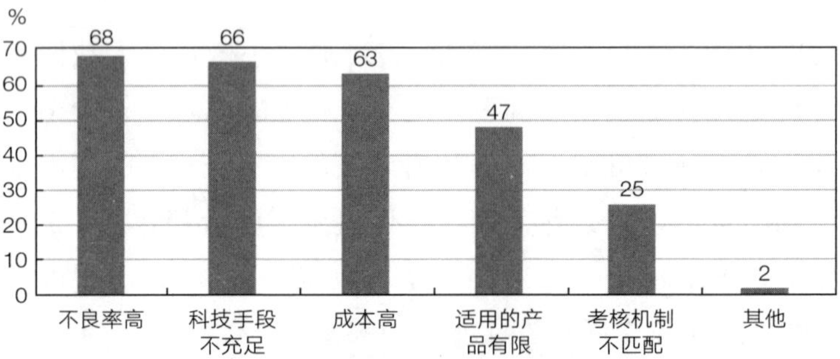

当前中小银行普惠金融业务的困难与挑战表现

专图 1-35　样本银行认为当前小微企业与普惠金融业务面临的挑战

样本银行认为，当前中小银行普惠金融面临的困难与挑战具体表现为：不良率高（68%）、科技手段不充足（66%）、成本高（63%）及适用的产品有限（47%）等（见专图1–35）。

专题2

日拱一卒无有尽，功不唐捐终入海
——小微金融台州模式及借鉴[①]

2005年以来，小微金融从借鉴国际经验到本土落地，从人海战术到数字升级，具有商业价值的小微信贷技术主要有IPC微贷技术、信贷工厂和大数据信贷等三类。作为最早开展IPC微贷技术合作的银行之一，台州银行定位于小微专业银行，在自身的经验基础上，借鉴IPC技术，经过多年本土化打磨，实现了小微金融服务的标准化、体系化，推进了台州地区各家银行小微金融服务的提升，自身收益良多，逐渐成为小微金融"台州模式"标杆行。其最大价值是破解了小微信贷"规模、风险、收益"不可能三角。截至2019年12月末，全行（含主发起设立的村镇银行）资产总额2229.6亿元，各项存款余额1792.6亿元，各项贷款余额1516.1亿元，实现利润42.2亿元，不良贷款率为0.65%。

泰隆银行同样业绩斐然，国务院相关部门数次邀请该行高层问计小微金融。2014年11月，李克强总理考察泰隆银行，对该行长期致力于小微金融服务给予高度评价："小微企业是就业的主力军，我们要发展泰隆这样的银行，才能为中小企业、小微企业提供真正的支持和服务。"2019年6月，刘鹤副总理在杭州调研时指出："浙江在中小银行服务实体经济特别是小微企业方面形成了台州模式等有益经验，也有新探索，值得认真总结和推广。"台州模式作为可推广的小微金融模式之一叫响全国。

该模式的形成既有市场竞争机制之功，也有地方信用生态助推之效，以持牌银行为供给侧主体，还涉及地方企业信用信息平台，在多年本土实践基础上，融合借鉴了IPC微贷技术和信贷工厂理念，从小微信贷技术上升为小微金融专业化体系。

---

① 本专题由上海财经大学国际银行金融学院产业（普惠）金融研究员陈德翔撰写。

一、台州模式价值再认识

台州模式是指台州市中小银行在自我探索基础上，通过借鉴IPC微贷技术等，进行本土化、体系化和数字化升级形成的小微金融专业化体系。该模式聚焦小微客户（小微企业、个体工商户、小微企业主及农户等），破解了小微信贷“规模、质量、效益不可能三角”，实现了“义利可兼顾、业务可持续、异地可复制”，为破解国内小微企业融资难、融资贵问题提供了成功案例，也为全球普惠金融事业贡献了中国样本。

（一）台州模式业绩表现

本文以台州银行和泰隆银行作为台州模式样本银行（下同），以公开数据、券商研报和调研访谈方式开展分析。

这两家银行的共同特点是，资产收益率高，ROE水平长期高居银行业前列，且不良率始终控制在1%左右，实现了商业可持续与社会责任的兼顾，代表了台州模式在破解小微信贷“规模、质量、效益不可能三角”方面取得成功（见专表2-1、专表2-2、专图2-1、专图2-2和专图2-3）。

专表2-1　台州银行业绩表现

经营指标	2012年	2013年	2014年	2015年	2016年	2017年	2018年	2019年
资产规模/亿元	701	877	1024	1233	1501	1574	1893	2230
净利润/亿元	15.32	18.2	22.34	24.37	25.85	33.29	46.82	42.22
ROE/%	27.24	24.91	25.82	24.52	23.42	25.91	30.07	22.85

资料来源：根据银行网站信息整理。

专表2-2　泰隆银行业绩表现

经营指标	2013年	2014年	2015年	2016年	2017年	2018年	2019年
资产规模/亿元	694	868	1087	1208	1432	1685	2078
净利润/亿元	9.47	11.84	14.83	20.09	24.19	27.69	31.79
ROE/%	18.94	22.85	23.09	25.41	24.85	23.32	21.57

资料来源：根据银行网站信息整理。

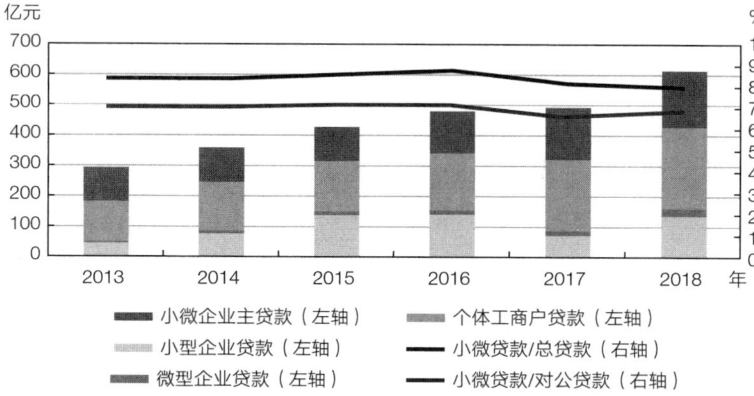

专图 2-1　台州银行小微贷款增长情况

（资料来源：Wind 资讯，国盛证券研究所）

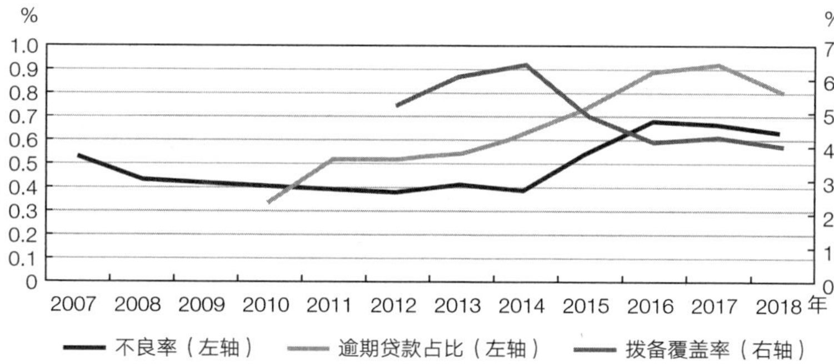

专图 2-2　台州银行贷款质量和拨备情况

（资料来源：Wind 资讯，国盛证券研究所）

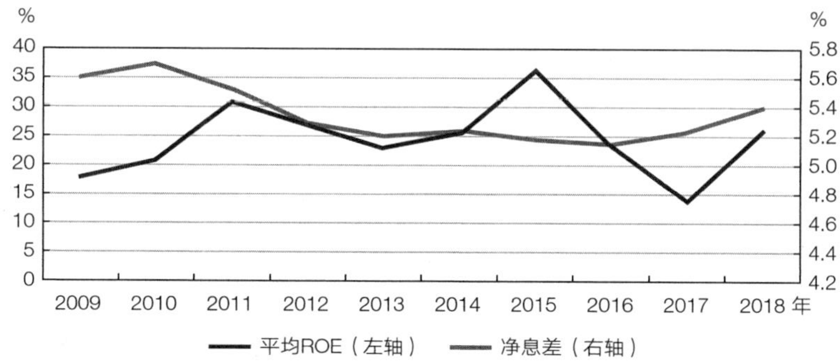

专图 2-3　台州银行资产效益情况

（资料来源：Wind 资讯，国盛证券研究所）

（二）台州模式国内输出情况

台州模式令人耳目一新，是否可以复制？我们选择台州银行投资的中西部两家村镇银行为例进行分析。从两家村镇银行的经营数据[①]看，均取得较大成功，可谓名利双收，甚至发挥了鲇鱼效应，搅动了当地小微金融市场竞争的活水（见专表2–3、专表2–4）。

专表2-3　赣州银座村镇银行经营数据

经营指标	2015年	2016年	2017年	2018年	2019年
资产规模/亿元	77	98	127	139	151
贷款规模/亿元	58	71	96	116	129
净利润/亿元	2.4	2.5	3.7	6.7	5.5
不良率/%	0.19	0.37	0.50	0.60	0.68
营销员工/人	361	329	365	419	436
员工总数/人	707	786	838	947	—

专表2-4　渝北银座村镇银行经营数据

经营指标	2015年	2016年	2017年	2018年	2019年
资产规模/亿元	44.88	53.15	63.17	71.85	83.23
营业收入/亿元	2.64	3.05	4.62	3.97	4.43
净利润/亿元	1.25	0.82	2.4	1.91	2.13
净资产收益率/%	25.56	16.17	35.28	24.37	23.53
不良贷款率/%	1.23	2.05	1.32	1.09	0.92

截至2019年底，台州模式两家代表行在国内已发起设立村镇银行20家，覆盖了全国1/3的省级行政区（见专表2–5），将台州模式复制到了全国各地，它们融入当地市场的情况值得进一步跟踪研究。

专表2-5　台州模式在其他地区的复制

银行	发起村镇银行区域	数量
台州银行	北京、广东深圳、江西、重庆、浙江	7家
泰隆银行	湖北、福建、广东、河南、陕西、浙江	13家

某知名外资银行投资的村镇银行连年亏损，已经难以维持经营，而同一地区台州银行银座村镇银行盈利过亿元。对比之下，说明在该地区小微金融“本土品牌”比跨国金融“全球品牌”更有效！

① 鉴于数据可获得性，要素略有差别，但不影响判断。

台州模式在浙江以外的东部发达地区同样取得了成功，如泰隆银行上海分行成立后，将第一家支行设在某小商品市场（8000多家商户集聚），派驻客户经理团队，15个接柜窗口熙熙攘攘，为市场商户提供开户结算、现钞解领服务，为4000家商户提供了户均不超过50万元的贷款，解了小商品市场金融服务之渴，且只收贷款利息，其他结算汇兑类服务费用全免，迅速征服小微客户的心，填补了其他金融机构在经营重心逐年上抬后留下的小微金融巨大服务空白，也佐证了台州模式同样适合于东部发达地区。

台州模式并不局限在浙江台州一地，周边温州的鹿城、乐清和苍南农商银行同样专注小微，宁波市部分中小银行如鄞州银行小微金融也很成功。国信证券2020年6月发布的研究报告《优秀中小银行扎堆的“浙东现象”》分析和佐证了浙东中小银行商业模式的可复制性：浙江省优秀的中小银行较多，与当地经济环境高度相关，但并不能简单认为与区域经济特征高度相关，因为在当地同样有表现平庸的银行，说明区域并非充分条件，且它们的成熟模式在内地村镇银行也有较好的复制效果，说明区域也非必要条件。这表明通行于浙东的中小银行“小而美”商业模式具有较好的可推广性。

台州模式是市场化驱动的结果，经历了从自然选择到战略选择的过程。台州银行和泰隆银行起源于城市信用合作社，市场定位天然是小微企业。同时，台州模式对小微市场的坚守，也体现了历史因素和银行治理的综合结果。从近代史看，得益于上海开埠带来的工商业和金融业相对发达，浙东地区现代工商业和金融启蒙较早，商业氛围浓厚，民营经济发达，信用意识较强，市场竞争相对充分，宁波帮银行家、绍兴帮钱庄崛起，天然形成了有利于民营经济融资的金融生态。

浙东地区市场经济发育已经超过百年，自然构成工商和金融服务生态，包括金融业务在内的市场竞争相对充分，供求关系相对均衡，而且主要提供的就是小额、短期的借贷业务，所以民间小微信贷历史悠久。即使在长达30年的计划经济时代，类似观念依然根植于当地社会文化中，只要外部环境合宜，小额短期信用贷款市场迅速回春。

改革开放初期，正规金融机构信贷具有稀缺性，金融市场存在小额短期信贷巨大空白点，为民间借贷提供了丰富土壤，也是高利贷沃土，说明持牌金融主体供给不足。台州地区除了主要市场主体为民营经济，还得益于政府监管层务实决策，保留了三家独立法人的城商银行机构，未出现其他地区全部归并成一家城商银行现象，当地小微金融市场竞争生态得以延续。

对于区域金融市场的充分竞争，还可以用“每百万常住人口银行网点数”指标来衡量。2018年浙江省该指标是231个，邻近的江苏省是161个，全国平均值为163个，而作为金融中心的上海市此指标也仅为168个。可见，浙江银行业竞争相当激烈，且因为多岛多山经济地理因素，网点必然更加下沉基层，小微企业、个体工商户和农户自然得益。

综上所述，地域差异有一定关系，但不应该是台州模式难以复制的内在因素，更重要的是市场化发育阶段和社会信用环境。台州模式已经在国内中西部地区通过村镇银行取得成功，且小微企业（含个体工商户）在任何地区占比都超过90%以上，它们都有未得到满足的合理金融需求！很多人认为台州模式难以复制，主要是由于思维定式、规模导向、体制机制、路径依赖等多种原因，导致银行难以转型、难以下沉、难以真正以小微客户为中心。台州中小银行对小微金融的坚守和情怀是市场竞争结果。同时，因为更加依靠商户小额结算类存款，从资产负债管理角度，选择服务小微与自身能力相匹配。此外，它们选择“小额短期信用贷款”为主打产品，不仅体现小微需求特点，也与大型银行形成错位竞争。

（三）小微专业银行特征

台州模式是台州地区中小银行专注小微谋生存、不断创新求发展的结果，小微专业银行的特征也越发明显，与其他中小银行相比，其经营管理数据特点表现为“四高四低”，即员工占比高、人均管户高、风险定价高、资产收益高；不良贷款率低、户均贷款低、人均创利低、资产（负债）增速低。

1. 员工占比高

上述两家银行均达到近万人规模，其中客户经理占比高达50%，且绝对人数近5000人，在团队、营销和风控三要素中，团队管理是小微信贷成功的基础条件，能够成功管理数千人的客户经理队伍，除了90%员工立足自我培养，机制配套和文化育人也是必要条件。这是由小微金融营销和风控逻辑所决定的，只有大量经过专业训练、勤奋劳作的客户经理渗透到市场每个角落，才能真正渗透市场，真正对客户知根知底，经营重心才能真正下沉。

2. 人均管户高

在台州模式基础版（人海战术）中，提高客户经理单产水平才能最大化资产收益率。笔者2005年赴台州调研时，有两家银行的创始人均提到管户

（有贷户）达100～200户水平。2019年笔者参加中国银行业协会某次中小银行座谈会，向台州银行行长提管户问题，对方回答依托移动互联工具，管户水平可达600户以上。

3. 风险定价高

台州模式定价管理很细致，根据小微企业风险评价，实行差异化定价，做到“一户一价”“一笔一价”和“一期一价”。同时，利率定价体现经营性零售信贷的风险定价原则。因为台州模式主打“小额、短期、信用”贷款，绝大部分客户户均50万元以下，且80%为信用贷款，利率较抵押类贷款略高，体现了充分竞争市场的利率定价原则，同时也是数千位客户经理不辞辛劳、管控风险应有的回报。

4. 资产收益高

资产收益高是风险定价和风险控制表现良好的结果，也是以信贷利差为近乎唯一收入来源的小微金融专业银行追求的最重要指标，也适用于国内大部分中小银行，因为资产收益是影响经营业绩的绝对因素。所有在合规和风险可控前提下，能提高资产收益的资源投入、微创新和能力建设都应是中小银行的经营选项。

5. 不良贷款率低

不良贷款率低是继资产收益高之后，非常值得台州模式骄傲的另一项指标。开展小微信贷业务，在80%以上贷款均属信用保证类贷款前提下，贷款质量普遍比一般商业银行高，不良贷款率长期低于1%。这说明只要找到正确的模式，贷款质量高低和企业类型规模没有关系，但和具体银行在既定战略和业务模式下的精细化经营管理水平息息相关，不可简单认为“小微企业贷款风险高”！

6. 户均贷款低

小微客户对象较国家标准中的中小微企业标准更低，普遍在户均100万元甚至50万元以下，部分主要经营微贷的银行如常熟银行，户均更低（户均10万元量级）。长期以来，小额短期金融服务需求易被商业银行忽视，因为短期内规模不经济，与现有考核机制不相容。台州模式以商业可持续方式填补了金融服务细分市场空白，实现了义利兼顾，也增强了地方金融体系普惠性。

7. 人均创利低

人均创利低是相对概念，是以“人海战术”著称的小微专业银行在数据上的典型特点，在追求规模效应的银行业显得另类。如果以此指标评价小微专业银行经营绩效则格格不入。相应地，如果商业银行非常注重该指标，必定倾向公司金融、同业或投行思维，难以真正倾斜资源开展小微金融业务。

8. 资产（负债）增速低

资产（负债）增速低与股东背景、业务模式和存款来源相关，在主要依托小微企业及业主派生存款的前提下，存款负债体现为稳定性好、离散度高、体量有限、增速较慢，这种存款结构也决定了资产运用必须坚持“小额、分散”原则，控制“大额、长期”信贷投放比例，避免资产集中度高带来的流动性风险，这必然表现为资产增速低。

台州地区城商银行经过20多年的发展，总资产在2000亿元量级，相当于第一梯队城商银行（资产规模超过2万亿元）体量的1/10，但资产收益高、股东回报高，在总资产2000亿～3000亿元规模城商银行中名列前茅，在银行业中形成了独树一帜的名片——小微专业银行！

二、台州模式体系化要点

如前所述，台州模式是指浙江台州中小银行在自我探索基础上，借鉴IPC微贷等技术，进行专业化、体系化和数字化升级而成，它们在服务小微企业、个体工商户和“三农”过程中，形成了以“网格营销”“小额无抵押贷款”“两有一无”“三品三表”等做法为代表的成效显著的小微金融服务体系。

台州模式聚焦资产收益率目标，通过多年淬炼，尤其是在过去十多年的进化中，完成了小微专业化、体系化、数字化升级，早已从传统信贷模式的不适中走出来，形成了以线下“人海战术”为特征的基础版，以数字增效工具为特征的升级版，并正在凝结小微专家经验，结合人工智能技术，进一步提高产能和效率（见专表2-6）。

专表2-6　台州模式的进化

类别	营销	风控	流程（系统）
基础版（“人海战术”）	客户分层、网格营销、无抵押贷款	注重意愿和能力调查；管控信用、操作和道德风险	人工作业、纸质文件传递、集中式核心系统处理
升级版（人机结合）	+移动终端（PAD、APP）	+多维度征信、多策略辅助、预筛选、贷后监控	前台移动工具、中台审核、后台监控系统一体化
最新趋势（人工智能）	与数字化应用并行，以金融科技提升产效，构建小微金融AI大脑，升级业务模式，对接各类数字化产业和消费场景		

注：台州模式升级版不改变基础业务逻辑，是在“人海战术”基础上+“增效工具”+“人工智能”，达成“提质增效、控险扩量”，实现产效和风控能力进一步优化。

（一）台州模式基础版要点

台州模式围绕服务小微客户，做大资产收益，构建经营管理体系，并且20多年一以贯之。该模式在理念上完全符合国际公认的信贷原则，即“KYC原则”（对客户应知根知底），要点如下。

1. 市场营销

小微企业（含个体工商户，下同）主要分布在民生服务业、制造业和农村种植（养殖）业，且较为分散，存在普惠金融“信息不对称”“最后一公里”难题，只有网点和人员下沉才能触达。

第一，获客社区化。首先，细分市场客户，将小微客户群体细分为“小”和“微”，分别制订更具针对性的金融服务方案。其次，实行网格营销，控制营销半径，通过客户经理的专业经验和勤奋尽职破解信息不对称，通过社区建档、客户建档，按照五步法营销客户，即“一选、二找、三进、四沉、五评”（见专图2–4）。

专图 2-4 五步法营销

第二，产品定制化。产品在精不贵多，“小额短期、随借随还、免抵押”是台州模式信贷产品核心特征，完全根据小微企业信贷需求特点定制，很实在不花哨，因而获得客户欢迎（见专表2–7）。

专表2-7 信贷产品核心特征

类别	无抵押贷款	随借随还卡	小额快贷
亮点	• 有担保非标业务	• 一次授信，循环使用 • 随用随支，方便灵活	• 线上化流程 • 小微企业的“零钱包”
对象	经营情况良好，但缺少足额抵质押物的小微企业/小微企业主、个体工商户	小微企业主、个体工商户	小微企业主、个体工商户
特点	• 10万~500万元 • 第三方保证为主 • 线上申请，线上+线下审批 • 满足借款人周期性的，日常经营所需资金	• 最高50万元 • 保证 • 线上申请，标准化审批 • 随借随还，按日计息，满足借款人临时性、短期性资金需求	• 最高20万元 • 纯信用 • 线上申请，线上审批 • 随借随还，按日计息，满足借款人临时性小额资金需求

免抵押的设计有力度、有温度，真正体现了以客户为中心的理念，不仅使广大小微客户能够获得正规金融渠道相对便宜资金，进一步扩大了受惠面，颠覆了银行传统信贷的抵押情结和“砖头文化”，赢得了客户和社会的尊重，也磨炼了客户经理的风险识别、管控能力和责任心。实践中，并未因为免抵押而造成不良率高企，说明小微客户同样是讲诚信、可配合的群体。

截至2019年6月末，台州银行贷款中，100万元以下的贷款户数占比达94%，贷款余额占比达51%，其单户500万元以内客户的户均贷款余额仅30万元左右。贷款以信用和保证贷款为主，占贷款总额的80%（见专图2–5）。

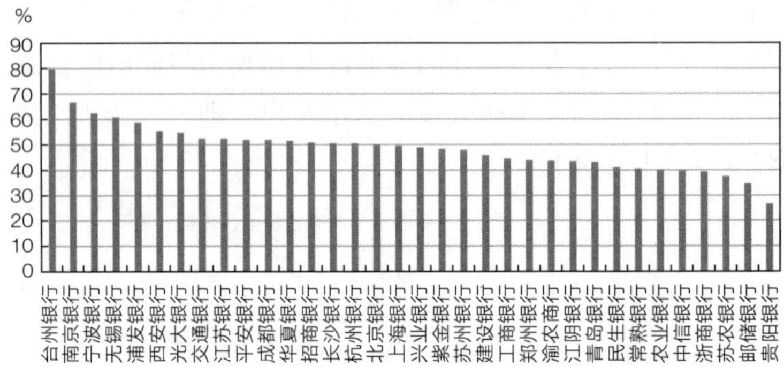

专图 2-5　台州银行的信用和保证类贷款占比高于同业

（资料来源：台州银行公告，国信证券经济研究所整理）

2. 风险管理

鉴于小微企业特征，台州模式风控逻辑起点是企业主而非企业法人，在理念上强调小微企业虽然组织形式是企业、合伙企业或个体工商户，但实为项目，即使项目失败，企业主仍活跃在市场上，这与传统公司金融信贷理念差异较大。同时，小微企业关系简单，大多数小微企业主吃苦耐劳、诚信守法、专注主业，没有复杂关联关系。台州模式的理念是，小微企业融资难在信息不对称，需要以人力成本对冲风险成本，实现风险成本可控，因此台州中小银行更加注重现场访谈和实证尽调，通过正面调查、侧面打听和交叉验证，还原真实（见专图2–6）。

专图 2-6 缓解信息不对称的途径

在具体项目尽调方面，除了耳熟能详的“三品三表”，还包括“两有一无”“三看三不看”“三查询五核实”等实用技术。

（1）“两有一无”。凡是有劳动意愿、有劳动能力，且无不良嗜好的小微客户，银行都愿意建立客户关系，安排客户经理维护和服务客户各类金融需求。台州模式理念认为，小微企业具有诚信品质，有资格也有必要获得专业金融服务。小微企业主并不缺信用能力，缺的是正规的融资渠道、银行认可的担保条件，以及获得信用融资的可能性。

（2）“三看三不看”。在尽调中，为考察小微企业主还款意愿和能力，台州模式注重和企业主一起算实账，摸透客户，包括调查企业主及家庭真实资产负债情况和现金流，编制简要务实的财务报表，通过内部流转单据和银行流水，判断销售绩效和竞争力，推断企业主业务能力。其中，“不看抵押”是指企业及家庭房产等资产在调查真实资产负债情况中已经摸清，但不强调作为传统风控的押品管理，可在合同条款中作某些约定。

（3）“三查询五核实”。小微企业主体资质、企业主人品、实际经营和财务状况并不复杂，需要通过标准化的信贷技术，配合有经验和责任心的客户经理一一尽调核实，因为社区（商圈）化经营，客户经理对小微企业基本能够做到知根知底，因此，“小微信贷专家经验+IPC技术”推动了台州模式标准化和体系化，为不良率长期控制在1%奠定了基础，进一步验证了台州模式的基本业务逻辑（见专图2–7）。

“两有一无”

- 有劳动意愿
- 有劳动能力
- 无不良嗜好

“三看三不看”

- 不看报表看原始
- 不看抵押看技能
- 不看公司治理看家庭治理

“三查询五核实”

- 黑名单查询
- 征信查询
- 分户账查询

- 主体资格核实
- 经营情况核实
- 信用状况核实
- 资产负债核实
- 贷款用途核实

专图 2-7　项目尽调的环节

3. 运营流程

运营流程关系到效率、风控及客户体验，必须建立与小微信贷相匹配的流程，才能提高市场竞争力，主要包括开户、结算和信贷流程。传统公司金融流程规范性要求强，要求小微企业必须满足银行对财务报表和各项资料的要求，否则不予受理。台州模式的做法是尽量把辛苦留给自己，把便利留给客户。

（1）开户结算。银行将网点开到小微企业集聚地，与同业相比，配备更多人员、设立更多柜台，同时根据小微企业经营特点，延长经营时间。网点柜台异常繁忙热闹，与其他银行网点形成鲜明对比。为满足小微客户的现金需求，与人民银行专门协调，同时对结算类收费能免则免，获得小微客户认可。

（2）信贷流程。台州模式运行早期，客户经理白天跑街，晚上写报告、做系统录入，加班加点成为工作常态，难免存在流程梗阻，包括客户经理往往要负责全流程操作作业，工作量相当大。经过多年持续优化，台州模式形成了扁平化的审贷流程，从有效简化客户提交资料开始，细分各环节，进行归并，并联甚至前移，提出“三三制”服务承诺：新客户最多三天，老客户最多三小时。例如，信贷资料收集环节，根据小微客户经营管理特征，以客户基本证件资料为主，相关行业或经营证明资料为辅，确保简单有效；审批环节体现为合理授权，实现大部分业务在支行层面完成审批，缓解融资烦、融资慢。

（二）台州模式升级版（2015年至今）

台州模式基础版建立在“人海战术”、人工作业和专家经验基础上，需要大量的人力资源投入和有效管理，这既是台州模式竞争力的护城河，也是让很多商业银行知难而退的重要原因，毕竟人力资源投入终有限度，且管控难度与日俱增。

有鉴于此，台州模式开始构建融合线上线下的升级版，以“降本增效、提质扩量”为目标，将利用金融科技创新发展提上日程，融合信息技术进步与“人海战术”，积极应用互联网、大数据、人脸识别等信息技术，以模式模型化为导向。

这一阶段的指导思想是积极探索“线下软信息+线上数据化”，持续推动模式模型化，通过系统连接前台、中台、后台（前台移动终端、中台集中审批、后台大数据平台），实现了前台营销作业移动化、中台审批决策集中化和后台风险监控智能化；同时，借助台州列为国家级小微金融服务改革创新试验区机会，地方政府强力协调各部门建设地方企业信用信息平台，主动开放政府端企业信用信息，解决了除人民银行外最重要的数据来源问题。台州小微专业银行在基础版“人海战术”基础上，运用技术工具，提高运营和风控效率，进一步释放业务潜力，台州模式升级版应运而生。

1. 业务运营

银行利用PAD等移动设备搭建客户服务移动工作平台，为客户提供包括柜面业务、信贷业务、信用卡业务等离行一站式金融服务，客户经理人手一台PAD，通过现场采集、批量操作、远程审批，做到客户立等可贷，办理一笔新增贷款只要30分钟，续贷操作仅需3分钟。同时，中台工作人员每天12小时在线，实时响应每一笔通过PAD发送回来的贷款申请，大大提高运营效率。台州银行在推广使用PAD工具后，客户管户能力最高可达600户以上，营销效率提升50%～100%，取得明显成效。

2. 风险管理

银行在贷前环节加入预评估功能，通过系统自动查询黑名单、法院、行政处罚、征信等数据，把好信贷准入关。在审批决策环节，将多年积累的风控经验通过专家规则模型化，区别首贷和续贷、小贷和微贷、信用贷与抵押贷，实行差异化、集中化审批，降低了沟通成本，提高了决策效率。实现风险监控智能化。通过系统开发贷后规则及贷后评估模型，以客户级为单位，对全行未结清贷款客户进行定期的系统核验，自动筛选疑似高风险客户和常规检查客户，开展精准贷后监控，大大提高了风控效能，减轻了客户经理常规工作量。

3. 升级趋势

以5G通信、物联网、大数据和人工智能为代表的科技进步，是台州模式创新发展的底层技术条件。台州小微专业银行最新发展趋势是在“人海战术”与工具增效基础上，运用金融科技最新成果，构建台州模式升级版，基本思路可概括为人机结合、规模定制（见专图2–8）。

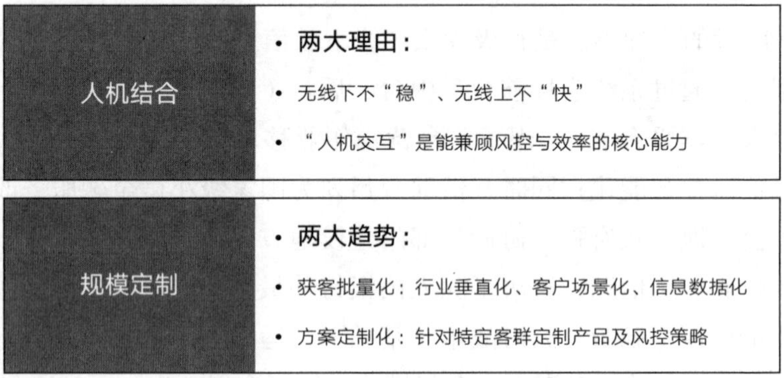

专图 2-8　台州模式升级版

目前，台州模式两家银行：台州银行和泰隆银行均有高管下海创业，运用金融科技，提炼台州模式，打造小微金融科技平台，进行市场化推广。例如，上海“磁金融”平台，连续4年累计投资近亿元，提炼台州模式20多年专家经验，开发具有自主知识产权的小微信贷风控引擎，体现了台州模式的前沿探索。

“磁金融”是一家由小微金融专家领衔、金融科技团队赋能的金融科技公司，其差异化特色体现在三个方面：一是与拥挤在C端赛道的绝大多数金融科技公司不同，“磁金融”属于B端金融科技公司，服务小微市场，服务中小银行，其目标是帮助合作伙伴建立小微金融服务能力和业务体系，而不仅仅是提供一套技术；二是业务模式为“技术输出+联合运营”，构建业务逻辑驱动下的数字风控引擎，验证后合作输出，并派出专家团队培训和联合运营，确保体系纯正；三是从国内东部向中西部地区进行布局，自营助贷部分如场景传感器，不断汇集各地区小微金融市场数据，保证了风控引擎开发迭代的逻辑始终来自真实的市场变量（见专图2–9）。

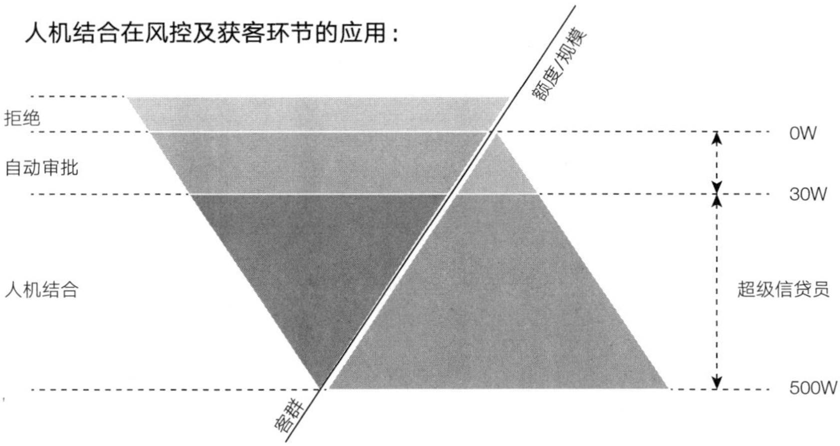

专图 2-9　人机结合应用逻辑

构建核心风控系统是台州模式升级版的技术保证，该系统定位于小微企业风险评估和分析，以小微专家逻辑为基础，运用统计分析、机器学习等方法，制定策略、构造模型，为客户筛选、分层分类，风险管控及精准的贷后追踪等场景提供支持。

该系统最终输出信用评分和信用报告，实现以下功能：

（1）获客场景化。直面互联网对产业链和消费链的冲击，台州模式升级版在社区网格营销基础上，提出了泛供应链营销的概念（见专图2–10）。

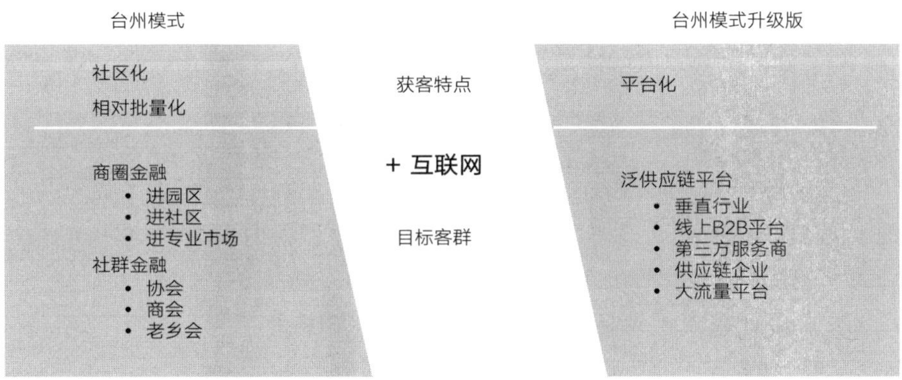

专图 2-10　获客场景化

（2）风控半自动化。风控环节强调人机结合，体现了专家经验与工具提质增效的有效结合，属于台州模式的升级版（见专图2–11）。

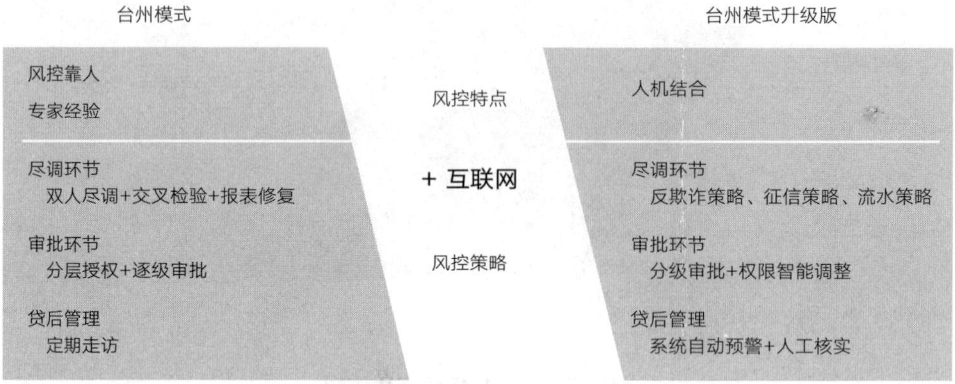

专图 2-11　风控半自动化

人机结合在风控流程上表现得最为明显。如专图2–12所示，从获客端即系统介入，筛选出信用评分达标的潜在有效客户，再落实客户经理开展尽调；尽调过程营销即风控，传统的IPC技术依然发挥有效；在获取多维数据后进行信用评分和信用解析，为分级审批提供更加真实、有效、完整的决策依据；审批通过后，通过传统贷后与系统预警相结合，标准贷后策略与定制策略相结合，丰富了贷后手段，贷后管理更加精准实效。

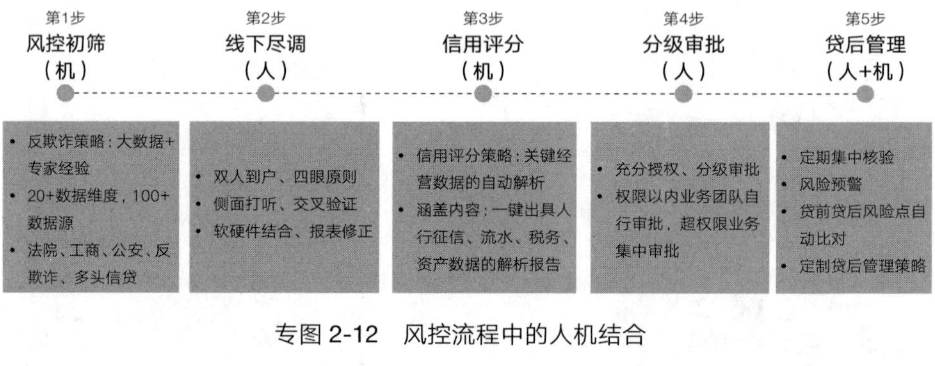

专图 2-12　风控流程中的人机结合

（3）作业线上化。科技金融赋能小微金融最直接的体现就是提高运营效率，也能获得客户良好体验，这方面的应用已很成熟，不再赘述（见专图2–13）。

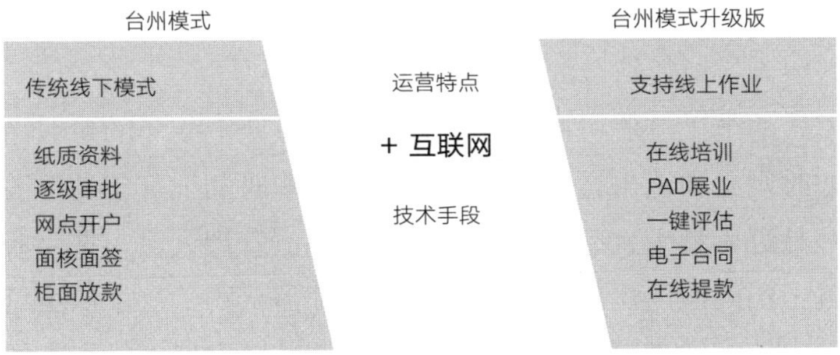

专图 2-13　作业线上化

以上创新实践为台州模式走向数字化时代进行了可贵探索。2019年9月由新浪财经主办的“2020中国银行业发展论坛”演讲中，原建行行长刘桂平认为：“商业银行的经营逻辑正在从聚焦高收入人群和大额低频场景向服务全量客户和小额高频场景转变。数字经济时代，普通民众获取金融资源的丰富性、便捷性、舒适性大大增强，商业银行必须从基于账户交易的传统逻辑中解脱出来，转向通过搭建生态场景获客、活客、留客”。一言以蔽之，金融服务下沉已是公认的市场最新趋势，大型银行有此意识，立足地方的中小银行更应顺势而为。

（三）团队建设：台州模式护城河

关于团队建设，泰隆银行分享过一个体会：“队伍和文化是廉价的风控”，小微企业服务靠人，员工发自内心敬业有为、知善知止，比任何制度约束有效。把团队和文化作为“软实力”（smart power），可谓台州模式的护城河！

1. 事业留人，坚持自主招聘、自我培养

台州模式两家银行90%的人员采取了自主培养的方式，实践证明，这种做法确保了小微信贷文化的一致性和传承性。一般策略是通过校园招聘，招聘一些基本面比较好、文化价值初步认同、白纸一张的应届大学生进行培养。有一些独门经验，如招聘客户经理倾向于“二流大学的一流学生”“家庭中的长子（女）”等。台州两家机构为此专门成立了金融学院，通过专门培训和文化熏陶，再分配到各支行进行带教，一年左右可以独立营销。同时，大胆起用年轻人，早培养、早提拔，把银行打造成大家共同干事创业的平台，践行了“事业留人”的用人观。

2. 待遇留人，短长结合的激励相容机制

台州模式的员工持股机制设计颇有特色，按照上一年的每股净资产进行认购，离职时则必须退出，银行按照该员工离职时的上一年的每股净资产进行回购。凡是进入骨干、后备及各级管理梯队的管理人员，按照职级、级别高低，设置了不同的认购额度，一般情况下都需认购。这个做法符合市场经济基本原理中的激励相容原则，让和银行长期共同发展的优秀人才分享到银行发展成果。

在工资薪酬和福利方面，充分体现了对人才定价的合理性和市场竞争力。除了工资，购车有免息贷款，购房有低息首付贷款，每年有免费旅游、带薪休假，部门文化建设有专项费用，维护客户关系也有专项费用，还有“子女上班、父母领薪”的亲情激励等。

3. 感情留人，“家文化”理念与实践

台州模式提出以“家文化”为核心的文化理念，如泰隆银行要求各级管理者“要像爱护自己的眼睛一样爱护自己的员工”，具体表现在很多方面。例如，单列部门文化建设专项费用，要求必须用好，如员工生日和逢年过节礼品，定期组织团队聚餐，横向部门联谊等，互动多了，团队凝聚力自然增强。台州模式中的泰隆银行倡导“三个自己”（把泰隆当作自己的家，把泰隆的钱当作自己的钱，把泰隆的平台当作自己的事业）和“三誉三感”（信誉、荣誉、名誉；认同感、责任感、使命感）。

4. 输出管理团队，确保小微基因

跨区域开设分支行，总行一般派出核心管理团队，涵盖分行行长、分行分管业务副行长、各部门管理者及1~2名骨干员工，配合开展工作，有利于文化传承和小微模式迅速落地。同时，总行派出的管理团队的工作表现和成绩等均可信赖，建立在此基础上的授权发生道德风险概率相对较小，实现了与在台州同样的规模增长和资产质量优良，这就是小微金融体系软硬件结合、“以文化人”带来的制度自信。

三、小微金融及信用平台案例

台州模式代表行是小微专业银行。环顾国内中小银行，普遍按照公司、零售、同业等设置业务条线，普惠金融是业务条线之一，如何在现有多条线业务框架下开展小微金融业务？如何结合数字化推进普惠金融业务转型？我们认为答案在市场。

公开数据表明，长三角地区无论是小微业务模式，还是小微金融信用环境均引领全国，贡献了“2+2”普惠性金融治理案例，即两类小微金融模式和两个地方信用平台运作样本。在业务模式方面，台州小微模式（20多年淬炼）和常熟微贷模式（12年历练）以长期的优良业绩和风控表现，成为目前国内不多的本土小微金融成功模式，且均验证了可复制性；在小微金融信用环境方面，以台州和苏州（常熟是苏州地区一部分）为代表的地方企业信用信息平台也运行近五年，塑造了良好的地方信用生态，形成了信用向金融转化的良好机制，加速了本地区数字普惠金融的创新发展步伐，增强了地区金融和社会治理的普惠性，对地方产业转型升级、社会民生活跃和市场经济改革深化影响深远。

下面以苏南为代表，介绍常熟银行转型小微之路，以及苏州企业信用及增值服务平台两个案例，以资借鉴。

（一）常熟银行转型小微路

江苏常熟农商银行股份有限公司（以下简称常熟银行）地处东部发达的苏州地区，2001年完成股份制改制，2016年在上海证券交易所上市。该行扎根地方、服务县域经济，实施零售银行、公司银行、金融市场、村镇银行四轮驱动策略，近年加大小微金融转型力度，经过12年探索发展，效果良好，小微金融团队从最初7人发展到1500多人（全行占比为30%），客户经理人均管户160～170户，户均贷款为25万元，已成为国内最具“微贷”特色的上市银行。

1. 微贷业务发展情况

常熟银行小微金融体系化探索始于2008年，当时一笔公司贷款出现不良，损失颇大，迫使管理层思考差异化战略，小微金融业务成为不二选择。2009年，该行成立了小微金融总部，按事业部制垂直管理，从学习IPC微贷技术起步，通过三年时间打磨验证业务模式，转型取得成功。2014年，按照信贷工厂技术实行流程再造，标准化和体系化经营跃上新台阶，进入快速成长期。总体上，该行以三年为一个发展周期，在贷款规模增长的同时（见专图2–14），不良率始终控制在1%以内。

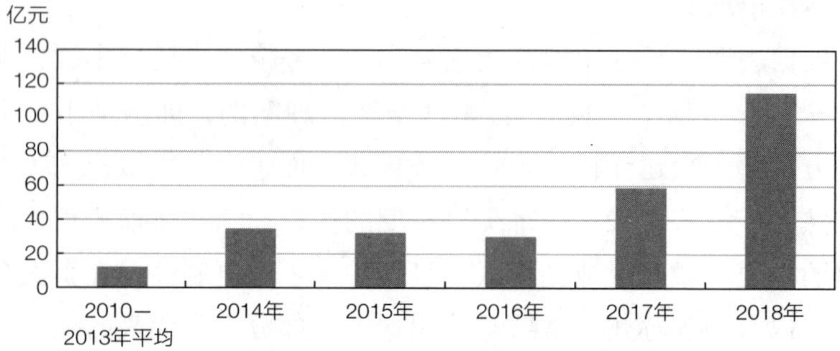

注：2018年数据按2018年上半年数据的2倍计算。

专图 2-14　常熟银行个人经营性贷款从探索到加速增长

（资料来源：常熟银行招股书、定期报告，国信证券经济研究所）

常熟银行的小微资产质量优良。2019年年报显示，小微金融板块不良率为0.82%，此外，以小微业务为主的村镇银行不良率为0.96%（见专表2–8）。

专表2-8　常熟银行总体资产质量状况（截至2019年底）

资产	金额/元	占比/%	不良率/%
公司银行	50902479	46.30	1.14
零售银行	9718416	8.84	0.60
小微金融	32184510	29.27	0.82
互联网金融	10563	0.01	0.53
兴福村镇银行	17128448	15.58	0.92
合计	109944416	100.00	0.96

资料来源：常熟银行年报。

效益方面，常熟银行微贷业务的平均收益率为8%~10%，带动全行2019年上半年整体贷款收益率为6.67%，这说明只要控制住不良率，小微金融市场就有利可图。在大部分银行还纠结是否下沉和抵押情结时，先进入市场者红利空间较大（见专图2–15）。

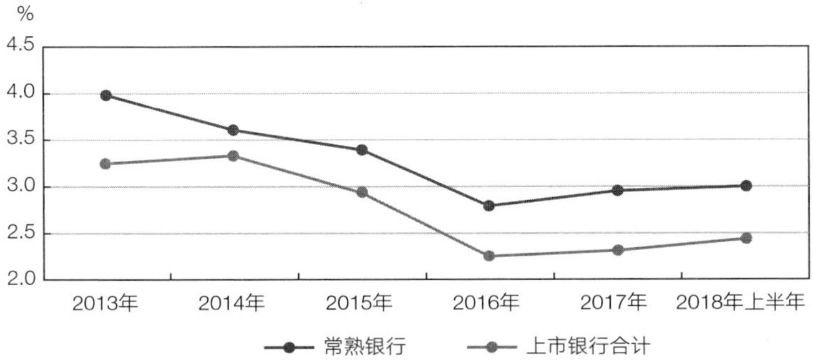

专图2-15　常熟银行资产收益率高于上市银行平均水平

（资料来源：Wind资讯，国信证券经济研究所）

从数据结果来看，常熟银行实现了其董事会提出的不与国有银行比拼、开展差异化竞争的战略构想，客户基础非常庞大扎实，这说明该行战略执行力强，可间接推断资源配置与战略目标匹配度高，未出现部分银行存在的战略漂移和战略管控力弱的现象，如专图2–16所示。

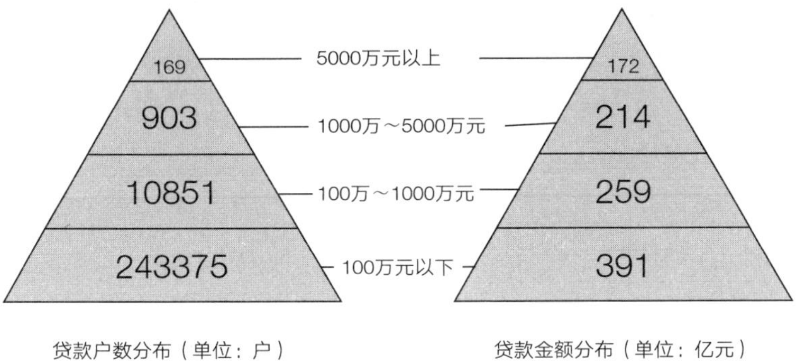

专图2-16　常熟银行贷款、客户结构（2019年中）

（资料来源：Wind资讯，国盛证券研究所）

常熟银行依托“分支行+村镇银行”方式复制推广微贷业务。近年来，常熟银行先后在湖北、江苏、河南、云南、海南五省发起设立31家“兴福”系村镇银行。2019年9月，该行在海口市发起设立全国首家投资管理型村镇银行——兴福村镇银行股份有限公司。

2. 常熟微贷业务模式要点

常熟银行学习IPC微贷和信贷工厂技术并本土化升级，自成一体，前端主要采取“人海战术”，由大量的客户经理深入社区和驻村，拓展并服务客户，采集客户的各种软硬件信息，以供决策参考，这些信息形成标准化模板，输入到流程系统中，由中台集中审批。

在风控方面，针对信用风险、操作风险和道德风险三大类型，制定业务制度和日常行为规范，细致到规定“现场调查自带饮用水”，看似微小举动，体现清廉文化基因。同时，该行较早开展数字普惠金融，2013年即开发了PAD移动工具，2014年结合信贷工厂理念和金融科技进行流程再造，后持续进行升级，提高了人均产效和风控能力。

人才培养和信贷文化方面，与台州模式类似，立足自我培养，从最初7人创始团队，招聘高校毕业生，不断招聘培养扩充，经过十年发展，已经达到1500多人；结合年轻人特点，寓文化建设于员工关怀、日常工作和党建团建中。

3. 与台州小微模式比较

常熟银行兼有公司金融和零售金融（含经营性个贷）等四大业务板块，与台州模式代表行相比，均引进IPC技术再本土化升级，风控表现相当，但户均贷款更低，技术上差异较大的是贷款审批、贷款担保和风险定价方面。台州模式以信用贷款为主（占比约为80%），常熟银行抵押贷款占比为50%以上，这种差异充分体现在风险定价上。

目前，常熟银行小微战略棋至中盘，随着更多资源投向小微金融业务，一旦达到千亿元级体量，该行差异化竞争优势将更加凸显。

（二）苏州企业信用及增值服务平台

小微金融生态体系的基础是针对信息不对称难题，建设地方信用体系，为引导信贷资金流向和设立政策性担保基金提供依据。近年来，各地在小微企业信用体系建设上进行了积极探索和实践，取得较大突破的是江苏苏州和浙江台州，其中苏州市政府通过建设苏州企业信用平台，整合苏州综合金融服务平台及政府信用保证基金，为小微金融的发展提供了新的动力。

2015年9月，《苏州市金融支持企业自主创新行动计划（2015—2020）》正式出台，其中苏州综合金融服务平台、苏州地方企业征信系统、企业自主创新金融支持中心三大平台的建立，20项综合金融工具的运用，为小微企业解决融资难题、为金融机构普惠性转型助力。苏州综合金融服务平台于2015

年底上线，从各个方面解决小微企业信用低、获客成本高、风险高、额度低等痛点，在推动苏州地区小微企业发展中取得了良好成效。

1. 打通数据源，建设地方企业征信系统

苏州市政府于2014年4月专门成立了苏州企业征信服务有限公司，承担苏州地方企业征信系统建设项目。系统建成了以征信数据库、基础应用系统、增值应用系统、移动端应用系统、智能应用系统为核心的“一库N用”平台架构体系，上线了征信报告、企业筛选、信用评分、宏观分析、风险预警等产品，在改善市场信用环境、推动社会信用提升等方面发挥了重要作用。

在数据源方面，苏州地方企业征信系统已经接入了苏州各区政府、园区高新区管委会、公积金、住房、税务、海关、法院、水电煤、环保及各类公检法行政机构的信息数据。相较人民银行征信系统和社会公共信息平台，数据源具有很强的互补性，包含公积金、社保、税务、水电煤等更加具备金融属性的信息。

苏州企业信用平台提供的信用报告已经作为银行等金融机构为企业提供信贷支持的具备公信力的产品，为苏州地方小微企业、科创企业融资提供了有力的信用保障，也成为苏州综合金融服务平台对企业在线审批、风险管理的重要依据。

2. 开发综合金融服务平台，便利融资

综合金融服务平台锁定“线上+线下”交易撮合模式。线上由金融机构提供各类贷款产品，这些产品已经整合了相关的保险、担保金融服务和政府支持政策。企业根据自身的资金额度和期限需要，选择合适的担保方式，就能找到符合自己需求的银行产品清单。企业根据各家银行要求在线提交产品需求，银行根据需求审批通过即可放款。该模式线上充分依靠市场配置，实现企业与金融机构双向选择、自主对接；线下根据企业需求统筹银行、保险等资源有效撮合，为企业定制个性化融资解决方案。

3. 整合信用保证基金+保险/担保工具

小微企业普遍规模较小，缺抵押、缺担保、信用低、风险大，苏州企业信用平台的建设解决了信用难题，但商业银行仍可能因为小微企业信贷规模小、风险收益比不理想等原因而不愿意合作。为解决银行风险方面的顾虑，苏州市政府建立信用保证基金，并引入外部担保、保险等，降低参与银行所需承担的风险。

信用保证基金是苏州综合金融服务平台20项金融工具之一，设立规模为10亿元，主要为有成长性、轻资产、单户贷款需求在500万元及以下且贷款期限6个月及以上的企业提供增信。信用保证基金与银行、担保公司（保险公司）以65：20：15的比例共担风险。单一机构当年代偿额达到上年末基金项下贷款本金余额的10%时，信保基金停止代偿，同时暂停基金项下该机构业务。该类扶持政策已深入绑定到平台的产品之中，在资金和需求撮合的同时即可配套使用。

苏州《企业征信报告（2019版）》要素见专表2-9。

专表2-9　苏州《企业征信报告（2019版）》要素一览表

模块	数据要素
基本信息	身份信息（名称、注册地址、机构代码、法定代表人、类型、成立日期、行业分类、经营范围、注册资本、企业联系电话、经营状态、营业期限、公司人数），股东信息（股东名称、股东类型、出资额度、出资比例等），董监高信息（职务、姓名）
社保公积金缴存信息	缴存月份、社保人数、社保额、公积金人数、公积金金额
经营信息	最近三年资产负债表、利润表主要信息，主要财务指标，纳税信息，海关进出口信息，水电气缴费信息
金融机构融资信息	未结清贷款（金融机构—本机构、金额、币种、放款日期、到期日期、担保方式明细）；贴现信息；小额贷款信息；未结融资担保信息（担保银行、贷款银行、担保金额、担保责任发生日期、担保责任解除日期）（数据由金融机构提供，会隐藏部分金融机构名称等敏感信息）
抵押与查封信息	包括未注销的土地、不动产等的抵押权人、坐落、他项权证号、债权金额、面积、币种、起始截止日期等（仅覆盖部分地区）
涉诉信息	包括立案信息、结案信息、失信被执行人等信息，其中结案信息包括案由、结案日期、诉讼地位、案件类型、结案标的等要素
负面信息	包括欠缴、逾期信息，处罚信息，安全生产挂牌督办未完成整改的信息，税务非正常户信息，海关失信、环保负面、产品抽检、其他等信息
资质认证信息	专利信息、海关资质认定、评价信息等
附录1	重要指标趋势图：营业收入、净利润、增值税与营业税合计、公司人数、电费、小贷融资余额
附录2	信用评分（分数、评级及分数在行业区域所处的位置）

四、小微金融创新发展借鉴

当前，金融科技赋能再次激活小微金融市场，技术进步和互联网沉淀的数据要素创造了新的生产力。经过20多年发展，国内中小银行在小微金融方面探索前行，从借鉴国际经验到本土模式崛起，更加体现中国特色，而且通过分行或村镇银行体制，向东中西部地区成功复制，具有更实用的借鉴价值。

台州模式的可贵之处在于，学习IPC技术，通过业务淬炼，不断进行本土化、体系化和数字化升级，成为更加适合国情、地情的小微金融体系，最终自成一体。台州模式的发展路径、核心因素和长期主义精神，值得包括城商银行、农商银行、民营银行和村镇银行在内的中小银行学习。

（一）台州模式的启示

小微金融发展需要良好的市场竞争机制、地方信用环境和普惠金融生态，也需要中小银行的小微初心和战略执行力。

实践证明，追求资产规模增长和人均运营效率、强调短期目标而缺乏中期战略的中小银行，很难真正下沉小微市场，同时，小微专业银行资产增速慢和人力投入大也是大零售条线内在逻辑。台州模式代表行定位于小微专业银行，力出一孔，利出一孔。国内中小银行均为多个业务条线驱动，且公司金融存贷款规模占比较高，对小微板块投入若存在结构性短板，必将制约小微板块的全行战略贡献。这背后体现了银行管理层对战略目标和资源配置的权衡和取舍。

台州模式相对简单，小微客户“两有一无”即可对接服务，贷款条件抓客户关切的核心问题，即额度、担保条件、到款时间及利率报价。在人力投入、审批方式、人均管户和担保方式等方面，案例行之间差异较大，但结果看业务模式得到验证、经受时间考验的是台州小微模式和常熟微贷模式。

很多中小银行小微创新产品琳琅满目，动辄数十个创新产品，也不乏客户服务案例，问题在于是否体现了以小微客户需求为中心、是否抓住了小微金融的本质？尤其是在担保条件设置上，这些创新产品与台州模式差异较大，孰是孰非？

此外，人力资源投入是小微金融一道纠结的坎，有投入未必见效，不投入一定不见效。从人员投入强度看，台州银行最高，其营销人员全行占比为50%，常熟银行小微条线人员全行占比为30%（仍在提升），其他中小银行应该如何应答？

事非经过不知难，台州模式实践证明，能落地见效的战略来自市场倒逼，尝到甜头后，再主动战略定位，投入资源，细化管理，体系运作，业务进入良性循环，业务模式精益求精，在此过程中，客户、股东、管理层和员工均得益。

过去10多年中，大量中小银行前往台州学习小微金融台州模式，引入IPC微贷技术，也尝试推动内部小微专营改革，部分止于探索隧道中，没有看到成功曙光，这说明“开头一公里”（体系建立与模式验证）的重要性不亚于“最后一公里”（服务下沉）。现分析如下：

1. 战略管理

业务转型首先在“一把手”，具体指银行董事长、行长、分管副行长和条线负责人。

董事长是战略管理的灵魂，通俗地讲，就是“一把手”怎么想、想怎样干，涉及高层认知、思想统一和战略的制定与实施。最难的是基于商业银行发展规律，如何做好短期和中长期利益的平衡，以及规模、质量和效益关系的平衡。尤其是在增长压力下，要克服追求短期规模和利润的冲动。过去20年，中小银行基于商业原则，抓住市场机遇，大力发展对公和同业业务，赚快钱、冲规模，而小微金融板块属于大零售板块，单体收益小，业务模式需要至少两年验证期（以常熟银行转型微贷为例），形成规模效应需要更长铺垫期（以招商银行零售战略为例），中间若董事长更迭，发展战略是否延续成疑。

对于行长和分管副行长而言，由于小微业务属于大零售板块，资源投入、模式验证、体系成型需要至少3年的时间，任期内贡献不明，存在“功成不必在我”与“功成必须有我”的纠结，如何考核与递延激励是个难题。

中小银行并不缺乏对小微企业金融服务的理解，缺失的是大零售板块经营的耐心，同时小微客户派生存款同样细微不起眼，是“骨头缝里的肉”。因此，在一般由多个业务条线作为利润中心的中小银行，内部对小微金融条线的噪声多、杂音大，基层单位更是以规模、利润论英雄，该类客群容易边缘化。不如活在当下，贷大贷长贷房地产，市场繁荣时期尚可，经济下行周期时容易迷惑，尤其出现大额不良时，被迫思考差异化战略问题。

此外，战略执行首先选出德才兼备的小微条线负责人，条线负责人选择不当，则这家银行尚未进入小微业务专业化经营正题，已经输在起跑线上！

2. 能力建设

假设战略管理到位，条线带头人得力，接下来就是业务模式和体系建设问题，但无论选择何种业务模式，从资产收益公式（资产收益=信贷利差–资金成本–管理费用–风险成本）可知，核心是风险成本可控，需要总行前台、中台达成理念共识，推动风险管理差异化。

在普惠金融概念进入银行视野之前，一般中小银行小微金融板块作为公司金融部的一个科室或二级部，或者作为个人金融部的一部分，在经营中以抵押和保证担保为主，一般占比在80%以上，前台、中台较易达成的共识就是对部分相对低风险信贷产品在准入、审批和贷后方面体现差异化，结果一般是以房产抵押贷款为主打（一般占比在60%以上甚至更高），抵押贷款定价较低，易出规模，难出效益。学习台州模式短期难见效，且需要“人海战术”作为基础，同时以房产抵押贷款为主的信贷市场一片红海，没有定价能力，即使规模上去，质量可控，但利差小、收益低，条线价值依然成疑。

如果要下沉到户均100万元甚至50万元以下，且以无抵押授信为主打产品，前后台沟通阻力加剧，因为“小企业风险大”的理念已经根深蒂固，具有强大阻力，但“小额信用、随借随还”恰恰是台州模式成功的基本因素。可谓“彼之蜜糖，我之砒霜”，背后是认知差异。实践证明，对于户均100万元以下，尤其户均50万元以下信贷市场，台州模式对小微的认知是真知。2019年泰隆银行总结发布了《小微金融服务标准》，其小微认知和能力建设值得学习。

此外，小微信贷产品≠小微信贷技术≠小微金融体系，体系化是小微专业条线的另一个检验标志，仅仅引进消化诸如IPC微贷技术是不够的，若体系化建设有表无里，还是难以转化为有效生产力。

3. 绩效检验

绩效是对业务意愿和能力的最终检验，如果实现了良好的业绩，业务增长达到预期，资产质量也稳定，意味着模式得到验证，该体系可进入正向循环，并在新的业务周期中不断优化，在此过程中沉淀小微信贷文化，走向模式良性循环。

但小微业务属于大零售板块，按照常熟银行转型小微经验，小微条线转型、绩效体现需要2~3年模式验证期，即第一年资源投入期、第二年盈亏平衡期、第三年初始盈利期，纳入商业银行条线常规管理，进入新的业务周期。从实践来看，市场经济和改革开放越深入的地区，尤其是人口导入区，小微企业活跃，台州模式就越有效（如台州银行村镇银行的业绩案例）。过去15年，国内部分中小银行借鉴台州模式和IPC技术，也推动体制机制适变，但小微业务未能实现规模、质量和效益均衡发展，由此引发内部对小微条线各种质疑，没有熬过模式验证期。常熟银行属于国内不多的转型小微成功案例，与台州模式同样具有很强借鉴价值。

（二）小微金融高质量发展的理解

数据显示，截至2019年底，全国普惠型小微企业贷款增量的43%由大型银行贡献，且户均贷款余额为67万元，这是典型的经营重心下沉，大型银行对小微市场的挤压效应扑面而来，中小银行实施差异化战略已如箭在弦。

如何站在新起点谋划小微金融？我们理解，应以商业可持续和金融监管政策为指导、以小微金融本质为能力建设出发点、以数字普惠金融为引领、与地方小微产业和金融生态融合，这是小微金融高质量发展的四个基点。

1. 以商业可持续和金融监管政策为指导

在双循环格局形成的过程中要继续坚持“金融服务实体”“金融普惠民生”，抓住产业集群化、消费数字化、新型城镇化发展机遇，真正按照小微金融规律布局小微条线资源。小微金融的高质量发展最终体现为财务报表的优良数据，如台州模式样本行。

2. 以小微金融本质为能力建设出发点

小微金融起点是“小额分散”原则，应遵循KYC信贷原则和IPC技术初心，对客户知根知底，重在意愿能力判断；小微金融模式就是资产收益公式，对每一个构成因素不断优化细化，止于至善；小微金融良性结果就是台州模式的“四高四低”数据表现。

定位小微市场，应做到“三个放下”，即放下规模情结、放下抵押情结和放下人力纠结。

放下规模情结意味着更加注重内涵发展，小微条线经营的是大零售类基础客户群，需要时间培育和沉淀，一旦形成体量则稳定增长，不会大起大落，与公司金融板块形成结构性互补。

放下抵押情结意味着坚持KYC信贷原则（了解你的客户），坚持第一性原则，坚持小额分散。抵押不是必要条件，而是风险管控抓手，在现有担保组合中，适度增加非抵押小额贷款比重，这在台州模式中也是提高小微风险收益的关键因素。同时，金融科技运用也提高了信用类贷款的风险管理能力，可望引导更多持牌金融机构下沉服务小微，主打信用保证类贷款，增强金融体系普惠性。

放下人力纠结是小微金融标配，如果真正定位小微市场，提高客户经理占比，培养大量专业小微客户经理，锤炼客户经理的营销和管控能力是必须具备的能力。从数字普惠金融最新实践来看，金融科技运用发挥了“降本增效、提质扩量”的作用，但不改变小微金融本质特征。同时，小微金融风控起点在“人”，人是最复杂的因素，人—人连接不可能完全被互联网替代，人机结合是现实选择。应以“人均产效”为标准，建立客户基数、户均管控与人力资源投入的数量关系，建立金融科技投入与小微金融增效扩量的相关关系，形成人力资源理性投入机制。

3. 以数字普惠金融为引领

金融科技驱动的数字普惠金融缓解“信息不对称”难点，增强了金融的普惠性，使更多金融机构下沉小微金融成为可能，也增强了中小银行群体服务小微的意愿和能力，带动了更多持牌金融机构进入小微领域。中小银行已经能感受到来自大型银行和非银金融机构对小微市场的挤压或降维压力，加大“线下+线上”布局、提高人机结合效能、巩固和扩大所在地区市场份额是生存所需，即使迎来并购时代也能争取更好谈判地位。

4. 与地方小微产业和金融生态融合

以5G通信、大数据、云计算与人工智能为代表的新基建带来了数字化新时代，中小银行打造小微金融服务平台，对外可与产业类、消费类、B端金融科技公司和政府信用平台（担保平台）连接，对内整合大零售业务板块，将资管理财、消费贷与经营贷、信用卡业务打通，以更简洁的服务界面响应客户“短、小、急、频”金融需求，争取成为地方小微客户的主要金融服务入口。

（三）小微转型战略实施建议

总结中小银行过去20年小微金融经验教训，学习台州小微模式和常熟微贷模式核心因素，结合最新金融科技应用能力，我们认为，应以实现风险可控下的资产收益率为目标，以专家经验和有效数据结合的策略算法为驱动，以打造核心风控引擎和全流程人机结合专业体系为手段，以培养小微金融专家队伍和营造成长关怀与归属文化为保障，下沉小微，自下而上，形成体现小微金融规律和自身银行特色的小微金融服务体系，最终检验核心指标就是资产收益公式：资产收益=风险定价-风险成本-管理费用。必须强调，小微信贷重要但非小微金融的全部，小微客户的获得感应包括普惠性的支付结算、理财、保险金融服务，这才是普惠金融的完整内涵。

建议对标国内小微先进行，学习小微金融规律和成功案例，找准自身存在的问题，规划小微转型战略和实施路径，以三年为一个节点，推进小微金融板块转型升级。具体借鉴方向：第一，建立小微金融规律的认知，研阅台州模式样本行年报（见相关银行网站）；第二，地级市（县域）中小银行如何转型小微，借鉴常熟银行十年转型小微之路；第三，村镇银行如何下沉服务小微，借鉴台州模式基因的村镇银行经验；第四，省级市（直辖市）经营的中小银行服务小微，可借鉴泰隆银行上海分行经验。

小微金融“开头一公里”的重要性不亚于“最后一公里”，顶层设计决定了起步是否正确，根据对台州模式和正反两方面经验教训理解，建议如下：

1. 在基本市场定位方面

以地级市和县域为主要经营区域的中小银行，市场定位建议以民生类和“三农”类为服务对象，以一线城市和省会城市（中心城市）为主要经营区域的中小银行，以民生类和科创类为主要服务对象。其中民生类是小微客户的主体，这类客户群主要与人口数量和结构相关，具有弱周期特点，相关信贷资产组合抗经济周期和政策波动能力较强。自2020年新冠肺炎疫情以来，台州模式两家银行资产质量表现稳定说明，民生类客户应是中小银行的基本客户群，是所有中小银行小微金融核心定位。这三类客户群体基本含义如专图2-17所示。

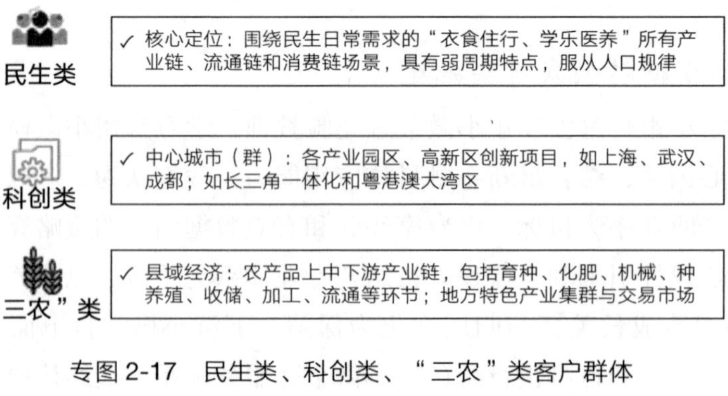

专图 2-17　民生类、科创类、“三农”类客户群体

2. 在转型路径策略方面

从中小银行多年实践看，从上而下策略，以公司金融为小微金融起点，与各种存量资源纠缠不清，也不符合“小额分散”原则，不仅难以下沉，而且风险难控。建议采取自下而上策略，从个人经营贷起步，打磨业务模式和风控策略，得到验证后逐步抬高户均规模，提高产效水平，但小微条线信贷限额应控制在一定金额范围内，以“小额分散，服务民生”为基本原则。

3. 在小微能力建设方面

可采取自建能力及与小微金融科技公司合作相结合的道路，与第三方金融科技公司合作，合作方不仅应提供系统，还能提供培训和带教，把能力通过培训和联合运营沉淀下来，最终成为自己的能力。目前B端金融科技公司主要集聚在上海，同时上海也是国内产业互联网平台发展最前沿城市，有利于数字普惠金融的科技开发和实践应用。此外，以台州和苏州为代表的长三角地区小微金融和地方信用平台建设走在全国前列，积累了丰富的小微生态实践经验。

4. 在转型启动策略上

可借鉴常熟银行做法，在现有多业务条线体制中，采取事业部制，选好负责人，客户经理以自我培养为主，控制现有岗位转型比例，培养年轻有冲劲的小微金融专家，业务模式经过验证后，不断培养复制小微金融团队，借助支行和村镇银行体制扩张，建立相应的风险制衡机制。

5. 在公司治理层面

可考虑引入一名国内小微金融专家作为独立董事，至少任期一届（或三年）。经过15年发展，目前国内涌现了数家普惠金融智库平台（如中国普惠金融研究院），汇聚了一批拥有丰富实践经验、政策和理论水平较高的小微金融专家学者，他们视野开阔，扎根基层调研，不断推出研究成果，在小微金融发展规律和最佳实践案例方面积累了丰富学识，可指导中小银行小微转型实践，包括顶层设计等，避免从“开头一公里”就走偏。

专题 3

持续推进中小微企业政策性融资担保业务创新 全面发挥政策性引领撬动作用

2020年，上海市融资担保中心全面贯彻落实中央精神和上海市委、市政府决策部署，全力支持“六稳”“六保”，以贯彻落实《上海市促进中小企业发展条例》（以下简称《新条例》）为契机，坚持开拓创新、聚焦重点、精准施策，大力推进融资担保业务创新发展，多措并举加大融资担保支持力度，推进中小微企业政策性融资担保业务创新发展，持续优化上海市中小微企业特别是中小微科创企业的融资环境，有力、有效地支持和促进了经济的企稳回升、向上向好。

一、上海中小微担保基金的由来

为贯彻落实国家有关文件精神，解决中小微企业“融资难、融资贵”问题，上海市针对性地发展了中小微企业投融资政策性担保机构，这段发展过程主要经历了两个阶段。

第一个阶段：1999年，上海市通过设立总量为4亿元的中小企业融资担保财政专项资金，与财政部出资的国内首家政策性融资担保机构中国投资担保有限公司①（以下简称中投保）合作成立了中投保上海分公司。截至2015年底，专项资金增加到22亿元，共为各类中小微企业提供了478亿元的政策性融资担保。2010年，上海市财政安排10亿元的上海市级财政专项资金投资参股商业性融资担保机构，支持和引导上海市商业性融资担保机构做大做强，上海各个区县也分别设立了政策性担保机构。但是政策性融资担保体系

① 1993年7月28日，国务院副总理朱镕基对人民银行“关于财政部和国家经贸委共同组建中国经济技术投资担保公司的请示”作出批示，同意中国经济技术投资担保公司作为特例试办。1998年5月29日，根据国家工商行政管理局要求，公司按《公司法》规范名称和内部管理体制，由原来的“中国经济技术投资担保公司”更名为“中国经济技术投资担保有限公司”。2006年9月21日，经国家工商总局核准，公司更名为“中国投资担保有限公司”。

的担保规模和综合能力，仍然与上海中小微企业尤其是科技型创新企业的发展需求，特别是上海致力于建设具有全球影响力的科创中心的需求相距甚远。

第二个阶段：2015年11月9日，上海市政府第98次常务会议审议批准成立“上海中小微企业政策性融资担保基金”（以下简称担保基金），基金首期规模为50亿元①（其中，上海市区两级财政分别出资30.82亿元和14.18亿元，合计45亿元；其余5亿元鼓励上海市部分商业银行捐助）。2015年12月1日，上海市政府出台《关于进一步促进本市融资担保行业持续健康发展的若干意见》，明确组建大型政策性融资担保机构，构建上海市、区（县）两级融资担保体系——探索建立以政策性融资担保机构和再担保机构为主，政策性、商业性融资担保机构共同发展，融资担保机构和再担保机构有效合作的新型融资担保体系，完善市、区（县）两级融资担保体系。2016年6月2日，上海市担保中心正式挂牌成立，具体承担担保基金运营管理和融资担保业务开展等职责。上海市政策性融资担保政策实现了从“担保专项资金”向“担保基金”的转变。作为建设上海科创中心的一项重要战略举措，上海市委、市政府要求市担保中心立足国家战略，进一步建立健全融资担保业务风险分散机制，营造良好的创新创业环境，全力推进科创中心建设。

担保基金设置最高决策机构——理事会。第一届理事会由上海市政府分管副秘书长担任理事长，成员单位包括上海市财政局、上海市金融局、上海银保监局、上海市经信委、部分区政府（浦东新区、徐汇区、闵行区、松江区）和部分商业银行（上海银行、交通银行、浦发银行）、市融资担保中心。理事会下设风险管理委员会，由9名专家担任委员，负责审议担保基金风险控制基本制度、目标规划和战略方针，指导建立健全风险控制体系。

二、关于自2020年以来上海市中小微企业政策性融资的担保情况

2020年，尽管受突如其来的疫情严重冲击，上海市中小微企业政策性融资担保仍然实现了近50%的高增长。截至2020年12月15日，共完成担保项目10470笔，担保贷款额300.40亿元，提前完成上海市基金理事会下达的300亿

① 上海市财政局. 2019年预算报告解读系列（九）：关于上海中小微企业政策性融资担保基金［R］. 2019-02-03.

元年度任务（自基金2016年成立至今，已累计承做担保项目29715笔，累计发放贷款760.42亿元，年均增长52%）。

三、自 2020 年以来上海市中小微企业政策性融资担保业务创新发展的主要举措

（一）落实好国家和上海市出台的各项疫情防控和复工复产复市融资担保政策，全力支持打赢疫情防控阻击战

一是从2020年起，将上海市中小微企业的政策性融资担保费率从原来最高为1.5%/年的“五档费率”降至只有0.5%/年的“一档费率”，再担保费率减半收取，继续免收创业担保费。目前，惠及各类中小微企业和创业者近千家，充分体现了中小微企业政府性融资担保的政策性、公益性和非营利性；落实“无还本续贷”担保业务600多笔，担保贷款近20亿元，有力、有效地缓解了企业因疫情影响造成的生产经营资金困难。二是牢牢把握服务上海“科创中心”的战略定位，始终将科创企业作为聚焦支持的重中之重，“高新技术企业”“科技小巨人企业”“专精特新”企业等科技型中小微企业在2020年新增业务中的占比超过55%；信用类担保业务在2020年新增业务规模中占比达94%，处于全国最高水平。三是初步建立了分类管理、动态调整的重点企业“白名单”项目库和“绿色通道”制度，分类施策、聚焦支持。目前，在市融资担保中心的项目库中，共有15份“白名单”，涉及企业5000多家。

（二）推进融资担保模式、产品和机制的改革创新，最大限度地拓展融资担保政策的乘数放大效应

自2020年以来，上海市融资担保中心与上海市委统战部、上海市工商联、上海市民政局、上海市大数据中心、中国信保上海分公司合力推出了“政会银企”四方合作机制、“大数据+担保”、“信保+担保”等融资担保创新模式，充分利用各部门数据资源，拓宽项目发现渠道，推动银行扩大信贷投放。上海市融资担保中心着力加大对“银行自主审批、事后备案、风险锁定”为核心的“批次担保”新型合作模式的推广力度，较好地发挥了“批次担保”的效率和效益优势。

自2020年以来，上海市融资担保中心按照上海市委和上海市政府的统一部署和总体要求，分别于9月、10月，在松江、长宁两区率先推出了以服务

国家战略为宗旨的“松江园区贷”“长宁企业贷”批次包专项产品（其中，首批“松江园区贷”批次包惠及企业达165家，对接企业融资需求近8.85亿元；首批“长宁企业贷”批次包惠及企业达140家，对接企业融资需求超过8亿元）。与面上普通的批次包业务相比，这两个批次包专项产品主要有以下五个方面的共同特点：（1）项目选择更聚焦。充分发挥区级部门和园区“接地气”的优势，精准发掘优质企业，特别是战略性新兴产业中高成长性的中小微优质科创企业，项目发现机制由过去主要依靠合作商业银行推荐企业的“单轮驱动”，转变为政府与各合作商业银行合力推进的“双轮驱动”，融资担保的精准性进一步增强。其中，“松江园区贷”“长宁企业贷”批次包中的中小微科创企业占比分别达80%左右。（2）利率、费率更优惠。纳入“松江园区贷”“长宁企业贷”批次包内的企业可以享受不高于3.65%的银行贷款优惠利率和区级财政100%的保费补贴，企业的综合融资成本负担较面上企业降低了1.5个百分点左右。（3）风险容忍度更高。上海市融资担保中心按照5%的代偿率顶格设定风险控制上限，比面上批次包4%的代偿率提高1个百分点。在此基础上，区财政再给予1个百分点的超额风险补偿，使纳入“松江园区贷”“长宁企业贷”批次包内企业整体担保代偿率达6%，较面上企业提高了2个百分点。（4）融资获得更快。按照“效率加倍、时间减半”的要求，“松江园区贷”将单个项目的审批放款时间由原来的20天左右缩短至10天以内，“长宁企业贷”则进一步将审批放款时间缩短至一周以内。（5）融资服务更优。我们根据区域特点和实际需要，分别在松江、长宁设立了“上海市中小微企业政策性融资担保基金管理中心长三角G60科创走廊服务基地”“上海市中小微企业政策性融资担保基金管理中心虹桥国际开放枢纽服务基地”，并同步建立“服务专员”制度，由市融资担保中心会同有关合作商业银行委派1～2名服务专员，开展政府性融资担保政策的宣传辅导、业务培训和日常咨询服务，精准对接企业融资需求。

（三）拓展其他担保模式在推动全产业链和供应链金融服务中的功能作用

一是加大保函类担保业务的研发力度，扩大低风险的非融资业务规模。为助力第三届“进博会”，提高贸易通关速度，改善营商环境，让更多的中国企业融入全球产业链、价值链，推动国内产业结构升级与全球价值链的攀升，为构建以国内大循环为主体、国内国际双循环相互促进的新发展格局作贡献，上海市融资担保中心与中国银行合作推出了“海关保函担保”业务。二是加大融资租赁担保业务推广力度。自2020年以来，上海市融资担保中心重点加强与“闵商联租赁”“平安租赁”和“力合租赁”等融资租赁公司的融资租赁担保业务合作力度；2020年，还择优选择了“平安租赁”“力合租赁”2家融资租赁公司试点开展融资租赁“批次担保”业务，助力支持中小微科创企业加快发展。

四、下一步发展方向

为全面贯彻落实《新条例》，更好地发挥上海市担保基金“四两拨千斤”的引导撬动功能和乘数放大效应，下一步将重点聚焦以下五个方面。

（一）建立多层次的重点企业“白名单”制度，聚力支持和促进“五型经济”高质量发展

将在2020年工作的基础上，结合推进落实“三项新的重大战略任务”、强化“四大功能”、提升“五个中心”能级、全力支持“六稳”“六保”，积极会同上海市区两级科技、经信、人社、文化宣传、农业农村等有关职能部门、园区管委会和工商联、行业协会，加快建立起比较完善的重点企业正面清单制度和分领域设置、分区域推进、全天候开放的“白名单”企业项目库，进一步突出对战略性新兴产业领域中小微科创企业的融资担保支持。

（二）扩大“松江园区贷”“长宁企业贷”批次包模式的覆盖面，让更多企业享受到“批次担保”的效率效益优势

在模式推广上，在各区级层面，在认真总结试点经验的基础上，进一步将松江、长宁模式复制推广到浦东新区、奉贤区和闵行区等其他各区，并鼓励各区结合实际，不断加大融资担保模式、机制和政策创新力度。在上海市级层面，加强与上海市经信委等部门和临港管委会的协调配合，推出上海浦东自由贸易区新片区“临港贷”“生物医药产业园区贷”；加强与上海市农业农村委的合作互动，与贷款贴息等财政支农政策协同发力，推出农业领域“园区贷”；加强与市就业促进中心的联动，在近年来创新开发“创翼贷”专项产品、支持近三年获得过“中国创翼”创业创新大赛获奖的创业组织和团队的基础上，推出“园区创业贷”“人才贷”“专车贷”等，加快打造“以创

新引领创业，以创业带动就业”为核心的创业担保产品新体系。

（三）创新完善产业链供应链融资担保体系

按照中央对上海发展的战略定位和未来产业方向要求，对上海市产业链供应链核心企业及其上下游的紧密型中小微企业实施名单制管理，聚焦支持实体经济能级提升，聚焦支持战略性新兴产业和先进制造业加快发展，聚焦支持与这些关键产业领域核心企业相配套的上下游紧密型中小微科创企业做大做优做强。

（四）打好融资担保与其他财政政策工具的“组合拳”

进一步调整优化中小企业发展专项资金、产业高质量发展专项资金等现有财政产业专项资金的使用方向，加大这些涉企产业类专项资金对优化融资担保降费奖补、代偿补偿等方面的倾斜支持力度，打好政策“组合拳”，有效提升产业链供应链融资担保服务功能。特别是，要针对企业不同发展阶段，发挥好不同政策的“联动组合效应”，通过实施全生命周期的组合支持，引导各类资本、资金、资源向这些中小微科创企业加速集聚，使它们能迅速做大做强，实现良性循环。

（五）进一步聚焦“互联网+担保”

加大融资担保数字化、一体化、智能化管理平台建设的推进力度，加快实现覆盖融资担保业务申请、受理、审批、签约、放款全流程的线上办理、无纸化审批，进一步提升上海市政府性融资担保系统的运行效率、配置效率和产出效率。

附录 1

2020 年主要普惠金融政策

1.《中国人民银行　财政部　银保监会　证监会　外汇局关于进一步强化金融支持防控新型冠状病毒感染肺炎疫情的通知》(银发〔2020〕29号)

2.《银保监会　人民银行　发展改革委　工业和信息化部　财政部关于对中小微企业贷款实施临时性延期还本付息的通知》(银保监发〔2020〕6号)

3.《中国人民银行关于实施普惠金融定向降准的通知》(银发〔2020〕66号)

4.《中国银保监会办公厅关于加强产业链协同复工复产金融服务的通知》(银保监办发〔2020〕28号)

5.《中国人民银行关于下调部分金融机构存款准备金率的通知》(银发〔2020〕85号)

6.《中国银保监会　工业和信息化部　发展改革委　财政部　人民银行　市场监管总局关于进一步规范信贷融资收费　降低企业融资综合成本的通知》(银保监发〔2020〕18号)

7.《中国人民银行　银保监会　发展改革委　工业和信息化部　财政部　市场监管总局　证监会　外汇局关于进一步强化中小微企业金融服务的指导意见》(银发〔2020〕120号)

8.《中国人民银行　银保监会　财政部　发展改革委　工业和信息化部关于进一步对中小微企业贷款实施阶段性延期还本付息的通知》(银发〔2020〕122号)

9.《中国人民银行　银保监会　财政部　发展改革委　工业和信息化部关于加大小微企业信用贷款支持力度的通知》(银发〔2020〕123号)

10.《中国银保监会　财政部　中国人民银行　国务院扶贫办关于进一步完善扶贫小额信贷有关政策的通知》(银保监发〔2020〕28号)

11.《中国银保监会关于印发商业银行小微企业金融服务监管评价办法(试行)的通知》(银保监发〔2020〕29号)

中国人民银行　财政部　银保监会　证监会　外汇局
关于进一步强化金融支持防控新型冠状病毒感染肺炎疫情的通知

（银发〔2020〕29号　2020年1月31日）

新型冠状病毒感染的肺炎疫情发生以来，党中央、国务院高度重视，习近平总书记作出一系列重要指示。金融系统认真贯彻落实党中央、国务院决策部署，主动作为，确保金融服务畅通，支持各地疫情防控，发挥了积极作用。当前，疫情防控正处于关键阶段。为切实贯彻落实中共中央《关于加强党的领导、为打赢疫情防控阻击战提供坚强政治保证的通知》精神和中央应对新型冠状病毒感染肺炎疫情工作领导小组工作部署，进一步强化金融对疫情防控工作的支持，现就有关事宜通知如下：

一、保持流动性合理充裕，加大货币信贷支持力度

（一）保持流动性合理充裕。人民银行继续强化预期引导，通过公开市场操作、常备借贷便利、再贷款、再贴现等多种货币政策工具，提供充足流动性，保持金融市场流动性合理充裕，维护货币市场利率平稳运行。人民银行分支机构对因春节假期调整受到影响的金融机构，根据实际情况适当提高2020年1月下旬存款准备金考核的容忍度。引导金融机构加大信贷投放支持实体经济，促进货币信贷合理增长。

（二）加大对疫情防控相关领域的信贷支持力度。在疫情防控期间，人民银行会同发展改革委、工业和信息化部对生产、运输和销售应对疫情使用的医用防护服、医用口罩、医用护目镜、新型冠状病毒检测试剂盒、负压救护车、消毒机、84消毒液、红外测温仪和相关药品等重要医用物资，以及重要生活物资的骨干企业实行名单制管理。人民银行通过专项再贷款向金融机构提供低成本资金，支持金融机构对名单内的企业提供优惠利率的信贷支持。中央财政对疫情防控重点保障企业给予贴息支持。金融机构要主动加强与有关医院、医疗科研单位和相关企业的服务对接，提供足额信贷资源，全力满足相关单位和企业卫生防疫、医药用品制造及采购、公共卫生基础设施建设、科研攻关、技术改造等方面的合理融资需求。

（三）为受疫情影响较大的地区、行业和企业提供差异化优惠的金融服务。金融机构要通过调整区域融资政策、内部资金转移定价、实施差异化

的绩效考核办法等措施，提升受疫情影响严重地区的金融供给能力。对受疫情影响较大的批发零售、住宿餐饮、物流运输、文化旅游等行业，以及有发展前景但受疫情影响暂遇困难的企业，特别是小微企业，不得盲目抽贷、断贷、压贷。对受疫情影响严重的企业到期还款困难的，可予以展期或续贷。通过适当下调贷款利率、增加信用贷款和中长期贷款等方式，支持相关企业战胜疫情灾害影响。各级政府性融资担保再担保机构应取消反担保要求，降低担保和再担保费。对受疫情影响严重地区的融资担保再担保机构，国家融资担保基金减半收取再担保费。

（四）完善受疫情影响的社会民生领域的金融服务。对因感染新型肺炎住院治疗或隔离人员、疫情防控需要隔离观察人员、参加疫情防控工作人员以及受疫情影响暂时失去收入来源的人群，金融机构要在信贷政策上予以适当倾斜，灵活调整住房按揭、信用卡等个人信贷还款安排，合理延后还款期限。感染新型肺炎的个人创业担保贷款可展期一年，继续享受财政贴息支持。对感染新型肺炎或受疫情影响受损的出险理赔客户，金融机构要优先处理，适当扩展责任范围，应赔尽赔。

（五）提高疫情期间金融服务的效率。对受疫情影响较大领域和地区的融资需求，金融机构要建立、启动快速审批通道，简化业务流程，切实提高业务办理效率。在受到交通管制的地区，金融机构要创新工作方式，采取在就近网点办公、召开视频会议等方式尽快为企业办理审批放款等业务。

（六）支持开发性、政策性银行加大信贷支持力度。国家开发银行、进出口银行、农业发展银行要结合自身业务范围，加强统筹协调，合理调整信贷安排，加大对市场化融资有困难的防疫单位和企业的生产研发、医药用品进口采购，以及重要生活物资供应企业的生产、运输和销售的资金支持力度，合理满足疫情防控的需要。

（七）加强制造业、小微企业、民营企业等重点领域信贷支持。金融机构要围绕内部资源配置、激励考核安排等加强服务能力建设，继续加大对小微企业、民营企业支持力度，要保持贷款增速，切实落实综合融资成本压降要求。增加制造业中长期贷款投放。

（八）发挥金融租赁特色优势。对于在金融租赁公司办理疫情防控相关医疗设备的金融租赁业务，鼓励予以缓收或减收相关租金和利息，提供医疗设备租赁优惠金融服务。

二、合理调度金融资源，保障人民群众日常金融服务

（九）保障基本金融服务畅通。金融机构要根据疫情防控工作需要，合理安排营业网点及营业时间，切实做好营业场所的清洁消毒，保障基本金融服务畅通。金融机构要加强全国范围特别是疫情严重地区的线上服务，引导企业和居民通过互联网、手机APP等线上方式办理金融业务。

（十）加强流通中现金管理。合理调配现金资源，确保现金供应充足。加大对医院、居民社区以及应急建设项目等的现金供应，及时满足疫情物资采购相关单位和企业的大额现金需求。做好现金储存及业务办理场地的消毒工作。对外付出现金尽可能以新券为主，对收入的现金采取消毒措施后交存当地人民银行分支机构。

（十一）确保支付清算通畅运行。人民银行根据需要，放开小额支付系统业务限额，延长大额支付系统、中央银行会计核算数据集中系统运行时间，支持金融机构线上办理人民币交存款等业务。人民银行分支机构、清算机构及银行业金融机构要做好各类支付清算系统、中央银行会计核算数据集中系统的正常安全运营，开通疫情防控专用通道，保障境内外救援和捐赠资金及时划拨到位、社会资金流转高效顺畅。

（十二）建立银行账户防疫“绿色通道”。银行业金融机构要在风险可控的前提下，做好与防控疫情相关的银行账户服务工作，简化开户流程，加快业务办理。要积极开辟捐款“绿色通道”，确保疫情防控款项第一时间到达指定收款人账户。减免银行业金融机构通过人民银行支付系统办理防控疫情相关款项汇划费用。鼓励清算机构、银行业金融机构对向慈善机构账户或疫区专用账户的转账汇款业务、对疫区的取现业务减免服务手续费。

（十三）加大电子支付服务保障力度。支持银行业金融机构、非银行支付机构在疫情防控期间，采用远程视频、电话等方式办理商户准入审核和日常巡检，通过交易监测强化风险防控。鼓励清算机构、银行业金融机构和非银行支付机构对特定领域或区域特约商户实行支付服务手续费优惠。银行业金融机构、非银行支付机构要强化电子渠道服务保障，灵活调整相关业务限额，引导客户通过电子商业汇票系统、个人网上银行、企业网上银行、手机银行、支付服务APP等电子化渠道在线办理支付结算业务。

（十四）切实保障公众征信相关权益。人民银行分支机构和金融信用信息基础数据库接入机构要妥善安排征信查询服务，引导公众通过互联网、

自助查询机进行征信查询。要合理调整逾期信用记录报送，对因感染新型肺炎住院治疗或隔离人员、疫情防控需要隔离观察人员和参加疫情防控工作人员，因疫情影响未能及时还款的，经接入机构认定，相关逾期贷款可以不作逾期记录报送，已经报送的予以调整。对受疫情影响暂时失去收入来源的个人和企业，可依调整后的还款安排，报送信用记录。

（十五）畅通国库紧急拨款通道。建立财库银协同工作机制，及时了解财政部门疫情防控资金拨付安排，随时做好资金拨付工作。加强对商业银行相关业务的指导，建立信息反馈机制，及时跟踪资金拨付情况。人民银行和商业银行确保资金汇划渠道畅通和国库业务相关系统运行安全稳定，构建疫情防控拨款“绿色通道”。各级国库部门要简化业务处理流程和手续，确保疫情防控资金及时、安全、准确拨付到位。

（十六）切实保障消费者合法权益。金融机构要树立负责任金融理念，对受疫情影响临时停业或调整营业时间的网点，要提前向社会公布并主动说明邻近正常营业的网点。金融机构要充分利用线上等方式保持投诉渠道畅通，优化客户咨询、投诉处理流程，及时妥善处理疫情相关的金融咨询和投诉。金融机构要切实加强行业自律，维护市场秩序，不得利用疫情进行不当金融营销宣传。

三、保障金融基础设施安全，维护金融市场平稳有序运行

（十七）加强金融基础设施服务保障。金融市场基础设施要从工作机制、人员配备、办公场所、系统运维、技术支持等方面提升服务保障能力，确保发行、交易、清算、结算等业务正常运转，尽可能实施全流程、全链条线上操作。要制定应急预案，对突发事件快速响应、高效处理。要加强与主管部门、市场机构、其他金融基础设施的沟通，保持业务系统联通顺畅。对受疫情影响较大的地区，要开设“绿色通道”，必要时提供特别服务安排，并降低服务收费标准。

（十八）稳妥开展金融市场相关业务。金融机构要合理调配人员，稳妥开展金融市场相关交易、清算、结算、发行、承销等工作，加强流动性管理与风险应对。要合理引导投资者预期，确保金融市场各项业务平稳有序开展。对受疫情影响较大地区的金融机构，要保持正常业务往来，加大支持力度。

（十九）提高债券发行等服务效率。中国银行间市场交易商协会、上海

证券交易所、深圳证券交易所等要优化公司信用类债券发行工作流程，鼓励金融机构线上提交公司信用类债券的发行申报材料，远程办理备案、注册等，减少疫情传播风险。对募集资金主要用于疫情防控以及疫情较重地区金融机构和企业发行的金融债券、资产支持证券、公司信用类债券建立注册发行“绿色通道”，证券市场自律组织对拟投资于防疫相关医疗设备、疫苗药品生产研发企业的私募股权投资基金，建立登记备案“绿色通道”，切实提高服务效率。

（二十）灵活妥善调整企业信息披露等监管事项。上市公司、挂牌公司、公司债券发行人受疫情影响，在法定期限内披露2019年年报或2020年第一季度季报有困难的，证监会、证券交易所、全国中小企业股份转让系统要依法妥善安排。上市公司受疫情影响，难以按期披露业绩预告或业绩快报的，可向证券交易所申请延期办理；难以在原预约日期披露2019年年报的，可向证券交易所申请延期至2020年4月30日前披露。湖北省证券基金经营机构可向当地证监局申请延期办理年度报告的审计、披露和报备。受疫情影响较大的证券基金经营机构管理的公募基金或其他资产管理产品，管理人可向当地证监局申请延期办理年报审计和披露。对疫情严重地区的证券基金期货经营机构，适当放宽相关风控指标监管标准。

（二十一）适当放宽资本市场相关业务办理时限。适当延长上市公司并购重组行政许可财务资料有效期和重组预案披露后发布召开股东大会通知的时限。如因受疫情影响确实不能按期更新财务资料或发出股东大会通知的，公司可在充分披露疫情对本次重组的具体影响后，申请财务资料有效期延长或股东大会通知时间延期1个月，最多可申请延期3次。疫情期间，对股票发行人的反馈意见回复时限、告知函回复时限、财务报告到期终止时限，以及已核发的再融资批文有效期，自本通知发布之日起暂缓计算。已取得债券发行许可，因疫情影响未能在许可有效期内完成发行的，可向证监会申请延期发行。

（二十二）减免疫情严重地区公司上市等部分费用。免收湖北省上市公司、挂牌公司应向证券交易所、全国中小企业股份转让系统缴纳的2020年度上市年费和挂牌年费。免除湖北省期货公司应向期货交易所缴纳的2020年度会费和席位费。

四、建立“绿色通道”，切实提高外汇及跨境人民币业务办理效率

（二十三）便利防疫物资进口。银行应当为疫情防控相关物资进口、捐赠等跨境人民币业务开辟“绿色通道”。对有关部门和地方政府所需的疫情防控物资进口，外汇局各分支机构要指导辖区内银行简化进口购付汇业务流程与材料。

（二十四）便捷资金入账和结汇。对于境内外因支援疫情防控汇入的外汇捐赠资金业务，银行可直接通过受赠单位已有的经常项目外汇结算账户办理，暂停实施需开立捐赠外汇账户的要求。

（二十五）支持企业跨境融资防控疫情。企业办理与疫情防控相关的资本项目收入结汇支付时，无须事前、逐笔提交单证材料，由银行加强对企业资金使用真实性的事后检查。对疫情防控确有需要的，可取消企业借用外债限额等，并可线上申请外债登记，便利企业开展跨境融资。

（二十六）支持个人和企业合理用汇需求。银行应当密切关注个人用汇需求，鼓励通过手机银行等线上渠道办理个人外汇业务。与疫情防控有关的其他特殊外汇及人民币跨境业务，银行可先行办理、事后检查，并分别向所在地外汇局分支机构、人民银行分支机构报备。

（二十七）简化疫情防控相关跨境人民币业务办理流程。支持银行在“展业三原则”基础上，凭企业提交的收付款指令，直接为其办理疫情防控相关进口跨境人民币结算业务以及资本项目下收入人民币资金在境内支付使用。

五、加强金融系统党的领导，为打赢疫情防控阻击战提供坚强政治保证

（二十八）强化疫情防控的组织保障。金融管理部门和金融机构要增强“四个意识”，坚定“四个自信”，做到“两个维护”，切实把思想和行动统一到习近平总书记的重要指示精神上来，把打赢疫情防控阻击战作为当前重大政治任务，全力以赴做好各项金融服务工作。

（二十九）做好自身的疫情防控工作。金融管理部门和金融机构要完善疫情应对工作机制，持续关注员工特别是从疫情较重地区返回员工的健康情况，建立日报制度，加大疫情排查力度，做好员工防疫安排，努力为员工提供必要的防疫用品。

（三十）配合地方政府加强应急管理。金融管理部门和金融机构要按照属地原则，配合当地政府做好组织协调，及时处理突发事件。服从当地政府防疫安排，对防控疫情需要征用的人员车辆、设备设施等，不得推诿拒绝。各单位要继续严格执行应急值守制度，确保政令畅通。

各单位在执行中遇到的情况请及时报告。

银保监会　人民银行　发展改革委　工业和信息化部　财政部关于对中小微企业贷款实施临时性延期还本付息的通知

（银保监发〔2020〕6号　2020年3月1日）

各银保监局，人民银行上海总部，各分行、营业管理部，各省会（首府）城市中心支行，各副省级城市中心支行，各省（自治区、直辖市及计划单列市）发展改革委，新疆生产建设兵团发展改革委，各省（自治区、直辖市及计划单列市）中小企业主管部门，新疆生产建设兵团中小企业主管部门，各省（自治区、直辖市）财政厅（局），新疆生产建设兵团财政局，各政策性银行、大型银行、股份制银行，外资银行：

为深入贯彻落实党中央、国务院关于新冠肺炎疫情防控和应对工作的决策部署，进一步纾解中小微企业困难，推动企业有序复工复产，提高金融服务的针对性、有效性，有关部门作了深入研究，确定按照市场化、法治化原则，对符合条件、流动性遇到暂时困难的中小微企业贷款，给予临时性延期还本付息安排。经国务院同意，现就有关事宜通知如下：

一、关于贷款到期本金安排

对于2020年1月25日以来到期的困难中小微企业（含小微企业主、个体工商户）贷款本金，银行业金融机构应根据企业延期还本申请，结合企业受疫情影响情况和经营状况，通过贷款展期、续贷等方式，给予企业一定期限的临时性延期还本安排。还本日期最长可延至2020年6月30日。对于少数受疫情影响严重、恢复周期较长且发展前景良好的中小微企业，银行业金融机构可根据实际情况与企业协商确定另外的延期安排。上述贷款涉及担保的，银行业金融机构应与企业、担保人等协商处理。

二、关于贷款利息支付安排

对于2020年1月25日至6月30日中小微企业需支付的贷款利息，银行业金融机构应根据企业延期付息申请，结合其受疫情影响的实际情况，给予企业一定期限的延期付息安排。贷款付息日期最长可延至2020年6月30日，免收罚息。延期利息的具体偿还计划，由银行业金融机构与企业双方自主协商、合理确定。

三、关于湖北地区特殊安排

湖北地区各类企业适用上述政策。银行业金融机构应为湖北地区配备专项信贷规模，实施内部资金转移定价优惠，力争2020年普惠型小微企业综合融资成本较上年平均水平降低1个百分点以上。

四、关于企业新增融资安排

银行业金融机构应积极对接中小微企业融资需求，建立绿色通道，简化贷款审批流程，适度下放审批权限，应贷尽贷快贷。要改进绩效考评、尽职免责等内部资源配置和政策安排，努力提高小微企业信用贷款、中长期贷款占比和“首贷率”。地方法人银行应主动申请人民银行的新增再贷款、再贴现额度，积极配合政策性银行的新增信贷计划，以优惠利率向民营、中小微企业发放贷款。

五、落实要求

做好需求对接。银行业金融机构应积极对接企业贷款延期还本付息需求，开通线下和线上（网上银行、手机银行、电话银行）等多种渠道，为企业延期还本付息申请提供便利。要及时受理企业申请，限时回复办理。

明确支持重点。银行业金融机构应合理评估企业状况，调整完善企业还本付息安排，重点支持前期经营正常、受疫情影响遇到暂时困难、发展前景良好的中小微企业。对于受疫情影响特别严重、遇到特殊困难的行业，例如交通运输、批发零售、文化娱乐、住宿餐饮等，银行业金融机构应根据实际情况，给予适当倾斜。

有效防范风险。银行业金融机构应对临时性延期还本付息贷款进行专门统计、密切监测，对于贷款期间企业经营出现实质性变化的，及时予以相应处置。同时，应完善反欺诈模型运用，推进信息共享联防。一旦发现弄虚作假等违法违规行为，应立即停止融资支持，并通过上报征信、诉讼等惩戒措施，有效防控道德风险。

六、有关配套政策

对于上述临时性延期还本付息的贷款，银行业金融机构应坚持实质性风险判断，不因疫情因素下调贷款风险分类，不影响企业征信记录。

人民银行综合运用公开市场操作、中期借贷便利、常备借贷便利、再贷款、再贴现等货币政策工具，保持银行体系流动性合理充裕，维持银行负债端平稳接续。

各级财政部门对于国有控股和参股的银行业金融机构2020年的经营考核，应充分考虑应对疫情、服务中小微企业的特殊因素，给予合理评价。

中国人民银行关于实施普惠金融定向降准的通知

（银发〔2020〕66 号　2020 年 3 月 15 日）

中国人民银行上海总部，各分行、营业管理部、省会（首府）城市中心支行，深圳市中心支行；国有商业银行、股份制商业银行，中国邮政储蓄银行：

为支持实体经济发展，降低社会融资实际成本，人民银行决定按普惠金融定向降准考核结果调整金融机构存款准备金率，并对符合条件的股份制商业银行额外降低存款准备金率。现将有关事项通知如下：

一、2020年3月16日，根据普惠金融定向降准参与考核机构2019年度普惠金融领域贷款情况考核结果，调整参与考核机构所适用的存款准备金率。参与考核机构包括大型商业银行、股份制商业银行、城市商业银行、非服务县域的农村商业银行、民营银行和外资银行。

二、2020年3月16日，对此次普惠金融定向降准考核获得0.5个百分点存款准备金率优惠的股份制商业银行，再额外降低其人民币存款准备金率1个百分点。释放资金要用于发放普惠金融领域贷款，发放情况纳入宏观审慎评估（MPA）考核。

人民银行上海总部、各分支行要做好此次对参与金融机构按普惠金融定向降准考核结果进行存款准备金率调整工作，确保顺利实施，遇有重大紧急情况，及时报告总行。

请人民银行上海总部，各分行、营业管理部、省会（首府）城市中心支行，深圳市中心支行将本通知转发至辖区内城市商业银行、非服务县域的农村商业银行、民营银行和外资银行。

中国银保监会办公厅关于加强产业链协同复工复产金融服务的通知

（银保监办发〔2020〕28 号　2020 年 3 月 26 日）

为深入贯彻落实党中央、国务院关于统筹推进新冠肺炎疫情防控和经济社会发展工作的决策部署，进一步加大金融服务实体经济力度，推动产业链协同复工复产，现就有关事宜通知如下。

一、加大产业链核心企业金融支持力度

（一）银行业金融机构要强化产业链核心企业金融服务，加大流动资金贷款等经营周转类信贷支持，给予合理信用额度。支持核心企业通过信贷、债券等方式融资后，以适当方式减少对上下游企业的资金占用，帮助产业链上下游中小微企业解决流动资金紧张等问题。

（二）提高核心企业信贷资金向上游企业的支付效率。银行业金融机构应提高核心企业信贷业务办理效率，将符合受托支付要求的贷款直接支付给核心企业上游企业。以银行信贷资金及时清偿上游企业的应付款项或向上游企业支付预付款，减少产业链账款拖欠或资金占用，加快上游企业资金回笼。

（三）支持核心企业为下游企业提供延期付款便利。银行业金融机构可通过及时为核心企业收到的下游企业支付的商业汇票办理贴现，或为核心企业办理应收账款融资、应收票据融资，提高核心企业销售资金回笼效率，帮助下游企业提前获得商品，减轻下游企业现金流压力。

（四）强化核心企业信用约束。落实核心企业的信用责任，在融资合同条款中可明确核心企业在获得信贷资金后及时向企业付款的责任和义务。

二、优化产业链上下游企业金融服务

（五）加强对核心企业上游企业的信贷支持。银行业金融机构可通过应

收账款、应收票据等融资方式，为上游企业解决先货后款模式下的资金占用问题；也可以上游企业所获订单为基础进行订单融资，满足上游企业经营周转需要。银行业金融机构开展应收账款融资时应办理质押、转让登记。

（六）强化对核心企业下游企业的信贷支持。银行业金融机构可通过开立银行承兑汇票、国内信用证、预付款融资等方式，为下游企业获取货物、支付货款提供信贷支持；也可在下游企业已获取货物的情况下，通过存货与仓单质押融资等方式缓解存货积压形成的资金压力。

（七）优化供应链融资业务办理流程。在核心企业承担付款责任或提供担保、回购、差额补足等增信措施的前提下，上下游企业办理供应链融资业务时，银行业金融机构可适度简化客户评级准入等流程，纳入核心企业统一授信管理，使用核心企业授信额度。

（八）加大疫情防控期间对相关企业的金融支持力度。疫情防控期间，对于核心企业上游企业，可适当提高应收账款、应收票据或订单融资比例；对于核心企业下游企业，可适当提高预付款融资或存货与仓单质押融资比例。对暂时受到疫情影响、信用状况良好的企业，可适当降低银行承兑汇票的保证金比例和适度减免手续费。

三、加强金融支持全球产业链协同发展

（九）银行业金融机构要强化金融支持“稳外贸”作用，增加外贸信贷投放，对优质外贸企业授信和支用放款建立“绿色通道”，合理确定分支机构授权，提高效率。

（十）鼓励银行业金融机构完善跨境服务网络，与境外同业机构合作，共同为全球产业链提供信用支持和融资服务。

（十一）落实好中小微企业贷款临时性延期还本付息等政策。鼓励保险机构进一步拓宽短期出口信用保险覆盖面，在风险可控的前提下，适当降低费率。

四、提升产业链金融服务科技水平

（十二）鼓励银行业金融机构开发供应链业务系统，通过线上线下相结合的方式，为企业提供方便快捷的供应链融资服务。鼓励银行业金融机构通过与政府机构、核心企业相关系统实时交互交易数据，建立交易风控模型，

创新供应链金融模式。

（十三）在依法合规、风险可控的前提下，有条件的银行业金融机构可探索创新产业链金融服务产品，研究开发服务电商平台、物流等领域大型核心企业的金融产品。主要依靠互联网运营的银行可运用大数据风控技术加强对产业链上民营小微企业线上贷款支持，鼓励大中型银行、政策性银行按照市场化、法治化原则加强与此类银行的业务合作。

五、完善银行业金融机构考核激励和风险控制

（十四）完善供应链融资业务的考核激励。银行业金融机构立足自身实际，对产业链协同复工复产相关授信予以差别化安排，完善激励机制，对供应链融资业务在信贷规模、经济资本考核和内部资金转移价格等方面予以适当倾斜。落实尽职免责安排，加快处置不良贷款，核销不良贷款处置损失。

（十五）加强产业链金融服务的风险控制。银行业金融机构应明确核心企业准入标准，认真审核核心企业融资需求和贷款用途，加强对信贷资金流向的有效监督。加强押品管理，有效控制存货质押融资风险。合理确定供应链融资整体合作额度，严格审核供应链交易背景，必要时要求核心企业承担账款回购或商品回购责任。通过专户管理、协议扣款或受托支付等手段，监控应收账款回笼。

六、加大保险和担保服务支持力度

（十六）鼓励保险机构和政策性担保机构在风险可控的前提下为产业链上下游中小微企业获取融资提供增信服务。鼓励保险机构针对核心企业上下游的风险特征，提供抵质押、纯信用等多种形式的保证保险业务，进一步加大贸易信用保险的承保覆盖面，拓宽企业融资的增信方式。

（十七）人身保险公司在风险可控的前提下可适度延长保单质押贷款期限，提升贷款额度，帮助客户缓解短期资金压力，支持小微企业复工复产。针对疫情发生以来物流受阻情况，保险机构可适当顺延疫情期间停运的营运车辆、船舶、飞机的保险期限。

银保监会将加强督促指导，持续推动银行保险机构加强产业链协同复工复产金融服务。

中国人民银行关于下调部分金融机构存款准备金率的通知

（银发〔2020〕85号　2020年4月14日）

中国人民银行上海总部，各分行、营业管理部、省会（首府）城市中心支行，深圳市中心支行：

为支持实体经济发展，促进加大对中小微企业的支持力度，降低社会融资实际成本，人民银行决定降低部分金融机构存款准备金率1个百分点，分两次实施到位。现将有关事项通知如下：

一、自2020年4月15日起，下调农村商业银行、农村合作银行、农村信用社、村镇银行和仅在本省级行政区域内经营的城市商业银行人民币存款准备金率0.5个百分点。

二、自2020年5月15日起，下调农村商业银行、农村合作银行、农村信用社、村镇银行和仅在本省级行政区域内经营的城市商业银行人民币存款准备金率0.5个百分点。

人民银行上海总部、各分支行要严格按照有关规定做好此次存款准备金率调整工作，确保顺利实施，遇有重大紧急情况，及时报告总行。

请人民银行上海总部，各分行、营业管理部、省会（首府）城市中心支行，深圳市中心支行将本通知转发至辖区内仅在本省级行政区域内经营的城市商业银行、农村商业银行、农村合作银行、农村信用社和村镇银行。

中国银保监会　工业和信息化部　发展改革委　财政部　人民银行　市场监管总局　关于进一步规范信贷融资收费　降低企业融资综合成本的通知

（银保监发〔2020〕18号　2020年5月18日）

各银保监局，各省（自治区、直辖市及计划单列市）、新疆生产建设兵团工业和信息化主管部门，各省（自治区、直辖市及计划单列市）、新疆生产建设兵团发展改革委，各省（自治区、直辖市及计划单列市）财政厅（局）、新疆生产建设兵团财政局，人民银行上海总部、各分行、营业管理部、各省会（首府）城市中心支行，各省（自治区、直辖市及计划单列市）、新疆生产建设兵团市场监督管理局（厅、委），各政策性银行、大型银行、股份制银行，外资银行，金融资产管理公司，各保险集团（控股）公司、保险公司、保险资产管理公司，各会管单位：

近年来，银行业保险业认真贯彻党中央、国务院决策部署，持续加大减费让利力度，对缓解企业融资难融资贵发挥了积极作用，但仍存在不合理收费、贷存挂钩和强制捆绑搭售等问题。为进一步规范信贷融资各环节收费与管理，维护企业知情权、自主选择权和公平交易权，降低企业融资综合成本，更好服务实体经济高质量发展，现就有关事项通知如下：

一、信贷环节取消部分收费项目和不合理条件

（一）取消信贷资金管理等费用。银行不得收取信贷资金受托支付划拨费。对于已划拨但企业暂未使用的信贷资金，不得收取资金管理费。对于小微企业信贷融资，不得在贷款合同中约定提前还款或延迟用款违约金，取消法人账户透支承诺费和信贷资信证明费。

（二）严格执行贷存挂钩、强制捆绑搭售等禁止性规定。除存单质押贷款、保证金类业务外，不得将企业预存一定数额或比例的存款作为信贷申请获得批准的前提条件。不得要求企业将一定数额或比例的信贷资金转为存款。不得忽视企业实际需求将部分授信额度划为银行承兑汇票，或强制以银行承兑汇票等非现金形式替代信贷资金。不得在信贷审批时，强制企业购买保险、理财、基金或其他资产管理产品等。

（三）提前开展信贷审核。银行应根据企业申请，在存量贷款到期前，提前做好信贷评估和审核，提高响应速度和审批时效。在企业生产经营、财务状况和外部环境等未发生明显恶化时，不得无故提出导致融资综合成本明显提高的新的增信要求；不得以断贷为由提高贷款利率，确保有资金需求的企业以合理成本获得贷款；不得继续对“僵尸企业”提供信贷支持，挤占银行可贷资金，推高其他企业融资成本。

二、助贷环节合理控制融资综合成本

（四）明确银行收费事项。银行应在企业借款合同或服务协议中明确所收取利息和费用，不得在合同约定之外收取费用。对于第三方机构推荐的客户，银行应告知直接向本行提出信贷申请的程序和息费水平。

（五）加强对第三方机构管理。银行应对合作的第三方机构实施名单制

管理，由一级分行及以上层级审核第三方机构资质，并在合同中明确禁止第三方机构以银行名义向企业收取费用。银行应了解合作的第三方机构向企业收费情况，评估企业融资综合成本，不与收费标准过高的第三方机构合作。

（六）实行“两个严禁”。银行应掌握支持信贷决策的客户信息，严禁将贷前调查和贷后管理的实质性职责交由第三方机构承担，防止导致间接推高融资成本。严禁银行将信贷资金划拨给合作的第三方机构，防止信贷资金被截留或挪用，减少企业实际可用资金。

三、增信环节通过多种方式为企业减负

（七）合理引入增信安排。银行应充分挖掘整合企业信用信息，支持通过与核心企业、政府部门的相关管理和信息系统对接，利用金融科技手段对客户信用准确画像，为供应链上下游企业提供方便快捷的服务。银行应根据企业资信和风险状况，确定与信贷相关的增信和专业服务安排，除特定标准化产品外，不得为企业指定增信和专业服务机构。在现有措施可有效覆盖风险的情况下，银行不得要求企业追加增信手段，推高融资综合成本。银行不得以向专业服务机构推荐客户的名义，向合作机构收取业务协办费用，导致企业融资费用增加。

（八）由银行独立承担的费用，银行应全额承担。银行对企业垫付抵押登记费采取报销制的，应建立费用登记台账，由专人负责跟进。银行为授信评估目的引入外部数据、信息或评级的，不得要求企业支付相关费用。对于小微企业融资，以银行作为借款人意外保险第一受益人的，保险费用由银行承担。

（九）由企业与银行共同承担的费用，银行不得强制或以合同约定方式向企业转嫁。银行应根据企业风险状况引入差异化的强制执行公证安排，在双方合意的基础上与借款企业约定强制执行公证费承担方式，不得强制转嫁费用。对于小微企业信贷融资，鼓励银行主动承担强制执行公证费；以银行作为抵押物财产保险索赔权益人的，保险费用由银行和企业按合理比例共同承担。

（十）由企业独立承担的费用，银行、保险公司和融资担保公司等应采取措施最大限度减少企业支出。银行不得强制企业购买保证保险，不得因企业购买保证保险而免除自身风险管控责任。保险公司不得提供明显高于本公

司同类或市场类似产品费率的融资增信产品，增加企业融资负担。融资担保公司应逐步减少反担保要求，确需引入反担保措施的，应综合评估企业实际担保成本。

四、考核环节考虑企业融资成本因素

（十一）加强资金转移定价精细化管理。鼓励银行将贷款市场报价利率（LPR）内嵌到内部定价环节。在确定内部资金转移价格时，银行应在精准核算的基础上动态调整。对于小微企业信贷融资，鼓励银行加大内部资金转移定价优惠力度，进一步降低融资成本。

（十二）科学开展内部信用评级和拨备计提。银行内部信用评级要兼顾借款主体评级和债项评级，可参照外部评级结果。对于借款主体评级欠佳但债项评级高的信贷项目，银行可采取受托支付、封闭管理等方式控制风险，通过差异化定价降低企业融资成本。银行在计提拨备时应遵循会计和监管规定，综合考虑信贷违约率和违约损失率，结合宏观经济形势和企业经营前景等因素进行评估，避免拨备计提不科学导致企业资金成本上升。

（十三）内部考核应适当和精细。银行应完善综合经营绩效考核办法，避免业务条线和分支机构为实现不当绩效考核目标，采取贷存挂钩、强制捆绑搭售、附加不合理信贷条件等做法，增加企业融资成本。银行应对不同地区、不同类型企业信贷融资设置差异化考核目标，防止因过度追求低风险而导致参与方过多、融资链条过长，间接推高融资成本。

五、完善融资收费管理，加强内控与审计监督

（十四）有效发挥公司治理机制作用。银行保险机构应不折不扣落实国家减费让利、减轻企业负担等政策要求，制定合理的年度经营目标和业务指标，提高管理效率，增收节支，保障股东合理利益。

（十五）完善融资收费管理制度。银行制定与调整服务价格应遵循公开、公平、诚实、信用的原则，合理测算各项服务支出，充分考虑市场因素进行综合决策，不得利用协议定价方式收取高于合理水平的费用。细化收费制度执行要求，针对不同适用情形实行差异化处理，避免分支机构在执行中“一刀切”。在业务合同中列明服务内容、价格和收费方式等，不得超出合同约定范围收取额外费用；对于先收费后服务、已收费但业务提前终止的，应确保收费与服务内容匹配。鼓励对小微企业实施差异化定价策略，按照保本微

利原则厘定小微企业融资服务收费标准。

（十六）健全内部控制与监督。银行应实施收费管理分级授权机制，加强对分支机构的管控；因地区性差异确需实行差别化服务价格的，应由总行制定收费标准。完善信息系统，提高收费核算自动化处理能力，增加收费差错账务调整功能，及时更新系统设置，避免因系统漏洞或操作随意导致多收、误收。内审应涵盖收费管理制度与执行情况，审计频率不低于一般项目。加强对分支机构和员工管控，防止强制捆绑搭售、利益输送和收取回扣等行为。

（十七）充分披露服务价格信息。通过营业场所、官方网站和手机APP等渠道，以清晰、醒目方式公示价格信息和优惠政策，保障企业知情权和自主选择权。定期评估所公示信息，及时更新服务收费项目和价格标准。

六、发挥跨部门监督合力和正向激励

（十八）形成监督合力。各级工业和信息化主管部门牵头完善违规收费举报查处机制，明确跨部门信息共享、依法惩戒等工作制度，降低企业维权成本。行业主管部门统筹推进市场中介机构服务收费规范化。对于低成本融入资金而挪用套利的企业，经银行报告，人民银行将其纳入征信系统。

（十九）建立正向激励。各级工业和信息化主管部门推动深化产融合作，建设和推广全国产融信息对接平台，加强企业与项目白名单管理，为企业信贷融资提供信息支持。各级财政部门对于国有控股银行保险机构的经营考核，应体现贯彻落实国家有关降低企业融资成本的要求，给予合理评价。对严格执行各项政策要求的银行，人民银行应在流动性、资产证券化和小微企业专项金融债等方面予以支持；银保监会应在相应业务资格审查方面给予优先考虑。

（二十）加强行业自律。银行业、保险业和融资担保业协会应倡导互利共赢的行业文化，落实信贷融资收费各项政策，切实降低企业成本。对于将信贷资金进行转贷或购买其他金融产品套利的，银行应在合同中明确借款人责任和相应措施。

本通知自2020年6月1日起实施。信托公司、金融资产管理公司和汽车金融公司参照执行。

中国人民银行　银保监会　发展改革委　工业和信息化部　财政部　市场监管总局　证监会　外汇局　关于进一步强化中小微企业金融服务的指导意见

（银发〔2020〕120 号　2020 年 5 月 26 日）

中国人民银行上海总部，各分行、营业管理部、各省会（首府）城市中心支行、各副省级城市中心支行；各银保监局；各省、自治区、直辖市、计划单列市、新疆生产建设兵团发展改革委、中小企业主管部门、财政厅（局）、市场监管局（委、厅）；各证监局；国家外汇管理局各省、自治区、直辖市分局、外汇管理部，计划单列市分局；国家开发银行，各政策性银行、国有商业银行、股份制商业银行，中国邮政储蓄银行，各保险集团（控股）公司、保险公司、保险资产管理公司，各证券基金期货经营机构：

面对新冠肺炎疫情对中小微企业造成的重大影响，金融及相关部门坚决贯彻党中央、国务院的决策部署，迅速行动，主动作为，出台了一系列措施，支持扩内需、助复产、保就业，为疫情防控、复工复产、实体经济发展提供了精准金融服务。为推动金融支持政策更好适应市场主体的需要，进一步疏通内外部传导机制，促进中小微企业（含个体工商户和小微企业主，不含地方政府融资平台，下同）融资规模明显增长、融资结构更加优化，实现“增量、降价、提质、扩面”，推动加快恢复正常生产生活秩序，支持实体经济高质量发展，提出以下意见。

一、不折不扣落实中小微企业复工复产信贷支持政策

（一）安排好中小微企业贷款延期还本付息。完善延期还本付息政策，加大对普惠小微企业延期还本付息的支持力度。银行业金融机构要加大政策落实力度，提高受惠企业占比，对于疫情前经营正常、受疫情冲击经营困难的企业，贷款期限要能延尽延。要结合企业实际，提供分期还本、利息平摊至后续还款日等差异化支持。提高响应效率、简化办理手续，鼓励通过线上办理。

（二）发挥好全国性银行带头作用。全国性银行要用好全面降准和定向降准政策，实现中小微企业贷款“量增价降”，出台细化方案，按月跟进落实。五家大型国有商业银行普惠型小微企业贷款增速高于40%。全国性银

行要合理让利，确保中小微企业贷款覆盖面明显扩大，综合融资成本明显下降。

（三）用好再贷款再贴现政策。人民银行分支机构要用好再贷款再贴现政策，引导金融机构重点支持中小微企业，以及支持脱贫攻坚、春耕备耕、禽畜养殖、外贸、旅游娱乐、住宿餐饮、交通运输等行业领域。加强监督管理，确保资金发放依法合规，防止“跑冒滴漏”。中小银行要运用好再贷款再贴现资金，鼓励中小银行加大自有资金支持力度，促进加大中小微企业信贷投放，降低融资成本。

（四）落实好开发性、政策性银行专项信贷额度。开发性、政策性银行要在2020年6月底前将3500亿元专项信贷额度落实到位，以优惠利率支持中小微企业复工复产，制定本银行专项信贷额度实施方案，按月报送落实情况。

（五）加大保险保障支持力度。鼓励保险机构根据中小微企业受疫情影响程度的具体情况，提供针对性较强的相关贷款保证保险产品。鼓励保险公司区分国别风险类型，进一步提高出口信用保险覆盖面，加大出口中小微企业的风险保障。鼓励保险公司在疫情防控期间，探索创新有效的理赔方式，确保出险客户得到及时、便捷的理赔服务。

二、开展商业银行中小微企业金融服务能力提升工程

（六）提高政治站位，转变经营理念。要高度重视对受疫情影响的中小微企业等实体经济的金融支持工作，强化社会责任担当。按照金融供给侧结构性改革要求，把经营重心和信贷资源从偏好房地产、地方政府融资平台，转移到中小微企业等实体经济领域，实现信贷资源增量优化、存量重组。

（七）改进内部资源配置和政策安排。大中型商业银行要做实普惠金融事业部“五专”机制，单列小微企业、民营企业、制造业等专项信贷计划，适当下放审批权限。改革小微信贷业务条线的成本分摊和收益分享机制，全国性商业银行内部转移定价优惠力度要不低于50个基点，中小银行可结合自身实际，实施内部转移定价优惠或经济利润补贴。

（八）完善内部绩效考核评价。商业银行要提升普惠金融在分支行和领导班子绩效考核中的权重，将普惠金融在分支行综合绩效考核中的权重提升至10%以上。要降低小微金融利润考核权重，增加小微企业客户服务情况考

核权重。改进贷款尽职免责内部认定标准和流程，如无明显证据表明失职的均认定为尽职，逐步提高小微信贷从业人员免责比例，激发其开展小微信贷业务的积极性。

（九）大幅增加小微企业信用贷款、首贷、无还本续贷。商业银行要优化风险评估机制，注重审核第一还款来源，减少对抵押担保的依赖。在风险可控的前提下，力争实现新发放信用贷款占比显著提高。督促商业银行提高首次从银行体系获得贷款的户数。允许将符合条件的小微企业续贷贷款纳入正常类贷款，鼓励商业银行加大中长期贷款投放力度，力争2020年小微企业续贷比例高于上年。

（十）运用金融科技手段赋能小微企业金融服务。鼓励商业银行运用大数据、云计算等技术建立风险定价和管控模型，改造信贷审批发放流程。深入挖掘整合银行内部小微企业客户信用信息，加强与征信、税务、市场监管等外部信用信息平台的对接，提高客户识别和信贷投放能力。打通企业融资"最后一公里"堵点，切实满足中小微企业融资需求。

三、改革完善外部政策环境和激励约束机制

（十一）强化货币政策逆周期调节和结构调整功能。实施稳健的货币政策，综合运用公开市场操作、中期借贷便利等货币政策工具，保持银行体系流动性合理充裕，引导金融机构加大对中小微企业的信贷支持力度。

（十二）发挥贷款市场报价利率改革作用。将主要银行贷款利率与贷款市场报价利率的点差纳入宏观审慎评估考核，密切监测中小银行贷款点差变化。督促银行业金融机构将贷款市场报价利率内嵌到内部定价和传导相关环节，疏通银行内部利率传导机制。按照市场化、法治化原则，有序推进存量浮动利率贷款定价基准转换。

（十三）优化监管政策外部激励。推动修订商业银行法，研究修改商业银行贷款应当提供担保的规定，便利小微企业获得信贷。开展商业银行小微企业金融服务监管评价，继续实施普惠型小微企业贷款增速和户数"两增"要求。进一步放宽普惠型小微企业不良贷款容忍度。

（十四）研究完善金融企业绩效评价制度。修改完善金融企业绩效评价管理办法，弱化国有金融企业绩效考核中对利润增长的要求。将金融机构绩效考核与普惠型小微企业贷款情况挂钩。引导金融企业更好地落实国家宏观

战略、服务实体经济，加大对小微企业融资支持力度。鼓励期货公司风险管理子公司通过场外期权、仓单服务等方式，为小微企业提供更加优质、便捷的风险管理服务。

（十五）更好落实财税政策优惠措施。加大小微企业金融服务税收优惠和奖补措施的宣传力度，力争做到应享尽享。加强普惠金融发展专项资金保障，做好财政支持小微企业金融服务综合改革试点。

（十六）发挥地方政府性融资担保机构作用。建立政府性融资担保考核评价体系，突出其准公共产品属性和政策性，逐步取消盈利考核要求，重点考核其支小支农成效（包括新增户数、金额、占比、费率水平等）、降低反担保要求、及时履行代偿责任和首次贷款支持率等指标，落实考核结果与资金补充、风险补偿、薪酬待遇等直接挂钩的激励约束机制。逐步提高担保放大倍数，并将政府性融资担保和再担保机构平均担保费率降至1%以下。

（十七）推动国家融资担保基金加快运作。2020年力争新增再担保业务规模4000亿元。与银行业金融机构开展批量担保贷款业务合作，提高批量合作业务中风险责任分担比例至30%。对合作机构单户100万元及以下担保业务免收再担保费，2020年全年对100万元以上担保业务减半收取再担保费。

（十八）清理规范不合理和违规融资收费。对银行业金融机构小微贷款中违规收费及借贷搭售、转嫁成本、存贷挂钩等变相抬高中小微企业实际融资成本的乱象加强监管检查，从严问责处罚。

四、发挥多层次资本市场融资支持作用

（十九）加大债券市场融资支持力度。引导公司信用类债券净融资比上年多增1万亿元，支持大型企业更多发债融资，释放信贷资源用于支持小微企业贷款。优化小微企业专项金融债券审批流程，疏通审批堵点，加强后续管理，2020年支持金融机构发行小微企业专项金融债券3000亿元。进一步发挥民营企业债券融资工具支持作用。推动信用风险缓释工具和信用保护工具发展，推广非公开发行可转换公司债融资工具。

（二十）提升中小微企业使用商业汇票融资效率。对于确需延时支付中小微企业货款的，促进企业使用更有利于保护中小微企业合法权益的商业汇票结算，推动供应链信息平台与商业汇票基础设施互联，加快商业汇票产品规范创新，提升中小微企业应收账款融资效率。

（二十一）支持优质中小微企业上市或挂牌融资。支持符合条件的中小企业在主板、科创板、中小板、创业板上市融资，加快推进创业板改革并试点注册制。优化新三板发行融资制度，引入向不特定合格投资者公开发行机制，取消定向发行单次融资新增股东35人限制，允许内部小额融资实施自办发行，降低企业融资成本。设立精选层，建立转板上市制度，允许在精选层挂牌一年并符合相关条件的企业直接转板上市，打通挂牌公司持续发展壮大的上升通道。对基础层、创新层、精选层建立差异化的投资者适当性标准，引入公募基金等长期资金，优化投资者结构。

（二十二）引导私募股权投资和创业投资投早投小。修订《私募投资基金监督管理暂行办法》（中国证券监督管理委员会令第105号），强化对创业投资基金的差异化监管和自律。制定《创业投资企业标准》，引导和鼓励创业投资企业和天使投资专注投资中小微企业创新创造企业。鼓励资管产品加大对创业投资的支持力度，并逐步提高股权投资类资管产品比例，完善银行、保险等金融机构与创业投资企业的投贷联动、投保联动机制，加强创业投资企业与金融机构的市场化合作。推动完善保险资金投资创业投资基金政策。

（二十三）推进区域性股权市场创新试点。选择具备条件的区域性股权市场开展制度和业务创新试点，推动修改区域性股权市场交易制度、融资产品、公司治理有关政策规定。推动有关部门和地方政府加大政策扶持力度，将区域性股权市场作为地方中小微企业扶持政策措施综合运用平台。加强与征信、税务、市场监管、地方信用平台等对接，鼓励商业银行、证券公司、私募股权投资机构等参与，推动商业银行提供相关金融服务。

五、加强中小微企业信用体系建设

（二十四）加大对地方征信平台和中小企业融资综合信用服务平台建设指导力度。研究制定相关数据目录、运行管理等标准，推动地方政府充分利用现有的信用信息平台，建立地方征信平台和中小企业融资综合信用服务平台，支持有条件的地区设立市场化征信机构运维地方平台。以地方服务平台为基础，加快实现互联互通，服务区域经济一体化发展。探索建立制造业单项冠军、专精特新“小巨人”企业、专精特新中小企业以及纳入产业部门先进制造业集群和工业企业技术改造升级导向计划等优质中小微企业信息库，搭建产融合作平台，加强信息共享和比对，促进金融机构与中小微企业对接，提供高质量融资服务。完善和推广“信易贷”模式。

（二十五）建立动产和权利担保统一登记公示系统。推动动产和权利担保登记改革，建立统一的动产和权利担保登记公示系统，逐步实现市场主体在一个平台上办理动产和权利担保登记。

六、优化地方融资环境

（二十六）建立健全贷款风险奖补机制。有条件的地方政府可因地制宜建立风险补偿“资金池”，提供中小微企业贷款贴息和奖励、政府性融资担保机构资本补充等，以出资额为限承担有限责任。完善风险补偿金管理制度，合理设置托管对象、补偿条件，提高风险补偿金使用效率。

（二十七）支持对中小微企业开展供应链金融服务。支持产融合作，推动全产业链金融服务，鼓励发展订单、仓单、存货、应收账款融资等供应链金融产品，发挥应收账款融资服务平台作用，促进中小微企业2020年应收账款融资8000亿元。加强金融、财政、工信、国资等部门政策联动，加快推动核心企业、财政部门与应收账款融资服务平台完成系统对接，力争实现国有商业银行、主要股份制商业银行全部接入应收账款融资服务平台。

（二十八）推动地方政府深化放管服改革。推动地方政府夯实风险分担、信息共享、账款清欠等主体责任，继续组织清理拖欠民营企业、中小微企业账款，督促政府部门和大型企业依法依规及时支付各类应付未付账款。支持有条件的地方探索建立续贷中心、首次贷款中心、确权中心等平台，提供便民利企服务。继续清理地方政府部门、中介机构在中小微企业融资环节不合理和违规收费。

七、强化组织实施

（二十九）加强组织推动。人民银行分支机构、银保监会派出机构可通过建立专项小组等形式，加强与当地发展改革、财税、工信、商务、国资等部门的联动，从强化内部激励、加强首贷户支持、改进服务效率、降低融资成本、强化银企对接、优化融资环境等方面，因地制宜开展商业银行中小微企业金融服务能力提升专项行动。

（三十）完善监测评价。探索建立科学客观的全国性中小微企业融资状况调查统计制度和评价体系，开发中小微企业金融条件指数，适时向社会发布。人民银行副省级城市中心支行以上分支机构会同各银保监局探索建立地市级和县级中小微金融区域环境评价体系，重点评价辖区内金融服务中小微企业水平、融资担保、政府部门信息公开和共享、账款清欠等，并视情将金融机构和市县政府评价结果告知金融机构上级部门和副省级以上地方政府，营造良好金融生态环境。

中国人民银行　银保监会　财政部　发展改革委　工业和信息化部关于进一步对中小微企业贷款实施阶段性延期还本付息的通知

（银发〔2020〕122号　2020年6月1日）

中国人民银行上海总部，各分行、营业管理部，各省会（首府）城市中心支行，各副省级城市中心支行；各银保监局；各省、自治区、直辖市、计划单列市、新疆生产建设兵团财政厅（局）、发展改革委、中小企业主管部门；国家开发银行，各政策性银行、国有商业银行、股份制商业银行，中国邮政储蓄银行：

为贯彻落实党中央、国务院关于统筹推进新冠肺炎疫情防控和经济社会发展工作的决策部署，强化稳企业保就业支持政策，缓解企业尤其是中小微企业年内还本付息资金压力，按照市场化、法治化原则，进一步对符合条件的贷款实施阶段性延期还本付息。经国务院同意，现就有关事宜通知如下：

一、政策适用范围

对于2020年6月1日至12月31日期间到期的普惠小微贷款（包括单户授信1000万元及以下的小微企业贷款、个体工商户和小微企业主经营性贷款，下同），按照“应延尽延”要求，实施阶段性延期还本付息。对于2020年年底前到期的其他中小微企业贷款和大型国际产业链企业（外贸企业）等有特殊困难企业的贷款，可由企业与银行业金融机构自主协商延期还本付息。

人民银行会同有关部门对银行业金融机构执行延期还本付息政策给予政策支持，并对城市商业银行、农村商业银行、农村合作银行、村镇银行、农村信用社、民营银行等地方法人银行业金融机构（以下简称地方法人银行）执行普惠小微贷款延期还本付息政策给予相关激励。

二、关于普惠小微贷款到期本金、应付利息支付安排

对于2020年6月1日至12月31日期间到期的普惠小微贷款本金，银行业

金融机构应根据企业延期还本申请，结合企业受疫情影响情况和经营状况，通过贷款展期、续贷等方式，给予企业一定期限的延期还本安排。还本日期最长可延至2021年3月31日。上述贷款涉及担保的，银行业金融机构应与企业、担保人等协商处理，根据商业原则保持有效担保安排或提供替代安排。

对于2020年6月1日至12月31日普惠小微贷款应付利息，银行业金融机构应根据企业延期付息申请，结合企业受疫情影响情况和经营状况，给予企业一定期限的延期付息安排。贷款付息日期最长可延至2021年3月31日，免收罚息。延期利息的具体偿还计划，由银行业金融机构与企业双方自主协商、合理确定。

三、对地方法人银行执行普惠小微贷款延期还本付息政策的激励措施

为充分调动地方法人银行积极性，人民银行会同财政部通过特殊目的工具，对地方法人银行给予其办理的延期还本普惠小微贷款本金的1%作为激励。在规定期限内，同一笔贷款多次延期还本的，只在首次延期时享受激励措施。

地方法人银行申请激励资金，应向人民银行副省级城市中心支行或地市中心支行提交材料，并对材料的真实性负责。人民银行省会（首府）城市中心支行以上分支机构会同同级银保监会派出机构对辖区内银行业金融机构延期还本付息业务开展情况进行监督，确保地方法人银行所提供数据真实、准确、完整。发现地方法人银行存在数据虚报错报、套取激励资金等违规行为的，人民银行将收回已发放的激励资金，取消该地方法人银行申请激励资金的资格，并依法予以惩戒。

四、工作要求

“应延尽延”，提升政策覆盖面。对于普惠小微贷款，只要企业提出延期还本付息申请，根据商业原则保持有效担保安排或提供替代安排，且承诺保持就业岗位基本稳定，银行业金融机构就应当予以办理，并合理安排还本付息时间，避免集中到期。对于其他中小微企业贷款和大型国际产业链企业（外贸企业）等有特殊困难企业的贷款，可由企业与银行业金融机构自主协商延期还本付息。

持续加强监督管理，有效防控信贷风险。办理阶段性延期还本付息时，银行业金融机构可要求企业提供稳岗承诺书；贷款延期期间，企业应当保持

就业岗位基本稳定。银行业金融机构要对阶段性延期还本付息的贷款建立专项台账，进行专项统计，密切监测贷款质量变化，对可能出现的信贷风险提前做好预案。

五、配套政策

对于银行业金融机构因执行上述政策产生的流动性问题，人民银行综合运用多种货币政策工具，保持银行体系流动性合理充裕。

对于实施延期还本付息的贷款，银行业金融机构应坚持实质性风险判断，不因疫情因素下调贷款风险分类，不影响企业征信记录。

各级财政部门在考核国有控股和参股的银行业金融机构2020年经营绩效时，应充分考虑阶段性延期还本付息政策对银行业金融机构业绩的影响，给予合理调整和评价。

本通知自印发之日起实施。此前已按《银保监会 人民银行 发展改革委 工业和信息化部 财政部关于对中小微企业贷款实施临时性延期还本付息的通知》(银保监发〔2020〕6号）办理临时性延期还本付息的贷款，仍可根据本通知规定继续办理延期还本付息。

中国人民银行 银保监会 财政部 发展改革委 工业和信息化部关于加大小微企业信用贷款支持力度的通知

（银发〔2020〕123 号 2020 年 6 月 1 日）

中国人民银行上海总部，各分行、营业管理部，各省会（首府）城市中心支行，各副省级城市中心支行；各银保监局；各省、自治区、直辖市、计划单列市、新疆生产建设兵团财政厅（局）、发展改革委、中小企业主管部门；国家开发银行，各政策性银行、国有商业银行、股份制商业银行，中国邮政储蓄银行：

为深入贯彻落实党中央、国务院关于统筹推进新冠肺炎疫情防控和经济社会发展工作决策部署，落实《政府工作报告》要求，强化稳企业保就业支持政策，人民银行会同财政部使用4000亿元再贷款专用额度，通过创新货币政策工具按照一定比例购买符合条件的地方法人银行业金融机构普惠小微信用贷款，促进银行加大小微企业信用贷款投放，支持更多小微企业获得免抵押担保的信用贷款支持。经国务院同意，现就有关事宜通知如下：

一、购买普惠小微信用贷款支持政策

自2020年6月1日起，人民银行通过货币政策工具按季度购买符合条件的地方法人银行业金融机构新发放的普惠小微信用贷款。符合条件的地方法人银行业金融机构为最新人民银行评级1级至5级的城市商业银行、农村商业银行、农村合作银行、村镇银行、农村信用社、民营银行。购买范围为符合条件的地方法人银行业金融机构2020年3月1日至12月31日期间新发放普惠小微信用贷款的40%，贷款期限不少于6个月。

人民银行通过货币政策工具购买上述贷款后，委托放贷银行管理，购买部分的贷款利息由放贷银行收取，坏账损失也由放贷银行承担。购买上述贷款的资金，放贷银行应于购买之日起满一年时按原金额返还。

二、加大普惠小微信用贷款投放力度

各银行业金融机构要增加对小微企业的信贷资源配置，优化风险评估机制，注重审核第一还款来源，减少对抵押担保的依赖，支持更多小微企业获得免抵押免担保的纯信用贷款支持，确保2020年普惠小微信用贷款占比明显提高。

各银行业金融机构要积极运用大数据、云计算等金融科技手段，整合内外部信用信息，提高对小微企业信用风险评价和管控水平。要针对小微企业融资需求和特点，丰富信用贷款产品体系，鼓励提升信用贷款中长期授信额度。要合理下放审批权限，提高小微企业信用贷款的发放效率。

获得支持的地方法人银行业金融机构要制定普惠小微信用贷款投放增长目标，将政策红利让利于小微企业，着力降低信用贷款发放利率。要建立2020年3月1日起的普惠小微信用贷款发放专项台账，及时报送人民银行分支机构和银保监会派出机构，并保证数据真实、准确、完整。要做好贷前审查和贷后管理，可要求企业提供稳岗承诺书；贷款期间，企业应当保持就业岗位基本稳定。要把控好信贷风险，切实防范金融风险积聚。

三、强化协作，压实责任，狠抓落实

各级人民银行分支机构、银保监会派出机构和财政、发展改革、工业和信息化部门要加强协同配合，强化政策传导，狠抓贯彻落实，支持小微企业正常经营和就业稳定。通过开展信用贷款专项行动等多种形式，提高辖区内银行业金融机构的小微企业信用贷款服务能力。

人民银行分支机构要会同银保监会派出机构做好辖区内银行业金融机构的信用贷款投放情况监测评估，防范政策执行中的道德风险和金融风险，推动普惠小微信用贷款占比明显提升，确保政策取得实效。

本通知自印发之日起执行。

中国银保监会　财政部　中国人民银行　国务院扶贫办
关于进一步完善扶贫小额信贷有关政策的通知

（银保监发〔2020〕28号　2020年6月24日）

各银保监局，各省、自治区、直辖市财政厅（局），人民银行上海总部、各分行、营业管理部、各省会（首府）城市中心支行，各省、自治区、直辖市扶贫办（局），各政策性银行、大型银行、股份制银行：

2020年是脱贫攻坚决战决胜、全面收官之年，脱贫攻坚任务十分繁重艰巨，新冠肺炎疫情又带来新的风险挑战，必须加大政策支持力度，狠抓工作落实，确保如期全面完成脱贫攻坚目标任务。为认真贯彻落实习近平总书记对扶贫小额信贷的重要指示精神和党中央、国务院决策部署，充分发挥扶贫小额信贷作用，助力高质量打赢脱贫攻坚战，现就有关事项通知如下：

一、进一步坚持扶贫小额信贷政策。脱贫攻坚期内（2020年12月31日前）签订的扶贫小额信贷合同（含续贷、展期合同），在合同期限内各项政策保持不变。

二、进一步扩大扶贫小额信贷支持对象。将返贫监测对象中，具备产业发展条件和有劳动能力的边缘人口纳入扶贫小额信贷支持范围，贷款申请条件、程序及支持政策等与建档立卡贫困户一致，防止产生新的致贫人口。扶贫部门负责认定并主动提供边缘人口名单。银行保险监管部门负责督促银行机构及时、精准、规范向边缘人口发放扶贫小额信贷。人民银行分支机构予以扶贫再贷款支持。财政部门和扶贫部门要共同落实好财政贴息。已设立风险补偿金的地区按照规范程序落实好风险补偿政策。

三、进一步延长受疫情影响还款困难的扶贫小额信贷还款期限。对到期日在2020年1月1日后（含续贷、展期），受疫情影响还款困难的贫困户扶贫小额信贷，在延长还款期限最长不超过6个月的基础上，将还款期限进一步延长至2021年3月底。延长还款期间各项政策保持不变，鼓励有条件的银行机构适当降低延期期间贷款利率，努力减轻贫困户还款压力，将疫情影响降到最低。

四、进一步满足扶贫小额信贷需求。要认真落实分片包干责任，坚持以乡镇为单位不断完善扶贫小额信贷主责任银行机制，实行名单制管理。要充分发挥村两委、驻村帮扶工作队等基层力量作用，在相关部门的指导支持下，配合银行机构做好扶贫小额信贷政策宣传、贫困户信用评级、贷款申请评估、贷款使用监测指导、逾期贷款清收、产业选择、技术指导、产品销售等工作。对符合扶贫小额信贷及续贷、展期条件的，银行机构要确保应贷尽贷、应续尽续、应展尽展；符合追加贷款条件的，可予以追加贷款支持，但单户扶贫小额信贷总额不得超过5万元。

五、进一步做好扶贫小额信贷风险防控工作。要坚持扶贫小额信贷户借、户用、户还，精准用于贫困户及边缘人口个人发展生产，不能用于结婚、建房、理财、购置家庭用品等非生产性支出，更不能集中用于政府融资平台、生产经营企业等。要加强扶贫小额信贷监测分析，及时掌握贷款集中到期、贷款逾期等情况，对集中还款压力较大地区、存量“户贷企用”等未直接用于贫困户发展生产的扶贫小额信贷余额较大地区、不良贷款率较高及关注类贷款占比较大地区等要重点关注，加强分析研判。要积极争取地方党委、政府支持，持续完善扶贫小额信贷风险补偿机制，明确风险补偿启动条件及流程，鼓励引入保险、担保机构分担风险。

六、进一步加强扶贫小额信贷工作组织领导。各级银行保险监管部门、财政部门、人民银行分支机构、扶贫部门要加强统筹协调，形成工作合力，促进扶贫小额信贷健康发展。要将扶贫小额信贷工作情况纳入地方党委、政府脱贫攻坚年度考核内容，定期通报工作开展情况。加大典型经验总结推广和新闻宣传力度，讲好扶贫小额信贷故事。

中国银保监会关于印发商业银行小微企业金融服务监管评价办法（试行）的通知

（银保监发〔2020〕29 号　2020 年 6 月 29 日）

各银保监局，各政策性银行、大型银行、股份制银行、外资银行：

为进一步强化小微企业金融服务各项监管政策的贯彻落实，督促和激励商业银行提升服务小微企业的质效，根据有关法律法规和国务院金融委统一部署，银保监会制定了《商业银行小微企业金融服务监管评价办法（试行）》，现印发给你们，请认真组织实施。

各级监管部门应参照本办法，对商业银行2019年度的小微企业金融服务工作组织开展试评价，于2020年10月31日前完成。试评价工作具体要求另行通知。

商业银行小微企业金融服务监管评价办法（试行）

第一章　总　　则

第一条　为全面科学评价商业银行小微企业金融服务工作开展情况和成效，督促和激励商业银行深入贯彻落实党和国家关于金融支持小微企业发展的战略部署，持续提升服务小微企业的质效，依据《中华人民共和国银行业监督管理法》《中华人民共和国商业银行法》《中华人民共和国中小企业促进法》，结合银保监会关于推进银行业金融机构小微企业金融服务的监管政策文件，制定本办法。

第二条　做好小微企业金融服务是商业银行服务实体经济、实现高质量发展的重要内涵。对商业银行小微企业金融服务工作开展监管评价（以下简称小微金融监管评价），应当坚持以下原则：

（一）定量与定性并行。为兼顾小微金融监管评价的客观性、全面性和灵活性，监管评价要素中包括定量和定性两大类指标。定量指标的总分值高于定性指标。

（二）总量与结构并重。通过小微金融监管评价，持续推动小微企业金融服务供给总量稳定增长的同时，引导不同类型的商业银行深入开展差异化竞争，细分小微企业市场和融资需求，优化小微企业金融服务对象、内容的结构，扩大服务覆盖面。

（三）激励与约束并举。小微金融监管评价结果应当作为衡量该年度商业银行小微企业金融服务情况的主要依据，与差异化监管政策制定与执行、现场检查以及小微企业金融服务相关的评先创优、政策试点和奖励等工作有效联动。

第三条 小微金融监管评价的实施主体是银保监会及其派出机构。

第四条 本办法适用于对在中华人民共和国境内依法设立的中资商业银行及农村商业银行、农村合作银行、农村信用社的小微金融监管评价。对当年新成立的商业银行（改制成立的农村商业银行除外），监管部门可参照本办法对其小微企业金融服务情况进行试评价。

各银保监局可根据辖内实际情况，参照本办法及附件《商业银行小微企业金融服务监管评价指标表》（以下简称《评价指标表》），自主决定是否对辖内村镇银行开展小微金融监管评价。

开发银行、政策性银行、外资银行应参照本办法，结合自身业务特点和职能定位，认真贯彻落实相关监管政策要求，积极改进完善本行向小微企业提供的金融服务。相关机构监管部门和银保监局应参照本办法，对开发银行、政策性银行、外资银行小微企业金融服务工作加强督促指导。

第二章 评价体系

第五条 小微金融监管评价体系由五部分评价要素构成，分别为：信贷投放情况、体制机制建设情况、重点监管政策落实情况、产品及服务创新情况、监督检查情况。

各项评价要素下设若干评价指标。每项评价要素的得分通过对评价指标的打分，结合监管人员的专业判断综合得出。

评价得分由五部分要素各自得分加总产生。定量指标依据计算结果得分（保留小数点后一位），定性指标最小计分单位为0.5分。

第六条 评价指标是评价要素的构成单元。指标具体内容及分值以《评价指标表》为准。

评价指标包含常规指标和加分指标两类。常规指标与加分指标的合计得分为被评价银行的最终得分。

第七条　常规指标的评价内容是小微企业金融服务中监管法律法规、规范性文件明文规定商业银行应当完成的考核目标、具体任务或必须遵守的监管要求。

常规指标的分值以正向赋分为主，符合指标要求的，按具体情况得分，不符合要求的不得分；部分指标对监管法律法规和规范性文件明令禁止商业银行实施的行为，或监管法律法规和规范性文件明文规定商业银行应当实施但未能实施、情节严重的行为给予负向赋分，发生指标规定行为的，按具体情况扣分，未发生规定行为的不扣分。常规指标合计满分100分。

第八条　加分指标的评价内容是小微企业金融服务中监管政策明确引导、鼓励、支持商业银行发展或推进的工作。

加分指标分值为正向赋分，符合指标要求的，按具体情况得分，不符合要求的不得分，合计满分15分。

第九条　小微金融监管评价结果根据得分划分为四个评价等级。

评价得分在90分（含）以上者为一级；得分在（75，90）区间者为二级，其中得分在（85，90）区间者为二A，（80，85）区间者为二B，（75，80）区间者为二C；得分在（60，75）区间者为三级，其中得分在（70，75）区间者为三A，（65，70）区间者为三B，（60，65）区间者为三C；得分在60分以下者为四级。

常规指标得分在60分以下者，当年评价结果等级直接判定为四级。

第十条　小微金融监管评价结果等级对应的评价含义如下：

（一）评价结果为一级，表示商业银行对小微企业金融服务工作的重要性有充分的认识，战略定位清晰，内部组织架构和机制体制健全，政策落实和制度保障有力，全面实现了各项监管考核目标，面向小微企业的产品、业务、服务方式创新成效突出，经营服务行为基本规范。

（二）评价结果为二级，表示商业银行从经营战略、组织机构、内部机制体制等方面围绕小微企业金融服务进行了专门的安排，较好地落实了政策要求，总体上实现了监管考核目标，能够针对小微企业融资特点开展产品、业务、服务方式创新，但工作还存在一些不足，需及时予以改进。

（三）评价结果为三级，表示商业银行小微企业金融服务的各项机制体制、产品、业务尚有欠缺，主动作为不足，存在部分监管考核目标不达标、政策落实不得力的问题，亟须采取有针对性的改进措施。

（四）评价结果为四级，表示商业银行小微企业金融服务工作存在严重缺陷，未按照回归本源、服务实体的要求落实相关政策，主要监管考核目标不达标，没有围绕小微企业金融服务建立专门的机制体制、开发特色产品、改进业务流程，应当对该行小微企业金融服务工作进行全面检视、切实整改，监管部门必要时可采取相应的监管措施。

第三章　评价机制

第十一条　小微金融监管评价按年度进行，评价周期为当年1月1日至12月31日。

当年度小微金融监管评价工作原则上应于次年4月30日前完成。

第十二条　小微金融监管评价的对象以商业银行法人为主。

银保监会负责组织、督导全国商业银行小微金融监管评价工作，并直接负责开展对大型银行、股份制银行的小微金融监管评价工作。

各银保监局负责组织开展对辖内属地监管的城市商业银行、民营银行、农村中小银行机构的小微金融监管评价工作。

第十三条　银保监会、各银保监局应当建立小微金融监管评价协调机制，具体负责对所管辖商业银行的评价工作。协调机制由各级普惠金融职能部门牵头，参与部门应当至少包括同级机构监管部门、银行检查部门、统信部门、消费者权益保护职能部门。

银保监会普惠金融部负责对小微金融监管评价的总体规划、专业指导和督促核查。

各银保监局可根据工作需要，决定是否在辖内银保监分局建立小微金融监管评价协调机制，并可参照本条第一款规定，自行确定分局层面相关协调机制的具体安排。

第十四条　各银保监局可根据辖内实际情况，决定是否对辖内的商业银行分支机构开展小微金融监管评价，并可参照本办法及《评价指标表》制定具体评价标准。

银保监局按照前款规定对大型银行、股份制银行分支机构开展小微金融监管评价的，应当将评价结果抄报银保监会普惠金融部及相应的机构监管部门；对地方法人银行的异地分支机构开展小微金融监管评价的，应当将评价结果抄报该法人银行属地银保监局。

各级监管部门应当加强对商业银行分支机构小微企业金融服务情况的信息共享。地方法人银行异地分支机构所在地银保监局应积极配合法人银行属地银保监局，向其通报分支机构在辖内服务小微企业的情况，提供必要信息。

第四章　评价流程

第十五条　小微金融监管评价流程分为以下六个环节：银行自评、监管信息收集、监管初评、监管复审、评价结果通报、档案归集。

第十六条　商业银行应按照本办法及《评价指标表》，对本行年度小微企业金融服务工作情况开展自评，并于次年2月底前向监管部门书面报告自评结果。书面报告内容应当包括：自评等级，各项评价要素及指标得分，对每项评价指标得分的证明材料。

商业银行应当高度重视、严肃对待自评工作，做到客观、全面、证据充分。对于自评得分显著高于小微金融监管评价得分，且自评得分缺乏必要证据支持的商业银行，监管部门可视情形在扣分要素中进行额外扣分。

商业银行向监管部门提交的自评证明材料，应当确保真实性。对于提交虚假证明材料、影响小微金融监管评价结果的商业银行，当次监管评价结果应直接认定为四级。

《评价指标表》规定需作为评价参照值的监管统计数据，各级监管部门应在银行自评工作开始前，以适当形式向相关商业银行告知。

第十七条　监管部门应当通过小微金融监管评价协调机制，全面收集商业银行相关信息，为监管评价做好准备。监管信息收集工作原则上由监管初评牵头部门或处室负责。信息收集内容及渠道包括：

（一）定量评价指标，原则上以从银保监会非现场监管信息系统中获取的数据为准。

定量指标在银保监会非现场监管信息系统中确无数据的，可通过监管检查报告、银行内外部审计报告、银行年报等材料获取。

（二）定性评价指标，可从以下方面收集相关信息：

1. 要求银行提供本行正式印发的文件（包括且不限于内部制度文件、会议纪要、考核评价通报、内外部审计报告等）。

2. 各级监管部门开展的小微企业金融服务相关调研、督导、督查、暗访中反映的、经监管部门核查属实的情况。

3. 各级监管部门接到的有关小微企业金融服务的信访、举报、投诉等、经核查属实的情况。

4. 其他国家机关开展的有关小微企业金融服务的外部审计、检查、处罚等情况。

5. 在前述材料的基础上，通过现场走访、抽查、监管会谈等途径进一步掌握的情况。

第十八条　监管部门综合前期信息采集和商业银行自评结果，并结合日常工作中掌握的商业银行小微企业金融服务有关情况，开展监管初评。

大型银行、股份制银行的监管初评，由银保监会普惠金融部牵头，按照小微金融监管评价协调机制实施。城市商业银行、民营银行、农村中小银行机构的监管初评，由属地银保监局根据内部小微金融监管评价协调机制具体情况，指定普惠金融职能部门牵头实施。

初评人员应当对照《评价指标表》，逐项填写商业银行得分情况及评分依据，并保存好相应的工作底稿和证明材料。初评人员可根据评价工作需要，参照第十七条规定，补充收集相关信息。属于必须由商业银行提交证明材料的评价指标，可要求商业银行补充提交证明材料，商业银行不愿或不能按要求提供的，相关指标应直接判定为最低分值。

第十九条　在初评基础上，监管部门应当对商业银行小微企业金融服务工作进行复审。

监管复审工作应当成立专门小组负责。大型银行、股份制银行的监管复审，由银保监会普惠金融部主要负责同志担任复审小组组长。普惠金融部负责具体组织，按照银保监会机关小微金融监管评价协调机制开展工作。城市商业银行、民营银行、农村中小银行的监管复审小组，由属地银保监局分管普惠金融工作的负责同志担任小组长，银保监局普惠金融处室具体负责组织，按照本局小微金融监管评价协调机制实施。

复审人员可视实际情况，要求商业银行补充提交证明材料，或请初评人员对打分依据进行补充说明。初评等级为一级或四级的商业银行，应当作为复审重点关注对象。对于各项要素及指标的评价得分，复审结果高于初评结果的，应当逐一书面阐明理由。

第二十条　监管复审小组形成复审评价结果后，应提请本级监管部门主要负责同志审核。审核批准后的结果，即为小微金融监管评价最终结果。

第二十一条　小微金融监管评价结果形成后，监管部门应及时向被考核的商业银行通报。

第二十二条　年度小微企业金融服务监管评价工作结束后，各级普惠金融职能部门应做好相关文件及证明材料的归档工作。

第二十三条　各银保监局应于次年5月10日前汇总形成辖内商业银行年度小微金融监管评价结果，书面报送银保监会。书面报告应附辖内商业银行监管评价结果明细，对评价结果为一级或四级的商业银行，应专门说明评价依据。

银保监会应于次年5月31日前汇总形成全国商业银行年度小微金融监管评价结果。汇总工作由银保监会普惠金融部负责。

第五章　评价结果运用

第二十四条　小微金融监管评价结果应当通过以下方式运用：

（一）在对单家商业银行的监管通报中，专题通报评价结果。

（二）将单家商业银行评价结果抄送有关组织部门、纪检监察机构和财政、国资等相关上级机构。

（三）将辖内商业银行总体评价结果抄送人民银行同级机构，并根据工作需要，以适当形式全辖通报。

（四）小微企业金融服务相关的评先创优、政策试点、奖励激励，应当将评价结果作为主要依据，监管部门应当优先选择或推荐评价结果为一级或二A级的商业银行。

（五）评价结果为三级的商业银行，监管部门应要求其提出针对性的改进措施，并加强监管督导。

（六）评价结果为四级的商业银行，监管部门应专题约谈其主要负责人，责令限时制定专项整改方案，并跟踪督促评估其后续落实情况。

（七）评价结果为四级，或小微企业信贷投放、监管政策落实、监管督导检查等评价要素中扣分较多的商业银行，在相关现场检查立项中应作为重点检查对象。

对当年新成立商业银行开展监管试评价的，评价结果可不按前款要求运用。商业银行应当将评价结果作为对小微金融业务条线绩效考核的重要参数，并主动公开评价结果，接受社会公众监督。

第二十五条　监管部门责令商业银行开展小微企业金融服务专项整改的，在下一年度的小微金融监管评价中，应当重点关注其整改落实情况。

对于违反银保监会相关规定，整改措施不力或下一年度监管评价时仍无明显整改效果的商业银行，监管部门可根据《中华人民共和国银行业监督管理法》第三十七条规定，区别情形，对其采取暂停部分业务、停止批准开办新业务等监管措施。

第二十六条　各银保监局可根据相关监管法规，结合辖内实践，积极探索创新小微金融监管评价与普惠金融工作机制及其他监管措施的联动，进一步丰富监管工具箱，完善监管激励和约束手段，强化监管评价结果对辖内商业银行提升小微企业金融服务水平的导向作用。

第二十七条　各级监管部门应将小微金融监管评价与对小微企业金融服务的日常监管工作充分结合。在按年度开展监管评价的同时，应继续做实对商业银行的数据监测、业务督促、政策调研、监督检查等工作。

监管部门应当依据监管评价结果及各项评价要素和指标的具体得分情况，分行施策，精准发力，对商业银行小微企业金融服务工作确定督导、推动、检查的重点。

第六章　附　则

第二十八条　本办法自印发之日起施行。对商业银行小微企业金融服务工作的正式监管评价，从2020年度开始。

第二十九条　本办法所称小微企业贷款，除特别注明或限定外，均为商业银行向符合《中小企业划型标准规定》（工信部联企业〔2011〕300号）规定的小型企业、微型企业发放的贷款，以及向个体工商户、小微企业主发放的经营性贷款。

本办法所称普惠型小微企业贷款，为商业银行发放的单户授信总额在1000万元（含）以下的小微企业贷款。

第三十条　本办法由银保监会负责解释。

对《评价指标表》中包含阶段性监管考核要求的评价指标，银保监会适时制定规范性文件，明确指标内容及适用期限。

第三十一条　银保监会根据小微企业金融服务有关政策法规要求，定期检视、适时修订完善本办法，推进小微金融监管评价长效化、系统化、制度化。

银保监会普惠金融部在每年开展小微金融监管评价前，可根据小微企业金融服务有关政策法规最新要求和实践需要，牵头对《评价指标表》中具体指标内容及分值权重作必要和适当的调整。

第三十二条　各银保监局按照本办法规定，可结合辖内情况，就小微金融监管评价工作的具体协调机制和流程制定细则，报送银保监会普惠金融部备案。

附件信息：商业银行小微企业金融服务监管评价指标表（略）

附录2

中国普惠金融指标分析报告（2019年）

（中国人民银行金融消费权益保护局）

党中央、国务院高度重视发展普惠金融。人民银行联合有关部门大力推动普惠金融发展，金融机构主动作为，社会各方面积极配合，中国普惠金融发展不断取得明显成效。为监测评估2019年中国普惠金融发展水平，人民银行按照普惠金融指标体系①及相关填报制度，组织开展了2019年普惠金融指标填报与分析。

一、2019年普惠金融发展总体情况

2019年，人民银行持续大力推动普惠金融发展，发挥定向降准、再贷款再贴现等结构性货币政策工具作用，强化小微企业信贷政策引导，深入推进金融精准扶贫，持续提升农村金融服务水平，督促和指导金融系统加大金融资源向小微企业和农村、贫困地区的倾斜力度；深入推进贷款市场报价利率（LPR）改革，疏通利率传导机制，促进贷款实际利率特别是小微企业贷款利率明显下降；推动出台《金融科技发展规划（2019—2021年）》，启动金融科技创新监管试点，鼓励开展数字普惠金融创新探索；持续深化农村支付服务环境建设，开展移动支付便民工程建设；批设苏州小微企业数字征信试验区，创新探索小微企业征信服务；强化金融消费权益保护和金融教育，规范金融营销宣传行为，切实保护金融消费者长远和根本利益；经国务院批准，在浙江省宁波市、福建省宁德市和龙岩市设立普惠金融改革试验区，为我国发展普惠金融探索新经验。

① 普惠金融指标体系共包含使用情况、可得性、质量三大维度共21类51项指标，从供需两侧反映普惠金融发展情况，其中8个指标（拥有活跃账户的成年人比例，使用电子支付的成年人比例，购买投资理财产品的成年人比例，成年人个人未偿还贷款笔数，在银行有贷款的成年人比例，在银行以外的机构、平台获得过借款的成年人比例，金融知识，金融行为）通过问卷调查采集。本次问卷调查采集时间为2020年4月至6月。

总体而言，2019年我国普惠金融发展取得了良好成效。主要指标呈现如下特点：一是金融服务使用程度稳步加深。银行结算账户和银行卡人均拥有量较快增长，活跃使用账户拥有率有所上升；电子支付普及率继续提升，超八成成年人使用电子支付，移动支付业务量快速增加，非银行支付机构网络支付业务较快增长，呈现笔数多、笔均金额小的特点；购买投资理财产品成年人比例小幅增加，近一半的成年人购买过投资理财产品，城乡差距仍较为明显，投资理财意识有待进一步提升；普惠小微贷款增长迅速，总体呈现"量增、面扩、价降"态势；建档立卡贫困人口贷款覆盖面稳步扩大。二是金融服务可得性持续改善。银行网点乡镇覆盖率、助农取款服务点村级行政区覆盖率继续提升，边远地区金融服务可得性不断改善，数字渠道在增强可得性方面愈加重要，人均银行网点数、ATM机具、POS机具数有所下降。三是金融服务质量不断提升。金融消费权益保护制度和机制建设不断深化，金融消费者长远和根本利益得到更多关注，国民金融素养稳步提升；农户信用贷款比例有所增加；金融信用信息基础数据库收录的自然人数和企业数稳步增长，以多维度数据集成、共享为特征的中小企业信用体系建设取得明显成效。

二、普惠金融重点指标分析

（一）使用情况维度

1. 账户和银行卡使用情况

银行结算账户和银行卡人均拥有量较快增长。截至2019年末，全国人均拥有8.06个银行账户，同比增长11.63%；人均持有6.01张银行卡，同比增长10.48%（其中人均持有信用卡和借贷合一卡0.53张）。农村地区累计开立个人银行结算账户45.18亿户，同比增长4.96%，占全国累计开立个人银行结算账户总量的40.04%。农村地区银行卡发卡量为35.43亿张，同比增长10.44%，其中借记卡为32.98亿张，同比增长10.26%；信用卡和借贷合一卡为2.45亿张，同比增长12.85%。人民银行督促商业银行严格落实账户管理主体责任，强化账户风险管理，开展存量账户风险排查，对睡眠户和不合规账户进行排查清理，持续提升存量账户质量。

全国累计开立小微企业单位银行结算账户[①]数量占企业单位银行结算账

① 统计口径为注册资金在100万元以下的企业法人、非法人企业和个体工商户开立的单位银行结算账户数量。

户[①]总数约六成，企业开户服务持续优化。截至2019年末，全国累计开立小微企业单位银行结算账户3803.69万户，占企业单位银行结算账户总量的60.26%。人民银行积极贯彻落实党中央、国务院“放管服”改革精神和2018年国务院第35次常务会议要求，于2019年7月22日分六批次完成取消企业银行账户许可。同时，压实商业银行账户管理主体责任，建立健全企业账户全生命周期管理体系，不断提升企业账户风险管理效能；会同工业和信息化部税务总局、市场监管总局建立企业信息共享机制，建成运行企业信息联网核查系统，为商业银行核查企业注册登记、预留手机号码、纳税状态等提供权威渠道。结合取消许可工作，人民银行指导商业银行通过重塑开户流程、设立小微企业绿色通道、使用移动设备提供上门开户服务等，有效减少柜面等待和办理时间，基本实现企业开户“最多跑一次”，企业开户时间压缩至1～2天，开户资料齐全、无异常或可疑情形的企业通常在当天即可完成开户并办理资金收付，开户效率和资金周转效率有所提升，服务小微企业和实体经济的能力不断增强。截至2019年末，自取消许可之日起，商业银行共为企业新开立基本存款账户533.55万户、临时存款账户1.66万户，相关工作总体平稳有序。

银行卡人均交易笔数增长迅速。2019年，全国人均银行卡交易笔数为229.98笔，同比增长52.56%，增速比上年高12.32个百分点。人民银行指导中国银联开发“乡村振兴卡”，聚焦金融服务“三农”的支付结算、融资增信、增值服务等环节，“乡村振兴卡”除具有取款、消费、转账等基本支付功能外，还附加助农贷款、补贴发放、农产品生产销售、生活场景等特色服务，较好地满足了乡村振兴的多样化、多层次金融需求。

活跃使用账户[②]拥有率有所上升。调查显示，全国有89.90%的成年人拥有活跃使用账户，比上年同期高1.26个百分点，农村地区拥有活跃使用账户的成年人比例为83.37%，比上年同期高1.12个百分点。

2. 电子支付使用情况

电子支付[③]使用普及率持续提升，城乡差距有所缩小。调查显示，全国

---

① 统计口径为企业法人、非法人企业和个体工商户开立的单位银行结算账户数量。

② 活跃使用账户指最近6个月内有交易记录的账户，包含银行结算账户和在非银行支付机构开立的支付账户。

③ 电子支付指客户通过网上银行、电话银行、手机银行、POS机、ATM及其他电子渠道发起的账务变动类业务。

使用电子支付的成年人比例为85.37%，比上年高2.98个百分点；农村地区使用电子支付的成年人比例为76.21%，比上年高4.06个百分点。

人民银行持续推动移动支付在便民领域广泛运用，各地继续创新移动支付服务方式和手段。浙江省委、省政府实施数字经济“一号工程”，以加快建设引领全国、具有全球影响力的移动支付之省为总目标，全面启动移动支付之省建设，聚力移动支付产业发展。黑龙江省推广“无感加气”服务，车辆完成加气后，工作人员通过手持气瓶监测设备上传车牌号和加气金额，即可将加气金额从驾驶员绑定的借记卡账户中自动扣除。人民银行保定市中心支行积极促进雄安新区支付服务创新提档升级，白洋淀、容城购物广场等景点地标实现了“数字化+智能化”移动支付场景应用，容城、雄县公交车开通了扫码支付功能，河北省首家云闪付无人超市在雄安新区开业。人民银行拉萨中心支行推动构建“移动支付示范县+金融服务特色小镇+掌上银行村”的支付服务体系，指导农业银行开发手机银行藏语操作指南和余额查询板块，解决农牧民操作使用障碍。四川省结合全省涉农人口多、地域分布广且各地发展差异大等实际情况，设计“十一种模式”推动移动支付在农村地区的普及应用，如针对农村居住特点，设计“县域商圈”等模式，针对农业生产特点，设计“季节性农产品收购”等模式。

移动支付业务继续快速增长，非银行支付机构网络支付业务呈现笔数多、笔均金额小的特点。2019年，全国银行业金融机构共办理非现金支付业务3310.19亿笔，金额为3779.49万亿元，同比分别增长50.25%和0.29%。银行业金融机构共处理网上支付业务781.85亿笔，金额为2134.84万亿元，同比分别增长37.14%和 0.4%；移动支付业务1014.31亿笔，金额为347.11万亿元，同比分别增长67.57%和25.13%。非银行支付机构发生网络支付业务7199.98亿笔，金额为249.88万亿元，同比分别增长35.69%和20.10%。截至2019年末，农村地区手机银行、网上银行开通数累计8.16亿户和7.12亿户，同比分别增长21.87%和16.37%。2019年，农村地区发生移动支付100.58亿笔、网上支付126.60亿笔，同比分别增长7.15%、24.02%。

3. 个人投资理财情况

购买过投资理财产品①的成年人比例小幅增加，城乡差距仍较为明显。

① 投资理财产品包括银行理财（不包括银行存款）、国债、基金、股票，以及通过支付宝、微信（财付通）等平台购买的投资理财产品等。

调查显示，全国平均有48.76%的成年人购买过投资理财产品，比上年同期高0.95个百分点；农村地区该比例为36.78%，比上年同期高0.67个百分点。北京、上海、浙江等省（市）购买过投资理财产品的成年人比例相对较高。人民银行武汉分行积极开展国债宣传进农村、进校园等活动，试点开展储蓄国债（凭证式）异地通兑业务，并在襄阳市中心支库试点建立"乡镇国库惠民服务示范站"，推动打通国库服务农村的"最后一公里"，引导农村居民了解和投资国债。

4. 个人信贷使用情况

获得过借款的成年人比例略有增加。调查显示，全国成年人人均未偿还贷款笔数为0.56笔，其中农村地区成年人未偿还贷款笔数为0.46笔，均与上年基本持平。全国成年人在银行获得过贷款的比例为40.74%，比上年同期高0.86个百分点，农村地区为36.06%，比上年同期高1.44个百分点；在银行以外的机构、平台获得过借款的成年人比例为24.16%，比上年同期高1.31个百分点，农村地区为22.68%，比上年同期高1.6个百分点。

个人消费贷款继续较快增长。截至2019年末，全国人均个人消费贷款余额为3.14万元，同比增长15.96%。

5. 普惠小微贷款[①]使用情况

普惠小微贷款增长迅速，支持小微经营主体的覆盖面持续扩大，贷款利率持续下降。截至2019年末，普惠小微贷款余额11.59万亿元，同比增长23.1%，比上年末高7.9个百分点，全年增加2.09万亿元，同比多增8525亿元。普惠小微贷款支持小微经营主体2704万户，同比增长26.4%，全年增加565万户。

人民银行强化信贷政策引导，督促商业银行完善内部激励考核机制，落实尽职免责要求，加大信贷管理制度和产品创新，强化金融科技手段运用，不断提升小微企业金融服务能力。小微企业融资总体呈现"量增、面扩、价降"的态势。2019年，新发放普惠小微企业贷款平均利率为6.7%，较2018年平均水平下降0.69个百分点，其中5家大型商业银行新发放普惠小微企业贷款平均利率为4.7%。支持商业银行加大发行小微企业专项金融债券，2019年全年累计发行小微金融债券2048亿元，同比多发行803亿元。

① 普惠小微贷款包括单户授信小于1000万元的小微企业贷款、个体工商户和小微企业主经营性贷款。

人民银行各地分支机构持续深化小微企业金融服务，推动提升小微企业信贷可得性。人民银行济南分行会同省内有关部门继续深化“首贷培植行动”，聚焦企业首贷难的症结，遴选成长期、有潜力、有市场、未获贷的企业，逐户建立工作台账和培植档案，“一企一策”提供金融服务方案，2019年全年共培植民营和小微企业4.5万家，有3.85万家企业首次获贷共540亿元。人民银行广州分行搭建“广东省企业走访管理系统”，整合筛选约250万家有效企业信息，支持和督导辖内银行机构主动走访对接未获银行授信的民营和小微企业，了解融资需求、宣讲金融政策、提供金融服务。人民银行西安分行与省工信厅建立民营、小微企业“金融顾问”“首贷促进”和“监测评估”机制。人民银行营业管理部联合北京市地方金融监管局、市场监管局开展动产担保统一登记系统试点。人民银行合肥中心支行联合安徽省财政厅推广政府采购线上融资业务，服务中标民营小微企业融资，截至2019年末，安徽省中小微企业通过应收账款融资服务平台融资5145亿元，较年初增长23.69%。人民银行南昌中心支行持续深化“小微客户融资服务平台”建设，坚持“有求必应、合规授信、应贷尽贷、全程留痕”信贷服务理念，畅通小微企业、银行机构、监管部门之间的信息沟通，截至2019年末，小微企业用户达51.9万户，9.3万户成功获得银行贷款1487.1亿元，首次向银行提出贷款申请的企业占比约50%。人民银行银川中心支行引导金融机构用好工业企业贷款风险补偿金，发挥政府基金增信、风险分担及撬动作用，2019年末，金融机构运用工业企业贷款风险补偿金向民营和小微企业累计发放贷款201.9亿元。

6. 创业担保贷款和助学贷款使用情况

创业担保贷款快速增加，助学贷款较快增长。截至2019年末，创业担保贷款余额为1417亿元，同比增长33.25%，比上年末高10.78个百分点；助学贷款余额为1179亿元，同比增长12.15%，比上年末低0.96个百分点。人民银行加强信贷政策引导，提高符合条件的个人和小微企业最高贷款额度，支持退役军人、高校毕业生、建档立卡贫困人口、农村自主创业农民等重点人群创业就业。人民银行呼和浩特中心支行联合有关部门出台《内蒙古自治区关于扶持残疾人自主就业创业的实施意见》，进一步促进残疾人自主就业创业。人民银行昆明中心支行会同云南省人社厅、财政厅等有关部门，进一步细化创业担保贷款政策，完善贴息及奖补政策，为银行业金融机构、创业担保贷款对象以及信用担保机构搭建融资交流平台，引导做好就业困难人员和重点人群的创业就业金融服务。

7. 农户生产经营贷款使用情况

农户生产经营贷款增速有所放缓。截至2019年末，农户生产经营贷款余额为5.38万亿元，同比增长6.36%，增速比上年末低1.27个百分点。人民银行西宁中心支行引导金融机构围绕高原特色农牧业、循环经济、新能源、新材料等绿色优势领域，创新绿色农家贷等金融产品，稳步扩大绿色融资规模。人民银行乌鲁木齐中心支行继续做好新疆维吾尔自治区“两权”抵押贷款推进工作，推动农地抵押贷款业务全面铺开，支持有条件的地区探索宅基地使用权抵押贷款业务。

8. 建档立卡贫困人口贷款使用情况

建档立卡贫困人口贷款覆盖面稳步提升。截至2019年末，全国建档立卡贫困人口及已脱贫人口贷款余额为7139亿元，惠及2013万名贫困人口，贷款覆盖面为25.4%，比上年末高3.5个百分点。

人民银行督促和指导金融系统加大金融资源向贫困地区特别是深度贫困地区的倾斜力度，推动金融精准扶贫与乡村振兴金融服务有效衔接。启动基础金融服务提升计划，按照“新增金融资金优先满足深度贫困地区、新增金融服务优先布局深度贫困地区”原则，组织和引导金融机构通过资金调拨、人员配备等方式，推动“三区三州”深度贫困地区基础金融服务行政村全覆盖。辽宁省建昌县开展“光伏”扶贫项目，带动13000多建档立卡贫困户脱贫。山西省大同市云州区围绕特色产业“大同黄花”打造“黄花金融”，走出了一条金融支持产业扶贫的新路子，截至2019年末，相关产业链惠及全区33000余人，84.3%的贫困人口由此脱贫。

9. 保险使用情况

保险密度增长迅速，保险深度略有增加。2019年，全国保险密度为3045.96元/人，同比增长11.8%，比上年高8.27个百分点；保险深度为4.30%，比上年高0.08个百分点。福建省龙岩市积极深化发展“三农”综合保险，森林保险已全面覆盖全市生态林和国有林场，水稻种植保险已实现全市覆盖，能繁母猪保险基本做到应保尽保。人民银行万宁市支行推动开展“保险+产业+扶贫”模式，引导保险机构为所有新型经营主体的联结贫困户提供农产品保险，开发出针对东山羊、特色家禽、咖啡、槟榔等种养业扶贫保险

17种，实现了全市扶贫农产品保险全覆盖。

（二）可得性维度

1. 银行网点可得性

银行网点乡镇覆盖率持续提升，每万人拥有的银行网点数略有下降。截至2019年末，全国银行网点乡镇覆盖率[①]达96.61%，较上年略有增加；平均每万人拥有银行网点1.59个，同比略有下降。西藏、青海、新疆等地区银行网点乡镇覆盖率持续上升。

人民银行积极引导金融机构改进银行网点服务，提高网点服务的规范性和便捷性。人民银行南宁中心支行积极推进银行营业网点服务对标达标，引导商业银行通过设置残障专用通道、提供客流高低峰时段提示、开设金融知识宣传栏等方式为客户提供优质金融服务，截至2019年末，全区达标网点达5470个，约占全区所有商业银行（含农合机构、村镇银行）营业网点的90%。

2. 具有融资功能的非金融机构可得性

平均每万人拥有具有融资功能的非金融机构数略有下降。截至2019年末，全国平均每万人拥有具有融资功能的非金融机构0.11个，较上年略有下降。

3. ATM、POS机具可得性

全国每万人拥有的ATM和POS机具数有所下降。截至2019年末，全国共有ATM机具109.77万台、联网POS机具3089.28万台，平均每万人拥有ATM机具7.84台，平均每万人拥有POS机具220.65台，同比分别减少1.51%和9.84%。农村地区有POS机具692.62万台和ATM机具37.53万台，同比分别减少3.21%和1.36%。

4. 助农取款点可得性

助农取款服务点已基本覆盖全部村级行政区，助农取款支付业务量有所下降。截至2019年末，全国共设置银行卡助农取款服务点87.35万个（其中，加载电商功能的22.63万个），覆盖村级行政区52.33万个，村级行政区覆盖率达99.21%。2019年，农村地区助农取款服务点共办理支付业务（包括取款、汇款、代理缴费等）合计4.26亿笔，金额为3549.36亿元，同比分别下降7.9%和1.92%。

人民银行不断巩固银行卡助农取款服务，稳定偏远乡村支付服务供给，部分经办机构依托助农取款服务网络，进一步叠加了农村电商、金融知识宣

① 指拥有银行业存款类金融机构网点的乡镇数占乡镇总数的比例。

传、代买火车票等服务，进一步满足了贫困地区农村居民需求。人民银行重庆营业管理部全面铺开“1+2+N普惠金融服务到村”模式，即以打造1个普惠金融基地为基础，以建设金融综合服务示范站、金融消费权益保护与金融知识宣传站两个站点为载体，以搭载N个行动计划为抓手，实现普惠金融“服务到村、帮扶到户、惠及到人”。人民银行兰州中心支行进一步推动优化助农取款服务点布局，指导金融机构探索引入“背包银行”服务模式，为部分空白行政村提供定点服务。

（三）质量维度

1. 金融知识和金融行为

消费者金融知识、金融行为得分①持续提升。调查显示，全国消费者金融知识平均得分为6.64分，较上年增加0.12分；农村地区平均得分为5.85分，较上年增加0.14分。全国消费者金融行为平均得分为6.51分，较上年增加0.16分；农村地区平均得分为5.94分，较上年增加0.1分。从调查情况来看，消费者在信贷、投资、保险等方面的知识水平仍有待提升，在家庭开支规划、信用卡还款及应对意外开支等方面的行为还需加强，不同群体对各类金融知识的掌握程度也存在较大差异。

人民银行继续深入推进金融消费者教育和金融知识普及，会同银保监会、证监会、国家网信办开展“金融知识普及月”活动，探索线上线下相结合的金融教育方式；继续推进金融知识进课堂，组织编写初中生金融知识普及读本；组织开展第二次全国性消费者金融素养问卷调查。人民银行天津分行于6月、9月广泛开展“助力乡村振兴金融扶智进百村”活动，组织商业银行和支付机构累计深入全市161个困难村，开展了形式多样、成效明显的金融知识宣传活动。人民银行长沙中心支行将普惠金融宣传与落实乡村振兴、精准扶贫等国家战略紧密融合，联合省网信办、省农业农村厅、省扶贫办创新开展“助力脱贫攻坚，金融知识乡村行”系列宣传活动。

2. 金融服务投诉

金融消费者投诉接收量快速增长，金融消费权益保护制度和机制建设不断深化。2019年，人民银行各级分支机构共接收金融消费者投诉63130笔，同比增长86.64%，接收金融消费者投诉量排名前三位的是上海市、广东省和

① 金融知识、金融行为得分满分均为10分。

山东省。从投诉领域来看，金融消费者投诉主要集中在支付结算管理（占33.15%）、银行卡（占27.35%）、贷款（占5.84%）、征信管理（占4.27%）、储蓄（占3.32%）、人民币管理（占2.04%）、个人金融信息（占1.87%）、电子银行（占1.59%）等业务领域。

2019年，人民银行持续加强金融消费权益保护制度和机制建设，积极推动金融广告和营销宣传行为治理，稳步开展金融消费权益保护监督检查及评估，进一步规范金融消费者投诉管理机制，金融消费权益保护质效稳步提升。上海市积极推进金融纠纷多元化解机制建设，在完善多种便民调解服务的基础上，探索开展涉外调解和网上联合调解，不断提升调解工作服务水平。人民银行上海总部会同相关地区人民银行分支机构共同建立长三角地区金融消费纠纷多元化解机制，共同签署《长三角地区金融消费纠纷非诉解决机制合作备忘录》。人民银行贵阳中心支行与贵州省高级人民法院联合印发《关于建立金融消费纠纷诉调对接工作机制的指导意见》，指导全省人民银行系统与当地法院建立金融消费纠纷诉调对接工作机制，降低金融消费者维权成本，提高纠纷化解效率。

3. 银行卡卡均授信额度

银行卡卡均授信额度增速略有下降。截至2019年末，银行卡卡均授信额度为2.33万元，同比增长4.02%，增速比上年末低1.64个百分点。

4. 信用贷款情况

农户信用贷款比例有所增加，小微企业信用贷款比例略有下降。截至2019年末，农户信用贷款比例为16.97%，比上年末高0.63个百分点；小微企业信用贷款比例为13.35%，比上年末低1个百分点。

5. 信用建设

金融信用信息基础数据库收录的自然人数和企业数稳步增长，以多维度数据集成、共享为特征的中小企业信用体系建设取得明显成效。截至2019年末，全国金融信用信息基础数据库收录的自然人数为10.2亿人，同比增长4.1%；全国金融信用信息基础数据库收录的企业和其他组织数为2834.1万户，同比增长9.7%，其中金融信用信息基础数据库收录的小微企业法人数为1571.3万户。截至2019年末，通过农户信用信息系统已累计为1.86亿户农户建立信用档案，2019年建档农户信贷获得率为51.47%。

人民银行持续完善小微企业和农户信用体系建设，推动多维度替代数据的整合共享，提升了小微企业和农户信贷可得性。人民银行南京分行开展以政策扶持、融资培育和信用创建为主要内容的中小企业信用体系建设，推进苏州小微企业数字征信试验区落地实施，指导地市中心支行建设地方征信平台。人民银行成都分行、四川省发改委等9个政府部门联合发起建立“天府信用通”金融信用信息综合服务平台，全省21个市州政府签订战略合作协议共同参与建设，接入全部114家省级和地方性银行机构，实现政府部门、金融监管机构、银行机构、征信担保机构、企业、公众的互联互通。人民银行长春中心支行指导松原市、舒兰市、洮南市开展农村信用信息数据研发，推动地方政府在市、县、乡、村四级成立农村信用体系建设工作领导小组，构建信用信息采集更新长效工作机制。人民银行郑州中心支行在河南省22个普惠金融试点县（市、区）复制推广“一平台四体系”兰考模式，相继推动出台普惠授信管理办法，结合当地实际对授信条件、程序、用信方式方法、额度调整等进行优化，逐步构建起广覆盖、多样化的普惠授信产品体系。截至2019年末，已完成基础授信237.43万户，发放普惠授信贷款33.75万笔，余额为163.39亿元。

三、普惠金融发展的问题与建议

（一）协调推进“线上+线下”普惠金融业务发展，降低数字鸿沟的不利影响

数字普惠金融在提供新的金融服务渠道的同时，对物理服务点、传统机具等线下服务渠道形成冲击，一定程度上带来数字鸿沟和数字排斥问题。建议一是引导金融机构对物理网点及机具进行合理布局，稳妥推进线下网点智能化改造。对具有明显社会价值但商业价值不显著的物理服务点和机具给予一定的补贴或激励，保障线下服务不缺位。二是持续关注数字普惠金融发展可能带来的数字鸿沟问题，指导金融机构优化服务流程，协调推进线上、线下服务，对于依赖传统金融服务的老年人等群体，适度推广使用数字金融工具，在保持传统服务功能、满足消费者多元化选择的同时，设计推广更人性化、更有针对性的服务规范。

（二）夯实农村普惠金融发展基础，有效满足农村地区多层次、差异化的金融服务需求

农村金融服务仍然相对薄弱，如部分偏远农牧区交通极为不便，少数乡

镇仍然没有银行网点，少数地区至今仍没有通讯或网络信号，限制了数字普惠金融的推广运用；农户信用贷款比例有待进一步提升，部分地区特别是欠发达地区金融机构仍将传统的固定资产抵押和担保公司担保作为发放贷款的前提条件，信用贷款、林权抵押贷款、无形资产质押等特色贷款推广步伐较慢，融资规模有限。建议一是继续完善农村交通、通讯等基础设施建设，通过流动金融服务、数字金融服务等多种方式弥补偏远地区线下服务不足的问题。二是持续加强农村信用体系建设，提高征信之外的支付类、政务类、商业类等替代性数据在农户信用评价中的应用，在风险可控前提下，稳步提升信用贷款比例。完善与两权抵押相关的确权、评估、登记、交易等操作规范。三是引导金融机构围绕农村产业发展、农民创业就业、农村生态宜居等重点难点领域，积极开发个性化、差异化、定制化的金融产品，稳妥扩大涉农抵质押品准入范围，因地制宜推进普惠金融发展。

（三）持续改进小微企业金融服务方式，提高小微企业信贷可得性

部分省份普惠小微贷款增长较为缓慢，既有经济下行带来有效信贷需求不足等方面的因素影响，也有小微信贷政策传导不充分、信贷产品创新不够、数据共享等基础设施不完善、风险补偿和分担机制不健全等方面的原因。建议一是常态化开展银企对接和交流，精准创新金融产品和服务，及时向小微企业宣传最新政策和金融产品，根据企业实际需求和风险状况合理确定放贷规模和资金价格，确保资金精准、直达小微企业。二是统筹推进小微企业税务、电力、社保等涉企公共服务数据共享，建立统一的数据标准，强化数据安全和隐私保护，为小微企业数字普惠金融产品和服务发展提供基本支撑。鼓励金融机构创新发展线上信用贷款、数字供应链金融等产品和服务，稳妥提升信用贷款比例。三是进一步完善信贷增信和风险补偿机制，充分发挥政府性融资担保机构的引导作用，推动银行与融资担保机构、保险机构有效对接，促进信贷资源惠及更多小微企业，降低小微企业综合融资成本。

（四）精准有效开展金融知识普及宣传，持续提高国民金融素养

部分消费者对较为复杂的金融产品和服务了解较少，家庭财务规划、应急支出管理等还较为欠缺，特别是农村居民、老年群体的金融素养较为薄弱。建议一是进一步提升金融教育的针对性和有效性，帮助消费者知晓最新金融政策，选好用好金融产品，树立“买者自负”的风险责任意识，提高家庭收支管理能力，切实守好自己的钱袋子。二是持续做好消费者金融素养问

卷调查，科学评估金融教育成效，完善金融教育体系。

四、普惠金融发展展望

当前及未来一段时期，我国普惠金融发展面临的有利和不利因素并存。突如其来的新冠肺炎疫情，给经济社会运行带来严重冲击，极大地影响了普惠群体的正常生产生活；全球疫情形势复杂严峻，国际经济深度衰退，产业链供应链循环受阻，消费、投资、出口仍有待逐步恢复；全球保护主义盛行，不稳定性不确定性明显增强。但同时应该看到，我国经济韧性强、回旋余地大，具有广阔的内需市场和完整的工业体系，新型基础设施建设不断取得新的突破，产业智能化、数字化转型加快推进，经济稳中向好、长期向好的基本面没有改变。数字普惠金融基于广泛触达、便捷、低成本、下沉服务等独特优势，有助于破解普惠金融“成本可负担”“商业可持续”难题，能够更好赋能小微企业等普惠群体的生产生活。

预计在各方因素综合影响下，2020年及未来一段时期我国普惠金融发展将呈现以下态势。一是在金融使用方面：随着支持小微企业相关政策和举措的深入实施，普惠小微贷款等有望继续保持较快增长，贷款覆盖面持续扩大，首贷户比例增加；随着社交商务办公线上化等数字经济的快速发展及金融科技投入的不断增加，电子支付普及率有望继续提升，移动支付、非银行支付机构网络支付业务继续快速增长，普惠群体将更便捷地使用金融产品和服务；居民保险意识逐步提升，保险产品和服务不断创新发展，保险深度、保险密度有望继续稳步提升，保险保障作用得到进一步发挥。二是在金融可得性方面：随着全面完成脱贫攻坚任务以及深入实施乡村振兴战略，边远地区金融服务空白村有望进一步减少，基础金融覆盖面继续扩大；数字技术运用在提升金融可得性过程中将发挥越来越重要的作用，对传统物理渠道有一定替代作用，传统银行网点、ATM机具、POS机具等指标可能继续小幅下滑。三是在金融质量方面：随着社会信用体系建设的深入推进，金融信用信息基础数据库收录的自然人数、小微企业数有望持续稳步增加，数据共享平台等新型基础设施建设将会不断取得新的进展，成为数字普惠金融发展的重要基础支撑；多维度替代性数据在解决小微企业、农户、创新创业者融资方面将发挥越来越重要的作用；随着金融对个人生活的影响加深、疫情冲击下经济运行波动加大及金融消费权益保护意识加强，金融消费权益保护的需求将持续快速上升，金融消费权益保护制度建设将不断深化。

附录 3

金融科技大事记（2015—2020 年）[①]

时间	事件
2015年1月	李克强总理在深圳前海微众银行敲下电脑回车键，见证国内首家开业的互联网民营银行完成第一笔放贷业务。
2015年3月	李克强总理做政府工作报告时指出，2015年将制定“互联网+”行动计划，报告两次提到“互联网金融”，并表述为“异军突起”，要求促进“互联网金融健康发展”。
2015年7月	人民银行等十部委联合发布《关于促进互联网金融健康发展的指导意见》（银发〔2015〕221号），鼓励金融创新，促进互联网金融健康发展，明确监管责任，规范市场秩序。
2015年12月	互金平台e租宝被经侦突查，40余人被警方带回调查，疑涉嫌非吸自融等问题，平台累计成交额达728亿元。
2016年3月	中国互联网金融协会在上海黄浦区正式挂牌成立，作为交流、协调、沟通的桥梁，在行业自律中发挥关键作用，推动行业向更加规范、更加有效的方向迈进。
2016年4月	人民银行牵头、多部委出台《互联网金融风险专项整治工作实施方案》，在全国范围内启动有关互联网金融领域的专项整治，为期一年，要求全国各省市暂停登记注册在名称、经营范围中含有“金融”相关字样的企业。
2016年8月	《“十三五”国家科技创新规划》明确提出促进科技金融产品和服务创新，建设国家科技金融创新中心等，金融科技产业正式成为国家政策引导方向。
2016年9月	百度金融五大金融科技发展方向正式对外公开，同时正式对业界开放金融云，开启金融科技的全面布局。
2016年11月	人民银行直属单位印制科学研究所公开招聘数字货币人才，将主要从事数字货币及相关底层平台的软硬件系统的架构设计和开发等工作。
2017年3月	“非银行支付机构网络清算平台”启动试运行并成功完成首笔资金交易验证，正式接入人民银行支付清算系统，标志着第三方支付机构直连银行模式进入倒计时。
2017年5月	人民银行成立金融科技（FinTech）委员会，旨在加强金融科技工作的研究规划和统筹协调。
2017年9月	人民银行领衔网信办等七部委发布《关于防范代币发行融资风险的公告》，要求停止各类代币发行融资活动，同时清退已完成代币发行融资的组织和个人。

① 本表由原新华网记者孙倩雯女士整理提供。

续表

时间	事件
2017年12月	"现金贷"迎来正式监管文件，《关于规范整顿"现金贷"业务的通知》划出了多条"红线"标准，金融监管一步步强化； 人民银行治理扫码支付，发布《中国人民银行关于印发〈条码支付业务规范（试行）〉的通知》（银发〔2017〕296号）及配套文件。
2018年4月	"资管新规"出炉，要求金融机构的资管业务打破刚兑、禁止资金池、抑制通道业务、净值化管理等，资管科技逐渐成为各大机构转型的重要抓手。
2018年8月	《中国证监会监管科技总体建设方案》正式印发，监管科技建设工作的顶层设计完成，并进入了全面实施阶段。 2018年8月，《关于开展P2P网络借贷机构合规检查工作的通知》（网贷整治办函〔2018〕63号）下发，要求网贷公司在年内完成"机构自查、自律检查、行政核查"，整改全面提速。
2018年12月	《关于做好网贷机构分类处置和风险防范工作的意见》（网贷整治办函〔2018〕175号）下发，各省多地由此掀起关停P2P机构风潮。
2019年8月	人民银行发布《金融科技（FinTech）发展规划（2019—2021年）》，肯定科技的引领和驱动作用，明确了大数据、云计算、人工智能、网络身份认证等核心技术及相对应的场景化应用。
2019年9月	人民银行印发《关于发布金融行业标准　加强移动金融客户端应用软件安全管理的通知》（银发〔2019〕237号），推动金融业建立涵盖事前评估备案、事中风险监测、事后联防共治的金融APP风险防控体系。
2019年10月	人民银行就《个人金融信息（数据）保护试行办法》初稿向部分银行征求意见，重点涉及完善征信机制体制建设，将对金融机构与第三方之间征信业务活动等进一步作出明确规定，加大对违规采集、使用个人征信信息的惩处力度。
	市场监管总局、人民银行将支付技术产品认证扩展为金融科技产品认证，确定《金融科技产品认证目录（第一批）》，同时制定了《金融科技产品认证规则》。
2019年12月	人民银行宣布推出金融科技创新监管试点，北京率先开展，中国版"监管沙箱"正式启动。
2020年2月	人民银行发布《商业银行应用程序接口安全管理规范》（JR/T 0185—2020），规定了商业银行应用程序接口的类型与安全级别、安全设计、安全部署、安全集成、安全运维、服务终止与系统下线、安全管理等安全技术与安全保障要求。
2020年7月	银保监会发布《商业银行互联网贷款管理暂行办法》，填补了银行互联网贷款监管的空白，对自营、助贷和联合贷的模式予以规范，从获客、产品设计、风控、催收等各个环节细化合规发展，为银行与金融科技公司的合作厘清了边界和规范。
2020年8月	商务部提出在京津冀、长三角、粤港澳大湾区及中西部具备条件的地区展开数字人民币试点。
2020年9月	人民银行等八部委联合发布《关于规范发展供应链金融　支持供应链产业链稳定循环和优化升级的意见》（银发〔2020〕226号），明确规定，不得无牌或超出牌照载明的业务范围开展金融业务；各类第三方供应链平台公司不得以供应链金融的名义变相开展金融业务。

续表

时间	事件
2020年10月	人民银行发布《金融科技创新应用测试规范》（JR/T 0198—2020）、《金融科技创新安全通用规范》（JR/T 0199—2020）、《金融科技创新风险监控规范》（JR/T 0120—2020）三项金融行业标准，从不同的角度对金融科技创新进行管控。
2020年11月	《网络小额贷款业务管理暂行办法（征求意见稿）》发布，明确网络小额贷款公司的注册资本、杠杆率、贷款金额、联合贷款出资比例、展业范围等，并对业务整改给出3年过渡期。
	人民银行、银保监会、证监会、外汇局对蚂蚁集团实际控制人马云、董事长井贤栋、总裁胡晓明进行监管约谈。
	上海证券交易所发布公告暂缓蚂蚁金服科创板上市，香港证券交易所发布公告暂缓蚂蚁金服港股上市。
2020年12月	人民银行、银保监会、证监会、外汇局等金融管理部门联合约谈蚂蚁集团，蚂蚁集团将在金融管理部门的指导下，成立整改工作组，全面落实约谈要求，规范金融业务的经营和发展。
	除了已持有银行存款产品的用户，支付宝针对未持有互联网存款的用户，在理财页面对银行存款产品进行了下线处理。
	银保监会发布《商业银行理财子公司理财产品销售管理暂行办法（征求意见稿）》，明确规定，未经金融监管部门许可，任何非金融机构和个人不得直接和变相代理销售理财产品。

后记

《中小银行普惠金融创新发展报告2020》（以下简称报告）是《中小银行普惠金融创新发展报告2019》的续篇。报告仍然得到上海财经大学国际银行金融学院（SIBFI）（以下简称上海国际银行金融学院）和上海银行业同业公会的大力支持。2020年初突如其来的新冠肺炎疫情打乱了整个社会经济秩序，上海国际银行金融学院在院长金雅敏和执行院长周城领导下，重点加强普惠金融研究和教学工作，保障了中小银行普惠金融研究课题组（以下简称课题组）的科研活动和调查研究。上海银行业同业公会专职副会长马强专门听取了课题组的汇报，同意以合作方的身份一起推进普惠金融课题研究，并出面邀请上海银保监局局长韩沂为报告作序。课题组主要成员包括张伟国、叶国荣、韩文亮、李在宁、黄国强、郭伟、王轶为、陈德翔、王世欣、吴凌志、赵智峰、廖甫江、苏亦辰、广明群、肖梦敏和赵惠娆等。上海国际银行金融学院白云辉副院长作为课题组主要成员也参加了活动的全过程，还参与了调研和科研活动的组织领导工作；上海国际银行金融学院学术委员会刘晓雅学术秘书自始至终参与了课题组的调查研究和服务工作。

上海银保监局局长韩沂、中国社会科学院农村经济研究所原所长杜晓山教授和上海国际银行金融学院执行院长周城分别为报告作序。韩沂局长提出要以人民金融为人民的初心推进普惠金融事业的创新发展；要整合企业的金融、税务、工商、社保、海关、司法、市场监管等信息资源，打通银行信息障碍，以解决银企信息不对称的问题，为商业银行内部创新和外部创新赋能。中国社会科学院农村经济研究所杜晓山教授在农村金融问题方面的研究颇有建树，并身体力行推动小额贷款在中国农村地区推广。他结合自身的研究，就当前普惠金融发展过程中存在的问题提出了一些政策思考和建议。我们也十分感谢周城院长代表上海国际银行金融学院对普惠金融研究和推广工作的支持。周城院长指出报告在《中小银行普惠金融创新发展报告2019》的基础上，进一步在普惠金融需求、供给和技术支撑等各方面展开了研究。

报告主体由两部分组成，分别为报告正文和专题报告。为了更好地让读者了解有关内容和背景，报告还收录了相关政策文件作为附录。2020年中小银行普惠金融创新发展的重点或主线，无疑是应对新冠肺炎疫情和打赢脱贫攻坚战。报告以理论联系实际为原则，坚持实战性、实用性、可操作性。在上海国际银行金融学院学术委员会的具体指导下，课题组有针对性地开展了调查研究和报告编撰工作。课题组不仅梳理了2020年中小银行普惠金融领域的新问题和新情况，还组织了2020年中小银行普惠金融问卷调查，并于2020年6～7月在上海、浙江、江苏、安徽、四川、贵州、湖南等地开展现场调研，共发放59份问卷且悉数回收，在此基础上撰写报告。

报告由韩文亮负责主题和框架结构的设计，韩文亮、张伟国和郭伟负责对报告的统筹和统稿，韩文亮对各章撰写进行了指导。报告各章节撰写分工情况如下：第一章由郭伟负责；第二章由王轶为负责；第三章由赵智峰和王轶为负责，廖甫江和赵惠娆参与了部分的初稿撰写；第四章由张伟国和赵惠娆负责；第五章由王世欣撰写初稿，张伟国和赵惠娆参与修改；第六章由广明群和白云辉撰写初稿，郭伟整合并修改；第七章由韩文亮拟定提纲，王国语、张新宇、钱嘉楠、万新月分别参与撰写，最后由韩文亮修改完稿；第八章由韩文亮和王轶为合作完成。专题和附录部分撰写分工情况如下：专题1由苏亦辰和肖梦敏合作完成；专题2由陈德翔完成；专题3由上海中小微担保基金完成；附录1和附录2由郭伟完成；附录3由王世欣完成。此外，赵惠娆、张炜、肖梦敏、章昊、姚依帆、陈陆通、鲍昕、王国语、高雪君、张新宇、钱嘉楠、万新月等参与了有关章节的撰写。特别要感谢老朋友奚君羊教授给予的帮助和指导，并对本报告各章节进行了审阅，从学术角度提出了诸多建议。王轶为在报告的撰写过程中积极参与，对各章的写作提出了意见。

报告得以面世，离不开上海银行业同业公会、上海农商银行和德勤中国的大力支持。德勤中国华东地区负责人胡小骏也为课题组提供各方面的帮助，参加报告的开题、中期汇报和报告的审议等活动，并提供了具体意见。上海农商银行顾建忠行长给予了帮助，该行普惠金融部赵智峰副总经理和袁晓音、杨宇分别参与了课题组的讨论、研究和写作。

报告得以完成，离不开一批中小银行董事长、理事长、行长及普惠金融部门负责人的支持；离不开中国银保监会及相关地方银保监局的领导和朋友们的支持。尤其感谢江苏省农村信用社联合社胡长征主任、宁波银保监局张亚娟副局长、宁波通商银行杨军董事长及中信建投黄新红女士，对课题组提供了直接帮助。

2021年是中国新百年征程的开端之年，中小银行普惠金融创新发展在中国广袤的土地上必将更加丰富多彩。课题组会继续深入研究中小银行普惠金融业务，并希望得到更多有志于探索中小银行普惠金融创新发展的同行们支持。

韩文亮

二〇二一年五月十八日于上海